utb 2429

Eine Arbeitsgemeinschaft der Verlage

Böhlau Verlag · Wien · Köln · Weimar
Verlag Barbara Budrich · Opladen · Toronto
facultas · Wien
Wilhelm Fink · Paderborn
A. Francke Verlag · Tübingen
Haupt Verlag · Bern
Verlag Julius Klinkhardt · Bad Heilbrunn
Mohr Siebeck · Tübingen
Nomos Verlagsgesellschaft · Baden-Baden
Ernst Reinhardt Verlag · München · Basel
Ferdinand Schöningh · Paderborn
Eugen Ulmer Verlag · Stuttgart
UVK Verlagsgesellschaft · Konstanz, mit UVK / Lucius · München
Vandenhoeck & Ruprecht · Göttingen · Bristol
Waxmann · Münster · New York

Heinz-Dieter Neef

Arbeitsbuch Hebräisch

Materialien, Beispiele und Übungen
zum Biblisch-Hebräisch

6., durchgesehene und verbesserte Auflage

Mohr Siebeck

Heinz-Dieter Neef, geboren 1955; Studium der ev. Theologie in Marburg und Tübingen; 1979–1983 Studium semitischer Sprachen in Tübingen; 1985 Promotion; 1993 Habilitation; seit 2000 apl. Professor für Altes Testament an der Evangelisch-theologischen Fakultät der Universität Tübingen.

Meinen Studentinnen und Studenten.

ISBN 978-3-8252-4361-6 (UTB 2429)

Die Deutsche Nationalbibliothek verzeichnet diese Publikation in der Deutschen Nationalbibliographie; detaillierte bibliographische Daten sind im Internet über *http://dnb.dnb.de* abrufbar.

1. Auflage 2003
2. Auflage 2006
3. Auflage 2008
4. Auflage 2010
5. Auflage 2012

Umschlagabbildung: Ruth und Asher Ovadiah, Mosaic Pavements in Israel, 1987, Plate CLXXXII Nr. 2, „L'ERMA" di Bretschneider, Rom.

Das Buch wurde von Gulde-Druck in Tübingen auf alterungsbeständiges Werkdruckpapier gedruckt und gebunden.

Zum Geleit

Zum theologischen Studium gehört selbstverständlich das Erlernen der hebräischen und griechischen Sprache des Alten und Neuen Testaments. Das vorliegende Arbeitsbuch möchte seinen Teil dazu beitragen und in die Sprache des Alten Testaments einführen. Altphilologen studieren intensiv Latein und Griechisch, Orientalisten beschäftigen sich viele Semester lang u.a. mit Akkadisch und Islamwissenschaftler erlernen Arabisch. Von daher ist es für die wissenschaftliche Beschäftigung mit dem Alten Testament grundlegend, das biblische Hebräisch zu erlernen. Die Sprache ist ein Schlüssel[1] für das Verständnis von Kultur, Religion und Volk. Die hebräische Sprache ist somit ein wichtiger Schritt zum Verständnis der Welt und der Menschen des Alten Testaments. Sie verrät mit ihrer Schrift, der grundlegenden Unterscheidung von Nominal- und Verbalsatz, der Formenlehre, der Syntax und den Vokabeln viel vom Denken, dem Charakter und der Religion der alttestamentlichen Glaubenszeugen. Die Lektüre unterschiedlicher Texte des Alten Testaments führt zudem in die einzelnen Bücher des Alten Testaments ein und zeigt, dass diese in ihrem Inhalt, ihrer Sprache und ihrer Botschaft durchaus verschieden akzentuiert sind. Die Kenntnis der hebräischen Sprache ist zugleich das wichtigste Hilfsmittel zur Kontrolle und Beurteilung von Übersetzungen des Alten Testaments.

Der letzte und tiefste Grund für das Erlernen dieser Sprache liegt freilich in der Erwählung Israels zu Gottes Bundesvolk begründet. „Gott hat damit, dass er Israel zum Bundesvolk erwählte, auch die Sprache dieses Volkes erwählt und zum ersten sprachlichen Mittler seiner Offenbarung gemacht. Das bedeutet aber, dass die Eigentümlichkeiten und Denkvoraussetzungen, die das Wesen dieser Sprache ausmachen, nicht mehr den Charakter des Zufälligen haben. Vielmehr sind sie damit von Gott in Dienst genommen, der angemessenste Ausdruck für seine Offenbarung und ihre sprachliche Weitervermittlung zu sein... Diese Bindung an eine geschichtlich bedingte sprachliche Ausdrucksform, die es nötig macht, diese Sprache zu erlernen und die damit verbundenen Schwierigkeiten auf sich zu nehmen, enthält zweifellos eine Beschränkung. Doch ist diese Beschränkung die Selbstbeschränkung Gottes, in der seine Kondeszendenz und die

---

[1] Vgl. dazu den programmatischen Titel des Buches der Hamburger Alttestamentlerin und früheren Lektorin für Hebräisch an der Universität Basel, Ina Willi-Plein, Sprache als Schlüssel. Gesammelte Aufsätze zum Alten Testament, hrsg. von Michael Pietsch und Tilmann Präckel, Neukirchen-Vluyn 2002.

Knechtsgestalt seines Wortes sichtbar in die Erscheinung tritt."[2] Gottes Offenbarung an dem kleinen und unbedeutenden Volk Israel schließt die Erwählung des Landes Israel und seiner Sprache ein. Wir müssen uns allerdings darüber im klaren sein, dass wir diese Sprache keineswegs in ihrer ursprünglichsten Form vor uns haben. Im Hebräischen des Alten Testaments überlagern sich vielmehr zwei Systeme: das alte System der Konsonanten und das jüngere System der Masoreten. Die biblischen Konsonantentexte liegen uns als Ergebnis der masoretischen Interpretation vor. Von daher muss man in der Verwendung der Rede vom „Urtext" vorsichtig sein!

Das Arbeitsbuch trägt der letztgenannten Tatsache insofern Rechnung, als es sich in den ersten Lektionen recht ausführlich mit den Lautlehre-Regeln der Masoreten beschäftigt. Erst ab Lektion 6 wird mit den Vokabeln und ab Lektion 8 mit der Verblehre begonnen. Dieser Aufbau hat sich in Dutzenden von Hebräischkursen seit dem Wintersemester 1981/82 an der Evangelisch-theologischen Fakultät der Eberhard-Karls-Universität Tübingen herausgeschält und bewährt. Die Abfolge der Lektionen und der grammatischen Abschnitte ist das Ergebnis meines bisherigen Unterrichts; sie spiegelt jeweils den Fortgang des Unterrichts und des Unterrichtsgespräches selbst wider. Von daher haben meine Studenten am Aufbau dieses Arbeitsbuches einen erheblichen Anteil. Ich weiß, dass es neben diesem didaktischen Konzept noch viele andere Aufbaumöglichkeiten des Hebräischunterrichtes gibt. In den letzten zwei Jahrzehnten haben sich viele meiner Kollegen intensiv um neue Konzepte für die Didaktik des Hebräischunterrichtes oft sehr erfolgreich bemüht. Die Diskussion hat meines Erachtens gezeigt, dass die Konzeption des Hebräischunterrichtes sehr an die Person des Hebräischdozenten gebunden ist. So lässt sich in den letzten beiden Jahrzehnten eine zunehmende Individualisierung des Hebräischunterrichtes beobachten. Der Grund dafür ist nicht nur die Person des Unterrichtenden, sondern es kommen die unterschiedlichen lokalen Rahmenbedingungen hinzu, unter denen der Hebräischunterricht stattfindet. Dies ist wohl auch der Grund dafür, dass es seit vielen Jahren kein neueres Standardwerk gibt. „Überblickt man die zahlreichen deutschsprachigen Neuerscheinungen der neunziger Jahre auf dem Gebiet hebräischer Lehrbücher, so zeichnet sich auch hier m.E. noch kein neues Standardwerk ab. Dabei sind es nicht vornehmlich hebraistische Fragen, sondern eher didaktische, die diese Lehrbücher in sehr unterschiedlicher Weise lösen bzw. nicht lösen."[3]

---

[2] Dies formulierte vor genau fünfzig Jahren der am 27. Dezember 2002 verstorbene Basler Alttestamentler und frühere Lektor für Hebräisch an der Kirchlichen Hochschule Bethel, Hans Joachim Stoebe, Der hebräische Unterricht und das theologische Studium, Monatsschrift für Pastoraltheologie 42, 1953, 70.

[3] So lautet das Fazit meines Wuppertaler Kollegen Alexander B. Ernst, Lehrbücher des Biblischen Hebräisch. Einige deutschsprachige Neuerscheinungen der 90er Jahre, Verkündigung und Forschung 43, 1998, 13.

Die Lektionen des Arbeitsbuches sind alle zwei- bzw. dreigeteilt. Ab Lektion 6 findet sich folgender Aufbau: Vokabeln – Materialien und Beispiele – Übungen. Bei den Vokabeln und Übungen muss man sicherlich jeweils eine Auswahl treffen. Da die Zeit in einem Semester beschränkt ist, können wohl nicht alle Übungen gemacht werden; auch bei den ca. 700 Vokabeln muss wohl eine Auswahl getroffen werden. Aber vielleicht reizen diese ja auch zum Selbststudium! Durch die Bibelstellenangaben können die Übungssätze sowie die Textbeispiele leicht kontrolliert werden. Die Bestimmungsübungen lassen sich mit Hilfe der Paradigmentabellen gut auflösen. Das Sachregister soll das Nachschlagen bestimmter Termini oder grammatischer Sachverhalte erleichtern.

Das „Arbeitsbuch Hebräisch" ist ein über viele Semester sich erstreckendes gewachsenes Buch. Ihm lagen viele maschinenschriftliche Fassungen zugrunde, die jedes Semester über neu ausgearbeitet, ergänzt und korrigiert wurden. Die Fragen und Anregungen meiner Studenten und Studentinnen habe ich gerne aufgenommen und verarbeitet. Ich habe ihnen dafür sehr zu danken! Das Buch soll deshalb meinen Studentinnen und Studenten gewidmet sein, nicht nur zum Dank, sondern auch als Ermutigung, mit dem Erlernen der hebräischen Sprache des Alten Testaments in die Welt des Alten Testaments eindringen zu können. Für mich war und ist es eine sehr schöne und dankbare Aufgabe, junge Menschen in das Hebräische einführen zu können. Die intensive Zusammenarbeit mit ihnen innerhalb eines Semesters und das gemeinsame Hinarbeiten auf das Hebraicum bereiten mir immer noch große Freude. Ich bin sehr dankbar dafür, dass mir die Freude und die Energie dazu noch nicht verloren gegangen sind!

Ich habe vielfach zu danken! Mein aufrichtiger Dank ergeht zuallererst an Herrn stud. theol. Emmanuel Rehfeld. Er hat Seite um Seite des schwierigen Manuskriptes in den Computer übertragen und auf diese Weise die Druckvorlage erstellt. Dabei hat er viele nützliche Hinweise zur Textgestaltung gemacht. Die Zusammenarbeit mit ihm funktionierte reibungslos und hat große Freude gemacht. Ich bin ihm für seine aufopferungsvolle und engagierte Arbeit in besonderer Weise dankbar. Für die Erstellung der Paradigmentabellen sowie der Verbliste Nr. 1-61 danke ich herzlich meinem früheren Tutor Herrn stud. theol. David Seidel sowie Herrn stud. theol. Daniel Vaßen. Beim Lesen der Korrekturen sowie der Ausarbeitung der Register haben mich in verlässlicher Weise mein derzeitiger Tutor Herr stud. theol. Carl-Christian Brockhaus und Herr stud. theol. Florian Lippke unterstützt. Herr Brockhaus hat große Teile des Arbeitsbuches in seinem Unterricht erprobt. Ich bin ihm für seine Verbesserungsvorschläge sehr dankbar. Um das Korrekturenlesen hat sich auch mein Hebräischkurs im Wintersemester 2002/03 verdient gemacht. Dem Verlag Mohr Siebeck danke ich für die bereitwillige Aufnahme des Manuskriptes in sein Verlagsprogramm und die gute Betreuung der Drucklegung. Stellvertretend für die Verlagsmitarbeiter möchte ich Herrn Lektor Dr. Henning Ziebritzki sowie Herrn Matthias Spitzner von der Herstellungsleitung nennen. Sie waren beide kompetente und engagierte Ansprechpartner. Mein Rostocker Kollege, Herr Privatdozent Dr. Martin Rösel, war so freundlich, einige Abschnitte des Manuskriptes in seinem Hebräischkurs zu erproben. Ich danke ihm von Herzen für diese keineswegs selbstverständliche Kollegialität. Seine Verbesserungsvorschläge habe ich dankbar in das Manuskript aufgenommen. Meine Kollegen Dr. Paul Kruger, Stellenbosch, und Herr Privatdozent Dr. Matthias Morgenstern, Tübingen, haben Teile des Manuskriptes gelesen und nützliche Verbesserungsvorschläge gemacht. Für weitere Korrekturvorschläge bin ich sehr dankbar!

Möge das Arbeitsbuch dem Erlernen der hebräischen Sprache dienen und damit auch das Verstehen des Alten Testaments und der biblischen Bücher fördern und die Freude an dieser Sprache über das Hebraicum hinaus wach halten!

Tübingen, den 14. April 2003 Heinz-Dieter Neef

Eberhard-Karls-Universität Tübingen
Evang.-theol. Fakultät
Liebermeisterstr. 12-18
72076 Tübingen

Vorwort zur zweiten, durchgesehenen und verbesserten Auflage

Für die zweite Auflage wurde das Buch noch einmal gründlich durchgesehen, Druckfehler wurden korrigiert und Unebenheiten ausgeglichen. Zudem wurde bei der Darstellung des Dopplungsstammes beim Starken Verb das Paradigma כתב durch כבד ersetzt (Lektion 13). Auf diese Weise lässt sich besser als bei כתב die Bedeutung des Dopplungsstammes zeigen. So können auch die Ergebnisse der neusten Althebraistik in das Lehrbuch einfließen.

Ich habe wieder vielfältig zu danken! Zuallererst geht mein Dank wieder an Herrn cand. theol. Emmanuel Rehfeld, der mir in verlässlicher Weise bei der Überarbeitung zur Seite stand. Herzlich danken möchte ich allen, die Verbesserungsvorschläge gemacht haben. Hervorheben möchte ich besonders die Teilnehmer der Tübinger Hebräischkurse seit dem Wintersemester 2003/04, die Rezensenten des Buches und Herrn Pfarrer Dr. Edgar Kellenberger, Liestal/Oberwil

(Schweiz), Herrn Prof. Dr. Thomas Pola, Dortmund, sowie meinen Berner Kollegen Prof. Dr. Benedikt Bietenhard, mit dem ich mich ausführlich und konstruktiv über das Buch austauschen konnte. Die große Mehrzahl der gemachten Verbesserungsvorschläge habe ich aufgenommen. Ich schätze diese Kollegialität sehr! Auch die zweite Auflage erscheint unter der bewährten Obhut des Tübinger Mohr Siebeck Verlages; mein Dank geht hier wieder an Herrn Dr. H. Ziebritzki, Herrn M. Spitzner und die übrigen Mitarbeiter.

Möge das Buch auch in der zweiten Auflage das Verstehen der Bibel fördern und die Freude am Hebräischen über das Hebraicum hinaus wach halten!

Tübingen, den 10. November 2005 Heinz-Dieter Neef

Vorwort zur dritten, durchgesehenen und erweiterten Auflage

Die dritte Auflage ist im Vergleich zur ersten und zweiten Auflage auf Wunsch vieler Benutzer um einen Abschnitt zum „Parallelismus membrorum" erweitert worden. Diese Stilfigur ist für das Übersetzen poetischer Texte eine grundlegende Hilfe. Erweitert wurde auch das Vokabelverzeichnis Hebräisch-Deutsch um die in den Lektionen behandelten Konjunktionen. Darüber hinaus wurde das Buch noch einmal gründlich durchgesehen, Druckfehler wurden beseitigt, Erklärungen grammatischer Phänomene präzisiert und neue Übungstexte eingefügt.

Das Buch hat bei Benutzern und Rezensenten eine freundliche Aufnahme gefunden, wofür ich sehr dankbar bin. Großer Dank gebührt wieder dem Verlag Mohr Siebeck Tübingen, vor allem Herrn Dr. H. Ziebritzki, Herrn M. Spitzner und den übrigen Mitarbeitern für die verläßliche Betreuung des Buches. In höchst kompetenter Weise hat sich Herr Wiss. Mitarb. Mag.Theol. Emmanuel Rehfeld, Dortmund, um das Buch verdient gemacht. Da er inzwischen selbst an der Universität Dortmund Hebräischunterricht erteilt, konnte er viele formale und inhaltliche Verbesserungen zur Neuauflage beitragen. Dafür gebührt ihm aufrichtiger Dank!

Möge das Buch auch in der dritten Auflage das Verstehen der Bibel fördern und die Freude am Hebräischen über das Hebraicum hinaus wach halten!

Tübingen, den 14. November 2007 Heinz-Dieter Neef

Vorwort zur vierten, durchgesehenen und verbesserten Auflage

Die vierte Auflage wurde erneut durchgesehen und auf Anregung einiger Benutzer um Abschnitte zur Vokalisation der Präposition *min*, zum *ē*- und *ō*-Perfekt sowie Verbaladjektiv ergänzt. Darüber hinaus wurden einige missverständliche Bemerkungen zu den Modi im Hebräischen, zur Präposition k^e mit Suffixen sowie dem Chiräq compaginis korrigiert. Ebenso wurden neuere Erkenntnisse zum Adhortativ eingearbeitet.

Das Buch hat eine lebhafte Aufnahme erlebt, worüber ich mich sehr freue. Immer wieder erreichen mich Verbesserungsvorschläge, für die ich dankbar bin und die ich gerne soweit möglich einarbeite. In diesem Zusammenhang sind die Vorschläge meiner Kollegen Prof. Dr. Josef Tropper, Berlin, sowie Dozent Roland Hees, Krelingen, in besonderer Weise zu nennen. Ich schätze diese Kollegialität sehr. Mein Dank geht wieder an den Verlag Mohr Siebeck Tübingen, vor allem an Herrn Verlagsleiter Dr. H. Ziebritzki, Herrn M. Spitzner und die übrigen Mitarbeiter für die gute Betreuung des Buches. Schließlich danke ich sehr Herrn Wiss. Mitarb. Mag. Theol. Emmanuel Rehfeld, Dortmund, für seine verlässliche und kompetente Mitarbeit am Computer.

Möge das Buch auch in der vierten Auflage das Verstehen der Bibel fördern und die Freude am Hebräischen über das Hebraicum hinaus wach halten!

Tübingen, den 26. Mai 2010 Heinz-Dieter Neef

Vorwort zur fünften, durchgesehenen und verbesserten Auflage

Die fünfte Auflage wurde erneut durchgesehen, Druckfehler wurden korrigiert und einige missverständliche Formulierungen verbessert. In den Paradigmentabellen wird jetzt zusätzlich in den Überschriften auf die entsprechenden Lektionen verwiesen, um diese beiden Teile stärker zusammenzubinden. Das Grundkonzept des Buches bleibt jedoch unverändert.

Ich danke herzlich den Mitarbeitern des Verlages Mohr Siebeck Tübingen und ganz besonders Herrn Dr. des. Emmanuel Rehfeld, Dortmund, für die verläßliche und kompetente Mitarbeit am Computer.

Tübingen, den 22.02.2012 Heinz-Dieter Neef

Vorwort zur sechsten, durchgesehenen und verbesserten Auflage

Die sechste Auflage wurde erneut durchgesehen und verbessert. Dabei konnte ich vor allem auf Verbesserungsvorschläge von Herrn Professor Dr. Josef Tropper, Berlin, und Herrn Akad. Rat Dr. Gerhard Karner, Erlangen, dankbar zurückgreifen. Ich danke beiden herzlich für dieses Zeichen der Kollegialität. – Neben der Korrektur von Vokalisationsfehlern wurden vor allem die Tabellen zum Imperativ Singular fem. mit Suffixen entfernt. Dieser Imperativ ist mit Suffixen nicht belegt und von daher entbehrlich! Auf diese Weise werden die Tabellen entlastet. – Ich werde immer wieder gefragt, ob man nicht Lösungstabellen zu den Übungen als Anhang am Ende des Buches auflisten könnte. Nach langem Überlegen habe ich mich dazu entschlossen, dies nicht zu tun, da man die Übungen doch relativ leicht mit Hilfe der Paradigmentabellen auflösen kann. Zudem sollten die Formbestimmungen im Unterricht soweit als möglich besprochen werden. – Die Stellenangaben zu den Übersetzungsübungen möchte ich dagegen beibehalten. Es ist doch wichtig zu wissen, ob ein Vers in einem Psalm, in einer Erzählung oder einer Prophetenschrift begegnet. Dieses Wissen hilft beim Übersetzen und macht sensibel für die Besonderheiten der alttestamentlichen Bücher. Es ist ein Unterschied, ob man einen Vers aus der Priesterschrift, aus Kohelet oder dem Richterbuch übersetzt! Man kann darüber hinaus nur an die Disziplin der Benutzer appellieren, nicht vorschnell in einer deutschen Übersetzung nachzuschlagen!

Mein großer Dank geht wieder an die Mitarbeiter des Verlages Mohr Siebeck Tübingen und vor allem an Herrn Pastor Dr. Emmanuel Rehfeld, Dortmund, für die verlässliche Mithilfe am Computer.

Tübingen, im Advent 2014 Heinz-Dieter Neef

Inhalt

Verteilung des grammatischen Stoffes und der Texte auf die Lektionen

Lektion (Seiten)	Grammatischer Stoff	Lesetexte (L) Übersetzungstexte (Ü)
Einleitung (1-6)	Aufgabe; Hebräisch; Erforschung der hebräischen Sprache	
1 (7-20)	Konsonanten: Schreibung, Aussprache	Gen 1,1f. (L); Ps 1,1-3 (L)
2 (21-25)	Vokale: Schreibung, Homogenität und Heterogenität, Scriptio plena und Scriptio defectiva	
3 (26-31)	Schwa quieszens; Dagesch lene und forte; Patach furtivum	
4 (32-39)	Silbenbildung; Qamäṣ Chatuph; Schwa mobile und medium; Chateph-Vokale	I Sam 19,1-3 (L)
5 (40-49)	Waw copulativum; Vokalisation der einkonsonantigen Präpositionen; Ketib und Qere; Qere perpetuum; Akzente; Wortton und Pausa	Gen 1,1-3 (L); Jer 29,1-7 (L)
6 (50-63)	Artikel; Nomen; selbständiges Personalpronomen; Demonstrativpronomen; Fragepronomina; Relativpartikel	
7 (64-74)	unselbständiges Personalpronomen; Nomen und Präpositionen mit Suffixen; Nominalsätze	Gen 12,1-5 (L)
8 (75-89)	Perfekt; unregelmäßige Nomina; Adjektive; Steigerung; Existenzpartikeln; Doppelpräpositionen	I Sam 8,1-9 (L)
9 (90-100)	Imperfekt; Imperfekt consecutivum; Kohortativ; Jussiv; Imperativ; Adhortativ; Verneinung	Ex 20,1-17 (L)
10 (101-110)	Verbalsätze; Partizip; Perfekt consecutivum; Richtungsangabe	Ps 1 (L)
11 (111-120)	Infinitiv absolutus und constructus; Segolata; Reflexivverhältnis	I Sam 15,1f. (Ü); Gen 22,10-12 (Ü) I Sam 12,1-4 (L)
12 (121-131)	Nifᶜal; Segolata mediae Waw/Jod und tertiae Jod; Relativ- oder Attributivsätze mit אֲשֶׁר	Jer 2,4-6a (Ü) Jdc 9,7-15 (L)

13 (132-148)	Dopplungsstamm: Piᶜel, Puᶜal, Hitpaᶜel; Nomina mit zwei veränderlichen Vokalen; das Nomen כֹּל („Gesamtheit“)	Gen 31,53-32,4 (Ü); Dtn 5,1-5 (Ü) Ps 2 (L)
14 (149-162)	Kausativstamm: Hifᶜil, Hofᶜal; Nomina mit verdoppeltem Endkonsonanten; Gentilicia	Ps 105,3-10 (Ü)
15 (163-177)	Starkes Verb mit Objektsuffixen (Imperfekt); Nomina mit veränderlichem Qamäṣ in der Endsilbe; die hebräischen Stammesmodifikationen: wichtige Kennzeichen	Jer 30,1-5 (Ü) Ps 23 (L)
16 (178-193)	Starkes Verb mit Objektsuffixen (Perfekt); Nomina mit veränderlichem Ṣere in der Endsilbe; Konditionalsätze	I Reg 13,1-4 (Ü); II Reg 2,19-25 (Ü)
17 (194-203)	Starkes Verb mit Objektsuffixen (Imperativ und Infinitiv constructus); Nomina mit veränderlichem Qamäṣ in der vorletzten Silbe; Temporalsätze	Gen 9,8-12 (Ü)
18 (204-214)	Verba primae laryngalis; Verba primae Aleph; Nomina auf Segol He (ֶה); Schwursätze	Gen 3,1-13 (Ü)
19 (215-221)	Verba mediae laryngalis; feminine Nomina auf *–īt* und *–ūt*; Final- und Konsekutivsätze; Partikeln mit Suffixen	Gen 39,2-9 (Ü)
20 (222-231)	Verba tertiae laryngalis; Verba tertiae Aleph; feminine Nomina mit veränderlichen Vokalen; Kausalsätze; Dativus ethicus	Gen 12,10-20 (Ü)
21 (232-242)	Verba primae Nun; das Verb נתן „geben“; das Verb לקח „nehmen“; feminine Nomina mit segolierter Endung; Wunschsätze	Gen 27,1-11 (Ü); Ps 147,1-7 (Ü)
22 (243-256)	Verba primae Jod/Waw; das Verb יָרֵא „sich fürchten“; das Verb יָכֹל „können, vermögen“; feminine Nomina auf Qamäṣ He von Segolata; die Präpositionen לְ und בְּ	Gen 15 (Ü)
23 (257-269)	Verba tertiae infirmae; das Verb היה „sein, werden“; das Verb חוה „sich niederwerfen, anbeten“; das Verb ראה „sehen“; einsilbige Nomina mit veränderlichem Vokal; die Präpositionen מִן und כְּ	Gen 18,1-15 (Ü)
24 (270-287)	Verba mediae *ū/ī/ō* („Hohle“ Wurzeln); Zahlen; die Präposition עַל	Jdc 4,12-22 (Ü); I Sam 25,36-42 (Ü); I Reg 3,16-28 (Ü)

25 (288-297)	Verba mediae geminatae; Modalverben; ungewöhnliche Endungen	I Sam 1,1-10 (Ü) Ruth 4,1-11 (Ü)
26 (298-312)	Doppelt schwache Verben; ungewöhnliche Verbformen; zur Verwendung der Tempora; „Hohle“ Wurzeln, Verba mediae Jod/Waw und Verba mediae geminatae im Vergleich; Parallelismus membrorum	Jona 3,1-10 (Ü) Ruth 2,11-18 (Ü) I Sam 2,1-10 (Ü) Ps 3 (Ü)

Der grammatische Stoff nach Themen

Abkürzungen

abs.	absolutus
com.	communis
cons.	consecutivum
cs.	constructus
dt.	deutsch
f.	Femininum
Hi.	Hif^{c}il
Hitp.	Hitpa^{c}el
Ho.	Hof^{c}al
Imp.	Imperativ
Impf.	Imperfekt
i.p.	in pausa
Jh.	Jahrhundert
Jt.	Jahrtausend
m.	Maskulinum
n.	Neutrum
n.g.	nomen gentilicium
Ni.	Nif^{c}al
n.l.	nomen loci
n.pr.f.	nomen proprium femininum
n.pr.m.	nomen proprium masculinum
n.terr.	nomen terrae
Pi.	Pi^{c}el
Pl.	Plural
poet.	poetisch
Ptz.	Partizip
Pu.	Pu^{c}al
Sg.	Singular
st.	status

Zeichen:

*	*erschlossene Form*
>	*wird zu*
<	*entstanden aus*

Einleitung

1. Die Aufgabe

Das „Arbeitsbuch Hebräisch" hat die Aufgabe, in das biblische Hebräisch einzuführen. Es legt sein Schwergewicht auf die Erarbeitung folgender Themenbereiche: Laut-, Verb-, Nominal- und Satzlehre sowie die Erarbeitung eines Grundvokabulars. Das Ziel des Arbeitsbuches ist die Vermittlung der Fähigkeit, Texte des Alten Testaments lesen, übersetzen und verstehen zu können. Es ist aus dem akademischen Unterricht gewachsen und versteht sich als „Lehrbuch des biblischen Hebräisch". Es versteht sich nicht als „Grammatik des biblischen Hebräisch" in dem Sinne der Darbietung einer neuen grammatischen Theorie oder der Darstellung eines neuen methodischen Zugangs zum Hebräischen. Dies schließt jedoch die Aufnahme von gesicherten Ergebnissen der neueren Althebraistik keineswegs aus.

Die Althebraistik hat vor allem in den letzten beiden Jahrzehnten einen enormen Aufschwung erlebt, wie die Publikation gewichtiger Monographien, nützlicher Einzelstudien sowie die Gründung althebraistischer Zeitschriften zeigt. Dies alles hat zu einem präziseren und verbesserten Verständnis des biblischen Hebräisch beigetragen. Viele dieser Erkenntnisse können in einem Anfängerkurs für Hebräisch aus Zeitgründen wohl kaum aufgenommen und besprochen werden. Der Anfängerkurs hat zuallererst die Aufgabe, gute Grundlagen für das Verständnis des Hebräischen zu legen. Diesem Ziel fühlt sich das vorliegende Arbeitsbuch in erster Linie verpflichtet. Es dient der Einführung in das biblische Hebräisch sowie der Hinführung zum Hebraicum.

Bezüglich der Nomenklatur und des Aufbaus zollt das Arbeitsbuch der Tradition der mittelalterlichen jüdischen Grammatiker insofern Respekt, als es an deren grammatische Termini ebenso wie an deren Gliederung des grammatischen Stoffes anknüpft. So behandelte bereits Sa^{c}adja (882-942) als der Begründer der hebräischen Sprachwissenschaft in seinem „Buch von der Sprache" die Lautlehre, das Verb und das Nomen, wobei er unter dem Einfluss der arabischen Grammatik stand. Dunasch ben Labrat (um 960) war es dann, der die Bezeichnungen der Stammesmodifikationen Qal, Nif^{c}al usw. einführte.

Die in dem Arbeitsheft verwendeten Formen und Textbeispiele sind alle dem Alten Testament entnommen. Es wird bewusst darauf verzichtet, eigene Sätze und Texte zu bilden. Von daher war die Konkordanz das wichtigste Hilfsmittel bei der Konzipierung des Arbeitsbuches. Die eigene Bildung von hebräischen Sätzen ist nie frei von Einflüssen der Sprache des Verfassers. Zudem kann auf diese Weise kaum die jeweilige syntaktische, stilistische und semantische Eigenart des hebräischen Textes getroffen werden. Es ist schon ein Unterschied, ob man einen Text der Priesterschrift oder einen Abschnitt aus dem Deuteronomium analysiert und übersetzt. Von daher werden bei den Formbestimmungsübungen sowie bei den Textbeispielen ausschließlich Originalformen und –texte verwendet. Dies ist auch der Grund, warum das Arbeitsbuch keine Übersetzungsübungen deutsch-hebräisch enthält. Diese Übungen sind mit so vielen Unsicherheiten verknüpft, dass darauf besser verzichtet werden sollte.

Die Konzentration auf Textbeispiele aus dem Alten Testament hat allerdings zur Folge, dass oft nur Teile eines Verses verwendet werden können und sein engerer und weiterer Kontext unberücksichtigt bleibt. Dies ist vor allem in den ersten Lektionen der Fall, wo die Kenntnis der Formen noch sehr begrenzt ist. Dieser Nachteil wiegt jedoch weniger schwer als die eigene Bildung von hebräischen Sätzen.

Da sich das Arbeitsbuch vor allem an Anfänger wendet, wird verstärkt mit Tabellen gearbeitet. Diese beziehen sich auf Pronomina, Verben und Nomina. Diese Tabellen sind insofern nützlich, als die Struktur der Verb- und Nominalbildung deutlich vor Augen gestellt werden kann. Die Tabellen sind freilich der einzige Ort im Arbeitsbuch, wo Formen begegnen, die nicht im Alten Testament belegt sind.

Die Texte des Alten Testaments werden ohne die Masora wiedergegeben. Ebenso werden nur die beiden Akzente Atnach und Silluq gesetzt. Die kleine Einführung vor jedem größeren Textabschnitt dient der Kurzinformation über Ort und Inhalt des Textes im größeren Zusammenhang. Diese Einführungen sollen die Gebundenheit des Hebräischen an das Alte Testament und als wichtigster Schlüssel für dessen Verständnis betonen.

2. Hebräisch

Mit „Hebräisch" bezeichnet man die Sprache des Alten Testaments mit Ausnahme der aramäischen Teile Esr 4,8-6,18; 7,12-26; Dan 2,4-7,28; Jer 10,11; Gen 31,47 (2 Worte).

Das Hebräische gehört zu der Gruppe der semitischen Sprachen, die Träger dieses Sprachtypus bezeichnet man als Semiten. Das Semitische gehört zu der Gruppe der flektierenden Sprachen, die von Mesopotamien, vom armenischen Hochland bis zur Südküste Arabiens heimisch sind. Geographisch lässt es sich in drei Gruppen gliedern:

Die ostsemitische Gruppe: Akkadisch mit den beiden Dialekten Babylonisch und Assyrisch.

Die nordwestsemitische Gruppe: Amoritisch (2.Jt.v.Chr.), Ugaritisch (14./13.Jh.v.Chr.), Kanaanäisch, Phönizisch-Punisch (1.Jt.v.Chr.), Moabitisch, Ammonitisch, Hebräisch, Aramäisch.

Die südsemitische Gruppe: Nordarabisch (inschriftlich seit dem 4.Jh.n.Chr. und als Schriftsprache seit dem 6.Jh.n.Chr. belegt), Südarabisch (Sprache der sabäischen und minäischen Inschriften bis zum 6.Jh.n.Chr.), Abessinisch (Äthiopisch).

Die semitischen Sprachen weisen eine starke Verwandtschaft untereinander auf. Als *Hauptmerkmale* kann man nennen:

Die Laryngale ʾ, h, ḥ, ᶜ geben der Sprache einen dumpfen Klang. Der Begriff des Wortes haftet an den Konsonanten, die Vokale dienen zur näheren Bestimmung. Die Wurzeln bestehen in der Regel aus drei Konsonanten oder Radikalen. Aus der Wurzel entsteht die Einzelform durch Vokalwechsel, Dehnung, Verdopplung sowie durch Anhängung von Prä- (Imperfekt) und Afformativen (Perfekt). Ein besonderes Kennzeichen des Verbs sind die zahlreichen Stammesmodifikationen: Aktiv, Passiv, Medium, Reflexiv, Intensiv, Konativ, Kausativ, Multiplikativ; sie verleihen der Sprache die Fähigkeit zu genauer Nuancierung. Die semitischen Sprachen kennen zwei Genera (Maskulin und Feminin) und drei Numeri (Singular, Dual, Plural).

Hebräisch ist im Kanaanäischen verwurzelt (Jes 19,18), das sich in drei Gruppen gliedern lässt:

Nordkanaanäisch: Dazu zählt das Ugaritische, das seinen Namen nach der bis ins 7./6.Jt.v.Chr. zurückreichenden Hafenstadt Ugarit trägt. Sie stellte im 2.Jt.v.Chr. eine bedeutende Handelsmetropole dar.

Mittelkanaanäisch: Die kanaanäische Mundartengruppe Mittelsyriens, zu der die Städte Byblos, Sidon und Tyrus gehören, wird als Phönizisch bezeichnet.

Südkanaanäisch: Dazu zählen Hebräisch, das seit dem 11.Jh.v.Chr. in Erscheinung tritt, und Moabitisch, der ostjordanische Nachbardialekt des Hebräischen (um 850 v.Chr.; vgl. II Reg 3,4-27).

In der Geschichte der hebräischen Sprache kann man drei Sprachstufen unterscheiden:

Althebräisch: Es ist greifbar in der Mehrzahl der Texte des Alten Testaments und umfasst den Zeitraum vom 11.Jh.v.Chr. bis in die exilisch-nachexilische Zeit.

Mittelhebräisch: Der Übergang vom Alt- zum Mittelhebräischen ist nicht genau zu fixieren. Zum Mittelhebräischen gehören die jüngsten Schriften des Alten Testaments aus dem 4.-2.Jh.v.Chr. (Cant, Koh, Est, Dan, Esr, I/II Chr) sowie das Buch Jesus Sirach (2.Jh.v.Chr.), die Qumrantexte (2.Jh.v.Chr. – 1.Jh.n.Chr.), die Mischna und die rabbinischen Werke.

Neuhebräisch: Damit wird die offizielle Sprache des Staates Israel bezeichnet (seit 1948). Ihre Anfänge gehen auf das Ende des 18.Jh.s zurück. Im Vergleich zum Alt- und Mittelhebräischen zeigt es eine differenzierte und europäisierte Form.

In der Überlieferung des Alten Testaments ist zu unterscheiden zwischen dem Konsonantentext auf der einen und der Ausspracheüberlieferung auf der anderen Seite. Der Konsonantentext wurde um 100 n.Chr. festgelegt. Anders steht es mit der Ausspracheüberlieferung, die bis ins 9.Jh.n.Chr. nicht normativ festgelegt war. Die Schriftgelehrten, die sich mit der Aussprache und Akzentuierung befassten, bezeichnet man als Masoreten (Masora = Überlieferung). Man unterscheidet die Masoreten des Ostens (Babylonien) von denen des Westens (Palästina). Die ältere palästinische und babylonische Punktation stellt supralineare Systeme, d.h. Systeme mit Vokalzeichen über den Konsonanten dar; diese älteren Systeme sind sehr einfach. Unsere Grammatiken fußen auf dem komplizierteren System der Masoreten von Tiberias, genauer auf der Vokalisierung und Akzentuierung der Masoretenfamilie Ben Ascher (8.-10.Jh.n.Chr.).

3. Die Erforschung der hebräischen Sprache

Der Begründer der hebräischen Sprachwissenschaft ist Sa^{c}adja (gestorben 942 n.Chr.), der in arabischer Sprache ein aus zwölf Teilen bestehendes Werk mit dem Namen „Bücher der Sprache“ verfasste. Dieses Werk ist die erste systematische Darstellung der hebräischen Grammatik. Auf dieses Werk bauen die mittelalterlichen Grammatiken auf, die ausschließlich von jüdischen Gelehrten verfasst wurden: Jehuda ben Quraisch (um 1000); Menachem ben Saruq (um 960); Dunasch ben Labrat (um 960); Abraham ben Meir Ibn Esra (1092-1167); David Kimchi (1160-1235) u.v.a. Bis ins 16.Jh. hinein war die Literatur zur hebräischen Sprache fast ausschließlich von Juden für Juden geschrieben. Dies änderte sich mit dem Auftreten von Johannes Reuchlin (1455-1522), der als erster Christ eine Grammatik verfasste, um Christen in die Kenntnis der hebräischen Sprache einzuführen. Damit trat das hebräische Sprachstudium aus dem Bereich der Synagoge heraus und ließ sich neben den klassischen Sprachstudien an den Universitäten nieder. Reuchlins bedeutendstes Werk sind die „Rudimenta hebraica“, die ein vollständiges Lehrgebäude der hebräischen Sprache, eine umfangreiche Grammatik und ein vollständiges Wörterbuch enthalten.

Eine Blüte erlebte die Erforschung der hebräischen Grammatik im 19.Jh. vor allem durch die Arbeiten von W. Gesenius (1786-1842), der als der Begründer der modernen Grammatik und Lexikographie des Hebräischen bezeichnet werden kann. Seine „Hebräische Grammatik völlig umgearbeitet von E. Kautzsch, Nachdruck der 28. Auflage 1909, Hildesheim u.a. 1977, 606 S.“ fußt auf seinem „Hebräischen Elementarbuch“, das 1813f. in zwei Teilbänden „Hebräische Grammatik“ und „Hebräisches Lehrbuch“ erschien. Die Grammatik wuchs sehr rasch über ihren eigentlichen Umfang hinaus und war als „Gesenius-Rödiger“ (14.-21.

Auflage 1845-1872) und „Gesenius-Kautzsch“ (22.-28. Auflage 1878-1909) die bekannteste wissenschaftliche Grammatik des 19. Jahrhunderts.

Neben der Grammatik von W. Gesenius sind noch als weitere wichtige Grammatiken u.a. die von J. Olshausen (erschienen 1861), H. Ewald (1870) und F.E. König (1881 und 1897) zu nennen.

Wichtige Grammatiken des 20.Jh.s sind u.a. die von G. Bergsträsser (1918), H. Bauer/P. Leander (1922), P. Joüon (1923; Neubearbeitung als P. Joüon/T. Muraoka 1991), C. Brockelmann (1956), R. Meyer (1992), D. Michel (1977), W. Richter (1978-1980) und B.K. Waltke/M. O’Connor (1990) zu nennen. Eine wichtige Etappe in der Erforschung der althebräischen Sprache stellt die von H.-P. Müller begründete und von U. Rüterswörden in Zusammenarbeit mit anderen Gelehrten herausgegebene „Zeitschrift für Althebraistik“ (ZAH, Band 1, 1988) dar. In jüngster Zeit wurde eine weitere wissenschaftliche Zeitschrift gegründet, die sich der Erforschung der hebräischen Sprache verpflichtet weiß: „Kleine Untersuchungen zur Sprache des Alten Testaments und seiner Umwelt“ (KUSATU, Band 1, 2000), im Auftrag der Forschungsstelle für Hebräische Syntax an der Universität Mainz hg. von R.G. Lehmann.

An neueren Grammatiken und Lehrbüchern der hebräischen Sprache des Alten Testaments sind – in Auswahl – zu nennen: S. Arnet, Wortschatz der Hebräischen Bibel. Zweieinhalbtausend Vokabeln alphabetisch und thematisch geordnet, ^{5}2013; P. Auvray, Bibelhebräisch zum Selbststudium, 1996; R. Bartelmus, Einführung in das biblische Hebräisch, ^{2}2010; J. Blau, A Grammar of Biblical Hebrew, 1976; H. Dietzfelbinger, Lernbuch des biblischen Hebräisch, 2 Bände, 2010; A. Ernst, Kurze Grammatik des Biblischen Hebräisch, ^{3}2013; H.W. Hoffmann, Einführung ins biblische Hebräisch. Grammatik – Vokabular – Übungen, 2014; Juni Hoppe, in Zusammenarbeit mit J. Tropper, Hebräisch Lernvokabular, Hesed. Hebraica et Semitica Didactica 1, ^{2}2013; H. Irsigler, Einführung in das Biblische Hebräisch I/II, 1978f.; E. Jenni, Lehrbuch der hebräischen Sprache des Alten Testaments, ^{3}2003; A. Käser/Th. Dallendörfer, Hebräische Verben in Bildern schneller lernen, 2009; P.H. Kelley, Biblical Hebrew. An Introductory Grammar, 1992; Martina Kepper, CD-ROM-Sprachkurs Biblisches Hebräisch, 2008; Jutta Körner, Hebräische Studiengrammatik, ^{5}1996; M. Krause, Hebräisch. Biblisch-hebräische Unterrichtsgrammatik, hg. von M. Pietsch und M. Rösel, de Gruyter Studienbuch, ^{3}2012; G. Krinetzki, Bibelhebräisch. Eine Einführung in seine grammatischen Charakteristika und seine theologisch relevanten Begriffe, 1981; T.O. Lambdin, Lehrbuch Bibel-Hebräisch, hg. von H. von Siebenthal, 1990; J.P. Lettinga, Grammatik des biblischen Hebräisch, 2 Bände, 1992; J.D. Martin, Hebräische Elementargrammatik, übersetzt A.C. Hagedorn, 1998; F. Matheus, Einführung in das Biblische Hebräisch. Studiengrammatik, 1997; W. Schneider, Grammatik des biblischen Hebräisch. Ein Lehrbuch, ^{2}2004; ders., Debarim. Übungsbuch für den Hebräisch-Unterricht, ^{3}2006; A. Sperber, A Historical Grammar of Biblical Hebrew, 1966; H.P. Stähli, Hebräisch-Kurzgrammatik,

^{4}2004; ders., Hebräisch-Vokabular, ^{3}2002; F. Stolz, Hebräisch in 53 Tagen, ^{5}1990; J. Weingreen, A Practical Grammar for Classical Hebrew, ^{2}1959; G. Welzel, Programmierte Grammatik des Hebräischen, 1981.

An neueren Wörterbüchern sind zu nennen: W. Gesenius/F. Buhl, Hebräisches und aramäisches Handwörterbuch über das Alte Testament, 17. Auflage 1915 (Nachdruck 1962); W. Gesenius, Hebräisches und aramäisches Handwörterbuch über das Alte Testament, 18. Auflage bearbeitet und hg. von R. Meyer und H. Donner, 2013; Hebräisches und aramäisches Lexikon zum Alten Testament, 3. Auflage hg. von W. Baumgartner, J.J. Stamm u.a., Lieferungen I-V 1967-1995 + Supplement-Band 1996; W. Dietrich/S. Arnet, Konzise und aktualisierte Ausgabe des Hebräischen und Aramäischen Lexikons zum Alten Testament (KAHAL), 2013; G. Fohrer u.a., Hebräisches und aramäisches Wörterbuch zum Alten Testament, 1989, 2. Auflage; D.J.A. Clines (Ed.), The Dictionary of Classical Hebrew, Lieferungen I-VIII 1993-2011.

Lektion 1:
Die Konsonanten

א	Aleph	*ʾ*
ב	Beth	*b*
ג	Gimel	*g*
ד	Daleth	*d*
ה	He	*h*
ו	Waw	*w*
ז	Zajin	*z*
ח	Chet	*ḥ*
ט	Teth	*ṭ*
י	Jod	*j*
כ	Kaph	*k*
ל	Lamed	*l*
מ	Mem	*m*
נ	Nun	*n*
ס	Samech	*s*
ע	Ajin	*ʿ*
פ	Pe	*p*
צ	Sade	*ṣ*
ק	Qoph	*q*
ר	Resch	*r*
שׂ	Sin	*ś*
שׁ	Schin	*š*
ת	Taw	*t*

1. Schreibung

Die hebräische Schrift gehört zu der im 2.Jt.v.Chr. im syrisch-palästinischen Raum entwickelten Alphabetschrift. Hier gelang es zum erstenmal, ein System von weniger als 30 Zeichen zu entwickeln. Ursprünglich waren die Zeichen Bilder, die wohl nach dem Prinzip der Akrophonie ausgewählt waren. Jedem Laut entsprach ein Bildsymbol für eine Größe, deren nordwestsemitische Bezeichnung mit dem betreffenden Laut begann. Diese Bildbuchstaben kann man bei der Mehrzahl der Konsonanten noch rekonstruieren. Die Konsonantenschrift wird auch als Quadratschrift bezeichnet, weil sich alle Konsonanten in ein Quadrat einfügen. Bei der Schreibung ist zu beachten, dass die Mehrzahl der Konsonanten in der linken oberen Ecke des Quadrats beginnen.

Schreibung: Man beginnt mit einer Querlinie von links oben nach rechts unten. Es folgen zwei leicht geschwungene Linien in die linke untere und rechte obere Ecke.
Name: **Aleph**
Umschrift: ʾ
Bildbuchstabe: Rinderkopf 

Schreibung: Man beginnt in der linken oberen Hilfsquadratecke und beschreibt eine Linie auf der oberen und der rechten Hilfsquadratlinie; in einem zweiten Schreibzug beschreibt man eine Linie, die mit der unteren Hilfsquadratlinie identisch ist; an ihrem rechten unteren Ende weist sie ein wenig über den rechten senkrechten Schaft hinaus.
Name: **Beth**
Umschrift: *b*
Bildbuchstabe: Haus 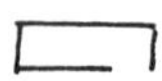

Schreibung: Man beginnt mit einem Querstrich von links oben nach rechts unten, zieht eine senkrechte Linie und setzt noch eine kleine Querlinie im unteren Drittel der senkrechten Linie hinzu.
Name: **Gimel**
Umschrift: *g*
Bildbuchstabe: Kamel 

Schreibung: Man beginnt in der linken oberen Ecke des Hilfsquadrates, zieht eine waagrechte Linie nach rechts, die ein klein wenig über den rechten Schaft des Hilfsquadrates hinausweist, und beschreibt eine senkrechte Linie, die mit der rechten Linie des Hilfsquadrates identisch ist.
Name: **Daleth**
Umschrift: *d*
Bildbuchstabe: Fisch 

Schreibung: Man beginnt in der linken oberen Ecke, zieht eine waagrechte Linie, die mit der oberen Hilfsquadratlinie identisch ist, beschreibt dann eine senkrechte Linie, die mit der rechten Hilfsquadratlinie identisch ist, und zieht schließlich eine linke Linie, die parallel zur rechten Linie ist. Dabei muss man beachten, dass die linke Linie nicht ganz an die obere waagrechte Linie anstößt.
Name: **He**
Umschrift: *h*
Bildbuchstabe: betende oder rufende Gestalt 

Schreibung: Man beginnt mit einer kleinen Querlinie und beschreibt dann eine senkrechte Linie, die an der unteren Hilfsquadratlinie endet.
Name: **Waw**
Umschrift: *w*
Bildbuchstabe: Keule oder Haken 

ז ז

Schreibung: Man zieht eine leicht geschwungene Linie auf der oberen Hilfsquadratlinie und fügt dann eine leicht geschwungene senkrechte Linie hinzu, die an der unteren Hilfsquadratlinie endet.
Name: **Zajin**
Umschrift: *z*
Bildbuchstabe: Ölbaum? 

ח ח

Schreibung: Man beginnt in der linken oberen Ecke, zieht eine waagrechte Linie, die mit der oberen Hilfsquadratlinie identisch ist, und zieht dann zwei senkrechte parallele Linien.
Name: **Chet**
Umschrift: *ḥ*
Bildbuchstabe: Zaun, Gatter 

ט ט

Schreibung: Man beginnt in der linken oberen Ecke des Hilfsquadrates mit einer kleinen Querlinie, beschreibt dann einen nicht fest geschlossenen Kreis und zieht abschließend eine waagrechte Linie auf der unteren Hilfsquadratlinie.
Name: **Teth**
Umschrift: *ṭ*
Bildbuchstabe: ?

י י

Schreibung: Man schreibt einen nach links geöffneten Haken in der rechten oberen Ecke des Hilfsquadrates.

Name: **Jod**
Umschrift: *j*
Bildbuchstabe: Hand mit Unterarm 

Schreibung: Man beginnt in der linken oberen Ecke des Hilfsquadrates und schreibt einen nach links geöffneten Halbkreis.
Name: **Kaph**
Umschrift: *k*
Bildbuchstabe: Hand 

Schreibung: Man beginnt links *über* der oberen Hilfsquadratlinie, beschreibt eine kleine senkrechte Linie, dann eine waagrechte Linie und abschließend eine geschwungene, auf der unteren Hilfsquadratlinie endende Linie.
Name: **Lamed**
Umschrift: *l*
Bildbuchstabe: Ochsenstecken 

Schreibung: Man beginnt im linken oberen Teil des Hilfsquadrates, zieht eine geschwungene Linie in die linke untere Hilfsquadratecke und beschreibt eine kreisförmige Linie, die das Hilfsquadrat ausfüllt und in der linken unteren Ecke endet. Dabei muss man beachten, dass das Ende des Kreises nicht ganz in die linke Ecke vorstößt; ein kleiner Zwischenraum muss bleiben.
Name: **Mem**
Umschrift: *m*
Bildbuchstabe: Wasser 

נ נ

Schreibung: Man beginnt auf der oberen Hilfsquadratlinie, zieht eine kleine waagrechte Linie, zieht dann eine senkrechte Linie und schreibt noch einmal eine kleine waagrechte Linie, die mit der oberen Linie parallel ist.
Name: **Nun**
Umschrift: *n*
Bildbuchstabe: Schlange 

ס ס

Schreibung: Man zieht einen Kreis, der oben mit einem kleinen Schnörkel geschlossen wird.
Name: **Samech**
Umschrift: *s*
Bildbuchstabe: Stütze?, Stecken?, Krücke? 

ע ע

Schreibung: Man beginnt in der linken oberen Ecke des Hilfsquadrates, zieht eine Linie in das rechte untere Viertel des Hilfsquadrates und schreibt eine Gegenlinie von rechts oben in die linke untere Ecke des Hilfsquadrates.
Name: **Ajin**
Umschrift: ^{c}
Bildbuchstabe: Auge

פ פ

Schreibung: Wie beim Kaph schreibt man einen nach links geöffneten Halbkreis und setzt anschließend oben eine kleine senkrechte und waagrechte Linie, die einem großen auf dem Kopf stehenden T ähneln.

Name: **Pe**
Umschrift: *p*
Bildbuchstabe: Mund 

צ צ

Schreibung: Wie beim Aleph beginnt man mit einer Querlinie von links oben nach rechts unten und setzt dann abschließend eine Querlinie von rechts oben sowie eine waagrechte Linie unten hinzu.
Name: **Sade**
Umschrift: *ṣ*
Bildbuchstabe: ?

ק ק

Schreibung: Man zieht eine senkrechte Linie, die *über* die untere Hilfsquadratlinie hinausweist und setzt darüber eine geschwungene Linie.
Name: **Qoph**
Umschrift: *q*
Bildbuchstabe: Nadelöhr? 

ר ר

Schreibung: Man beginnt in der linken oberen Hilfsquadratecke und beschreibt eine Linie auf der oberen und der rechten Hilfsquadratlinie.
Name: **Resch**
Umschrift: *r*
Bildbuchstabe: Kopf 

שׂ שׂ

Schreibung: Man beginnt in der linken oberen Ecke des Hilfsquadrates, zieht eine Linie nach unten, schreibt eine waagrechte Linie, die in eine in der rechten oberen Hilfsquadratecke endende Linie übergeht. Abschließend setzt man eine kleine Querlinie an den linken Schaft und setzt drei kleine waagrechte Linien an die Enden der Linien. Zur Unterscheidung vom Schin setzt man auf den *linken* Schaft einen *diakritischen* (=unterscheidenden) *Punkt.*
Name: **Sin**
Umschrift: *ś*
Bildbuchstabe: Bogen oder Zähne? 

שׁ שׁ

Schreibung: Sie ist mit derjenigen des Sin identisch; lediglich der diakritische Punkt wird über den *rechten* Schaft gesetzt.
Name: **Schin**
Umschrift: *š*
Bildbuchstabe: Bogen oder Zähne? 

ת ת

Schreibung: Man beginnt wie beim Resch in der linken oberen Hilfsquadratecke und beschreibt eine Linie auf der oberen und der rechten Hilfsquadratlinie. Abschließend setzt man eine leicht geschwungene senkrechte Linie an der linken Hilfsquadratlinie hinzu.
Name: **Taw**
Umschrift: *t*
Bildbuchstabe: Zeichen 

Hinweise zur Schreibung:
Man schreibt und liest die 22 bzw. 23 Konsonanten *von rechts nach links*. Die geschriebene Schrift ist der Druckschrift gleich. Am Zeilenende werden die Wörter nicht getrennt. Bei der Schreibung möge man sich eine Wäscheleine vor-

stellen, an der die Konsonanten gleichsam aufgehängt sind. Man bemühe sich um eine schöne Schreibung der Konsonanten.

Litterae finales („Endbuchstaben“):
Fünf Konsonanten des hebräischen Alphabets haben am Wortende *immer* eine andere Schreibung als am Anfang oder in der Mitte eines Wortes. Sie werden als *litterae finales* („Endbuchstaben“) bezeichnet. Dazu zählen die folgenden Konsonanten:

Konsonant:		Schreibung am Wortende:	
כ	**Kaph**	ך	Man schreibt eine waagrechte Linie auf der oberen Hilfsquadratlinie und zieht eine senkrechte Linie über die untere Hilfsquadratlinie hinaus: **Kaph finalis**.
מ	**Mem**	ם	Das **Mem finalis** ist mit dem Hilfsquadrat identisch; in die linke obere Ecke setzt man noch einen Schnörkel.
נ	**Nun**	ן	Man beginnt beim **Nun finalis** auf der oberen Hilfsquadratlinie, schreibt eine kleine waagrechte Linie und zieht dann eine senkrechte Linie, die über die untere Hilfsquadratlinie hinausweist.
פ	**Pe**	ף	Die beiden ersten Schreibzüge sind mit denen beim Kaph finalis identisch. Abschließend fügt man an die obere waagrechte Linie ein großes auf dem Kopf stehendes T: **Pe finalis**.
צ	**Sade**	ץ	Man beginnt beim **Sade finalis** mit zwei kleinen Querlinien, die an der oberen Hilfsquadratlinie haften, und schreibt dann eine senkrechte Linie, die über die untere Hilfsquadratlinie hinausweist.

Merkwort: *litterae „kamnappes“*

Leicht verwechselbare Buchstaben: Folgende Buchstaben können leicht verwechselt werden:

ב	Beth	und	כ	Kaph
ג	Gimel	und	נ	Nun
ד	Daleth	und	ר	Resch
ה	He	und	ח	Chet
ו	Waw	und	ז	Zajin
כ	Kaph	und	נ	Nun
ם	Mem finalis	und	ס	Samech
ע	Ajin	und	צ	Sade

Die meisten Verwechslungen passieren erfahrungsgemäß bei

ח	Chet	und	ת	Taw.

Bei der Bestimmung des Konsonanten sollte man sich an der linken und rechten oberen Ecke des Hilfsquadrates orientieren: Liegt eine Rundung vor? Liegt ein rechter Winkel vor? Wo werden die Schnörkel gesetzt?

2. Aussprache

Die Konsonanten des hebräischen Alphabets lassen sich in bestimmte Lautgruppen einteilen. Die wichtigsten Lautgruppen sind:

- **Mutae** (Verschlusslaute)

  בּ *b* גּ *g* דּ *d* כּ *k* פּ *p* תּ *t*

  Merkwort: „*Begadkefat*"*-Laute*

  Die Besonderheit der Mutae besteht darin, dass sie eine doppelte Aussprache haben, eine weiche als *Reibelaute* und eine harte als *Verschlusslaute*:

Mutae	Reibelaut (spirantisch)	Verschlusslaut (explosiv)
ב	*v*	*b*
ג	*γ*	*g*
ד	*ð*	*d*
כ	*x*	*k*
פ	*f*	*p*
ת	*θ*	*t*

ב Die Aussprache als Verschlusslaut wie bei „A**b**end“. Die spirantische Aussprache entspricht dem deutschen w wie in „**W**asser“.

ג Die explosive Aussprache wie in „**g**ut“, die spirantische entspricht einem „**ng**“.

ד Als Verschlusslaut wird Daleth wie bei „**D**ach“ ausgesprochen; die Aussprache als Reibelaut entspricht dem englischen th wie bei „fa**th**er“ (stimmhaft).

כ Die Aussprache als Verschlusslaut entspricht dem deutschen k wie in „**K**och“, die Aussprache als Reibelaut wie bei „ko**ch**en“.

פ Die explosive Aussprache wie in dem Wort „**P**aul“. Die spirantische Aussprache entspricht dem deutschen f wie in „kau**f**en“.

ת Das Taw wird explosiv wie in dem Wort „**T**uch“ gesprochen. Die spirantische Aussprache entspricht dem englischen stimmlosen th wie in „mon**th**“.

Da diese Aussprachevarianten im Alten Testament keine Wortbedeutungen nach sich ziehen, verzichtet man in der Regel auf die Unterscheidung von spirantischer und explosiver Aussprache bei Gimel, Daleth und Taw und spricht diese drei Konsonanten immer als Verschlusslaut aus. Bei den übrigen drei Konsonanten Beth, Kaph und Pe sollte man dagegen die unterschiedliche Aussprache beachten.

Die Unterscheidung zwischen spirantischer und explosiver Aussprache ist einfach, da die explosive Aussprache durch einen mitten in den Buchstaben gesetzten diakritischen Punkt angezeigt wird. Dieser Punkt hat den Namen *Dagesch lene*.

Schreibung und Umschrift der Mutae *mit Dagesch lene*:

בּ	גּ	דּ	כּ	פּ	תּ
b	*g*	*d*	*k*	*p*	*t*

Schreibung und Umschrift der Mutae *ohne Dagesch lene*:

ב	ג	ד	כ	פ	ת
ḇ	*g̱*	*ḏ*	*ḵ*	*p̱*	*ṯ*

- **Laryngale/Gutturale** (Kehllaute)

א ᵓ ה *h* ח *ḥ* ע ᶜ

א Das Aleph bezeichnet einen festen Stimmeinsatz; es entspricht dem Knacklaut in „be-**א**-achten“ oder in „an-**א**-ordnen“. Aleph ist ein voller Konsonant, der am Anfang oder am Ende einer Silbe stehen kann. Für unser Ohr geht **א** allerdings vor einem Vokal fast verloren (ähnlich wie im franz. „**h**omme“ oder im engl. „**h**our“). Am Ende einer Silbe wird vokalloses Aleph meist und im Wortauslaut stets nicht mehr ausgesprochen (*quieszierendes Aleph*). Das Aleph ist immer zu transkribieren, da es beim Anhängen grammatischer Endungen wieder konsonantisch werden kann.

ה He entspricht am Anfang einer Silbe deutschem h wie in „**H**aus" oder „**H**of". Am Ende eines Wortes wird He fast nie als Konsonant ausgesprochen. Dieses auslautende He ist Vokalbuchstabe und muss nicht transkribiert werden.
Wenn He am Wortende dennoch als Konsonant ausgesprochen werden soll, wird ein diakritischer Punkt in das Zeichen gesetzt: *He mit Mappiq* (Punkt): הּ. *He Mappiq* begegnet nur am Wortende!

ח Chet ist ein stimmloser Kehllaut, der als ch zu sprechen ist wie in „Ma**ch**t", „Lo**ch**" oder „Zu**ch**t".

ע Ajin ist ein für die semitischen Sprachen charakteristischer Kehllaut, der in den indogermanischen Sprachen nicht vorkommt und deshalb den Europäern Ausspracheschwierigkeiten bereitet. Beim Lesen und Schreiben der Wörter darf man Ajin auf keinen Fall übergehen. Bei der Aussprache bemühe man sich, weit hinten im Rachen ein r oder g zu sprechen.

- **Sibilanten** (Zisch- oder S-Laute)

ז *z* ס *s* צ *ṣ* שׂ *ś* שׁ *š*

ז Zajin ist ein stimmhafter s-Laut wie deutsch „bla**s**en" oder „We**s**en".

ס Samech ist ein stimmloser s-Laut wie in „da**ss**".

צ Bei der Aussprache von Sade sollte man ein „**ts**" unmittelbar hintereinander aussprechen.

שׂ Sin ist ein stimmloser s-Laut, der vom Samech nicht mehr unterschieden werden kann.

שׁ Schin entspricht in der Aussprache sch wie in „**Sch**ule".
Der diakritische Punkt beim Sin שׂ und beim Schin שׁ wurde von den sog. Punktatoren hinzugefügt. Beide Konsonanten wurden ursprünglich in gleicher Weise geschrieben: ש. Um Verwechslungen zu vermeiden, wurde der diakritische Punkt hinzugefügt.

- **Labiale** (Lippenlaute)

ב *b* ו *w* מ *m* פ *p*

Merkwort: *litterae „bumaf"*

- **Dentale** (Zahnlaute)

ד *d* ט *ṭ* ת *t*

• **Palatale** (Gaumenlaute)
ג *g* כ *k* ק *q*

• **Emphatische Laute**
ט *ṭ* צ *ṣ* ק *q*

Die emphatischen Laute sind als besondere Konsonanten dem Semitischen eigentümlich. Man sollte sie mit einer nachdrücklichen Aussprache wiedergeben.

• **Halbvokale**
ו *w* י *j*

Diese Konsonanten werden wegen des leichten Übergangs zu den ihnen verwandten Vokalen u/o und i/ä/e als Halbvokale oder Halbkonsonanten bezeichnet.

3. Übungen

1) Wie heißen die Konsonanten des hebräischen Alphabets? In welche Lautgruppen lassen sich diese Konsonanten einteilen? Was sind die Besonderheiten dieser Lautgruppen?

2) Schreiben Sie jeden Konsonanten ca. 10mal! Achten Sie darauf, wo Sie Schwierigkeiten bei der Schreibung haben.

3) Lesen Sie die Konsonanten:

בבבככבכך גגנננגנן דדדררדדר ההההחחהח תתתחחתחת

ננודודדדו דרפףצץוןםססך זזזווזוזו ווייוי שׂשׂשׁשׁשׁטטטטצצצ

4) Lesen Sie die Konsonanten von II Sam 12,1f.:

וישלח יהוה את נתן אל דוד ויבא אליו ויאמר לו שׁני אנשׁים היו בעיר אחת אחד
עשׁיר ואחד ראשׁ: לעשׁיר היה צאן ובקר הרבה מאד:

5) Bestimmen Sie in Gen 1,1f. und Ps 1,1-3 die Konsonanten:

Gen 1,1f.:

1 בְּרֵאשִׁת בָּרָא אֱלֹהִים אֵת הַשָּׁמַיִם וְאֵת הָאָרֶץ׃ 2 וְהָאָרֶץ הָיְתָה תֹהוּ
וָבֹהוּ וְחֹשֶׁךְ עַל־פְּנֵי תְהוֹם וְרוּחַ אֱלֹהִים מְרַחֶפֶת עַל־פְּנֵי הַמָּיִם׃

Ps 1,1-3:

1 אַשְׁרֵי־הָאִישׁ אֲשֶׁר לֹא הָלַךְ בַּעֲצַת רְשָׁעִים
וּבְדֶרֶךְ חַטָּאִים לֹא עָמָ֑ד וּבְמוֹשַׁב לֵצִים לֹא יָשָֽׁב׃
2 כִּי אִם בְּתוֹרַת יְהוָה חֶפְצוֹ וּבְתוֹרָתוֹ יֶהְגֶּה יוֹמָם וָלָֽיְלָה׃
3 וְהָיָה כְּעֵץ שָׁתוּל עַל־פַּלְגֵי מָיִם
אֲשֶׁר פִּרְיוֹ יִתֵּן בְּעִתּוֹ וְעָלֵהוּ לֹא־יִבּ֑וֹל
וְכֹל אֲשֶׁר־יַעֲשֶׂה יַצְלִֽיחַ׃

Erläuterungen:

׃	Sof Pasuq:	Zeichen für das Versende
^	Atnach:	Betonungs- und Gliederungszeichen
׀	Silluq:	Betonungszeichen – immer bei der letzten betonten Silbe eines Verses

Lektion 2: Die Vokale

1. Schreibung

Nachdem Hebräisch als gesprochene Sprache ausgestorben war, erfanden jüdische Gelehrte, die sog. *Punktatoren* oder *Masoreten*, Vokalzeichen, um die Aussprache einheitlich zu überliefern und Mehrdeutigkeiten auszuschließen. Die Festlegung der Punktation fand im 6./7.Jh.n.Chr. statt. Die zur Herrschaft gelangte Vokalbezeichnung ist die sog. *tiberiensische* (8./9.Jh.n.Chr.), die nach dem Ort Tiberias am See Genezareth benannt wurde.

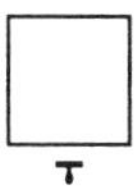

Qamäṣ (*qāmäṣ*)

Umschrift: *ā* (langer Vokal)

Patach (*pataḥ*)

Umschrift: *a* (kurzer Vokal; ein sehr heller a-Laut)

Chiräq (*ḥīräq*)

Umschrift: *i/ī* (langer und kurzer Vokal)

Ṣere (*ṣērē*)

Umschrift: *ē* (langer Vokal)

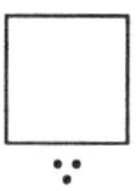

Segol (*s^{e}gōl*)

Umschrift: *ä/ǟ* (langer und kurzer Vokal)

In den grammatischen Lehrbüchern wird Segol meist so umschrieben: *æ*. Der Einfachheit halber geben wir es mit *ä* wieder.

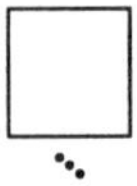

Qibbus (*qibbūṣ*)

Umschrift: *u/ū* (langer und kurzer Vokal)

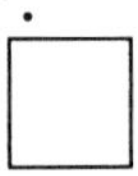

Choläm (*ḥōläm*)

Umschrift: *ō* (langer Vokal)

Der Vokal Choläm ist der einzige Vokal, der *über* den Konsonanten, und zwar *links über* ihn, gesetzt wird.

Bei der Schreibung eines Wortes oder eines Satzes sollen zuerst alle Konsonanten und dann anschließend die Vokale geschrieben werden:

יד	⟶	יָד	*jāḏ*	Hand
פח	⟶	פַּח	*paḥ*	Falle
אם	⟶	אִם	*ʾim*	wenn
אם	⟶	אֵם	*ʾēm*	Mutter
ספר	⟶	סֵ֫פֶר	*sēpär*	Buch
שב	⟶	שֻׁב	*šūḇ*	umkehren
קל	⟶	קֹל	*qōl*	Stimme

Der Akzent ´ über dem Konsonanten zeigt die Betonung an. Er ist kein masoretisches Zeichen.

Der Vokal steht mitten unter dem Konsonanten, *nach dem* er gesprochen wird:

מָ נֵ בַּ שֻׁ

Der Vokal steht unter dem senkrechten Balken des Konsonanten, wenn dieser nur einen Balken hat:

דֻּ רִ וַ יְ

Der Vokal Choläm steht links oberhalb des Konsonanten:

מֹ אֹ צֹ סֹ

Bei dem Konsonanten Schin wird Choläm auf die freie Spitze des linken Schafts gesetzt:

שֹׁפֵט *šōpēṭ* שֹׁפָר *šōpār*

Trifft Choläm auf den diakritischen Punkt von שׁ oder שׂ, so verschmilzt es mit ihm oder es wird links neben ihn gesetzt:

מֹשֵׁל	oder	מֹשֵׁל	*mōšēl*	herrschend
שֹׂנֵא	oder	שֹׂנֵא	*śōnē(ʾ)*	hassend

Aleph und Waw als Vokalbuchstaben ziehen den Vokal Choläm an sich, so dass er nicht mehr links über dem Konsonanten, sondern rechts über dem Aleph oder Waw steht:

בֹא	⟶	בֹא	*bō(ʾ)*			kommen
צֹאן	⟶	צֹאן	*ṣō(ʾ)n*			Kleintiere
דֹאר	⟶	דֹאר	*dō(ʾ)r*			(Ortsname)
דֹור	⟶	דוֹר	*dō(w)r*	⟶	*dōr*	Generation

2. Homogenität und Heterogenität

Durch die Hinzufügung der Vokalisation zu den Konsonanten durch die tiberiensischen Punktatoren kam es zu einer Überschneidung mit ה, ו, י als Vokalbuchstaben. Auf diese Weise entstanden „neue" Vokale mit folgendem Aussehen:

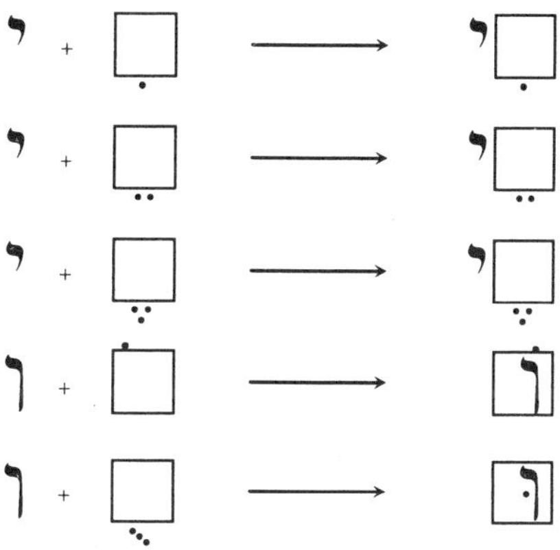

ī	Chiräq magnum
ē	Ṣere magnum
ǟ	Segol magnum
ō	Choläm magnum
ū	Schuräq

Ob Waw und Jod in einem Wort als Vokal- oder als Konsonantenbuchstaben verwendet werden, lässt sich durch die Anwendung folgender *Regel* immer eindeutig entscheiden:

> Geht *Jod* und *Waw* ein entsprechender (*homogener*) Vokal voraus, ohne dass ihnen ein Vokal unmittelbar folgt, so werden sie nicht als Konsonanten ausgesprochen, sondern sind stumm als Vokalbuchstaben. Geht ihnen aber ein nicht entsprechender (*heterogener*) Vokal voraus, so haben sie konsonantische, also hörbare, Aussprache.

	homogen	heterogen
י	*ī ē ǟ*	*a ā ō ū*
ו	*ū ō*	*a ā ǟ ē ī*

יָדִי	*jād̲ī*	meine Hand	יָדוֹ	*jād̲ō*	seine Hand
יָדַי	*jād̲aj*	meine Hände	עָנָו	*ᶜānāw*	demütig
אוּלַי	*ᵓūlaj*	vielleicht	עֵשָׂו	*ᶜēśāw*	Esau
עַי	*ᶜaj*	Ai (Ortsname)	זִו	*zīw*	Siw (Monatsname)
דָּוִיד	*dāwīd̲*	David	יוֹאֵל	*jōᵓēl*	Joel
בֵּין	*bēn*	zwischen	יָוָן	*jāwān*	Jawan, Jonier

Ausnahme: In der Endung יו ָ bleibt י immer stumm:

יָדָיו *jād̲āw* seine Hände
סוּסָיו *sūsāw* seine Pferde

Wenn ה, ו und י selber eine Vokalpunktation tragen, so sind sie konsonantisch:

יָוָן *jāwān*
לֵוִי *lēwī*

3. Scriptio plena und scriptio defectiva

> Die Auslassung der Vokalbuchstaben ו und י, wo man sie eigentlich erwarten würde, nennt man *scriptio defectiva*, im Gegensatz zur *scriptio plena*.

Ein inhaltlicher Unterschied ist damit nicht verbunden. Folgende Möglichkeiten mit ה, ו und י als Vokalbuchstaben werden in den Texten angetroffen:

	im Inlaut	im Auslaut
ī =	ִי	ִי
ē =	ֵי	ֵי oder ֵה
ǟ =	ֶי	ֶה
ā =		ָה
ō =	וֹ	וֹ oder ֹה
ū =	וּ	וּ

Wenn ה, ו und י als Vokalbuchstaben bei der *scriptio plena* Verwendung finden, werden sie als *mater lectionis* („Lesemutter“ oder „Lesehilfe“) bezeichnet. Sie unterstützen („bemuttern“) gleichsam den Vokal.
Im Biblisch-Hebräischen vermeidet man in der Regel *scriptio defectiva* am Ende eines Wortes. Nur *–ā* (ָ) begegnet im Wortauslaut auch ohne Vokalbuchstaben. Beim Kaph finalis wird das Qamäṣ-Zeichen etwas hinaufgesetzt: ךָ.

4. Betonung

Die Wörter sind in der Regel auf der letzten Silbe betont. Zwei oder mehr Wörter können miteinander zu einer Tongruppe verbunden werden. Dann trägt nur das letzte der verbundenen Wörter den Hauptton. Die enge Verbindung zweier Wörter kann in der Schrift durch einen Bindestrich, die sog. *linea Maqqeph*, ausgedrückt werden. *Linea Maqqeph* wird oben auf der Hilfsquadratlinie zwischen die Wörter gesetzt.

בֵּית־אֵל	*bēṯ-ʾēl*	Bethel
אֶל־הָעִיר	*ʾäl-hāʿīr*	zu der Stadt
בֶּן־דָּוִיד	*bän-dāwīḏ*	der Sohn Davids

5. Übungen

1) Lesen Sie folgende Worte:

1 אָז אֵת לֹא זֶה עַד עֶ֫בֶד קוֹלִי יָמִים לָכֶם אֶ֫רֶץ
2 לָלֶ֫כֶת בּוֹ שׁוֹבִי בָּהּ גָּד שָׁם גָּדוֹל בָּ֫נוּ וּמָחָר
3 הוּא אָבִי בֵּיתוֹ יוֹשֵׁב מוּמָת לָקַ֫חַת חַי פֶּ֫שַׁע מָ֫וֶת
4 אָבִ֫יךָ בָּרָמָה עָרֹם יָבֹא אוֹ הֵבִיא לֵוִי וִיהִי רוּחוֹ
5 שֹׁד יֹשֵׁב עַ֫יִן קַ֫יִץ זַ֫יִת עֵינַ֫יִם תָּשֻׁבוּ
6 מֹשֶׁה נָתַן לָכֶם עַל פִּי מֹשֶׁה מִי אָנֹכִי אִישׁ רָשׁ
7 אֶל־בֵּית דָּוִיד לֹא הָיָה מִי מָדַד
8 לָ֫נוּ עֵינֵי מֵעֵץ עֵשָׂו מֵאִישׁ שְׁנֵי אֵלוֹן צִידֹן
9 אֹתָם עוֹלָם מוֹאָב חֹרֵשׁ רוֹמֵשׂ יֹצֵא עֶ֫בֶד יוֹסֵף
10 רוּחִי אָחִ֫יךָ עָשִׂ֫יתָ הוֹלִידוּ יָדֵ֫ינוּ רָאִ֫יתִי גָּלִ֫יתָ

2) Erklären Sie die folgenden Begriffe:

Homogenität und Heterogenität, scriptio plena und defectiva, linea Maqqeph.

Lektion 3:
Schwa quieszens; Dagesch lene und forte; Patach furtivum

1. Schwa quieszens

> Wenn auf einen hörbaren Konsonanten kein Vokal folgt, so erhält er ein Schwa: □ְ . Dieses Schwa, das das Fehlen eines Vokals anzeigt, heißt „stummes Schwa“ bzw. *Schwa quieszens* („stummer Murmellaut“).

Das Schwa besteht aus zwei senkrecht untereinander stehenden Punkten, die unter den Konsonanten gesetzt werden. Es wird nie ausgesprochen und steht nur am Schluss der Silbe.

יִשְׁמַע	*jiš*	–	*maᶜ*	er wird hören
	(1. Silbe)		(2. Silbe)	
מִדְבָּר	*miḏ*	–	*bār*	Wüste
יִצְחָק	*jiṣ*	–	*ḥāq*	Isaak
יִכְתֹּב	*jiḵ*	–	*tōḇ*	er wird schreiben
יַבְדִּיל	*jaḇ*	–	*dīl*	er wird trennen

In der Umschrift bleibt Schwa quieszens unberücksichtigt. Am Wortende fällt es weg.

Von der Regel, dass Schwa quieszens am Wortende wegfällt, gibt es *zwei Ausnahmen*:

1. *Kaph finalis*
   Im Kaph finalis steht immer Schwa quieszens, damit man Kaph finalis besser vom Nun finalis unterscheiden kann.

הַשְׁלֵךְ	הִשְׁלִיךְ	בָּרוּךְ	אֵיךְ
hašlēḵ	*hišlīḵ*	*bārūḵ*	*ʾēḵ*

2. Wenn zwei vokallose hörbare Konsonanten das Wort beschließen, steht ebenfalls – zweimal – Schwa quieszens (bei der sog. *doppelt geschlossenen Silbe*).

אַרְתַּחְשַׁשְׂתְּא	פָּקַדְתְּ	אַרְדְּ	כָּתַבְתְּ
ʾartaḥšaśt(ʾ)	*pāqaḏt*	*ʾard*	*kāṯaḇt*

2. Dagesch lene

> *Dagesch lene* hat die Aufgabe, die explosive Aussprache bei den Mutae (ב ג ד כ פ ת) anzuzeigen. Es begegnet *nur* bei diesen Konsonanten.

Dagesch lene muss in folgenden Fällen gesetzt werden:

- Dagesch lene steht, wo ein Wort alleinstehend angeführt wird – etwa im Wörterbuch oder einer Grammatik – am Anfang der Rede oder eines Redeabschnitts.

בַּ֫יִת	*bajiṯ*	Haus
בֵּן	*bēn*	Sohn
...כִּי עֵירֹם אָנֹ֫כִי...	*... kī ʿērōm ʾānōḵī ...*	... dass ich nackt war... (Gen 3,10)

- Dagesch lene steht, wenn das vorhergehende Wort auf einen hörbaren Konsonanten (= geschlossene Silbe) ausgeht.

	יִכְתֹּב בּוֹ	*jiḵtōḇ bō*	er wird ihn anschreiben
	הֵן גֵּרַ֫שְׁתָּ	*hēn gērašt̄ā*	siehe – du hast vertrieben (Gen 4,14)
aber:	לֹא תִרְאוּ	*lō(ʾ) ṯirʾū*	ihr werdet nicht sehen

- Dagesch lene steht am Anfang einer Silbe, wenn ein Konsonant mit Schwa quieszens vorhergeht.

יִכְתֹּב	*jiḵtōḇ*	er wird schreiben
יַבְדִּיל	*jaḇdīl*	er wird trennen
יַרְדֵּן	*jardēn*	Jordan

- Dagesch lene steht im letzten Konsonanten bei doppelkonsonantigem Auslaut.

כָּתַבְתְּ	*kāṯaḇt*	du (Frau) hast geschrieben
פָּקַדְתְּ	*pāqaḏt*	du (Frau) hast gesorgt

- Dagesch lene steht *nicht*, wenn ein Vokal *unmittelbar vorausgeht.*

  Im Innern eines Wortes und am Wortende:

דָּוִיד	*dāwīḏ*
בָּבֶל	*bāḇäl*
יוֹסֵף	*jōsēp̱*

Meist auch am Wortanfang, wenn das vorangehende Wort auf einen Vokal endet und beide Worte eng verbunden sind:

Gen 4,4:	הֵבִיא גַם־הוּא	*heḇī(ʾ) gam-hū(ʾ)*	auch er brachte
Gen 41,33:	יֵרֶא פַרְעֹה	*jērā(ʾ) p̄arᶜō*	der Pharao sieht
Vgl. aber auch Ex 9,20:			
	מֵעַבְדֵי פַּרְעֹה	*mēᶜaḇḏē parᶜō*	von den Knechten des Pharao

3. Dagesch forte

> Dagesch forte ist ebenso wie Dagesch lene ein Punkt im Buchstaben. Er bezeichnet bei allen Konsonanten (die Mutae sind eingeschlossen) außer den Laryngalen (א ה ח ע) und ר die Verdopplung bzw. Verstärkung eines Konsonanten.

- Dagesch forte steht als Zeichen für die *Kontraktion* zweier gleicher Konsonanten, von denen der erste vokallos ist.

* נְתַנְנוּ	>	נָתַנּוּ	*nāṯannū*	wir haben gegeben
* כָּרַתְתִּי	>	כָּרַתִּי	*kāratti*	ich habe abgeschnitten

Ein Konsonant mit Dagesch forte wird in der Umschrift mit *zwei Buchstaben* wiedergegeben.

- Dagesch forte steht da, wo ein Konsonant mit Schwa quieszens, d.h. ein vokalloser Konsonant am Silbenende, dem folgenden Konsonanten *assimiliert* wird. Dies geschieht in der Regel mit dem Konsonanten Nun.

* יִנְתֵּן	>	יִתֵּן	*jittēn*	er wird geben
* יִלְקַח	>	יִקַּח	*jiqqaḥ*	er wird nehmen
מִן מִצְרַיִם	>	מִמִּצְרַיִם	*mimmiṣrajim*	aus Ägypten

- Dagesch forte steht als Zeichen für die enge Verknüpfung zweier Worte und zur Betonung eines Buchstabens: *Dagesch forte euphonicum-conjunctivum.*

	צַדִּיק	*ṣaddīq*	gerecht
Gen 27,20	מַה־זֶּה	*ma-zzā*	was soll das?
Gen 19,2	הִנֵּה נָּא	*hinnā nnā(ʾ)*	sieh doch!
Ps 118,25	הוֹשִׁיעָה נָּא	*hōšīᶜa nnā(ʾ)*	hilf doch!
Ps 68,19	שָׁבִיתָ שֶּׁבִי	*šāḇīṯā ššāḇī*	du hast Gefangene weggeführt

Dagesch forte euphonicum-conjunctivum steht meist im ersten Konsonanten eines Wortes im Anschluss an ein vokalisch endendes Wort.

Eine Verwechslung von Dagesch lene und Dagesch forte ist ausgeschlossen, weil Dagesch lene *nie*, Dagesch forte *immer* auf einen Vokal folgt.

Darum kann man Waw mit Dagesch forte וּ auch nicht mit Schuräq וּ verwechseln.
Vergleiche:

ᶜiwwēr עִוֵּר und עוּר *ᶜūr*

- Die Laryngale א ה ח ע und ר erhalten nie Dagesch forte. Müsste ein Laryngal verdoppelt werden, so tritt entweder Ersatzdehnung oder virtuelle Verdopplung ein.

  Ersatzdehnung: Die Verdopplung wird vollständig aufgehoben und der kurze Vokal vor dem Laryngal wird gedehnt:

a > ā	*i > ē*	*u > ō*

  Dies geschieht immer vor ר, meistens vor א, oft vor ע, selten vor ה.

  Virtuelle Verdopplung: Hier bleibt der Vokal vor dem Laryngal kurz; virtuelle Verdopplung begegnet vor allem bei ח und ה; anstelle von virtueller Verdopplung kann man auch von „scheinbarer" oder „nicht vollzogener Verdopplung" reden.

	Beispiele mit Ersatzdehnung Vergleiche:			*Beispiele mit virtueller Verdopplung* Vergleiche:		
a > ā	כַּתֵּב	-	מָאֵן	כַּתֵּב	-	מַהֵר
i > ē	כִּתַּבְתֶּם	-	מֵאַנְתֶּם	כִּתַּבְתֶּם	-	מִהַרְתֶּם
u > ō	כֻּתַּב	-	בֹּרַךְ	כֻּתַּב	-	רֻחַץ

4. Patach furtivum

Stehen die Laryngale ה ח und ע am Ende des Wortes nach einem langen Vokal, der nicht *a/ā* ist (also *ā, ē, ī, ō, ū*), so dringt zwischen diesen und die Laryngalis unwillkürlich ein Gleitlaut, *Patach furtivum*.

Dieses Patach furtivum wird *unter* die Laryngalis gesetzt, aber *vor* ihr gesprochen:

רוּחַ *rūᵃḥ* Geist

נֹחַ	*nō^{a}ḥ*	Noah
הוֹשֵׁעַ	*hōšē^{ac}*	Hosea
מָשִׁיחַ	*māšī^{a}ḥ*	Gesalbter (Messias)
גָּבוֹהַּ	*gāḇō^{a}h*	hoch

Patach furtivum steht ausschließlich am Wortende; in der Umschrift wird es mit ^{a} wiedergegeben. Es dient zur Erleichterung der Aussprache und ist vergleichbar mit „a" in süddeutschen Dialekten: Bub = Bua, Stuttgart = Stuagart.

Patach furtivum wird nicht gesetzt, wenn an die Laryngalis eine Endung angehängt wird:

	רוּחַ	*rū^{a}ḥ*	Geist
Suffix 1.Sg. com.	רוּחִי	*rūḥī*	mein Geist
	יָנוֹחַ	*jānō^{a}ḥ*	Janoach
He locale	יָנוֹחָה	*jānōḥā*	nach Janoach

5. Übungen

1) Leseübungen zum Schwa quieszens

1 אַבְרָם שָׁמַ֫רְנוּ יָכֹ֫לְתִּי אַךְ בָּךְ בֵּרַךְ מֵאַנְתְּ יָלַדְתְּ

2 יַפְתְּ יַרְדְּ תֵּשְׁתְּ מַבְדִּיל יַבְדִּיל יַחְדָּו שָׁמַ֫רְתִּי גִּלְגָּל

3 תַּעְנַךְ יִפְתָּח מֶ֫לֶךְ

2) Leseübungen zum Dagesch lene

1 קַמְתֶּם בָּבֶל בַּרְזֶל בָּהּ גֵּר בּוֹ תִּדְבָּק כּוֹכָב

2 אֶת־פִּ֫יהָ כִּי עֵינֵיכֶם כִּי הָאָ֫רֶץ תִּזְרַע דֹּרֵשׁ אָכַ֫לְתָּ

3 יִרְבּוּ כִּי אִם שָׁמֹר תִּשְׁמֹר שָׁמַ֫רְתָּ

3) Leseübungen zum Dagesch forte

1 שַׁבָּת כַּפֵּי אַתָּה עִמּוֹ בְּנוּי וַיִּקַּח וַיִּסֹּב אִתִּי

2 יֵבְךְּ וַיַּכּוּ הִצִּילָ֫נוּ צַדִּיקִם הַמֶּ֫לֶךְ אַתֶּם

3 אָרֽוּצָה נָּא :II Sam 18,19   לָ֫מָּה־זֶּה :II Sam 18,22

4) Leseübungen zum Patach furtivum

1 נֹחַ יֹדֵעַ שָׁלוּחַ שֹׁמֵעַ רָקִיעַ תַּצְמִיחַ גָּבֹהַּ

2 הִנִּיחַ מַדּוּעַ פַּעְנֵחַ

5) Leseübungen

1 (Gen 15,1) אַל־תִּירָא אַבְרָם

2 (Gen 15,2) מַה־תִּתֶּן־לִי

3 (Gen 15,5) וַיּוֹצֵא אֹתוֹ הַחוּצָה וַיֹּ֫אמֶר הַבֶּט־נָא הַשָּׁמַ֫יְמָה

4 (Gen 15,13) יָדֹעַ תֵּדַע

5 (Gen 18,8) וַיִּקַּח חֶמְאָה

6 (Gen 19,2) וַיֹּ֫אמֶר הִנֶּה נָּא

Lektion 4:
Silbenbildung; Qamäṣ Chatuph; Schwa mobile und medium; Chateph-Vokale

1. Silbenbildung

Eine *Silbe* besteht mindestens aus einem Konsonanten und einem Vokal. Ein Konsonant allein oder ein Vokal allein können keine Silbe bilden.

Jede Silbe beginnt mit einem Konsonanten. Die einzige Ausnahme bildet die Kopula „und", die in bestimmten Fällen als וּ *ū* vokalisiert wird.

וּבֵן	und ein Sohn	*ūḇēn*
וּמִרְיָם	und Mirjam	*ūmirjām*
וּפַרְעֹה	und der Pharao	*ūpar^cō*

Folgende Silbentypen werden unterschieden:

- *Offene Silben:*
  Offen heißt eine Silbe, die auf einen Vokal oder nicht hörbaren Konsonanten ausgeht.

צָבָא	Heer	*ṣā – ḇā^(ʾ)*
מָצָאתִי	ich habe gefunden	*mā – ṣā^(ʾ) – ṯī*
בַּעַל	Herr	*ba – ^cal*
נַעַר	Junge	*na – ^car*

  In offenen Silben stehen in der Regel lange Vokale, es können aber auch kurze Vokale begegnen.

- *Geschlossene Silben:*
  Geschlossen heißt eine Silbe, die auf einen hörbaren Konsonanten ausgeht. Bei den geschlossenen Silben kann man vier Untergruppen unterscheiden:

  Unbetont geschlossene Silben. In diesen Silben stehen kurze Vokale:

מַלְכָּה	Königin	*mal – kā*
רִבְקָה	Rebekka	*riḇ – qā*
אֹהֶל	Zelt	*ʾō – häl*

Betont geschlossene Silben. In diesen Silben stehen lange und kurze Vokale:

בַּת	Tochter	*baṯ*
כָּתַב	er hat geschrieben	*kā – ṯaḇ*
תַּכְתֵּבְנָה	sie werden schreiben lassen	*taḵ – tēḇ – nā*

Doppelt geschlossene Silben. Darunter versteht man Silben, die auf zwei vokallose hörbare Konsonanten enden. Doppelt geschlossene Silben begegnen nur am Wortende:

אַרְדְּ	(Eigenname)	*ʾard*
כָּתַבְתְּ	du (Frau) hast geschrieben	*kā – ṯaḇt*

Geschärfte Silben. Darunter versteht man solche geschlossene Silben, deren verstärkter Endkonsonant zugleich als Anlaut der folgenden Silbe dient. Die geschärfte Silbe begegnet nur im Zusammenhang mit Dagesch forte:

אִמִּי	meine Mutter	*ʾim – mī*
כֻּלּוֹ	sein Ganzes	*kul – lō*
לִבִּי	mein Herz	*lib – bī*
הֵמָּה	sie (die Männer)	*hēm – mā*

Ist die geschärfte Silbe unbetont, hat sie kurze Vokale; ist sie betont, kann sie kurze und lange Vokale haben:

נָתַתָּ	du (m.) hast gegeben	*nāṯattā*

2. Qamäṣ Chatuph

In einer unbetont geschlossenen Silbe stehen immer nur kurze Vokale. Von daher wird Qamäṣ in einer *unbetont geschlossenen Silbe* immer zu *Qamäṣ Chatuph.* In der Umschrift wird es mit å wiedergegeben. In der Lesepraxis weisen folgende *Kennzeichen* auf Qamäṣ Chatuph:
Qamäṣ vor Schwa quieszens.
Qamäṣ vor Linea Maqqeph, da Linea Maqqeph die vorausgehende Silbe enttont.
Qamäṣ vor Dagesch forte, d.h. in einer geschärften Silbe.

חָכְמָה	Weisheit	***ḥåḵ*** *– mā*
חָפְנִי	Hophni	***ḥåp̱*** *– nī*
גָּלְיָת	Goliath	***gål*** *– jāṯ*
יָרָבְעָם	Jerobeam	*jā –* ***råḇ*** *– ʿām*
וַיָּקָם	und er stand auf	*waj – jā –* ***qåm***
כָּזְבִּי	Kosbi	***kåz*** *– bī*
כָּל־אִישׁ	jeder Mann	***kål*** *– ʾīš*
עָזִּיאֵלִי	Usieliter	***ʿåz*** *– zī – ʾē – lī*

3. Vokale und Silbenbildung

Die folgende Tabelle fasst die Beobachtungen zur Vokalqualität und zur Silbenbildung zusammen und gibt jeweils Beispiele:

Vokale	***lang***	***kurz***	***Umschrift***	***Bemerkungen***	***Beispiele***
Patach		*	*a*		בַּעַל Herr *ba^cal*
Qamäṣ	*		*ā*		דָּבָר Wort *dāḇār*
Qamäṣ Chatuph		*	*å*	in unbetont geschlossener Silbe	גָּלְיָת Goliath *gåljāṯ*
Chiräq	*	*	*i/ī*	kurz nur in unbetont geschlossener Silbe	עִם mit *^cim*
Chiräq magnum	*		*ī*		שִׁיר Lied *šīr*
Ṣere	*		*ē*		מֵאֵן sich weigern *meʾēn*
Ṣere magnum	*		*ē*		בֵּין zwischen *bēn*
Segol	*	*	*ä/ǟ*	lang nur in offener Silbe	מֶלֶךְ König *mǟläḵ*
Segol magnum	*		*ǟ*		אֵלֶיךָ zu dir *ʾēlǟḵā*
Qibbus	*	*	*u/ū*	kurz nur in unbetont geschlossener Silbe	שֻׁב umkehren *šūḇ* מֻפִּים (Name) *muppīm*
Schuräq	*		*ū*		שׁוּב umkehren *šūḇ*
Choläm	*		*ō*		שָׁלֹם Friede *šālōm*
Choläm magnum	*		*ō*		שָׁלוֹם Friede *šālōm*

4. Schwa mobile

> *Schwa mobile* bezeichnet den aus einem ursprünglichen kurzen Vokal entstandenen schwächsten Vokalanstoß.

Schwa mobile unterscheidet sich von der Schreibung her nicht vom Schwa quieszens: ◌ְ. Es ist ein Murmellaut, der dem unbetonten e in „Gebot, Bestand" entspricht. Schwa mobile („hörbares Schwa") bildet mit seinem Konsonanten eine

Art Vorschlag oder Auftakt zur folgenden Silbe und wird auch zu dieser gerechnet. Zu jeder Silbe ist nur *ein* solcher Vorschlag möglich. Wenn sich daher in einem Wort zwei Schwa folgen, so ist das erste ein Schwa quieszens, das zweite ein Schwa mobile.

יִשְׁמְעוּ	sie werden hören	*jiš – m*^{ec}*ū*
יִכְתְּבוּ	sie werden schreiben	*jiḵ – t*^{e}*ḇū*

In der Umschrift wird Schwa mobile in der Regel mit ^{e} wiedergegeben (in anderen Umschriftsystemen auch mit ^{ə}).

Zur Stellung und Unterscheidung von Schwa mobile und Schwa quieszens:

- Schwa mobile steht nur am Wortanfang und Silbenanfang:

יְהוּדָה	Juda	*j*^{e}*hūḏā*
בְּרִית	Bund	*b*^{e}*rīṯ*
בְּנוֹ	sein Sohn	*b*^{e}*nō*
יִשְׁפְּטוּ	sie werden richten	*jišp*^{e}*ṭū*

- Schwa mobile steht beim zweiten von zwei aufeinanderfolgenden Schwa-Zeichen:

כַּרְמְלִי	ein Karmeliter	*karm*^{e}*lī*
יִזְרְעֶלִי	ein Jesreeliter	*jizr*^{ec}*ēlī*
יִרְדְּפוּ	sie werden verfolgen	*jird*^{e}*p̱ū*

- Schwa mobile steht unter einem Konsonanten mit Dagesch, wobei es gleichgültig ist, ob dies Dagesch lene oder forte ist:

כַּבְּדוּ	ehrt	*kabb*^{e}*ḏū*
יִכְתְּבוּ	sie werden schreiben	*jiḵt*^{e}*ḇū*
יִפְּלוּ	sie werden fallen	*jipp*^{e}*lū*

- Wenn ein Schwa nach einem langen unbetonten Vokal steht, kann es nur Schwa mobile sein:

סִיסְרָה	Sisera	*sīs*^{e}*rā*
נִינְוֵה	Ninive	*nīn*^{e}*wē*
שֹׁמְרוֹן	Samaria	*šōm*^{e}*rōn*

Bei diesem letzten Fall können gelegentlich vor allem in Verbindung mit dem Vokal Qamäs Probleme auftauchen:

חָכְמָה	Weisheit	*ḥåḵmā*
חָכְמָה	sie ist weise gewesen	*ḥāḵ*^{e}*mā*

Um hier Verwechslungen auszuschließen, wird noch zusätzlich das *Meteg*, d.h. ein kleiner Strich, links neben den Vokal gesetzt. Es hat die Aufgabe, den langen Vokal zu erhalten. Das Schwa nach einem Vokal mit Meteg ist immer Schwa mobile:

חָֽכְמָה	sie ist weise gewesen	*ḥāk̲ᵉmā*
מִֽיכָֽיְהוּ	Micha	*mīk̲ājᵉhū*
שֹֽׁמְרוֹן	Samaria	*šōmᵉrōn*

5. Schwa medium

Das Schwa medium ist ebenso wie das Schwa quieszens stumm. Es erscheint bei sog. „lose geschlossenen Silben", deren Schluss nicht fest genug ist, um die explosive Aussprache des darauf folgenden Mutae-Lautes herbeizuführen. Auf der anderen Seite aber gilt die Silbe auch nicht als offen. Das Schwa medium entsteht immer dann, wenn zwei Schwa mobile aufeinandertreffen. Auf ein Schwa medium folgt nie Dagesch lene.

לְ + שְׁלֹמֹה	>	לִשְׁלֹמֹה	für Salomo	*lišlōmō*
לְ + מְנַשֶּׁה	>	לִמְנַשֶּׁה	für Manasse	*limnaššǟ*
לְ + בְּתוּאֵל	>	לִבְתוּאֵל	für Bethuel	*lib̲tūʾēl*
לְ + זְכַרְיָה	>	לִזְכַרְיָה	für Sacharja	*lizk̲arjā*
בְּ + שְׁמֹר	>	בִּשְׁמֹר	beim Hüten	*bišmōr*

In all diesen Fällen stoßen zwei Schwa mobile aufeinander. Da dies lautlich nicht möglich ist, wird das erste Schwa zu einem kurzen Chiräq, das zweite zu Schwa medium.

In der Althebraistik ist das Schwa medium umstritten. R. Meyer, Hebräische Grammatik I, 62, lehnt das Schwa medium ab, da es masoretisch nicht gerechtfertigt sei. Er behandelt es wie ein Schwa quieszens. – Wir wollen das Schwa medium jedoch beibehalten, da auf diese Weise das Fehlen des Dagesch lene in den Begadkefat-Lauten erklärbar ist.

6. Chateph-Laute

Die Laryngale א ה ח ע können aus Aussprachegründen kein Schwa mobile bekommen. Deshalb führten die jüdischen Punktatoren Zeichen für flüchtig („chateph") ausgesprochenes *a*, *ä*, *o* ein. Dabei kombinierten sie Schwa (simplex) mit Patach, Segol und Qamäṣ.

◌ֲ

Chateph-Patach

Umschrift: ^{a}

◌ֱ

Chateph-Segol

Umschrift: ^{ä}

◌ֳ

Chateph-Qamäṣ

Umschrift: ^{å}

חֲנִית	Lanze	*ḥ^{a}nīṯ*
יַעֲבֹד	er wird dienen	*ja^{ca}ḇōḏ*
אֱמֶת	Treue, Wahrheit	*^{ʾä}mäṯ*
עֳנִי	Elend	*^{cå}nī*

- Die Chateph-Laute begegnen in der überwiegenden Mehrzahl der Fälle bei Laryngalen; bei Nichtlaryngalen stehen sie selten.

הַלֲלוּ	lobt!	*hal^{a}lū*
סוֹרֲרִים	Widerspenstige	*sōr^{a}rīm*
בָּרֲכוּ	segnet!	*bār^{a}ḵū*
וּשֲׁבֵה	und fange!	*ûš^{a}ḇē*
לֻקֳחָה	sie ist gefangen worden	*luq^{å}ḥā*
מָרְדֳּכַי	Mordochaj	*mård^{å}ḵaj*

- Viele Chateph-Laute gehen nicht auf ursprünglich kurze Vokale zurück, sondern sind Neubildungen infolge von *Silbenaufsprengung*. Darunter versteht man die Aufsprengung des Silbenschlusses bei einer auf Laryngal endenden Silbe.

Ohne Silbenaufsprengung:		*Mit Silbenaufsprengung:*	
יַעְזֹר	*ja^{c}zōr*	יַעֲזֹר	*ja^{ca}zōr*
נֶהְפַּךְ	*nähpaḵ*	נֶהֱפַּךְ	*näh^{ä}paḵ*
יַחְשֹׁב	*jaḥšōḇ*	יַחֲשֹׁב	*jaḥ^{a}šōḇ*

Der Vokal der aufgesprengten Silbe bleibt kurz, obwohl er durch die Aufsprengung in eine offene Silbe zu stehen kommt. Die Silben mit Chateph-Lauten tragen nie den Ton; sie lehnen sich immer als Vorschlagsilben an eine nachfolgende Silbe an.

Durch die Silbenaufsprengung entstehen offene Silben mit kurzen Vokalen, also auch mit *Qamäṣ .Chatuph*:

אָהֳלָה	(n.pr.f.)	*ʾå – h^{å}lā̄*
נָעֳמִי	(n.pr.f.)	*nå – ^{cå}mī*

Steht in einem Wort die Vokalfolge ָ ֳ , so handelt es sich meist um Qamäṣ Chatuph und Chateph-Qamäṣ.

7. Übungen

1) Geben Sie die Silbenaufteilung folgender Wörter an:

1 מִשְׁפָּטֶ֫יךָ יִשְׂרָאֵל הַתּוֹרָה נָתַ֫תָּה הָיִ֫יתָ אָנֹ֫כִי

2 לָלֶ֫כֶת תּוֹצִיא יַ֫יִן עָלֶ֫יךָ

3 בַּבֹּ֫קֶר מִשְׁפָּחָה כָּל־מַכָּה חַיֶּ֫יךָ רָאשֵׁיכֶם

2) Leseübungen zum Qamäṣ Chatuph:

1 רָחְבּוֹ רָחְבָּהּ אָרְכּוֹ חָכְמַת אָכְלָם וַיָּ֫קָם

2 וַיָּ֫שָׁב עָפְרָהּ עָכְרָן כָּל־הָאָ֫רֶץ אָכְלָה הָבְדַּל

3 יָהְדִּי כָּתְנוֹת חָדְשׁוֹ וַיָּ֫רָץ חָכְמָה וַתָּ֫רָם קָדְשִׁי

3) Leseübungen zum Schwa quieszens, mobile und medium:

1 לְהַשְׂכִּיל לִזְבוּלֻן פְּנֵי תְהוֹם יִחְיֶה וַיַּצְמַח

2 לְאַרְבָּעָה הָרְבִיעִי לְעָבְדָהּ מִבְּשָׂרִי וַיִּתְפְּרוּ

3 וְכָל־בֵּיתְךָ אִתְּךָ הַבְּהֵמָה הַטְּהוֹרָה שִׁבְעָה שִׁבְעָה זָכָר וּנְקֵבָה

4 וַיִּגְבְּרוּ וְשָׁרְצוּ לְאָכְלָה דִּמְכֶם בִּכְתֹב

4) Leseübungen zu den Chateph-Lauten:

1 עֲלֵה הֳרָגוּ עֲשׂוֹת אֲשֶׁר עֲמֹרָה אֲרוּכָה חֲמִישִׁי

2 אֲכָלְךָ יְהַלְלוּ רַנְּנוּ אֱנוֹשׁ אֱלִישָׁע הֱיוֹת

3 שִׁבֳּלִים יֶחֱזַק הֶעֱבִיר אָהֳלֹה יָחֳרַם מִמָּחֳרָת

4 בֶּאֱדֹם לֶאֱדֹם וַאֲנִי אֳנִי

5) Leseübung: I Sam 19,1-3: Saul und David

Es handelt sich hier um einen Abschnitt der Erzählungen von Saul und David (I Sam 16-31), speziell um die Verfolgung Davids durch Saul (I Sam 19-27). Die Rivalität zwischen beiden ist bereits so groß, dass Saul danach trachtet, David zu töten.

1 וַיְדַבֵּר שָׁאוּל אֶל־יוֹנָתָן בְּנוֹ וְאֶל־כָּל־עֲבָדָיו לְהָמִית אֶת־דָּוִ֑ד
וִיהֽוֹנָתָן בֶּן־שָׁאוּל חָפֵץ בְּדָוִד מְאֹֽד׃
2 וַיַּגֵּד יְהוֹנָתָן לְדָוִד לֵאמֹר מְבַקֵּשׁ שָׁאוּל אָבִי לַהֲמִיתֶ֑ךָ
וְעַתָּה הִשָּֽׁמֶר־נָא בַבֹּ֔קֶר וְיָשַׁבְתָּ בַסֵּתֶר וְנַחְבֵּֽאתָ׃
3 וַאֲנִי אֵצֵא וְעָמַדְתִּי לְיַד־אָבִי בַּשָּׂדֶה אֲשֶׁר אַתָּה שָׁ֔ם וַאֲנִי
אֲדַבֵּר בְּךָ אֶל־אָבִ֑י וְרָאִיתִי מָה וְהִגַּדְתִּי לָֽךְ׃

Erläuterungen:

׃	Sof Pasuq:	Zeichen für das Versende
֑	Atnach:	Betonungs- und Gliederungszeichen
ֽ	Silluq:	Betonungszeichen – immer bei der letzten betonten Silbe eines Verses
֔	Zaqef katon:	Betonungs- und Gliederungszeichen

V 1: lies עֲבָדָ(י)ו *ᶜᵃbādāw*

Lektion 5: Waw copulativum; Vokalisation der einkonsonantigen Präpositionen; Ketib und Qere; Qere perpetuum; Akzente; Wortton und Pausa

1. Die Vokalisation von Waw copulativum

Die Konjunktion וְ *w*^{e} „und, aber" wird immer unmittelbar *vor* das Wort gesetzt. Dabei verändert sie ihre Vokalisation je nach Anlaut des folgenden Wortes. Im Unterschied zu unserer Sprache wird וְ bei Aufzählungen in der Regel vor jedes Glied gesetzt:

וְהֶבֶל	und Abel	*w*^{e}*hāḇäl*
וְעַתָּה	und jetzt	*w*^{ec}*attā*

- Vor einem Labial (פּ מ ו ב) wird וְ zu וּ ū:

בָּנִים וּבָנוֹת	Söhne und Töchter	*bānīm ūḇānōṯ*
וּמִכָּל־הַחַי	und von allen Lebewesen	*ūmikkål-hāḥaj*
וּבֵין	und zwischen	*ūḇēn*

- Vor einem Konsonanten mit Schwa mobile (außer bei Jod) wird וְ zu וּ ū:

וּשְׁלֹשִׁים	und dreißig	*ūš*^{e}*lōšīm*
וּנְשֵׁי בָנָיו	und die Frauen seiner Söhne	*ūn*^{e}*šē ḇānāw*
זָכָר וּנְקֵבָה	männlich und weiblich	*zāḵār ūn*^{e}*qēḇā*

- Mit יְ verbindet sich וְ zu וִי:

וִיהִי	und es soll sein	*wīhī*
וִיהוּדָה	und Juda	*wīhūḏā*

- Vor Laryngalen mit Chateph-Lauten erhält וְ den entsprechenden Kurzvokal:

וַאֲרָם	und Aram	*wa*^{ɔa}*rām*
וֶאֱדֹם	und Edom	*wä*^{ɔä}*ḏōm*

- Unmittelbar vor dem Hauptton eines Wortes nimmt וְ gerne die Vokalisation mit *Vortonqamäṣ* an:

תֹהוּ וָבֹהוּ	Wüste und Leere	*tōhū wāḇōhū*
וָרֶמֶשׂ	und Kriechtiere	*wārämäś*

- Besonderheit in Verbindung mit den Gottesbezeichnungen:

אֱלֹהִים + וְ	>	וֵאלֹהִים	und Gott	*wē(ʾ)lōhīm*
אֲדֹנָי + וְ	>	וַאדֹנָי	und der Herr	*wa(ʾ)ḏōnāj*

2. Die Vokalisation der einkonsonantigen Präpositionen

- Die Präpositionen בְּ, כְּ und לְ werden vor einem Schwa mobile mit Chiräq vokalisiert; dem Chiräq folgt dann ein Schwa medium:

שְׁלֹמֹה + לְ	>	לִשְׁלֹמֹה	für Salomo	*lišlōmō*

- Vor Laryngalen mit Chateph-Laut werden sie mit dem zu dem Chateph-Laut entsprechenden Kurzvokal vokalisiert:

אֱמוּנָה + לְ	>	לֶאֱמוּנָה	in Treue	*läʾämūnā*
חֲלֹף + לְ	>	לַחֲלֹף	um vorüberzufahren	*laḥalōp̱*
אֱמֶת + בְּ	>	בֶּאֱמֶת	durch Wahrheit	*bäʾämäṯ*

- Besonderheit in Verbindung mit den Gottesbezeichnungen:

אֱלֹהִים + לְ	>	לֵאלֹהִים	für Gott	*lē(ʾ)lōhīm*
אֲדֹנָי + לְ	>	לַאדֹנָי	für den Herrn	*la(ʾ)ḏōnāj*
אֱלֹהִים + כְּ	>	כֵּאלֹהִים	wie Gott	*kē(ʾ)lōhīm*

- Ebenso wie Waw copulativum nehmen בְּ/כְּ/לְ unmittelbar vor dem Hauptton gerne *Vortonqamäṣ* an:

כָּזֹאת	wie diese	*kāzō(ʾ)ṯ*
בָּזֶה	in diesem	*bāzä*

- Mit יְ verbinden sich בְּ/כְּ/לְ zu לִי/כִּי/בִּי:

יְהוּדָה + לְ	>	לִיהוּדָה	für Juda	*līhūḏā*

3. Die Vokalisation der Präposition מִן „von"

- Die Präposition מִן steht meist für sich. Sie kann dabei mit linea Maqqeph mit den folgenden Nomen verbunden werden:

Gen 22,11:	מִן־הַשָּׁמַיִם	aus dem Himmel	*min-haššāmajim*

- Die Präposition מִן begegnet gelegentlich mit assimiliertem Nun und Dagesch forte:

Gen 6,14:	בַּיִת + מִן	>	מִבַּיִת	aus dem Haus	*mibbajit*

- Die Präposition מִן assimiliert das Nun gelegentlich vor Laryngalen und Resch, wobei a) als Ersatz für die nicht mögliche Verdopplung *i* > *ē* gedehnt wird (Ersatzdehnung) oder b) virtuelle Verdopplung eintritt:

a) Gen 22,4: רָחוֹק + מִן > מֵרָחֹק von ferne *mērāḥōq*
b) Gen 6,14: חוּץ + מִן + וְ > וּמִחוּץ und von der Gasse *ūmiḥūṣ*

- Vor Nomina mit יְ zieht das assimilierte Nun von מִן den Wegfall von Schwa mobile nach sich:

Hos 10,9: יְמֵי + מִן > מִיְּמֵי > מִימֵי seit den Tagen von *mīmē*

4. Ketib (כְּתִיב) und Qere (קְרֵי) – das Geschriebene und das zu Lesende

Mit der Erscheinung des Ketib und Qere wird im alttestamentlichen Text angezeigt, dass man etwas anderes lesen soll als das, was dasteht. Man unterscheidet zwischen dem כְּתִיב, d.h. dem Geschriebenen, und dem קְרֵי, d.h. dem zu Lesenden. Die Gründe hierfür liegen in dogmatischen, grammatischen oder ästhetischen Überlegungen. In der Biblia Hebraica Stuttgartensia sind die Konsonanten des Qere in kleinen Buchstaben an den Rand geschrieben und mit einem ק̄ als Abkürzung für קְרֵי versehen. Das Qere erhält man dann, indem man die Vokale des Wortes im Text (כְּתִיב) zu dem Qere setzt. Im Text selbst wird mit einem Circellus ° auf die Randlesart hingewiesen. Die Zahl der Ketib-und-Qere-Stellen beträgt ca. 1300.

I Reg 14,25:

וַיְהִי בַּשָּׁנָה הַחֲמִישִׁית לַמֶּלֶךְ רְחַבְעָם עָלָה
שׁוֹשַׁק מֶלֶךְ־מִצְרַיִם עַל־יְרוּשָׁלִָם׃

שישק
ק̄

Ketib Qere

lies: שִׁישַׁק

Prov 19,16:

שֹׁמֵר מִצְוָה שֹׁמֵר נַפְשׁוֹ בּוֹזֵה דְרָכָיו יָוּמֹת׃

ימות
ק̄

Ketib Qere

lies: יָמוּת

Jes 10,6:

לִשְׁלֹל שָׁלָל וְלָבֹז בַּז וּלְשִׂימוֹ מִרְמָס כְּחֹמֶר חוּצוֹת׃ ... ולשומו ק

↑ Ketib ... ↑ Qere

lies: וּלְשׂוּמוֹ

5. Qere perpetuum

Bei einigen oft vorkommenden Wörtern wurde der Hinweis auf das Qere am Rand der Biblia Hebraica weggelassen. Hier wird vorausgesetzt, dass der Leser weiß, wie das Wort auszusprechen ist. Man spricht vom „Qere perpetuum" („fortlaufendes Qere"), weil an allen Stellen, an denen das Wort begegnet, etwas anderes zu lesen ist. Das Qere perpetuum begegnet in folgenden Fällen:

- Der Gottesname

  Der heilige Gottesname besteht aus den vier Konsonanten יהוה (das sog. *Tetragramm*) sowie unterschiedlichen Vokalisierungen. Hier begegnet als Ketib folgendes:

  יְהוָה Dieses Ketib trägt die Vokale von אֲדֹנָי *ᵓᵃḏōnāj*, jedoch mit Schwa anstelle von Chateph-Patach. Als Qere gibt es zwei Möglichkeiten:

  1. אֲדֹנָי *ᵓᵃḏōnāj*

     Nur durch Unkenntnis wurde daraus im Spätmittelalter der Gottesname „Jehova" gemacht.

  2. * יַהְוֶה **jahwǟ*

     Das zweite Qere ist eine aufgrund von Ex 3,14 und Anmerkungen aus frühen Kirchenväterschriften von Theodoret (᾿Ιαβέ), Hieronymus, Origenes u.a. erschlossene Aussprache.

  יְהוָה Dieses sehr häufige Ketib trägt die Vokale des aramäischen Wortes שְׁמָא „der Name". Als Qere gibt es drei Möglichkeiten:

  1. אֲדֹנָי *ᵓᵃḏōnāj*
  2. * יַהְוֶה **jahwǟ*
  3. שְׁמָא *šᵉmā⁽ᵓ⁾* (aram.) *oder:*

     הַשֵּׁם *haššēm* (hebr. für „der Name")

יְהוִה Hier liegt אֱלֹהִים ohne Choläm zugrunde. Als Qere gibt es zwei Möglichkeiten:

1. אֲדֹנָי *ʾᵃḏōnāj*
2. * יַהְוֶה ** jahwä*

אֲדֹנָי יְהוִה Wenn אֲדֹנָי unmittelbar neben dem Tetragramm steht, liest man אֱלֹהִים für יְהוִה, um eine Wortwiederholung zu vermeiden.

Die Wahl des Qere sollte jedem selbst überlassen sein. Im Judentum vermeidet man aus theologischen Gründen die Aussprache des Tetragramms, aber da christliche Leser von anderen dogmatischen Voraussetzungen ausgehen, entfällt die Scheu vor der Aussprache des Tetragramms.
Bei Übersetzungen kann man יְהוָה entweder mit „Jahwe“ oder „JHWH“ oder mit „der Herr“ wiedergeben. *Die Übersetzung mit „Gott“ ist jedoch falsch.*

Der Gottesname in Verbindung mit den Präpositionen בְּ, כְּ, לְ und Waw copulativum וְ:

Ketib:		Qere:							
בַּיהוָה	(בְּ)	1.	אֲדֹנָי	+	בְּ	>	בַּאֲדֹנָי	>	בַּאדֹנָי
		2.	* יַהְוֶה	+	בְּ	>	* בְּיַהְוֶה		
לַיהוָה	(לְ)	1.	אֲדֹנָי	+	לְ	>	לַאֲדֹנָי	>	לַאדֹנָי
		2.	* יַהְוֶה	+	לְ	>	* לְיַהְוֶה		
כַּיהוָה	(כְּ)	1.	אֲדֹנָי	+	כְּ	>	כַּאֲדֹנָי	>	כַּאדֹנָי
		2.	* יַהְוֶה	+	כְּ	>	* כְּיַהְוֶה		
וַיהוָה	(וְ)	1.	אֲדֹנָי	+	וְ	>	וַאֲדֹנָי	>	וַאדֹנָי
		2.	* יַהְוֶה	+	וְ	>	* וְיַהְוֶה		
מֵיְהוָה	(מִן)	1.	אֲדֹנָי	+	מִן	>	מֵאֲדֹנָי	Dehnung von $i > \bar{e}$	
		2.	* יַהְוֶה	+	מִן	>	* מִיַּהְוֶה		

- Der Name der Stadt Jerusalem

Ketib: Qere:

יְרוּשָׁלִַם יְרוּשָׁלַיִם

Das Ketib meint die ursprüngliche Aussprache יְרוּשָׁלֵם.

- Das selbständige Personalpronomen 3.Sg.fem. „sie“

Ketib: Qere:

הִוא הִיא

Das Ketib begegnet nur im Pentateuch. Es ist eine Zusammensetzung der Konsonanten von הִוא und des Vokals von הִיא. Das Ketib ist mit „sie“ (die Frau) zu übersetzen.

6. Die Akzente

Die Akzente haben drei Funktionen:

1. Sie dienen dem gesangartigen („kantillierenden“) Vortrag der Schriftabschnitte im Synagogengottesdienst.
2. Sie zeigen als *Tonzeichen* die Betonung eines Wortes an.
3. Sie zeigen als *Interpunktionszeichen* die syntaktische Gliederung des Satzes an und bestimmen die Beziehung zwischen den Wörtern als trennend oder verbindend.

- Wichtige *trennende Akzente* („distinctivi“):

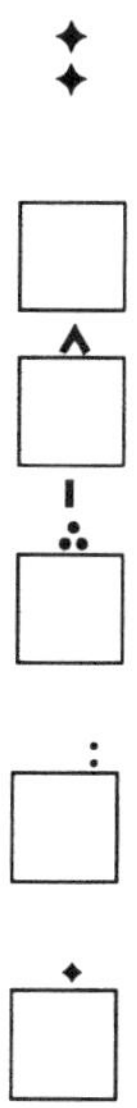

Sof Pasuq:	das Zeichen des Vers-Endes
Atnach:	Er halbiert den Vers in zwei Teile: a + b. Bei kurzen Sätzen kann er fehlen.
Silluq:	Er steht immer bei der letzten betonten Silbe eines Verses.
Segolta:	Er zählt nach dem Atnach zusammen mit Zaqef katon und Rebia zu den stärksten trennenden Akzenten.
Zaqef katon:	zwei Punkte über dem Konsonanten
Rebia:	ein viereckiger Punkt über dem Konsonanten

Gen 1,2:

וְהָאָ֗רֶץ הָיְתָ֥ה תֹ֙הוּ֙ וָבֹ֔הוּ וְחֹ֖שֶׁךְ עַל־פְּנֵ֣י תְה֑וֹם וְר֣וּחַ אֱלֹהִ֔ים מְרַחֶ֖פֶת עַל־פְּנֵ֥י הַמָּֽיִם׃

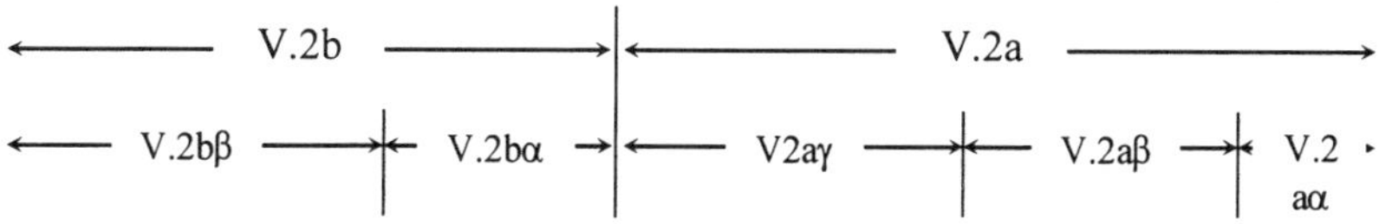

- Wichtige *verbindende Akzente* („conjunctivi"):
  Sie lassen das betreffende Wort sich eng an das folgende anschließen.

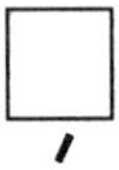

Merqa

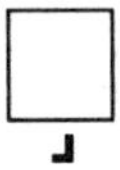

Munach

Gen 1,14:

וַיֹּ֣אמֶר אֱלֹהִ֗ים יְהִ֤י מְאֹרֹת֙ בִּרְקִ֣יעַ הַשָּׁמַ֔יִם לְהַבְדִּ֕יל בֵּ֥ין הַיּ֖וֹם
וּבֵ֣ין הַלָּ֑יְלָה וְהָי֤וּ לְאֹתֹת֙ וּלְמ֣וֹעֲדִ֔ים וּלְיָמִ֖ים וְשָׁנִֽים׃

- Die Bücher *Psalmen, Hiob* und *Sprüche (Proverbien)* haben ein von den übrigen Büchern abweichendes Akzentuationssystem. Hier sind die zwei stärksten Trenner:

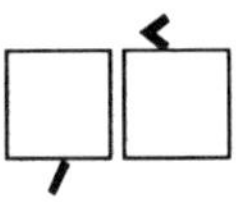

Olä wejored: Dieser Doppelakzent halbiert den Vers.

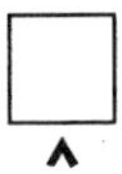

Atnach: Er halbiert kleinere Verse.

Ps 1,1a:

אַ֥שְֽׁרֵי־הָאִ֗ישׁ אֲשֶׁ֤ר לֹ֥א הָלַךְ֮ בַּעֲצַ֪ת רְשָׁ֫עִ֥ים

In der Biblia Hebraica Stuttgartensia findet man eine Tabelle mit allen Akzenten (Schreibung und Namen).

7. Der Paseq

Der Paseq ist eine senkrechte kleine Linie zwischen zwei Wörtern. Er soll verhindern, dass zwei logisch zusammengehörige Wörter vorschnell verbunden werden. Er deutet eine kleine Pause an.
Der Paseq steht,

- wenn das zweite Wort mit demselben Konsonanten beginnt, mit dem das erste schließt:

לְדָבָר ׀ רָע

- wenn ein Wort wiederholt wird:

Gen 22,11: אַבְרָהָם ׀ אַבְרָהָם
Gen 39,10: יוֹם ׀ יוֹם
Jes 6,3: קָדוֹשׁ ׀ קָדוֹשׁ קָדוֹשׁ

- bei der Nennung des Gottesnamens, um dessen würdige Aussprache zu sichern:

Ps 5,2: אֲמָרַי הַאֲזִינָה ׀ יְהוָה בִּינָה הֲגִיגִי׃
Ps 5,7b: אִישׁ־דָּמִים וּמִרְמָה יְתָעֵב ׀ יְהוָה׃
Ps 139,19: אִם־תִּקְטֹל אֱלוֹהַּ ׀ רָשָׁע וְאַנְשֵׁי דָמִים סוּרוּ מֶנִּי׃

8. Wortton und Pausa

Der *Hauptton* ruhte im Hebräischen ursprünglich auf der vorletzten Silbe. Durch den Abfall der kurzen Endvokale kam er meist auf die letzte zu stehen. Die Betonung eines Wortes kann in der Biblia Hebraica leicht durch die Akzente abgelesen werden.
Pausa („*in pausa*" oder *i.p.*) nennt man die starke Betonung der Tonsilbe. Sie hat meist Veränderungen in der Vokalisation und dem Wortton zur Folge. Von einer *Pausalform* spricht man nur dann, wenn ein Akzent die Veränderung, d.h. Dehnung eines Vokals oder Schwas bewirkt. Statt eines Patach oder Segol steht *in pausa* gerne Qamäṣ.

Kontextform:	Pausalform:
כָּתַב	כָּתָב
מַ֫יִם	מָ֫יִם
דֶּ֫רֶךְ	דָּ֫רֶךְ

In den Pausalformen erscheinen meist die ursprünglichen, durch Flexion verlorengegangenen Vokale wieder:

יִשְׁמְרוּ	יִשְׁמֹ֫רוּ
יִגְדְּלוּ	יִגְדָּ֫לוּ
קָטְלָה	קָטָ֫לָה

9. Übungen

1) Leseübung mit Bestimmung von Dagesch und Schwa:

1 אָכְלָה בִּקַּשְׁתִּיהוּ כִּפַּרְתָּ֫הוּ שִׁלַּח עָוֹן יְצַוֵּם וַיְהִי יַכֶּ֫כָּה

2 נַעֲשֶׂה וַיָּקָם לַיהוָה בָּעֳנִי אֲמָתֶךְ וְאֶשְׁתַּחֲוֶה

3 אוּרִיָּהוּ הַלְלוּ־יָהּ אַבְשַׁי יִזְרְעֶאל הַמְּלָאכָה

4 הֲקִימֹתִי וְאַגִּידָה לְךָ וַיִּמְשָׁחֵךְ צֹאן לִזְבֹּחַ

2) Vervollständigen Sie die Vokalisation:

1 ולמִרְיָם ויִשְׂרָאֵל ובאֱמֶת וכשְׁמוּאֵל וכְתֹב

2 ולמִצְרַיִם לבְתוּאֵל לבְנֵי יוֹסֵף ולזַרְעֲךָ וקֵדְמָה

3 וללָבָן באֲחֹתָהּ ולזְכַרְיָה ולמְשֻׁלָּם ולאֱלִימֶלֶךְ

4 ועֲשֵׂה ויְכַתֵּב ולקְנוֹת וכבֹעַז ואֲנִי

5 דָּוִיד ויְהוֹנָתָן יִשְׂרָאֵל ועֲמָלֵק מֹשֶׁה ומִרְיָם אֵלִיָּהוּ ואֱלִישָׁע באלֹהִים

3) Finden Sie den Fehler?

1 תּוֹרָה אֶלְקָנָה וְבֵרַךְ אִשְׁתּוֹ אַפ הִתְפַּלַּלְתִּי

2 מִהַרְתֶּם הַשְׁלֵח לְבָבֵךְ הֲלֹא בָּנִימ

4) Leseübung: Genesis 1,1-13: Gottes gute Schöpfung

Es handelt sich hier um die ersten Verse des sog. ersten Schöpfungsberichtes Gen 1,1-2,4a. Hier wird in einem strengen Sieben-Tage-Schema die Entstehung von Himmel, Erde, Pflanzen, Tieren und Menschen beschrieben. Er gipfelt in der Aussage des Menschen als Ebenbild Gottes (1,27) sowie in dem Ruhen Gottes am siebten Tag (2,2).

1 בְּרֵאשִׁית בָּרָא אֱלֹהִים אֵת הַשָּׁמַיִם וְאֵת הָאָרֶץ׃
2 וְהָאָרֶץ הָיְתָה תֹהוּ וָבֹהוּ וְחֹשֶׁךְ עַל־פְּנֵי תְהוֹם וְרוּחַ אֱלֹהִים
מְרַחֶפֶת עַל־פְּנֵי הַמָּיִם׃
3 וַיֹּאמֶר אֱלֹהִים יְהִי אוֹר וַיְהִי־אוֹר׃
4 וַיַּרְא אֱלֹהִים אֶת־הָאוֹר כִּי־טוֹב וַיַּבְדֵּל אֱלֹהִים בֵּין הָאוֹר
וּבֵין הַחֹשֶׁךְ׃
5 וַיִּקְרָא אֱלֹהִים לָאוֹר יוֹם וְלַחֹשֶׁךְ קָרָא לָיְלָה וַיְהִי־עֶרֶב

וַֽיְהִי־בֹקֶר יוֹם אֶחָד׃ פ
6 וַיֹּאמֶר אֱלֹהִים יְהִי רָקִיעַ בְּתוֹךְ הַמָּיִם וִיהִי מַבְדִּיל בֵּין מַיִם
לָמָיִם׃
7 וַיַּעַשׂ אֱלֹהִים אֶת־הָרָקִיעַ וַיַּבְדֵּל בֵּין הַמַּיִם אֲשֶׁר מִתַּחַת לָרָקִיעַ
וּבֵין הַמַּיִם אֲשֶׁר מֵעַל לָרָקִיעַ וַֽיְהִי־כֵן׃
8 וַיִּקְרָא אֱלֹהִים לָרָקִיעַ שָׁמָיִם וַֽיְהִי־עֶרֶב וַֽיְהִי־בֹקֶר יוֹם שֵׁנִי׃ פ
9 וַיֹּאמֶר אֱלֹהִים יִקָּווּ הַמַּיִם מִתַּחַת הַשָּׁמַיִם אֶל־מָקוֹם אֶחָד וְתֵרָאֶה
הַיַּבָּשָׁה וַֽיְהִי־כֵן׃
10 וַיִּקְרָא אֱלֹהִים לַיַּבָּשָׁה אֶרֶץ וּלְמִקְוֵה הַמַּיִם קָרָא יַמִּים וַיַּרְא
אֱלֹהִים כִּי־טוֹב׃
11 וַיֹּאמֶר אֱלֹהִים תַּֽדְשֵׁא הָאָרֶץ דֶּשֶׁא עֵשֶׂב מַזְרִיעַ זֶרַע עֵץ פְּרִי
עֹשֶׂה פְּרִי לְמִינוֹ אֲשֶׁר זַרְעוֹ־בוֹ עַל־הָאָרֶץ וַֽיְהִי־כֵן׃
12 וַתּוֹצֵא הָאָרֶץ דֶּשֶׁא עֵשֶׂב מַזְרִיעַ זֶרַע לְמִינֵהוּ וְעֵץ עֹשֶׂה פְּרִי
אֲשֶׁר זַרְעוֹ־בוֹ לְמִינֵהוּ וַיַּרְא אֱלֹהִים כִּי־טוֹב׃
13 וַֽיְהִי־עֶרֶב וַֽיְהִי־בֹקֶר יוֹם שְׁלִישִׁי׃ פ

5) Leseübung: Jeremia 29,1-7: Jeremia und die Exulanten

Der Prophet Jeremia (ca. 627/6 – 585 v.Chr.) schreibt einen Brief an die Gefangenen in Babel, in dem er sie dazu ermutigt, sich im Exil auf lange Sicht einzurichten und nicht mit einer baldigen Rückkehr nach Jerusalem und Juda zu rechnen.

1 וְאֵלֶּה דִּבְרֵי הַסֵּפֶר אֲשֶׁר שָׁלַח יִרְמְיָה הַנָּבִיא מִירוּשָׁלִָם אֶל־יֶתֶר
זִקְנֵי הַגּוֹלָה וְאֶל־הַכֹּהֲנִים וְאֶל־הַנְּבִיאִים וְאֶל־כָּל־הָעָם אֲשֶׁר
הֶגְלָה נְבוּכַדְנֶאצַּר מִירוּשָׁלִַם בָּבֶלָה׃
2 אַחֲרֵי צֵאת יְכָנְיָה־הַמֶּלֶךְ וְהַגְּבִירָה וְהַסָּרִיסִים שָׂרֵי יְהוּדָה
וִירוּשָׁלִַם וְהֶחָרָשׁ וְהַמַּסְגֵּר מִירוּשָׁלִָם׃
3 בְּיַד אֶלְעָשָׂה בֶן־שָׁפָן וּגְמַרְיָה בֶּן־חִלְקִיָּה אֲשֶׁר שָׁלַח צִדְקִיָּה
מֶֽלֶךְ־יְהוּדָה אֶל־נְבוּכַדְנֶאצַּר מֶלֶךְ בָּבֶל בָּבֶלָה לֵאמֹר׃ ס
4 כֹּה אָמַר יְהוָה צְבָאוֹת אֱלֹהֵי יִשְׂרָאֵל לְכָל־הַגּוֹלָה אֲשֶׁר־הִגְלֵיתִי
מִירוּשָׁלִַם בָּבֶלָה׃
5 בְּנוּ בָתִּים וְשֵׁבוּ וְנִטְעוּ גַנּוֹת וְאִכְלוּ אֶת־פִּרְיָן׃
6 קְחוּ נָשִׁים וְהוֹלִידוּ בָּנִים וּבָנוֹת וּקְחוּ לִבְנֵיכֶם נָשִׁים
וְאֶת־בְּנוֹתֵיכֶם תְּנוּ לַאֲנָשִׁים וְתֵלַדְנָה בָּנִים וּבָנוֹת וּרְבוּ־שָׁם
וְאַל־תִּמְעָטוּ׃
7 וְדִרְשׁוּ אֶת־שְׁלוֹם הָעִיר אֲשֶׁר הִגְלֵיתִי אֶתְכֶם שָׁמָּה וְהִתְפַּלְלוּ
בַעֲדָהּ אֶל־יְהוָה כִּי בִשְׁלוֹמָהּ יִהְיֶה לָכֶם שָׁלוֹם׃ פ

Lektion 6:
Artikel; Nomen (Genus, Kasus, Numerus); selbständiges Personalpronomen; Demonstrativpronomen; Fragepronomina; Relativpartikel

1. Vokabeln

Mit dieser Lektion beginnen die Vokabeln. Von jetzt ab werden bei jeder Lektion ca. 40 Vokabeln gelernt. Dabei sollte man die Vokabeln auf Vokabelkarten notieren. Erfahrungsgemäß bleiben Vokabeln schwer im Gedächtnis haften. Deshalb empfiehlt es sich, sie regelmäßig zu wiederholen und laut zu lesen.

Präpositionen:

בְּ		in, an, mit, durch
כְּ		wie, entsprechend
לְ		für, hinsichtlich, zu

Waw copulativum:

וְ		und, aber

Nomina, Adjektive:

אֶבְיוֹן		arm, Armer
אָדָם		Mensch, Menschen *(kollektiv)*
אוֹר		Licht
אֱלֹהִים		Gott, Götter
אֵלוֹן/אַלּוֹן		großer Baum, Terebinthe
אֲרוֹן		Lade, Kasten
אֶרֶץ	*f.*	Land, Erde
אֵשׁ	*f.*	Feuer
בָּשָׂר		Fleisch
גָּדוֹל		groß
הֶבֶל		Hauch, Nichtigkeit
הַר		Berg, Gebirge
זָהָב		Gold
חַג		Fest
חֹדֶשׁ		Monat, Neumond

חָכָם		weise, Weiser
חָכְמָה		Weisheit
חָלָב		Milch
חֳלִי		Krankheit
חָצִיר		Gras
חֶ֫רֶב	*f.*	Schwert
יָד	*f.*	Hand, Seite, Macht
יוֹם		Tag, Zeit
כֶּ֫סֶף		Silber, Geld
מַ֫יִם		Wasser
מֶ֫לֶךְ		König
מִקְנֶה		Viehbesitz
סֵ֫פֶר		Buch
עֶ֫בֶד		Diener, Knecht
עִבְרִי		(ein) Hebräer
עָוֹן		Sünde, Schuld
עִיר	*f.*	Stadt
עַם		Volk
עָנָן		Wolke
עָשִׁיר		reich, Reicher
עֵת	*f.*	Zeit
צֶ֫דֶק		Gerechtigkeit
רוּחַ	*f.*	Wind, Hauch, Geist
רְשָׁעִים		Gottlose
שֶׁ֫מֶשׁ		Sonne

Namen:

אִיזֶבֶל	Isebel (*n.pr.f.*)
יַרְדֵּן	Jordan *(n.l.)*
סְדֹם	Sodom *(n.l.)*
עַי	Ai (Stadt in Palästina) *(n.l.)*
עֲמֹרָה	Gomorrha *(n.l)*
שָׂרָה	Sara *(n.pr.f.)*

2. Der Artikel

Der Artikel ist aus dem Demonstrativelement **ha* entstanden. Er erscheint nie als selbständiges Wort, sondern wird immer mit dem Nomen verbunden. Er lautet für alle Genera und Numeri ·הַ. Vor einem Konsonanten mit Schwa mobile fällt Dagesch forte meist weg.

הַמֶּ֫לֶךְ	der König
הַבָּשָׂר	das Fleisch
הַיָּדַ֫יִם	die (beiden) Hände
הַמְרַגְּלִים	die Kundschafter *(ohne Dagesch forte!)*
הַיְקוּם	der Bestand *(ohne Dagesch forte!)*

aber יְ vor ה und ע:

הַיְּהוּדִים	die Judäer

Veränderungen in der Vokalisation des Artikels ergeben sich vor Laryngalen + ר:

הָ	vor א, ר, (meist) ע – Ersatzdehnung $a > \bar{a}$
הַ	vor ה, ח – virtuelle Verdopplung, d.h. *ohne* Dagesch forte
הֶ	vor unbetontem הָ, עָ
הֶ	vor חָ (*ḥā*), חֳ

הָאוֹר	das Licht
הָרָעָב	die Hungersnot
הָעֶ֫בֶד	der Diener
הַהֶ֫בֶל	der Hauch
הַחָכְמָה	die Weisheit
הַחֹ֫דֶשׁ	der Monat
הֶעָוֺן	die Schuld
הֶהָרִים	die Berge
הֶעָרִים	die Städte
הֶחָכָם	der Weise
הֶחֳלִי	die Krankheit
הֶחָג	das Fest

Bei einigen Nomina tritt mit dem Artikel eine Veränderung der Vokalisation ein:

הַר	הָהָר	der Berg
עַם	הָעָם	das Volk
אֶ֫רֶץ	הָאָ֫רֶץ	das Land
אֲרוֹן	הָאָרוֹן	die Lade

Nach den einkonsonantigen Präpositionen בְּ, כְּ, לְ elidiert das ה des Artikels, und der Vokal tritt unter die Präposition:

מֶ֫לֶךְ	+	·הַ	+	לְ	>	לַמֶּ֫לֶךְ	für den König
שָׁמַ֫יִם	+	·הַ	+	בְּ	>	בַּשָּׁמַ֫יִם	im Himmel
דְּבָרִים	+	·הַ	+	כְּ	>	כַּדְּבָרִים	wie die Worte
עַם	+	הָ	+	בְּ	>	בָּעָם	im Volk

Die Konjunktion וְ „und" bleibt dagegen unverändert:

	וְהַמֶּ֫לֶךְ	und der König

Zur Verwendung des Artikels:

Der Gebrauch des Artikels gehört einer jüngeren Sprachstufe an. Von daher erklärt sich seine freie Verwendung. Es lässt sich beobachten, dass er in Prosatexten weit häufiger als in der Poesie verwendet wird.

Der Artikel wird verwendet:

- bei der Nennung von zuvor bereits genannten Personen oder Dingen:

Gen 1,3:	יְהִי אוֹר	Es werde Licht!
Gen 1,4:	וַיַּרְא אֱלֹהִים אֶת־הָאוֹר	Und Gott sah das Licht.

- bei einer allgemein bekannten Sache:

Gen 35,8:	תַּ֫חַת הָאַלּוֹן	unter der – bekannten – Terebinthe

- bei der Bezeichnung von einmalig vorhandenen Personen oder Dingen:

	הַכֹּהֵן הַגָּדוֹל	der Hohepriester
	הָאָ֫רֶץ	die Erde
	הַשֶּׁ֫מֶשׁ	die Sonne

- bei der Einschränkung von Gattungsbegriffen auf bestimmte Individuen:

	שָׂטָן – הַשָּׂטָן	Widersacher – der Satan
	בַּ֫עַל – הַבַּ֫עַל	Herr – Baal
	אָדָם – הָאָדָם	Mensch – der (erste) Mensch

- beim Vokativ:

Joel 1,2:	שִׁמְעוּ זֹאת הַזְּקֵנִים	Hört dies, ihr Ältesten!

- bei Stoff- und Gattungsbezeichnungen:

Gen 13,2:	וְהַכְּנַעֲנִי וְהַפְּרִזִּי	die Kanaanäer und Perisiter
Jos 11,9:	בָּאֵשׁ	mit/ im Feuer
Jes 1,22:	בַּמָּ֫יִם	mit/ im Wasser

- bei Abstraktbegriffen aller Art:

Prov 25,5:	בַּצֶּ֫דֶק	in/ durch Gerechtigkeit

- zur Bezeichnung einer in der entsprechenden Situation wichtigen und entscheidenden Person oder Sache:

Gen 8,7:	הָעֹרֵב	der Rabe
Jdc 4,18:	בַּשְּׂמִיכָה	mit der Decke

- bei ursprünglichen Appellativa als Eigennamen:

הַגִּבְעָה	Gibea (der Hügel)
הָרָמָה	Rama (die Höhe)
הַלְּבָנוֹן	Libanon (der Weißberg)
הַיְאֹר	(meist) Nil (der Strom)

- Der Artikel *fehlt bei Eigennamen.* Sie sind nur einmal vorhanden und deshalb von sich aus hinreichend determiniert. Hierzu zählen Eigennamen von Personen, Städten, Ländern, Völkern, Flüssen und Gebirgen:

דָּוִיד	David	חֶרְמוֹן	Hermon
יְרוּשָׁלַםִ	Jerusalem	שְׁאוֹל	Unterwelt, Scheol
מוֹאָב	Moab	תֵּבֵל	Erdkreis
פְּרָת	Euphrat	תְּהוֹם	Ozean, Flut

- Der Artikel steht *nie vor Substantiven mit Suffix*, da diese durch das Possessivsuffix hinreichend determiniert sind.

3. Das Nomen

a) Genus

Das Hebräische kennt nur Maskulinum und Femininum. Das Neutrum wird in der Regel durch das Femininum ausgedrückt:

טוֹבָה Gutes

> Das maskuline Nomen ist im Singular nicht durch eine Endung erkennbar, der Plural ist durch die Endung ִים - angezeigt.
> Das feminine Nomen hat im Singular die Endung ָה - und im Plural וֹת-.

נַעַר	Junge, Knabe *(Sg.m.)*
נְעָרִים	Jungen, Knaben *(Pl.m.)*
נַעֲרָה	Mädchen *(Sg.f.)*
נְעָרוֹת	Mädchen *(Pl.f.)*
מֶלֶךְ	König *(Sg.m.)*
מְלָכִים	Könige *(Pl.m.)*

מַלְכָּה	Königin *(Sg.f.)*
מְלָכוֹת	Königinnen *(Pl.f.)*

Es gibt jedoch auch feminine Nomina *ohne* die Endung ָה -:

עִיר	Stadt *(f.)*
אֹרַח	Weg *(f.)*
רוּחַ	Wind, Geist *(f.)*

Die Unterscheidung des Geschlechts kann außer durch die Femininendung auch durch stammverschiedene Wörter zum Ausdruck gebracht werden:

אָב	Vater
אֵם	Mutter
חֲמוֹר	Esel
אָתוֹן	Eselin
אֲרִי	Löwe
לָבִיא	Löwin

Als feminine Nomina werden gerne verwendet:

• Namen für Länder und Städte:	אַשּׁוּר	Assur	צֹר	Tyrus
• geographische Begriffe:	אֶרֶץ	Erde	צָפוֹן	Norden
• Werkzeuge, Geräte, Körperteile:	כּוֹס	Becher	אֹזֶן	Ohr
• Abstracta:	אֱמוּנָה	Glaube	מֶמְשָׁלָה	Herrschaft

b) Kasus

• *„Genetiv":*

Nach dem Abfall der kurzen Kasusvokale (-u Nom., -a Akk., -i Gen.) wird das Genetiv-Verhältnis durch die attributive Näherbestimmung eines Nomens durch ein anderes im „Genetiv" gebildet. Man bezeichnet dies als *„Constructus-Verbindung"*. Die in ihr miteinander verbundenen Nomina bilden – das ist entscheidend! – eine *inhaltliche und lautliche Einheit*.

Die Constructus-Verbindung besteht aus zwei Elementen: *nomen regens* („regierendes Nomen") und *nomen rectum* („regiertes Nomen"). Das nomen regens steht unmittelbar *vor* dem nomen rectum. Das nomen regens *ordnet sich* dabei dem Hauptton des nachfolgenden nomen rectum *unter*, verändert dadurch in vielen Fällen seine Vokalisation im Hinblick auf eine Verkürzung langer Vokale und erscheint im sog. *status constructus*. Die selbständige Form des Nomens außerhalb einer Constructus-Verbindung heißt dagegen *status absolutus*.

Das nomen rectum steht *hinter* dem nomen regens; es zieht den Hauptton auf sich und bleibt in seiner Form unverändert (*status absolutus*). Aus der Tatsache, daß eine Constructus-Verbindung die engste *Einheit* zwischen Wörtern im Hebräischen darstellt, ist erklärbar, warum das voraufgehende *Leitwort* (*nomen regens*) sich dem folgenden nomen rectum *unterordnet*.

	דָּבָר	*st.abs. Sg.m.*
	דְּבַר	*st.cs. Sg.m.*
	דְּבַר הַמֶּ֫לֶךְ	das Wort des Königs
nomen rectum ←		→ *nomen regens*
Hauptton (*st.abs.*)		Enttonung (*st.cs.*)
dt. Genetiv		dt. Nominativ (oder Dativ/Akkusativ)
	דְּבָרִים	*st.abs. Pl.m.*
	דִּבְרֵי	*st.cs. Pl.m.*
	דִּבְרֵי הַסֵּ֫פֶר	die Worte des Buches
nomen rectum ←		→ *nomen regens*
	תּוֹרָה	*st.abs. Sg.f.*
	תּוֹרַת	*st.cs. Sg.f.*
	תּוֹרַת הָאָדָם	das Gesetz des Menschen
nomen rectum ←		→ *nomen regens*

Bei der Constructus-Verbindung unterscheidet man die determinierte von der indeterminierten Constructus-Verbindung. Eine determinierte Constructus-Verbindung liegt dann vor, wenn das nomen rectum aus einem *Eigennamen* (a) besteht, den *Artikel* (b) bei sich hat oder mit einem *Possessivsuffix* (c) verknüpft ist. Durch das determinierte nomen rectum wird automatisch das nomen regens mitdeterminiert, ohne dass dies gekennzeichnet wird. Die Determination bzw. Indetermination betrifft also immer die *ganze* Constructus-Verbindung!

בֶּן־דָּוִיד	*der* Sohn Davids (a)
בֶּן־הַמֶּ֫לֶךְ	*der* Sohn des Königs (b)
דְּבַר־הַמֶּ֫לֶךְ	*das* Wort des Königs (b)
כָּל־חֵילוֹ	*die* Gesamtheit seines Heeres (c)
	= sein ganzes Heer
בֶּן־נָבִיא	*indeterminiert: ein* Prophetensohn

Soll das nomen regens indeterminiert bleiben, so umschreibt man den „Genetiv" mit der Präposition לְ:

בֶּן־יִשַׁי	*der* Sohn Isais
בֵּן לְיִשַׁי	*ein* Sohn Isais
בֶּן־דָּוִיד	*der* Sohn Davids
בֵּן לְדָוִיד	*ein* Sohn Davids
מֶ֫לֶךְ לְיִשְׂרָאֵל	*ein* König Israels

• *„Dativ“:*
Zur Umschreibung des Dativs dient die Präposition לְ *(nota dativi)*:

לְדָוִיד wem? – (für) David

• *„Akkusativ“:*
Da die Endung für den Akkusativ weggefallen ist, ist er nur aus dem Zusammenhang des Satzes oder an dem ihm voranstehenden אֶת־/ אֵת zu erkennen. Die Verwendung dieser *nota accusativi* ist in der Poesie selten. In der Prosa wird אֶת־/ אֵת in der Regel nur vor determinierten Objekten verwendet:

- vor dem Artikel:
  Gen 1,1: אֵת הַשָּׁמַיִם וְאֵת הָאָרֶץ wen? – Himmel und Erde
- vor einem Eigennamen:
  Gen 4,1: וַתֵּלֶד אֶת קַיִן Und sie gebar Kain.
- vor כֹּל:
  Gen 1,29: הִנֵּה נָתַתִּי לָכֶם אֶת־כָּל־עֵשֶׂב Siehe, ich gebe euch alles Kraut.
  (כֹּל gilt als logisch determiniert.)
- vor Gattungsbegriffen:
  Ex 21,28: וְכִי־יִגַּח שׁוֹר אֶת־אִישׁ אוֹ אֶת־אִשָּׁה
  Und wenn ein Rind einen Mann oder eine Frau stößt.

Die zahlreichen Formen der freieren Unterordnung eines Nomens unter das Verb geben die näheren Umstände an, unter denen eine Handlung oder ein Ereignis stattfindet: Ort, Zeit, Maß, Grund, Art und Weise. Dass diese dem Verb freier untergeordneten Kasus als *„Akkusative“* zu betrachten sind, ergibt sich daraus, dass ihnen die *nota accusativi* vorangehen kann.

„Akkusativus loci“:
Näherbestimmung des Ortes auf die Fragen „wohin?“, „wo?“ und „wie weit?“ nach Verben der Bewegung, des Seins, des Ruhens:

Gen 27,3: וְצֵא הַשָּׂדֶה Und geh auf das Feld!
Gen 18,1: וְהוּא יֹשֵׁב פֶּתַח הָאֹהֶל Und er saß am Zelteingang.
Gen 7,20: חֲמֵשׁ עֶשְׂרֵה אַמָּה מִלְמַעְלָה גָּבְרוּ הַמָּיִם
Die Wasser waren 15 Ellen hoch.

„Akkusativus temporis“:
Näherbestimmung der Zeit auf die Fragen „wann?“ und „wie lange?“:

הַיּוֹם	heute	יוֹמָם	bei Tag/ tagsüber
עֶרֶב	am Abend	לַיְלָה	in der Nacht
בֹּקֶר	früh	צָהֳרַיִם	am Mittag

יוֹם אֶחָד an einem und demselben Tag — שֵׁנָה im Schlaf

Gen 3,14: כָּל־יְמֵי חַיֶּיךָ alle Tage deines Lebens
Ex 20,9: שֵׁשֶׁת יָמִים sechs Tage (lang)

„Akkusativus adverbialis“:
Er beschreibt die Art und Weise des Vollzugs einer Handlung oder auch einen Zustand:

Gen 15,2:	עֲרִירִי	kinderlos
Jes 20,2:	עָרוֹם וְיָחֵף	nackt und barfuß
Ruth 1,21:	רֵיקָם	leer
Hi 24,10:	עָרוֹם	nackt
Ps 139,14:	נוֹרָאוֹת	in furchtbarer Weise
Hi 37,5:	נִפְלָאוֹת	in wunderbarer Weise
I Reg 15,23:	חָלָה אֶת־רַגְלָיו	er war krank an seinen Füßen

c) Numerus

- Singular

Der Singular ist die grammatische Form des Substantivs, durch die das Bezeichnete als *Einheit* dargestellt wird. Als Einheit kann ein Exemplar einer Gattung, aber auch eine Gruppe von gleichartigen Exemplaren angesehen werden, sog. *Collectiva*.

häufige Collectiva:

אָדָם	Menschen	אַרְבֶּה	Heuschreckenschwarm
בָּקָר	Rinder	דֶּשֶׁא	Grünes
טַף	Kinder	יֶרֶק	Gemüse
עוֹף	Geflügel	עָלֶה	Laub
פְּרִי	Früchte	צֹאן	Kleinvieh
שֶׁרֶץ	Gewimmel	רֶמֶשׂ	Kriechtiere

- Plural

Der Plural ist die grammatische Form des Substantivs, durch die eine *Vielheit* des Bezeichneten ausgedrückt wird.

Flächenplural:	מַיִם	Wasser
	שָׁמַיִם	Himmel
Abstraktplural:	זְקוּנִים	Greisenalter
	נְעוּרִים	Jugend

Amplifikativplural (zur Intensivierung der Wortbedeutung):

מַחֲשַׁכִּים (tiefe) Finsternis
שְׂמָחוֹת unsagbare Freude

	חָכְמוֹת	tiefe Weisheit
	דֵּעוֹת	Allwissen
Hoheits-/Herrschaftsplural:	אֱלֹהִים	Gott
	אֲדֹנִים	(ein) Herr
	בְּעָלִים	(ein) Herr, Besitzer

- Dual

  Der Dual ist eine Form des Plurals, durch die eine *Zweiheit* ausgedrückt wird. Er findet sich vor allem bei paarweise vorhandenen Körpergliedern. Der Dual steht nur bei Substantiven, nie bei Adjektiven, Verben oder Pronomina.

Die Endungen der Numeri:

	status absolutus		status constructus	
	m.	*f.*	*m.*	*f.*
Singular		ָה		ַת
Plural	ִים	וֹת	ֵי	וֹת
Dual	ַיִם	ָתַיִם	ֵי	ְתֵי

4. Das selbständige Personalpronomen

Die Formen des selbständigen Personalpronomens:

1.Sg.com.	אָנֹכִי אֲנִי	ich	*i.p.*	אָנֹכִי	אָנִי
2.Sg.m.	אַתָּה	du	*i.p.*	אָתָּה	אָתָּה
2.Sg.f.	אַתְּ	du	*i.p.*	אָתְּ	
3.Sg.m.	הוּא	er			
3.Sg.f.	הִיא (הִוא)	sie			
1.Pl.com.	אֲנַחְנוּ נַחְנוּ	wir	*i.p.*	אֲנָחְנוּ	נָחְנוּ
2.Pl.m.	אַתֶּם	ihr			
2.Pl.f.	אַתֵּן אַתֵּנָה	ihr			
3.Pl.m.	הֵם הֵמָּה	sie			
3.Pl.f.	הֵנָּה	sie			

Diese Formen stehen ausschließlich für den Nominativ und können nur mit וְ „und", dem *He interrogativum* (הֲ) und der Relativpartikel שֶׁ verbunden werden:

וְאַתָּה	und du
הֶאָנֹכִי	etwa ich?
שֶׁהֵם	die (jenigen)

Stehen die selbständigen Personalpronomina der 3.Sg./ Pl. hinter dem Nomen mit Artikel, so weisen sie auf bereits Erwähntes und Bekanntes zurück und werden mit „jener/ jene" übersetzt. Man spricht hier von der *anaphorischen Verwendung* des Personalpronomens:

Jdc 3,30:	בַּיּוֹם הַהוּא	an jenem (bekannten) Tag
Jdc 3,29:	בָּעֵת הַהִיא	zu jener (bekannten) Zeit
Jdc 18,1:	בַּיָּמִים הָהֵם	in jenen (bekannten) Tagen

5. Demonstrativpronomen

Sg.m.	זֶה	dieser
Sg.f.	זֹאת	diese/ dieses (n.)
Pl.com.	אֵלֶּה	diese

mit Artikel: הַזֶּה הַזֹּאת הָאֵלֶּה

mit Präpositionen: בָּזֶה כָּזֹאת לְאֵלֶּה מֵאֵלֶּה

Verwendung:

- *Substantivisch:*
  Bei dieser Verwendung stehen die Demonstrativpronomina ohne Artikel voran:

Ex 29,1:	וְזֶה הַדָּבָר	und dies ist das Wort/ die Sache
Lev 27,34:	אֵלֶּה הַמִּצְוֹת	dies sind die Gebote

- *Adjektivisch/ attributiv:*
  Bei dieser Verwendung stehen die Demonstrativpronomina hinter dem Nomen mit Artikel:

Gen 24,5:	הָאָרֶץ הַזֹּאת	dieses Land
Gen 32,11:	אֶת־הַיַּרְדֵּן הַזֶּה	diesen Jordan
Lev 8,34:	בַּיּוֹם הַזֶּה	an diesem Tag = heute

- *Adverbiell:*
  Hier werden die Demonstrativpronomina lokal, temporal und zur Hervorhebung von Fragewörtern verwendet:

Gen 28,17:	אֵין זֶה	Hier gibt es nicht...
Gen 37,17:	מִזֶּה	von hier
Ruth 2,7:	עַתָּה זֶה	gerade jetzt, soeben
Gen 27,20:	מַה־זֶּה	wie denn?
Gen 18,13:	לָמָּה זֶּה	warum denn?

6. Fragepronomina

- He interrogativum

Das *He interrogativum* (הֲ) dient zur Einleitung von *Satzfragen*. Es steht beim ersten Wort des Satzes und richtet sich in der Vokalisation nach dem ersten Konsonanten des Wortes. Dabei müssen folgende Vokalisationen beachtet werden:

הֲ	vor Nichtlaryngalen mit vollem Vokal: הֲלֹא nicht?
הַ	vor Nicht-Laryngalen mit Schwa: הַמְעַט zu wenig?
הֶ	vor Laryngalen mit Qamäs/ Chateph-Qamäs: הֶאָנֹכִי ich?
הַ	vor Laryngalen ohne Qamäs/ Chateph-Qamäs: הַאַתָּה du?
הֲ ... אִם	*Doppelfrage*: הֲ steht an erster, אִם an zweiter Stelle:

I Reg 22,15: הֲנֵלֵךְ אֶל־רָמֹת גִּלְעָד לַמִּלְחָמָה אִם־נֶחְדָּל

Sollen wir gegen Ramoth Gilead zum Kampf ausziehen *oder* sollen wir es lassen?

Jes 10,9: הֲלֹא כְּכַרְכְּמִישׁ כַּלְנוֹ אִם־לֹא כְאַרְפַּד חֲמָת אִם־לֹא כְדַמֶּשֶׂק שֹׁמְרוֹן׃

Ist Kalne nicht wie Karkemisch *oder* ist Hamat nicht wie Arpad *oder* ist Samaria nicht wie Damaskus?

Gen 27,21: הַאַתָּה זֶה בְּנִי עֵשָׂו אִם־לֹא׃

Bist du mein Sohn Esau *oder* nicht?

- Wortfragen

Zur Einleitung von *Wortfragen* dienen:

מִי	**Wer?** MI	לְמִי	Wem?
		אֶת־מִי	Wen?
		בַּת־מִי	Wessen Tochter?
מַה־	**Was?** MAH		*Bei* מָה *wechselt die Vokalisation*
		מַה־זֶּה	Was ist das?
		מָה־אַתָּה	Was bist du?
		עַל־מֶה עָשָׂה	Weshalb hat er das getan?
		מַה־הוּא	Was ist er?
		מָה־הֵמָּה	Was sind sie?

		בַּמֶּה	Worin? Wodurch?
לָמָּה	**Warum?**	לָ֫מָה	*vor Laryngalen oft ohne Dagesch forte*
מַדּוּעַ	**Warum?**		
אַיֵּה	**Wo?**		
מָתַי	**Wann?**		
אֵיךְ	**Wie?**		

7. Relativpartikel

Die Stelle des Relativpronomens vertritt im Hebräischen die *Relativpartikel* אֲשֶׁר. In jüngeren Büchern des Alten Testaments tritt oft an ihre Stelle ·שֶׁ. Die Relativpartikel ist *indeklinabel*. Sie sollte als Hilfsübersetzung mit „von welchem gilt" übersetzt werden:

הַדָּבָר אֲשֶׁר דִּבֶּר יִרְמְיָהוּ

das Wort, von welchem gilt: Jeremia sprach = das Wort, das Jeremia sprach

8. Übungen

1) Vervollständigen Sie die Vokalisation des Artikels

1 העִבְרִי האֶבְיוֹן החֳדָשִׁים הרוּחַ האָרֶץ החָכְמָה

2 החָכָם העַי ההָרִים היַּרְדֵּן החֶרֶב החָצִיר

3 ההר העָרִים העִיר העָשִׁיר העם האֱלֹהִים

4 החֳלִי האִישׁ הגָּדוֹל העֵת ההִיא העָוֹן הרְשָׁעִים החָלָב

5
עָנָן + Artikel + כְּ > כענן
אִשׁ + Artikel + בְּ > באשׁ
עָוֹן + Artikel + בְּ > בעון
סֵ֫פֶר + Artikel + בְּ > בספר
אֶ֫רֶץ + Artikel + וְ >

2) Übungen zum He interrogativum. Vervollständigen Sie die Vokalisation:

Gen 43,7	הֲיֵשׁ העוֹד	Joel 1,2:	ההָיְתָה
I Reg 22,15:	הנֵלֵךְ	Gen 29,6:	השָׁלוֹם

Koh 3,21: הָעֹלָה Hi 1,8: הֲשַׂמְתָּ

Hi 14,14: הֲיִחְיֶה II Sam 7,5: הַאַתָּה

3) Übungen zu den Nomina. Bestimmen Sie anhand der Endungen Numerus, Genus, Status sowie Kasus des Nomens:

1 אוֹרִים אֱלֹהֵי יִשְׂרָאֵל בְּשָׂרִים הֶהָרִים הָרֵי

2 חַגִּים חָדְשֵׁי חָכְמַת חֳלָיִים יָדַיִם

3 יְדֵי אֶת־הַכֶּסֶף מַיִם עֲבָדִים עִתִּים לְעֵת

4) Übersetzen Sie:

1 הֲזֹאת אֶת־הָעָם אֲנִי יְהוָה זֹאת אִיזֶבֶל

2 עַם־הָאָרֶץ הָאָרֶץ הַזֹּאת אֶת־זֹאת לָעָם הַזֶּה

3 אֱלֹהֵי יִשְׂרָאֵל בָּזֶה הוּא הַמֶּלֶךְ אַיֵּה שָׂרָה

4 סְדֹם וַעֲמֹרָה וְאֶבְיוֹנֵי אָדָם לֵאלֹהֵי יַעֲקֹב

5 בַּיּוֹם הַהוּא הֲזֶה הָאָרֶץ אֲשֶׁר

Lektion 7:
unselbständiges Personalpronomen; Nomen und Präpositionen mit Suffixen; Nominalsätze

1. Vokabeln

Präpositionen:

אַחַר/אַחֲרֵי	hinter
אֶל־	zu, in Richtung auf
אֵת/אֶת־	*nota accusativi*
אֵת/אֶת־	mit, zusammen mit, bei *(soziativ)*
בֵּין	zwischen
לִפְנֵי	vor
מִן	von *(Präposition der Trennung)*
עַד	bis
עַל	auf, an, bei, gegen, wegen, über
עִם	mit, zusammen mit *(soziativ)*
תַּחַת	unter, anstelle von

Nomina mit unveränderlichen Vokalen:

אֵל	Gott
בְּכוֹר	Erstgeborener
בְּרִית *f.*	Bund
גְּבוּל	Grenze, Gebiet
גִּבּוֹר	Held, Krieger
גּוֹי	Volk
דּוֹר	Generation
חוּץ	Gasse
כֹּחַ	Kraft
סוּס	Pferd
עַמּוּד	Pfeiler, Säule
צֹאן	Kleinvieh *(Schafe und Ziegen; kollektiv)*
קוֹל	Stimme, Geräusch

רִאשׁוֹן	erster, früherer
רֵעַ	Nächster, Freund
שִׁיר	Lied, Gesang
שִׁירָה	(einzelnes) Lied
תּוֹרָה	Gesetz, Tora, Weisung

Weitere Vokabeln:

אַיִן/אֵין	es gibt nicht
אִישׁ	Mann, jeder
בַּיִת/בֵּית	Haus
יְהוָה צְבָאוֹת	Jahwe Zebaoth = Jahwe der Heerscharen
יֵשׁ	Vorhandensein, es gibt
יֹשֵׁב	sitzend *(Partizip)*
כָּבֵד	schwer
נַעַר	Junge, Knabe, Knecht
עֵץ	Baum, Holz
עֹשֶׁר	Reichtum
קָדוֹשׁ	heilig
קִיר	Wand
רָעָב	Hungersnot
שָׁלוֹם	Friede, Wohlergehen
שֵׁם	Name
שְׁמָמָה	Verwüstung, Ödnis
שַׁעַר	(das) Tor

Namen:

יוֹסֵף	Joseph *(n.pr.m.)*
לָבָן	Laban *(n.pr.m.)*
לוֹט	Lot *(n.pr.m.)*
רִבְקָה	Rebekka *(n.pr.f.)*

2. Das unselbständige Personalpronomen

Im Unterschied zu den selbständigen Personalpronomina, die nur für den Nominativ stehen, kennt das Hebräische noch unselbständige Personalpronomina. Diese begegnen als sogenannte Suffixe an Nomina, Präpositionen und Verben. Als Formen begegnen beim Nomen und den Präpositionen:

Person		Nomen singularische Suffixe:	pluralische Suffixe:
Sg.	1.com.	ִי mein	ַי meine
	2.m.	ְךָ dein	ֶיךָ deine
	2.f.	ֵךְ dein	ַיִךְ deine
	3.m.	ֵהוּ / הֹ / וֹ sein	ָיו seine
	3.f.	ָהּ / ָה ihr	ֶיהָ ihre
Pl.	1.com.	ֵנוּ unser	ֵינוּ unsere
	2.m.	ְכֶם euer	ֵיכֶם eure
	2.f.	ְכֶן euer	ֵיכֶן eure
	3.m.	ָם / ָהֶם ihr	ֵיהֶם ihre
	3.f.	ָן / ָהֶן ihr	ֵיהֶן ihre

Bemerkungen:

- Das Suffix der 2.Sg.m. erscheint auch in der Schreibung ְכָה.
- Die Suffixe der 2./3.Pl. bezeichnet man als *schwere Suffixe*, alle übrigen als *leichte Suffixe*. Die Bindevokale sind betont (nicht jedoch 2./3.Pl.).

3. Das unveränderliche Nomen mit Suffixen

Entsprechend der Veränderung der Vokale werden die Nomina in Flexionsklassen eingeteilt. Die einfachste dieser Klassen ist die mit unveränderlichen Vokalen. Hier wird die Vokalisation des Nomens im Singular und Plural sowie bei der Anhängung von Possessivsuffixen nicht verändert.

- Das maskuline Nomen:

	Singular	*Plural*
st.abs.	סוּס	סוּסִים
st.cs.	סוּס	סוּסֵי

Suffixe:

		singularische Suffixe:	*pluralische Suffixe:*
Sg.	*1.com.*	סוּסִי mein Pferd	סוּסַי meine Pferde
	2.m.	סוּסְךָ dein Pferd	סוּסֶיךָ deine Pferde
	2.f.	סוּסֵךְ dein Pferd	סוּסַיִךְ deine Pferde
	3.m.	סוּסוֹ sein Pferd	סוּסָיו seine Pferde
	3.f.	סוּסָהּ ihr Pferd	סוּסֶיהָ ihre Pferde

Pl.	*1.com.*	סוּסֵנוּ unser Pferd	סוּסֵינוּ unsere Pferde
	2.m.	סוּסְכֶם euer Pferd	סוּסֵיכֶם eure Pferde
	2.f.	סוּסְכֶן euer Pferd	סוּסֵיכֶן eure Pferde
	3.m.	סוּסָם ihr Pferd	סוּסֵיהֶם ihre Pferde
	3.f.	סוּסָן ihr Pferd	סוּסֵיהֶן ihre Pferde

- Das feminine Nomen:

	Singular	*Plural*
st.abs.	תּוֹרָה	תּוֹרוֹת
st.cs.	תּוֹרַת	תּוֹרוֹת

Suffixe:

		singularische Suffixe:	*pluralische Suffixe:*
Sg.	*1.com.*	תּוֹרָתִי mein Gesetz	תּוֹרוֹתַי meine Gesetze
	2.m.	תּוֹרָתְךָ dein Gesetz	תּוֹרוֹתֶיךָ deine Gesetze
	2.f.	תּוֹרָתֵךְ dein Gesetz	תּוֹרוֹתַיִךְ deine Gesetze
	3.m.	תּוֹרָתוֹ sein Gesetz	תּוֹרוֹתָיו seine Gesetze
	3.f.	תּוֹרָתָהּ ihr Gesetz	תּוֹרוֹתֶיהָ ihre Gesetze
Pl.	*1.com.*	תּוֹרָתֵנוּ unser Gesetz	תּוֹרוֹתֵינוּ unsere Gesetze
	2.m.	תּוֹרַתְכֶם euer Gesetz	תּוֹרוֹתֵיכֶם eure Gesetze
	2.f.	תּוֹרַתְכֶן euer Gesetz	תּוֹרוֹתֵיכֶן eure Gesetze
	3.m.	תּוֹרָתָם ihr Gesetz	תּוֹרוֹתֵיהֶם ihre Gesetze
	3.f.	תּוֹרָתָן ihr Gesetz	תּוֹרוֹתֵיהֶן ihre Gesetze

Bemerkungen:

- Man kann die Nomina mit Suffixen als *Constructus-Verbindungen zwischen einem Nomen und einem Personalpronomen* ansehen.
  סוּסִי = „Pferd des Ich" = „Pferd meiner" = „mein Pferd".
  Im Deutschen wird dieser *genetivus possessivus* so aufgelöst, dass man das Possessivpronomen einsetzt. Von daher gilt, dass die Suffixe im Hebräischen jeweils an die *Constructusform* angehängt werden.
- Die Suffixe, die an das Nomen im Singular angehängt werden, bezeichnet man als *singularische Suffixe*. Die Suffixe, die an das Nomen im Plural angehängt werden, bezeichnet man als *pluralische Suffixe*. Der Vergleich zwischen singularischen und pluralischen Suffixen zeigt, dass die pluralischen Suffixe einen erweiterten Bindevokal haben.

Vergleiche:	סוּסְךָ dein Pferd	*und*	סוּסֶיךָ deine Pferde
	סוּסֵנוּ unser Pferd	*und*	סוּסֵינוּ unsere Pferde

- Bei dem pluralischen Suffix der 3.Sg.m. ist die Aussprache zu beachten: ָו(י) , *āw* (das Jod bleibt stumm!). ָיו < * הוּ + ַי .

- Das feminine Nomen im Plural ist als Plural doppelt gekennzeichnet: durch die Endung וֹת *und* durch pluralisches Suffix.
- Beim femininen Nomen können die Formen תּוֹרוֹתֵיהֶם und תּוֹרוֹתֵיהֶן durch תּוֹרוֹתָם bzw. תּוֹרוֹתָן ersetzt werden.
- Das Suffix 3.Pl.m. ־הֶם begegnet auch in der Form ־ֵימוֹ / ־ָמוֹ: מוֹסְרוֹתֵימוֹ (Ps 2,3).

4. Präpositionen mit Suffixen

Die Präpositionen sind ursprünglich Nomina im adverbiellen Akkusativ, die sich mit dem folgenden Wort zu einer Constructus-Verbindung zusammenfügen. Die Verwendung der Präpositionen als Nomina zeigt sich an den Suffixen; hier bilden einige Präpositionen der Form nach Plurale.

		לְ **für**	בְּ **in**	כְּ **wie**
Sg.	*1.com.*	לִי für mich	בִּי in mir	כָּמוֹנִי wie ich
	2.m.	לְךָ für dich	בְּךָ in dir	כָּמוֹךָ wie du
	2.m. i.p.	לָךְ für dich	בָּךְ in dir	
	2.f.	לָךְ für dich	בָּךְ in dir	
	3.m.	לוֹ für ihn	בּוֹ in ihm	כָּמוֹהוּ wie er
	3.f.	לָהּ für sie	בָּהּ in ihr	כָּמוֹהָ wie sie
Pl.	*1.com.*	לָנוּ für uns	בָּנוּ in uns	כָּמוֹנוּ wie wir
	2.m.	לָכֶם für euch	בָּכֶם in euch	כָּכֶם wie ihr
	2.f.			
	3.m.	לָהֶם für sie	בָּהֶם/בָּם in ihnen	כָּהֶם wie sie
	3.f.	לָהֶן für sie	בָּהֶן in ihnen	כָּהֵנָּה wie sie

		מִן **von**	אֵת/אֶת־ **bei**	אֵת ***nota acc.***
Sg.	*1.com.*	מִמֶּנִּי von mir	אִתִּי bei mir	אֹתִי/אוֹתִי mich
	2.m.	מִמְּךָ von dir	אִתְּךָ bei dir	אֹתְךָ dich
	2.m. i.p.	מִמֶּכָּה von dir	אִתָּךְ bei dir	אֹתָךְ dich
	2.f.	מִמֵּךְ von dir	אִתָּךְ bei dir	אֹתָךְ dich
	3.m.	מִמֶּנּוּ von ihm	אִתּוֹ bei ihm	אֹתוֹ ihn
	3.f.	מִמֶּנָּה von ihr	אִתָּהּ bei ihr	אֹתָהּ sie
Pl.	*1.com.*	מִמֶּנּוּ von uns	אִתָּנוּ bei uns	אֹתָנוּ uns
	2.m.	מִכֶּם von euch	אִתְּכֶם bei euch	אֶתְכֶם euch
	2.f.			
	3.m.	מֵהֶם von ihnen	אִתָּם bei ihnen	אֹתָם sie
	3.f.	מֵהֵנָּה von ihnen		אֶתְהֶן sie

		עִם **mit**	אֶל־ **zu**	עַל **auf**
Sg.	*1.com.*	עִמִּי / עִמָּדִי mit mir	אֵלַי zu mir	עָלַי auf mir
	2.m.	עִמְּךָ mit dir	אֵלֶיךָ zu dir	עָלֶיךָ auf dir
	2.m. i.p.	עִמָּךְ mit dir		
	2.f.	עִמָּךְ mit dir	אֵלַיִךְ zu dir	עָלַיִךְ auf dir
	3.m.	עִמּוֹ mit ihm	אֵלָיו zu ihm	עָלָיו auf ihm
	3.f.	עִמָּהּ mit ihr	אֵלֶיהָ zu ihr	עָלֶיהָ auf ihr
Pl.	*1.com.*	עִמָּנוּ mit uns	אֵלֵינוּ zu uns	עָלֵינוּ auf uns
	2.m.	עִמָּכֶם mit euch	אֲלֵיכֶם zu euch	עֲלֵיכֶם auf euch
	2.f.		אֲלֵיכֶן zu euch	עֲלֵיכֶן auf euch
	3.m.	עִמָּם mit ihnen	אֲלֵיהֶם zu ihnen	עֲלֵיהֶם auf ihnen
	3.f.		אֲלֵיהֶן zu ihnen	עֲלֵיהֶן auf ihnen

		עַד **bis**	לִפְנֵי **vor**	אַחֲרֵי **hinter**
Sg.	*1.com.*	עָדַי bis zu mir	לְפָנַי vor mir	אַחֲרַי hinter mir
	2.m.	עָדֶיךָ bis zu dir	לְפָנֶיךָ vor dir	אַחֲרֶיךָ hinter dir
	2.m. i.p.			
	2.f.			אַחֲרַיִךְ hinter dir
	3.m.	עָדָיו bis zu ihm	לְפָנָיו vor ihm	אַחֲרָיו hinter ihm
	3.f.	עָדֶיהָ bis zu ihr	לְפָנֶיהָ vor ihr	אַחֲרֶיהָ hinter ihr
Pl.	*1.com.*		לְפָנֵינוּ vor uns	אַחֲרֵינוּ hinter uns
	2.m.	עֲדֵיכֶם bis zu euch	לִפְנֵיכֶם vor euch	אַחֲרֵיכֶם hinter euch
	2.f.			
	3.m.		לִפְנֵיהֶם vor ihnen	אַחֲרֵיהֶם hinter ihnen
	3.f.			אַחֲרֵיהֶן hinter ihnen

		בֵּין **zwischen**	תַּחַת **unter, anstelle von**
Sg.	*1.com.*	בֵּינִי zwischen mir	תַּחְתַּי unter mir
	2.m.	בֵּינְךָ zwischen dir	תַּחְתֶּיךָ unter dir
	2.m. i.p.	בֵּינֶךָ zwischen dir	
	2.f.	בֵּינֵךְ zwischen dir	
	3.m.	בֵּינוֹ zwischen ihm	תַּחְתָּיו unter ihm
	3.f.		תַּחְתֶּיהָ unter ihr

	1.com.	בֵּינֵינוּ zwischen uns	תַּחְתֵּינוּ unter uns
	2.m.	בֵּינֵיכֶם zwischen euch	תַּחְתֵּיכֶם unter euch
Pl.	*2.f.*		
	3.m.	בֵּינֵיהֶם zwischen ihnen	תַּחְתָּם/תַּחְתֵּיהֶם unter ihnen
	3.f.		תַּחְתֵּיהֶן unter ihnen

Bemerkungen zu den Präpositionen mit Suffixen:

- Aus der Vielzahl der Bedeutungen der Präpositionen ist hier jeweils die Grundbedeutung genommen.
- *Zur Präposition* לְ
  2.Sg.m. begegnet auch in der Schreibung לְכָה „für dich".
  3.Sg.f. begegnet dreimal in der Schreibung לָה „für sie" *(ohne Mappiq!)*.
  2.Pl.f. begegnet in Ez 13,18 als לָכֵ֫נָה „für euch".
  3.Pl.m. begegnet auch als לָ֫מוֹ „für sie" (poet.) und als לָהֵמָּה „für sie".
  3.Pl.f. begegnet auch als לָהֵן „für sie".
- *Zur Präposition* בְּ
  2.Sg.m. begegnet auch in der Schreibung בְּכָה „in dir" (Ps 141,8).
  3.Pl.m. begegnet noch in der Schreibung בָּם und בָּהֵ֫מָּה „in ihnen".
  3.Pl.f. begegnet noch in der Schreibung בָּהֵן und בָּהֵ֫נָּה „in ihnen".
- *Zur Präposition* כְּ
  כְּ mit Suffixen setzt sich aus folgenden Elementen zusammen:
  2.Pl.m. begegnet auch in der Form כְּמוֹכֶם „wie ihr" (Hi 12,3).
  3.Pl.m. begegnet auch in der Form כְּמוֹהֶם (Jdc 8,18 u.ö.) und כָּהֵמָּה „wie sie".
  3.Pl.f. begegnet auch in der Form כָּהֵן „wie sie".
- *Zur Präposition* מִן
  מִן mit Suffixen bildet meist *reduplizierte Formen* * מִנְמִן.
  1.Sg.com. auch מִנִּי „von mir" (Jes 22,4; *dichterische Nebenform*).
  3.Sg.m. Nebenform מֶנְהוּ „von ihm" (Hi 4,12).
  3.Pl.m./f. mit *Ersatzdehnung* von *i* > *ē*.
  3.Pl.m. Nebenform מִנְהֶם (Hi 11,20) und מֵהֵמָּה „von ihnen".
  3.Pl.f. Nebenform מֵהֵן „von ihnen".
  Zu beachten ist die Identität der beiden Formen von מִן + Suffix 3.Sg.m./1.Pl.com.: מִמֶּנּוּ „von ihm/von uns".
- *Zur nota accusativi* אֵת
  3.Pl.m. auch אֶתְהֶם.
  3.Pl.f. auch אֹתָ֫נָה (Ex 35,26) und אוֹתְהֶן (Ez 23,47).

- *Zur Präposition* עִם
  1.Sg.com. Nebenform עִמָּדִי < * עִם + יָד + ִי .
  3.Pl.m. Nebenform עִמָּהֶם.
- *Zur Präposition* אֶל־
  3.Pl.m. auch אֲלֵהֶם und poetisch אֱלֵימוֹ (Ps 2,5).
  3.Pl.f. auch אֲלֵהֶן.
- *Zur Präposition* עַל
  3.Pl.m. poetische Nebenform עָלֵימוֹ (Hi 20,23).
- *Zur Präposition* בֵּין
  בֵּין begegnet auch in der Pluralform בֵּינוֹת (Ez 10,7).
  1.Pl.com. auch בֵּינוֹתֵינוּ.
  3.Pl.m. auch בֵּינוֹתָם.

5. Nominalsätze

> Unter einem *Nominalsatz* versteht man einen *Satz ohne finites Verb*. Sein Kern besteht aus zwei Nomina oder deren Vertreter: Pronomen, Adjektiv, Partizip, Zahlwort, adverbielle Bestimmung.

Sach 10,5:	יְהוָה עִמָּם	Jahwe ist mit ihnen.
I Reg 11,17:	וַהֲדַד נַעַר	Und Hadad war ein Junge.
Gen 43,1:	הָרָעָב כָּבֵד	Die Hungersnot war schwer.

Nominalsätze beschreiben keine Handlungen und Vorgänge, sondern *Verhältnisse, Eigenschaften und Zustände*. Dabei lassen sich drei verschiedene Aufgaben unterscheiden: Nominalsätze dienen als a) Vorhandenseins-, b) Identitäts- und c) Klassifizierungsaussage.

ad a)	Gen 24,29:	וּלְרִבְקָה אָח	Und Rebekka hatte einen Bruder.
	Ps 112,3:	עֹשֶׁר בְּבֵיתוֹ	Reichtum ist in seinem Haus.
ad b)	Gen 24,29:	וּשְׁמוֹ לָבָן	Und sein Name war Laban.
	Gen 45,3:	אֲנִי יוֹסֵף	Ich bin Joseph.
ad c)	Ez 41,22:	קִירֹתָיו עֵץ	Seine Wände waren aus Holz.
	Jer 32,43:	שְׁמָמָה הִיא	Eine Wüste ist es (sc. das Land).

Die *Verneinung* erfolgt in der Regel durch אַיִן *(st.abs.)* oder אֵין *(st.cs.)*:

Gen 2,5:	וְאָדָם אַיִן	Und es gab keinen Menschen.
Gen 31,50:	אֵין אִישׁ עִמָּנוּ	Niemand war bei uns.

Nominalsätze sind *zeitlich nicht festgelegt*. Die Zeitsphäre der Aussage kann nur aus dem Zusammenhang geschlossen werden:

Gen 19,1:	וְלוֹט יֹשֵׁב בְּשַׁעַר סְדֹם	Und Lot *saß* am Tor von Sodom. *(Vergangenheit)*
Jes 6,3:	קָדוֹשׁ קָדוֹשׁ קָדוֹשׁ יְהוָה צְבָאוֹת	Heilig, heilig, heilig *ist* Jahwe Zebaoth. *(Gegenwart)*
Gen 43,23:	שָׁלוֹם לָכֶם	Wohlergehen *sei* mit euch! *(modal – Wunsch)*

6. Übungen

1) Hängen Sie an folgende Nomina mit unveränderlichen Vokalen die Possessivsuffixe im Singular und Plural:

גְּבוּל רֵעַ שִׁירָה עַמּוּד סוּס

2) Bestimmen Sie folgende Nomina mit unveränderlichen Vokalen (mit Übersetzung):

1 הַאֵל אוֹרְךָ בְּכוֹרֵי גְּבוּלְךָ לַגִּבּוֹרִים גּוֹיִם בַּחוּץ סוּסֶיךָ עַמֻּדֵי

2 צֹאנֵנוּ לְרֵעֲךָ וּמִשִּׁירֵי תּוֹרָתִי הָאֵל אוֹרוֹ בְּכוֹרִי גְּבוּלְכֶם גִּבּוֹרֵי

3 בְּחוּצוֹתֵינוּ כְּסוּסַי עַמֻּדָיו וּמִצֹּאנְךָ רֵעַיִךְ כְּשִׁירַת כְּתוֹרָתֶךָ לָאֵל

4 גְּבוּלוֹ גִּבּוֹרָיו חוּצֹתֶיהָ סוּסֵיכֶם עַמּוּדֵיהֶם רֵעֵיהֶם וּלְתוֹרָתוֹ אֵלַי

5 גְּבוּלָהּ גִּבּוֹרֵיהֶם וְעַמּוּדֶיהָ בְּתֹרֹתָיו אֵלִים גְּבוּלָם תּוֹרָתֵי

6 גְּבוּלַיִךְ גְּבוּלֶיהָ

3) Vokalisieren und übersetzen Sie folgende Nomina mit unveränderlichen Vokalen:

1 אורם בבכוריהם גבוריה לסוסיו עמודו

2 צאנך רעהו שירות בתורתו

4) Bestimmen und übersetzen Sie folgende Präpositionen mit Suffixen:

1 לְפָנָיו עָלֵינוּ אֵלַי אִתָּךְ אֹתָךְ לִפְנֵיהֶם כָּמוֹהוּ בָּךְ לָהֵמָּה מִמֶּנּוּ

2 אַחֲרָיו אִתּוֹ אֹתוֹ אֶתְכֶם אִתְּכֶם אִתָּהּ עִמָּם לָכֶם לְפָנֶיךָ

3 לִי לָמוֹ עִמָּדִי כְּמוֹהֶם

5) Übersetzen Sie:

1 (Ex 6,2 u.ö.) אֲנִי יְהוָה

2 (Ps 96,4) גָּדוֹל יְהוָה

3 (Gen 12,10) רָעָב בָּאָרֶץ

4 (Gen 37,2) וְהוּא נַעַר

5 (Gen 12,10) כָּבֵד הָרָעָב בָּאָרֶץ

6 (II Reg 2,11) סוּסֵי אֵשׁ

7 (Ex 37,2) מִבַּיִת וּמִחוּץ

8 (Jer 11,6) בְּחֻצוֹת יְרוּשָׁלַם

9 (Ex 13,21) בְּעַמּוּד אֵשׁ

10 (Jes 38,2) אֶל־הַקִּיר

11 (Hi 8,16) הוּא לִפְנֵי־שָׁמֶשׁ

12 (Hi 42,16) אַחֲרֵי־זֹאת

6) Lektüreübung: Genesis 12,1-5: Segen für Abraham

Dieser Textabschnitt ist von besonderer Bedeutung, da er an der Nahtstelle von Ur- und Vätergeschichte steht. Er verklammert die Urgeschichte, in der das Stichwort

„Fluch“ dominiert, mit der nun beginnenden Vätergeschichte, in der das Stichwort „Segen“ zum Leitwort wird.

1 וַיֹּאמֶר יְהוָה אֶל־אַבְרָם לֶךְ־לְךָ מֵאַרְצְךָ וּמִמּוֹלַדְתְּךָ וּמִבֵּית
אָבִיךָ אֶל־הָאָרֶץ אֲשֶׁר אַרְאֶךָּ׃
2 וְאֶעֶשְׂךָ לְגוֹי גָּדוֹל וַאֲבָרֶכְךָ וַאֲגַדְּלָה שְׁמֶךָ וֶהְיֵה בְּרָכָה׃
3 וַאֲבָרֲכָה מְבָרְכֶיךָ וּמְקַלֶּלְךָ אָאֹר וְנִבְרְכוּ בְךָ כֹּל מִשְׁפְּחֹת
הָאֲדָמָה׃
4 וַיֵּלֶךְ אַבְרָם כַּאֲשֶׁר דִּבֶּר אֵלָיו יְהוָה וַיֵּלֶךְ אִתּוֹ לוֹט וְאַבְרָם
בֶּן־חָמֵשׁ שָׁנִים וְשִׁבְעִים שָׁנָה בְּצֵאתוֹ מֵחָרָן׃
5 וַיִּקַּח אַבְרָם אֶת־שָׂרַי אִשְׁתּוֹ וְאֶת־לוֹט בֶּן־אָחִיו וְאֶת־כָּל־רְכוּשָׁם
אֲשֶׁר רָכָשׁוּ וְאֶת־הַנֶּפֶשׁ אֲשֶׁר־עָשׂוּ בְחָרָן וַיֵּצְאוּ לָלֶכֶת אַרְצָה
כְּנַעַן וַיָּבֹאוּ אַרְצָה כְּנָעַן׃

Lektion 8:
Perfekt; unregelmäßige Nomina; Adjektive; Steigerung; Existenzpartikel; Doppelpräpositionen

1. Vokabeln

Verben:

גנב	stehlen („Ganove“)
דרך	treten
דרשׁ	suchen, fragen
זכר	gedenken, sich erinnern
כרת	schneiden
כתב	schreiben („Kassiber“)
לכד	fangen, erobern
מלך	König sein/werden
שׁמר	bewahren („Schmiere stehen“)
שׁפט	richten

Unregelmäßige Nomina:

אָב	Vater
אָח	Bruder
אָחוֹת	Schwester
אִשָּׁה	Frau
אָמָה	Magd
בֵּן	Sohn
בַּת	Tochter
פֶּה	Mund
רֹאשׁ	Kopf, Spitze

- Bisher gelernte Nomina dieser Gruppe:

יוֹם (6); בַּ֫יִת (7); אִישׁ (7); מַ֫יִם (6)

Adjektive:

חָזָק	hart, stark
טוֹב	gut
טָמֵא	unrein

יָשָׁר	recht, gerade
צַדִּיק	gerecht
קָטָן/קָטֹן	klein
קָרוֹב	nahe, Verwandter
רָחוֹק	fern

Weitere Vokabeln:

אָז	damals
דָּבָר	Wort, Sache
לֹא	nicht
מְאֹד	sehr
עַתָּה	jetzt
שָׁמַיִם	Himmel

Namen:

הֲדַד	Hadad *(n.pr.m.)*
חֶשְׁבּוֹן	Hesbon *(n.l.: Ostjordanland)*
אֲדֹנִיָּהוּ	Adonia *(n.pr.m.)*

2. Die Konjugation des Perfekts

Mit dieser Lektion beginnt die Behandlung der Verblehre, die uns fast bis zum Ende des Kurses beschäftigen wird. Da Hebräisch zu den semitischen Sprachen zählt, *müssen wir uns freimachen von dem uns bekannten indogermanischen System.* Wir müssen uns zunächst folgendes einprägen:

- Wurzel: Jedes hebräische Verb besteht aus einer *Wurzel.* In der Regel besteht diese Wurzel aus drei bzw. zwei Konsonanten. Mit diesen Konsonanten verbindet sich die Bedeutung des Verbs.
  כתב *ktb* = „schreiben“
- Radikale: Mit *Radikal* bezeichnet man den einzelnen Konsonanten einer Wurzel. In den klassischen Grammatiken wird die Position eines Radikals in der Wurzel nach dem Paradigma פעל „tun, machen“ beschrieben:
  פ = 1. Radikal, ע = 2. Radikal, ל = 3. Radikal.
  Von daher ist ein Verb פ“י ein Verb, dessen 1. Radikal ein י ist, ein Verb ל“ה ein Verb, dessen 3. Radikal ein ה ist.
  Wir werden uns die Verblehre mit Hilfe der Radikale כתב = „schreiben“ klarmachen; in anderen Grammatiken werden die Radikale קטל = „töten“ verwendet.

- Prä- und Afformative:

  Die Wurzel eines Verbs kann durch Prä- und Afformative erweitert werden. Damit meint man *grammatische Morpheme, die vor (= Präformative) oder nach (= Afformative) den drei Radikalen einer Wurzel erscheinen.* Die Prä- und Afformative definieren eine Verbform bezüglich des Genus, Numerus, der Person und des Tempus.

Die Konjugation des Perfekts (Afformativkonjugation):

Da das Perfekt mit Afformativen gebildet wird, spricht man auch von *Afformativkonjugation.* Diese Afformative sind historisch gesehen Personalpronomina, die in der Art von Suffixen an die jeweilige Wurzel angehängt werden.

	3.m.	כָּתַב	*kā-ṯaḇ*	* katába	er hat geschrieben
	3.f.	כָּתְבָה	*kā-ṯ^{e}ḇā*	* katabat	sie hat geschrieben
Sg.	*2.m.*	כָּתַבְתָּ(ה)	*kā-ṯaḇ-tā*	* katábta	du hast geschrieben
	2.f.	כָּתַבְתְּ	*kā-ṯaḇt*	* katábti	du hast geschrieben
	1.com.	כָּתַבְתִּי	*kā-ṯaḇ-tī*	* katábku	ich habe geschrieben
	3.com.	כָּתְבוּ	*kā-ṯ^{e}ḇū*	* katabú	sie haben geschrieben
Pl.	*2.m.*	כְּתַבְתֶּם	*k^{e}ṯaḇ-täm*	* katábtumu	ihr habt geschrieben
	2.f.	כְּתַבְתֶּן	*k^{e}ṯaḇ-tän*	* katábtinna	ihr habt geschrieben
	1.com.	כָּתַבְנוּ	*kā-ṯaḇ-nū*	* katábna	wir haben geschrieben

Bemerkungen:

- Die Form mit Asteriscus (*) bezeichnet die letzte Stufe, aus der die Perfektformen entstanden sind.
- Im hebräischen Lexikon wird als *Nennform die 3.Sg.m des Perfekts* verwendet. Deshalb läuft das Paradigma von der 3. Person über die 2. zur 1. Person. Der Grund dafür liegt in der häufigen Verwendung der 3.Sg.m.
- Man muss sich nicht nur die Endungen, sondern auch die *teilweise wechselnde Betonung* und die damit zusammenhängende *verschiedene Vokalisation* des Stammes einprägen.
- In der 3.Pl.com. existiert im Perfekt nur (noch) eine einzige Form für beide Geschlechter.
- Die Afformative unterteilt man in *vokalische* (3.Sg.f./3.Pl.com.) und *konsonantische Afformative* (2./1.Sg./Pl.).
- Der erste Radikal hat bis auf die 2.Pl.m./f. ein Qamäs unter sich.
- Die Afformative bleiben bei allen Verben im Perfekt gleich.
- *Besonderheit:* Ist der letzte Radikal der Wurzel mit dem ersten Radikal des Afformativs identisch, so tritt bei Vokallosigkeit des Wurzelkonsonanten *Assimilation* ein:

  * כָּרַתְתָּ > כָּרַתָּ du hast geschnitten

* נָתַנְנוּ > נָתַנּוּ wir haben gegeben

- Zur *Übersetzung des Perfekts:* Das Perfekt ist die *Zeitstufe für vollendete Handlungen*. Im Kontext erzählender Texte kann es mit dt. Imperfekt, Perfekt oder Plusquamperfekt übersetzt werden:

כָּתַב → er schrieb
→ er hat geschrieben
→ er hatte geschrieben

II Reg 17,19: גַּם־יְהוּדָה לֹא שָׁמַר אֶת־מִצְוֹת יְהוָה
Auch Juda hielt die Gebote des Herrn nicht ein.

Num 22,37: לָמָּה לֹא־הָלַכְתָּ אֵלָי
Warum bist du nicht zu mir gekommen?

Gen 21,1: (אָמָר *in pausa*) וַיהוָה פָּקַד אֶת־שָׂרָה כַּאֲשֶׁר אָמָר
Und Jahwe kümmerte sich um Sara, wie er versprochen hatte.

- Einige intransitive Verben bilden ein *ē*-Perfekt, *ō*-Perfekt nur bei קָטֹן. Verben, die einen Zustand ausdrücken, wie „schwer sein" כָּבֵד, bilden häufig ein *ē*-Perfekt (s. Qal II).

3.Sg.m. Perf.: כָּבֵד er ist schwer gewesen
3.Sg.m. Perf.: קָטֹן er ist klein gewesen

3. Unregelmäßige Nomina

Im Hebräischen gibt es eine Reihe von häufig begegnenden Nomina, deren Flexion besondere Eigenheiten bietet. Dazu gehören vor allem Nomina, die eine Verwandtschaftsbezeichnung wiedergeben.

		אָב **Vater**			
Sg.	*st.abs.*	אָב	*Pl.*	*st.abs.*	אָבוֹת
	st.cs.	אֲבִי		*st.cs.*	אֲבוֹת
		Singularische Suffixe:		*Pluralische Suffixe:*	
Sg.	*1.com.*	אָבִי mein Vater		אֲבוֹתַי meine Väter	
	2.m.	אָבִיךָ dein Vater		אֲבוֹתֶיךָ deine Väter	
	2.m. i.p.				
	2.f.	אָבִיךְ dein Vater			
	3.m.	אָבִיו sein Vater		אֲבוֹתָיו seine Väter	
	3.f.	אָבִיהָ ihr Vater			

	1.com.	אָבִינוּ	unser Vater	אֲבוֹתֵינוּ	unsere Väter
	2.m.	אֲבִיכֶם	euer Vater	אֲבוֹתֵיכֶם	eure Väter
Pl.	*2.f.*	אֲבִיכֶן	euer Vater		
	3.m.	אֲבִיהֶם	ihr Vater	אֲבוֹתָם	ihre Väter
	3.f.	אֲבִיהֶן	ihr Vater		

Besonderheiten:

- Sg.st.cs.: אֲבִי: Die Endung wird als *Chiräq compaginis* (= der Verbindung) bezeichnet. Sie dient der Verbindung mit dem folgenden Nomen und begegnet gerne bei Verwandtschaftsbezeichnungen.
- 3.Sg.m. auch אָבִיהוּ.
- 3.Pl.m. auch אֲבוֹתֵיהֶם (v.a. im Chronikbuch).

אָח		**Bruder**		**אָחוֹת**		**Schwester**	
Sg.	*st.abs.*	אָח		*Sg.*	*st.abs.*	אָחוֹת	
	st.cs.	אֲחִי			*st.cs.*	אֲחוֹת	
Pl.	*st.abs.*	אַחִים		*Pl.*	*st.abs.*		
	st.cs.	אֲחֵי			*st.cs.*		
	1.com.	אָחִי	אַחַי		*1.com.*	אֲחוֹתִי	אַחְיֹתַי
	2.m.	אָחִיךָ	אַחֶיךָ		*2.m.*	אֲחוֹתְךָ	
Sg.	*2.m. i.p.*			*Sg.*	*2.m. i.p.*		
	2.f.	אָחִיךְ	אַחַיִךְ		*2.f.*	אֲחוֹתֵךְ	אֲחוֹתַיִךְ
	3.m.	אָחִיו	אֶחָיו		*3.m.*	אֲחוֹתוֹ	אַחְיֹתָיו
	3.f.	אָחִיהָ	אַחֶיהָ		*3.f.*	אֲחוֹתָהּ	
	1.com.	אָחִינוּ	אַחֵינוּ		*1.com.*	אֲחוֹתֵנוּ	
	2.m.	אֲחִיכֶם	אֲחֵיכֶם		*2.m.*		אֲחוֹתֵיכֶם
Pl.	*2.f.*			*Pl.*	*2.f.*		
	3.m.	אֲחִיהֶם	אֲחֵיהֶם		*3.m.*	אֲחוֹתָם	אַחְיֹתֵיהֶם
	3.f.				*3.f.*		
Besonderheit: 3.Sg.m. auch אָחִיהוּ							

אִישׁ		**Mann**	**אִשָּׁה**		**Frau**
Sg.	*st.abs.*	אִישׁ	*Sg.*	*st.abs.*	אִשָּׁה
	st.cs.	אִישׁ		*st.cs.*	אֵשֶׁת
Pl.	*st.abs.*	אֲנָשִׁים	*Pl.*	*st.abs.*	נָשִׁים
	st.cs.	אַנְשֵׁי		*st.cs.*	נְשֵׁי

Sg.	*1.com.*	אִישִׁי	אֲנָשַׁי	Sg.	*1.com.*	אִשְׁתִּי	נָשַׁי
	2.m.		אֲנָשֶׁיךָ		*2.m.*	אִשְׁתְּךָ	נָשֶׁיךָ
	2.m. i.p.				*2.m. i.p.*	אִשְׁתֶּךָ	
	2.f.	אִישֵׁךְ			*2.f.*		
	3.m.	אִישׁוֹ	אֲנָשָׁיו		*3.m.*	אִשְׁתּוֹ	נָשָׁיו
	3.f.	אִישָׁהּ	אֲנָשֶׁיהָ		*3.f.*		
Pl.	*1.com.*		אֲנָשֵׁינוּ	Pl.	*1.com.*		נָשֵׁינוּ
	2.m.				*2.m.*		נְשֵׁיכֶם
	2.f.				*2.f.*		
	3.m.		אַנְשֵׁיהֶם		*3.m.*		נְשֵׁיהֶם
	3.f.		אַנְשֵׁיהֶן		*3.f.*		
Besonderheit: Pl.st.abs. dreimal אִישִׁים				Besonderheit: Pl.st.abs. einmal אִשֹּׁת (Ez 23,44)			

Anah Bajit

אָמָה	Magd			בַּיִת	Haus		
Sg.	*st.abs.*	אָמָה		Sg.	*st.abs.*	בַּיִת	
	st.cs.				*st.cs.*	בֵּית	
Pl.	*st.abs.*		אֲמָהוֹת	Pl.	*st.abs.*		בָּתִּים
	st.cs.		אַמְהוֹת		*st.cs.*		בָּתֵּי
Sg.	*1.com.*	אֲמָתִי	אַמְהוֹתַי	Sg.	*1.com.*	בֵּיתִי	
	2.m.	אֲמָתְךָ			*2.m.*	בֵּיתְךָ	בָּתֶּיךָ
	2.m. i.p.	אֲמָתֶךָ			*2.m. i.p.*	בֵּיתֶךָ	
	2.f.				*2.f.*	בֵּיתֵךְ	בָּתַּיִךְ
	3.m.	אֲמָתוֹ	אַמְהוֹתָיו		*3.m.*	בֵּיתוֹ	בָּתָּיו
	3.f.	אֲמָתָהּ	אַמְהוֹתֶיהָ		*3.f.*	בֵּיתָהּ	
Pl.	*1.com.*			Pl.	*1.com.*		בָּתֵּינוּ
	2.m.		אַמְהֹתֵיכֶם		*2.m.*	בֵּיתְכֶם	בָּתֵּיכֶם
	2.f.				*2.f.*		
	3.m.		אַמְהֹתֵיהֶם		*3.m.*	בֵּיתָם	בָּתֵּיהֶם
	3.f.				*3.f.*		בָּתֵּיהֶן
				Besonderheiten: 3.Pl.m. auch בָּתֵּימוֹ; בָּתִּים: Aussprache *ohne* Qamäs Chatuph			

בֵּן	Sohn		
Sg.	*st.abs.*	בֵּן	
	st.cs.	בֵּן־/בֶּן־	
Pl.	*st.abs.*		בָּנִים
	st.cs.		בְּנֵי
Sg.	*1.com.*	בְּנִי	בָּנַי
	2.m.	בִּנְךָ	בָּנֶיךָ
	2.m. i.p.	בְּנֶךָ	
	2.f.	בְּנֵךְ	בָּנַיִךְ
	3.m.	בְּנוֹ	בָּנָיו
	3.f.	בְּנָהּ	בָּנֶיהָ
Pl.	*1.com.*	בְּנֵנוּ	בָּנֵינוּ
	2.m.		בְּנֵיכֶם
	2.f.		
	3.m.		בְּנֵיהֶם
	3.f.		בְּנֵיהֶן

בַּת	Tochter		
Sg.	*st.abs.*	בַּת	
	st.cs.	בַּת	
Pl.	*st.abs.*		בָּנוֹת
	st.cs.		בְּנוֹת
Sg.	*1.com.*	בִּתִּי	בְּנוֹתַי
	2.m.	בִּתְּךָ	בְּנוֹתֶיךָ
	2.m. i.p.	בִּתֶּךָ	
	2.f.		בְּנוֹתַיִךְ
	3.m.	בִּתּוֹ	בְּנוֹתָיו
	3.f.	בִּתָּהּ	בְּנוֹתֶיהָ
Pl.	*1.com.*	בִּתֵּנוּ	בְּנוֹתֵינוּ
	2.m.	בִּתְּכֶם	בְּנוֹתֵיכֶם
	2.f.		
	3.m.		בְּנוֹתֵיהֶם
	3.f.		

Besonderheit:
3.Pl.m. auch בְּנוֹתָם

מַיִם	Wasser		
Sg.	*st.abs.*		
	st.cs.		
Pl.	*st.abs.*		מַיִם
	st.cs.		מֵימֵי/מֵי
Sg.	*1.com.*		מֵימַי
	2.m.		מֵימֶיךָ
	2.m. i.p.		
	2.f.		
	3.m.		מֵימָיו
	3.f.		מֵימֶיהָ
Pl.	*1.com.*		מֵימֵינוּ
	2.m.		
	2.f.		
	3.m.		מֵימֵיהֶם
	3.f.		

יוֹם	Tag, Zeit		
Sg.	*st.abs.*	יוֹם	
	st.cs.	יוֹם	
Pl.	*st.abs.*		יָמִים
	st.cs.		יְמֵי
Sg.	*1.com.*		יָמַי
	2.m.	יוֹמְךָ	יָמֶיךָ
	2.m. i.p.		
	2.f.		יָמַיִךְ
	3.m.	יוֹמוֹ	יָמָיו
	3.f.		יָמֶיהָ
Pl.	*1.com.*		יָמֵינוּ
	2.m.		יְמֵיכֶם
	2.f.		
	3.m.	יוֹמָם	יְמֵיהֶם
	3.f.		

Besonderheit:
Pl.cs.poet.: יְמוֹת

		עִיר Stadt (*f.*)	
Sg.	*st.abs.*	עִיר	
	st.cs.	עִיר	
Pl.	*st.abs.*		עָרִים
	st.cs.		עָרֵי
Sg.	*1.com.*	עִירִי	עָרַי
	2.m.	עִירְךָ	עָרֶיךָ
	2.m. i.p.		
	2.f.		עָרַיִךְ
	3.m.	עִירוֹ	עָרָיו
	3.f.	עִירָהּ	עָרֶיהָ
Pl.	*1.com.*		עָרֵינוּ
	2.m.		עָרֵיכֶם
	2.f.		
	3.m.	עִירָם	עָרֵיהֶם
	3.f.		

		פֶּה Mund	
Sg.	*st.abs.*	פֶּה	
	st.cs.	פִּי	
Pl.	*st.abs.*		פִּים
	st.cs.		
Sg.	*1.com.*	פִּי	
	2.m.	פִּיךָ	
	2.m. i.p.		
	2.f.		
	3.m.	פִּיו	
	3.f.	פִּיהָ	
Pl.	*1.com.*	פִּינוּ	
	2.m.	פִּיכֶם	
	2.f.		
	3.m.	פִּיהֶם	
	3.f.	פִּיהֶן	

Besonderheiten:
3.Sg.m. auch פִּיהוּ; 3.Pl.m. auch פִּימוֹ
Pl. auch פִּיּוֹת (Prov 5,4) und פֵּיוֹת (Jdc 3,16).

		רֹאשׁ Kopf	
Sg.	*st.abs.*	רֹאשׁ	
	st.cs.	רֹאשׁ	
Pl.	*st.abs.*		רָאשִׁים
	st.cs.		רָאשֵׁי
Sg.	*1.com.*	רֹאשִׁי	
	2.m.	רֹאשְׁךָ	
	2.m. i.p.		
	2.f.	רֹאשֵׁךְ	
	3.m.	רֹאשׁוֹ	רָאשָׁיו
	3.f.	רֹאשָׁהּ	רָאשֶׁיהָ
Pl.	*1.com.*		רָאשֵׁינוּ
	2.m.	רֹאשְׁכֶם	רָאשֵׁיכֶם
	2.f.		
	3.m.	רֹאשָׁם	רָאשֵׁיהֶם
	3.f.	רֹאשָׁן	רָאשֵׁיהֶן

Besonderheit:
3.Sg.m. auch רֹאשָׁיו (Jos 15,2)

4. Adjektive

Die Adjektive unterscheiden sich formal nur wenig von den Substantiven, mit denen sie die meisten Nominalbildungen und die Flexionsendungen teilen.

Das Adjektiv טוֹב „gut" gehört zur Gruppe der Adjektive mit unveränderlichen Vokalen:

Sg.m.	*st.abs.*	טוֹב	*Sg.f.*	*st.abs.*	טוֹבָה
	st.cs.	טוֹב		*st.cs.*	טוֹבַת
Pl.m.	*st.abs.*	טוֹבִים	*Pl.f.*	*st.abs.*	טוֹבוֹת
	st.cs.	טוֹבֵי		*st.cs.*	טוֹבוֹת

Verwendung:

a) Das attributive Adjektiv

Das attributive Adjektiv steht immer *nach* dem Substantiv und stimmt in Genus und Numerus mit ihm überein:

אִישׁ גָּדוֹל — ein großer Mann
יוֹם רַע — ein schlechter Tag
שֹׁפֵט חָכָם — ein weiser Richter
אֶרֶץ טוֹבָה — ein gutes Land
יָדַיִם רָפוֹת — schlaffe Hände (Hi 4,3)

Ist das Substantiv determiniert, so muss das attributive Adjektiv den Artikel erhalten:

הַמֶּלֶךְ הַגָּדוֹל — der große König
יָדְךָ הַחֲזָקָה — deine starke Hand
שְׁמוֹ הַגָּדוֹל — sein großer Name (I Sam 12,22)

Steht das Substantiv mit einem Genetiv, so folgt das Adjektiv erst nach dem letzteren:

מַעֲשֵׂה יְהוָה הַגָּדוֹל — das große Werk Jahwes (Dtn 11,7)

Gehört ein Attribut zu mehreren Substantiven unterschiedlichen Geschlechtes, so richtet es sich nach dem Maskulinum:

חֻקִּים וּמִצְוֹת טוֹבִים — gute Satzungen und Gebote (Neh 9,13)

b) Das prädikative Adjektiv

Das prädikative Adjektiv steht *immer ohne Artikel* und meist *vor* dem Subjekt. Es bildet mit dem Subjekt einen Nominalsatz:

צַדִּיק יְהוָה — Jahwe ist gerecht. (II Chr 12,6)
קָדוֹשׁ יִשְׂרָאֵל — Israel ist heilig.
צַדִּיק אַתָּה — Du bist gerecht. (Jer 12,1)

5. Steigerung

Das Hebräische kennt keine besonderen Steigerungsformen. Komparativ und Superlativ müssen deshalb umschrieben werden.

a) Komparativ:

Der Komparativ wird so umschrieben, dass die zu vergleichende Person oder Sache dem Adjektiv mit der Präposition מִן beigefügt wird (מִן *comparativum*). Die Präposition מִן drückt beim Komparativ einen qualitativen und quantitativen Unterschied aus: „im Vergleich zu".

Ex 18,11: כִּי גָדוֹל יְהוָה מִכָּל־הָאֱלֹהִים denn Jahwe ist *größer als* alle Götter (groß *im Vergleich zu* allen Göttern)

Ex 18,18: כִּי־כָבֵד מִמְּךָ הַדָּבָר denn die Sache ist *zu schwer* für dich

Jdc 14,18: מַה־מָּתוֹק מִדְּבַשׁ Was ist *süßer als* Honig?

I Sam 9,2: טוֹב מִמֶּנּוּ *besser als* er

Der Komparativ kann auch so gebildet werden, dass das Adjektiv durch ein intransitives Verb ersetzt wird:

Gen 32,11: קָטֹנְתִּי מִכֹּל הַחֲסָדִים Ich bin *zu gering* für alle Wohltaten...

II Sam 1,23: מֵאֲרָיוֹת גָּבֵרוּ sie waren *stärker als* Löwen

b) Superlativ:

Der Superlativ kann auf folgende Art und Weise ausgedrückt werden:

- durch den *Artikel beim Adjektiv*:
  Gen 9,24: בְּנוֹ הַקָּטָן sein *jüngster* Sohn
- durch einen nachfolgenden *partitiven Genetiv*:
  II Chr 21,17: קְטֹן בָּנָיו der *jüngste* seiner Söhne
- durch Anlehnung eines Substantivs an den Plural desselben Wortes *(genetivus partitivus)*:
  Cant 1,1: שִׁיר הַשִּׁירִים das Lied der Lieder (= das *schönste* Lied)
- Eine letzte Steigerungsmöglichkeit ergibt sich durch die *Umschreibung mit* מְאֹד *„sehr"*:

Num 14,7:	טוֹבָה הָאָרֶץ מְאֹד מְאֹד	„schön ist das Land, sehr, sehr“ (= das *schönste* Land)

6. Existenzpartikeln (יֵשׁ und אַ֫יִן)

a) יֵשׁ * < ʾīṯaj drückt das *Vorhandensein* an einem Ort oder die Existenz überhaupt aus.

Mit Suffixen:	יֶשְׁךָ	du bist da (2.Sg.m.)
	יֶשְׁנוֹ	er ist da (3.Sg.m.)
	יֶשְׁכֶם	ihr seid da (2.Pl.m.)
Mit He interrogativum:	הֲיֵשׁ	gibt es?

Gen 28,16:	יֵשׁ יְהוָה בַּמָּקוֹם הַזֶּה	Jahwe ist an dieser Stätte.
Gen 44,20:	יֶשׁ־לָנוּ אָב זָקֵן	Wir haben einen Vater, der alt ist.
II Reg 5,8:	כִּי יֵשׁ נָבִיא בְּיִשְׂרָאֵל	Es gibt einen Propheten in Israel.
Gen 44,19:	הֲיֵשׁ לָכֶם אָב אוֹ אָח	Habt ihr einen Vater oder Bruder?
Jdc 4,20:	הֲיֵשׁ פֹּה אִישׁ	Ist hier jemand?
Jer 37,17:	הֲיֵשׁ דָּבָר מֵאֵת יְהוָה	Ist ein Wort von Jahwe ergangen?
Jdc 6,36:	אִם־יֶשְׁךָ מוֹשִׁיעַ בְּיָדִי	Willst du durch meine Hand Retter sein?
I Sam 14,39:	יֶשְׁנוֹ בְּיוֹנָתָן בְּנִי	Er ist bei meinem Sohn Jonathan.

b) אַ֫יִן Nichtsein, es gibt nicht

אַ֫יִן ist die Negation von יֵשׁ. Sie beschreibt das Nichtvorhandensein einer Sache oder Person.

אַ֫יִן status absolutus (*hinter* dem Negierten)

אֵין status constructus (*vor* dem Negierten)

Mit Suffixen:	אֵינֶ֫נִּי	ich bin nicht
	אֵינְךָ	du *(m.)* bist nicht
	אֵינֵךְ	du *(f.)* bist nicht
	אֵינֶ֫נּוּ	er ist nicht
	אֵינֶ֫נָּה	sie ist nicht
	אֵינְכֶם	ihr *(m.)* seid nicht
	אֵינָם	sie *(m.)* sind nicht
	אֵינֶ֫מּוֹ	sie *(m.)* sind nicht *(poet. Form)*
Mit Präpositionen:	לְאֵין	so dass nicht ist/war
	עַד אֵין	bis nicht mehr ... vorhanden

	מֵאֵין	weil nicht da ist, ohne
	בְּאֵין	bei Nichtvorhandensein von
Gen 2,5:	אָדָם אַ֫יִן	Menschen gab es nicht
Gen 31,50:	אֵין אִישׁ עִמָּ֑נוּ	niemand ist bei uns
Num 14,12:	כִּי אֵין יְהוָה בְּקִרְבְּכֶם	denn Jahwe ist nicht in eurer Mitte
Ez 38,11:	בְּאֵין חוֹמָה	ohne Mauer
Jes 5,9:	מֵאֵין יוֹשֵׁב	ohne Einwohner
Ps 40,13:	עַד אֵין מִסְפָּר	zahllos (bis zum Nichtvorhandensein von Zahlen)

7. Doppelpräpositionen

Im Hebräischen begegnen oft sog. *Doppelpräpositionen* oder *zusammengesetzte Präpositionen.* In der deutschen Übersetzung kann dabei meist nur *eine* Präposition wiedergegeben werden. Dabei entscheidet der Kontext des Satzes, welche der beiden Präpositionen zu übersetzen ist.

• *mit* מִן:	מֵאַחַר/מֵאַחֲרֵי	„von hinter etwas weg"
	מֵאֵת	„von bei"
	מֵעִם	„von bei"
	מִבֵּין	„von zwischen"
	מִלִּפְנֵי	„von vor"
	מֵעַל	„von auf"
	מִתַּ֫חַת	„von unter etwas weg"
	לְמִן	„von an"
• *mit* אֶל־:	אֶל־אַחֲרֵי	„bis hinter etwas hin"
	אֶל־בֵּינוֹת/אֶל־בֵּין	„bis zwischen ... hinein"
	אֶל־תַּ֫חַת	„bis unter"

8. Übungen

1) Konjugieren Sie die folgenden Verben im Perfekt:

גנב stehlen, דרשׁ suchen, לכד fangen, מלך König sein, שׁפט richten, שׁמר bewahren.

2) Bestimmungsübungen:

1 זָכַרְתְּ גָּנַבְתָּ דָּרְשׁוּ כָּרַתִּי שָׁפָטוּ דָּרַכְתָּ דָּרַשְׁתִּי מָלְכוּ כָּרְתוּ

2 גָּנַבְתִּי כָּרָתְּ שָׁמָרוּ לָכָד

3) Vokalisieren Sie und bestimmen Sie folgende Formen nach Person, Geschlecht und Zahl, und übersetzen Sie mit deutschem Perfekt:

1 לכדנו דרכה דרשתי זכר שפטת כרת כרתנו כתבת שמרתי

4) Bestimmungsübungen zu den unregelmäßigen Nomina:

1 וּנְשֵׁי כִּימֵי מִמֵּי מִימֵי מֵימֵי אָחִי אֲחִי אַנְשֵׁי אַמְהוֹת בְּנֵי כְּפִי

2 וּבְנֵי לַבַּיִת עָרֵי רָאשֵׁינוּ פִּיו בַּיָּמִים יָמָיו בִּתִּי בְּנוֹת בָּתָּיו בִּתָּהּ

3 בִּימֵיכֶם נְשֵׁי אֲחִיֹתָיו מֵרֹאשׁ בִּימֵי לְנָשָׁיו לִבְנֵי מִבַּיִת

4 בְּאִשְׁתּוֹ לַאֲחֵיכֶם לְאָחִיךְ בְּיוֹמוֹ אִישֵׁךְ בִּתֵּנוּ בָּתֵּינוּ

5) Übungen zu den Adjektiven und zur Steigerung. Übersetzen Sie:

1	(Gen 6,2)	אֶת־בְּנוֹת־הָאָדָם כִּי[a] טֹבֹת הֵנָּה
2	(Ex 2,2)	טוֹב הוּא
3	(Ex 18,17)	לֹא טוֹב הַדָּבָר
4	(Num 14,7)	טוֹבָה הָאָרֶץ מְאֹד מְאֹד
5	(Dtn 3,25)	אֶת־הָאָרֶץ הַטּוֹבָה
6	(Jer 32,39)	לְטוֹב לָהֶם וְלִבְנֵיהֶם
7	(Hos 2,9)	טוֹב לִי אָז מֵעַתָּה
8	(Jdc 18,26)	חֲזָקִים הֵמָּה מִמֶּנּוּ

וַהֲדַד נַעַר קָטָן	(I Reg 11,17)	9
נֹחַ אִישׁ צַדִּיק	(Gen 6,9)	10
צַדִּיק אַתָּה מִמֶּנִּי	(I Sam 24,18)	11
צַדִּיקִים אַתֶּם	(II Reg 10,9)	12
וַאֲנָשִׁים צַדִּיקִים	(Ez 23,45)	13
אֵין צַדִּיק בָּאָרֶץ	(Koh 7,20)	14
כָּבֵד מִמֶּנִּי	(Num 11,14)	15
מֵאֶרֶץ רְחוֹקָה מְאֹד	(Jos 9,9)	16
הָעִיר הַזֹּאת קְרוֹבָה	(Gen 19,20)	17
קָרוֹב הַיּוֹם	(Ez 7,7)	18
קָרוֹב אַתָּה יְהוָה	(Ps 119,151)	19
טָמֵא הוּא לָכֶם	(Lev 11,4)	20
חָזָק הוּא מִמֶּנּוּ	(Num 13,31)	21
אֲחוֹתָהּ הַקְּטַנָּה	(Jdc 15,2)	22
וְדָוִד הוּא הַקָּטָן	(I Sam 17,14)	23

Erläuterung:

a Gen 6,2: כִּי „denn“

6) Übungen zum Perfekt. Übersetzen Sie:

לָמָּה גָנַבְתָּ אֶת־אֱלֹהָי׃	(Gen 31,30)	1
וְאוֹתִי לֹא זָכַרְתְּ	(Jes 57,11)	2

3 (Gen 15,18) כָּרַת יְהוָה אֶת־אַבְרָם בְּרִית

4 (Dtn 5,2) יְהוָה אֱלֹהֵינוּ כָּרַת עִמָּנוּ בְּרִית

5 (Jos 9,16) כָּרְתוּ לָהֶם בְּרִית

6 (I Reg 8,21) בְּרִית יְהוָה אֲשֶׁר כָּרַת עִם אֲבֹתֵינוּ

7 (Jdc 16,31) שָׁפַט אֶת־יִשְׂרָאֵל

8 (II Reg 23,22) שָׁפְטוּ אֶת־יִשְׂרָאֵל

9 (Jos 13,21) מָלַךְ בְּחֶשְׁבּוֹן

10 (I Reg 1,11) מָלַךְ אֲדֹנִיָּהוּ

7) Lektüreübung: I Sam 8,1-9: Das Volksbegehren für einen König

I Sam 8 gehört zu dem Komplex I Sam 8-12, in dem es um die Entstehung des Königtums in Israel geht. In I Sam 8; 10,17-27; 12 wird eine dezidiert ablehnende Haltung eingenommen, während die Kapitel 9,1-10.16; 11 der Einführung eines Königtums einigermaßen positiv gegenüber stehen.

1 וַיְהִי כַּאֲשֶׁר זָקֵן שְׁמוּאֵל וַיָּשֶׂם אֶת־בָּנָיו שֹׁפְטִים לְיִשְׂרָאֵל׃
2 וַיְהִי שֶׁם־בְּנוֹ הַבְּכוֹר יוֹאֵל וְשֵׁם מִשְׁנֵהוּ אֲבִיָּה שֹׁפְטִים בִּבְאֵר
שָׁבַע׃
3 וְלֹא־הָלְכוּ בָנָיו בִּדְרָכוֹ (בִּדְרָכָיו) וַיִּטּוּ אַחֲרֵי הַבָּצַע
וַיִּקְחוּ־שֹׁחַד וַיַּטּוּ מִשְׁפָּט׃
4 וַיִּתְקַבְּצוּ כֹּל זִקְנֵי יִשְׂרָאֵל וַיָּבֹאוּ אֶל־שְׁמוּאֵל הָרָמָתָה׃
5 וַיֹּאמְרוּ אֵלָיו הִנֵּה אַתָּה זָקַנְתָּ וּבָנֶיךָ לֹא הָלְכוּ בִּדְרָכֶיךָ
עַתָּה שִׂימָה־לָּנוּ מֶלֶךְ לְשָׁפְטֵנוּ כְּכָל־הַגּוֹיִם׃
6 וַיֵּרַע הַדָּבָר בְּעֵינֵי שְׁמוּאֵל כַּאֲשֶׁר אָמְרוּ תְּנָה־לָּנוּ מֶלֶךְ
לְשָׁפְטֵנוּ וַיִּתְפַּלֵּל שְׁמוּאֵל אֶל־יְהוָה׃
7 וַיֹּאמֶר יְהוָה אֶל־שְׁמוּאֵל שְׁמַע בְּקוֹל הָעָם לְכֹל אֲשֶׁר־יֹאמְרוּ
אֵלֶיךָ כִּי לֹא אֹתְךָ מָאָסוּ כִּי־אֹתִי מָאֲסוּ מִמְּלֹךְ עֲלֵיהֶם׃
8 כְּכָל־הַמַּעֲשִׂים אֲשֶׁר־עָשׂוּ מִיּוֹם הַעֲלֹתִי אֹתָם מִמִּצְרַיִם וְעַד־הַיּוֹם
הַזֶּה וַיַּעַזְבֻנִי וַיַּעַבְדוּ אֱלֹהִים אֲחֵרִים כֵּן הֵמָּה עֹשִׂים גַּם־לָךְ׃
9 וְעַתָּה שְׁמַע בְּקוֹלָם אַךְ כִּי־הָעֵד תָּעִיד בָּהֶם וְהִגַּדְתָּ לָהֶם מִשְׁפַּט
הַמֶּלֶךְ אֲשֶׁר יִמְלֹךְ עֲלֵיהֶם׃

Lektion 9:
Imperfekt; Imperfekt consecutivum; Kohortativ; Jussiv; Imperativ; Adhortativ; Verneinung

1. Vokabeln

Verben:

(יִגְדַּל)	גדל	groß sein (גָּדוֹל 6)
(יִכְבַּד)	כָּבֵד	schwer sein (כָּבֵד 7)
(יִמְשֹׁל)	משׁל	herrschen
(יִסְפֹּר)	ספר	zählen (סֵפֶר 6; „Ziffer“)
(יִפְקֹד)	פקד	beauftragen, besuchen
(יִצְדַּק)	צדק	gerecht sein (צֶדֶק 6)
(יִקְבֹּץ)	קבץ	sammeln („Kibbuz“)
(יִקְדַּשׁ)	קדשׁ	heilig sein (קָדוֹשׁ 7)
(יִקְרַב)	קרב	nahe sein (קָרוֹב 8)
(יִרְכַּב)	רכב	reiten, fahren
(יִרְדֹּף)	רדף	verfolgen
(יִרְחַק)	רחק	fern sein
(יִשְׁכַּב)	שׁכב	sich niederlegen
(יִשְׁלַח)	שׁלח	senden
(יִשְׁמַע)	שׁמע	hören

Nomina:

אֱנוֹשׁ	Mensch
גַּן	Garten
חֲלוֹם	Traum
חֲמוֹר	Esel
כּוֹכָב	Stern
כֹּל	Gesamtheit
מִשְׁפָּט	Recht (שׁפט 8)
עֵדוּת	Zeugnis, Verordnung
צַדִּיק	ein Gerechter (צדק 9)
תַּלְמִיד	Schüler

Weitere Vokabeln:

גַּם	auch, sogar
כִּי	dass, denn, weil, wenn

Eigennamen:

גִּלְעָד	Gilead *(n.l.; n.terr.)*
דָּוִד	David *(n.pr.m.)*
חַנָּה	Hanna *(n.pr.f.)*
יִפְתָּח	Jephta *(n.pr.m.)*
שִׁמְשׁוֹן	Simson *(n.pr.m.)*

2. Die Konjugation des Imperfekts (Präformativkonjugation)

Da das Imperfekt in allen Personen mit Präformativen gebildet wird, spricht man auch von Präformativkonjugation. In einigen Personen werden zusätzlich noch Afformative angehängt. Das Imperfekt nimmt folgende Prä- und Afformative an:

	3.m.	XXX י		*3.m.*	ו XXX י
	3.f.	XXX ת		*3.f.*	נה XXX ת
Sg.	*2.m.*	XXX ת	*Pl.*	*2.m.*	ו XXX ת
	2.f.	י XXX ת		*2.f.*	נה XXX ת
	1.com.	XXX א		*1.com.*	XXX נ

X steht stellvertretend für den Radikal.

a) Die Konjugation des ō-Imperfekts:

Wegen des Vokals *ō* < * *u* in der Stammsilbe spricht man vom ō-Imperfekt. Das Präformativ bildet mit dem 1. Radikal der Wurzel eine geschlossene Silbe.

	3.m.	יִכְתֹּב	*jik̠-tōb̠*	* jaktubu	er wird schreiben
	3.f.	תִּכְתֹּב	*tik̠-tōb̠*	* taktubu	sie wird schreiben
Sg.	*2.m.*	תִּכְתֹּב	*tik̠-tōb̠*	* taktubu	du wirst schreiben
	2.f.	תִּכְתְּבִי	*tik̠-t^{e}b̠ī*	* taktubīna	du wirst schreiben
	1.com.	אֶכְתֹּב	*ʾäk̠-tōb̠*	* ʾaktubu	ich werde schreiben
	3.m.	יִכְתְּבוּ	*jik̠-t^{e}b̠ū*	* jaktubūna	sie werden schreiben
	3.f.	תִּכְתֹּבְנָה	*tik̠-tōb̠-nā*	* taktubnā	sie werden schreiben
Pl.	*2.m.*	תִּכְתְּבוּ	*tik̠-t^{e}b̠ū*	* taktubūna	ihr werdet schreiben
	2.f.	תִּכְתֹּבְנָה	*tik̠-tōb̠-nā*	* taktubnā	ihr werdet schreiben
	1.com.	נִכְתֹּב	*nik̠-tōb̠*	* naktubu	wir werden schreiben

Bemerkungen:
- Die Form mit Asteriscus (*) bezeichnet die letzte Sprachstufe, aus der die Imperfektformen entstanden sind.
- Zur 3.Pl.f. und 2.Pl.f. gibt es folgende Schreibvariante: תִּכְתֹּבְןָ
- Bisweilen begegnet nach vokalischen Afformativen noch das sog. *Nun paragogicum* (2.Sg.f.; 3.Pl.m.; 2.Pl.m.). Es ist der Rest einer alten Endung, die freilich auf die Übersetzung der Verbform keinen Einfluss hat.
  Vergleiche:

ohne Nun paragogicum	*mit Nun paragogicum*
תִּכְתְּבִי	תִּכְתְּבִין
יִכְתְּבוּ	יִכְתְּבוּן
תִּכְתְּבוּ	תִּכְתְּבוּן

Zur *Übersetzung des Imperfekts:* Stark vereinfachend gesagt: Im Hebräischen unterscheidet man grundsätzlich *zwei Zeitstufen*:
- die abgeschlossene Zeitstufe
- die unabgeschlossene Zeitstufe

Zu der *abgeschlossenen Zeitstufe* zählt u.a. das *Perfekt*: כָּתַב „er hat geschrieben“. Das *Imperfekt* zählt zu der *unabgeschlossenen Zeitstufe*: יִכְתֹּב „er wird schreiben“.

b) Die Konjugation des a-Imperfekts

Wegen des Vokals *a* in der Stammsilbe spricht man hier vom a-Imperfekt. Das Präformativ bildet mit dem 1. Radikal der Wurzel eine geschlossene Silbe.

Sg.	*3.m.*	יִגְדַּל	*jig̱-dal*	* jigdalu	er wird groß sein
	3.f.	תִּגְדַּל	*tig̱-dal*	* tigdalu	sie wird groß sein
	2.m.	תִּגְדַּל	*tig̱-dal*	* tigdalu	du wirst groß sein
	2.f.	תִּגְדְּלִי	*tig̱-dᵉlī*	* tigdalī	du wirst groß sein
	1.com.	אֶגְדַּל	*ᵓäg̱-dal*	* ᵓigdalu	ich werde groß sein
Pl.	*3.m.*	יִגְדְּלוּ	*jig̱-dᵉlū*	* jigdalū	sie werden groß sein
	3.f.	תִּגְדַּלְנָה	*tig̱-dal-nā*	* tigdalnā	sie werden groß sein
	2.m.	תִּגְדְּלוּ	*tig̱-dᵉlū*	* tigdalū	ihr werdet groß sein
	2.f.	תִּגְדַּלְנָה	*tig̱-dal-nā*	* tigdalnā	ihr werdet groß sein
	1.com.	נִגְדַּל	*nig̱-dal*	* nigdalu	wir werden groß sein

Bemerkungen:
- Ebenso wie bei den Verben mit ō-Imperfekt gibt es zur 3.Pl.f. und 2.Pl.f. folgende Schreibvariante: תִּגְדַּלְןָ

- Ebenso wie bei den Verben mit ō-Imperfekt begegnet nach vokalischen Afformativen noch das sog. *Nun paragogicum* (2.Sg.f.; 3.Pl.m.; 2.Pl.m.).
  Vergleiche:

ohne Nun paragogicum	*mit Nun paragogicum*
תִּגְדְּלִי	תִּגְדְּלִין
יִגְדְּלוּ	יִגְדְּלוּן
תִּגְדְּלוּ	תִּגְדְּלוּן

- Zur *Übersetzung*: יִגְדַּל „er wird groß sein/werden"
- *Zu den Verben mit a-Imperfekt gehören:*
  - alle Verben mit einem *Laryngal als 2. oder 3. Radikal*:

    יִשְׁמַע *jiš-ma*^{c} er wird hören

    יִרְחַק *jir-ḥaq* er wird fern sein

  - *Eigenschaftsverben*; viele *intransitive Verben*:

    יִגְדַּל *jig-dal* er wird groß sein

    יִכְבַּד *jik-bad* er wird schwer sein

    יִרְכַּב *jir-kab* er wird fahren

    יִשְׁכַּב *jiš-kab* er wird sich niederlegen

c) Imperfekt consecutivum

Das *Imperfekt consecutivum* (oder *Waw-Imperfekt, Narrativ*) gilt als *eigene Zeitstufe*. Es wird durch die Voranstellung von ·וַ vor die Imperfektform gebildet. Dieses ·וַ *(Waw consecutivum)* ist – vielleicht – aus וְ-*copulativum* und dem Deiktikon * *han* entstanden: ·וַ < *וַן < *הַן + וְ

Das Imperfekt consecutivum/Narrativ drückt Handlungen aus, die als *zeitliche oder logische Folge* von unmittelbar zuvor genannten Handlungen betrachtet werden sollen. Am häufigsten wird das Imperfekt consecutivum als *erzählende Zeitstufe* verwendet.

	3.m.	וַיִּכְתֹּב	und er schrieb		*3.m.*	וַיִּכְתְּבוּ	und sie schrieben
	3.f.	וַתִּכְתֹּב	und sie schrieb		*3.f.*	וַתִּכְתֹּבְנָה	und sie schrieben
Sg.	*2.m.*	וַתִּכְתֹּב	und du schriebst	*Pl.*	*2.m.*	וַתִּכְתְּבוּ	und ihr schriebet
	2.f.	וַתִּכְתְּבִי	und du schriebst		*2.f.*	וַתִּכְתֹּבְנָה	und ihr schriebet
	1.com.	וָאֶכְתֹּב	und ich schrieb		*1.com.*	וַנִּכְתֹּב	und wir schrieben

Bemerkungen:

- In der 1.Sg.com. ist die Ersatzdehnung von *a* > *ā* zu beachten: וָאֶכְתֹּב; diese Person auch als Langform: וָאֶכְתְּבָה „und ich schrieb".
- Imperfekt consecutivum mit *a*:
  3.Sg.m.: וַיִּגְדַּל und er war/wurde groß

- Leicht verwechselbar sind:

יִכְתֹּב + וַ· > וַיִּכְתֹּב		und er schrieb
יִכְתֹּב + וְ > וְיִכְתֹּב		und er wird schreiben

3. Kohortativ und Jussiv

a) Der Kohortativ

Der Kohortativ *(„Langimperfekt")* wird *nur von der 1.Sg. und Pl. Imperfekt* zum Ausdruck der *Selbstermunterung* („ich will...", „lasst uns...") oder des *Wunsches* durch Anhängung von *He cohortativum* הָ gebildet. Bisweilen wird der Kohortativ durch enklitisches נָא „bitte, doch" verstärkt.

1.Sg.com. Impf.:	אֶכְתֹּב	*Kohortativ Sg.:*	אֶכְתְּבָה	ich will schreiben
1.Pl.com. Impf.:	נִכְתֹּב	*Kohortativ Pl.:*	נִכְתְּבָה	wir wollen schreiben
1.Sg.com. Impf.:	אֶגְדַּל	*Kohortativ Sg.:*	אֶגְדְּלָה	ich will groß sein
1.Pl.com. Impf.:	נִגְדַּל	*Kohortativ Pl.:*	נִגְדְּלָה	wir wollen groß sein

II Sam 3,21:	(קבץ) וְאֶקְבְּצָה	und ich will sammeln
Ex 20,19:	(שׁמע) וְנִשְׁמָעָה	und wir wollen hören
I Sam 28,7:	(דרשׁ) וְאֶדְרְשָׁה	und ich will suchen
Gen 26,28:	(כרת) וְנִכְרְתָה בְרִית	und wir wollen einen Bund schließen
Jes 55,3:	(כרת) וְאֶכְרְתָה לָכֶם בְּרִית	und ich will für euch einen Bund schließen
Ps 39,2:	(שׁמר) אֶשְׁמְרָה	ich will bewahren
Jer 3,25:	(שׁכב) נִשְׁכְּבָה	wir wollen uns niederlegen
Dtn 3,25:	(עבר) אֶעְבְּרָה־נָּא	ich will doch hindurchziehen

b) Der Jussiv

Der Jussiv *(„Kurzimperfekt")* wird *nur von der 2./3.Sg. und Pl. Impf.* zum Ausdruck des *Befehls* und des *Wunsches* gebildet. Er unterscheidet sich beim Grundstamm des Starken Verbs nicht vom Imperfekt. Beim Jussiv handelt es sich um ein Kurzimperfekt: * jaktub.

3.Sg.m. Impf.:	יִכְתֹּב	* jaktubu	er wird schreiben
3.Sg.m. Jussiv:	יִכְתֹּב	* jaktub	er soll schreiben
3.Sg.m. Impf.:	יִהְיֶה	(היה)	er wird sein
3.Sg.m. Jussiv:	יְהִי	(היה)	er soll sein

Aufgrund der Identität von Imperfekt und Jussiv ist es oft zweifelhaft, ob der Autor die Jussiv- oder Imperfekt-Form beabsichtigt hat. Hier muss man auf den Kontext achten. Ein Hinweis auf den Jussiv ist enklitisches נָא „doch" sowie die Negation mit אַל.

Jer 27,18:	יִפְגְּעוּ־נָא	sie sollen doch bitten

Gen 22,12: אַל־תִּשְׁלַח strecke nicht aus

4. Imperativ und Adhortativ

a) Der Imperativ

Der *Imperativ* des Grundstammes entspricht der 2. Person des Imperfekts, allerdings *ohne* Präformativ.

ō-Imperativ:					
2.Sg.m. Impf.:	תִּכְתֹּב	*Imperativ:*	כְּתֹב	* kutub	schreib!
2.Sg.f. Impf.:	תִּכְתְּבִי	*Imperativ:*	כִּתְבִי	* kutubī	schreib!
2.Pl.m. Impf.:	תִּכְתְּבוּ	*Imperativ:*	כִּתְבוּ	* kutubū	schreibt!
2.Pl.f. Impf.:	תִּכְתֹּבְנָה	*Imperativ:*	כְּתֹבְנָה	* kutubā (?)	schreibt!
a-Imperativ:					
2.Sg.m. Impf.:	תִּשְׁמַע	*Imperativ:*	שְׁמַע	* šama^{c}	höre!
2.Sg.f. Impf.:	תִּשְׁמְעִי	*Imperativ:*	שִׁמְעִי	* šama^{c}ī	höre!
2.Pl.m. Impf.:	תִּשְׁמְעוּ	*Imperativ:*	שִׁמְעוּ	* šama^{c}ū	hört!
2.Pl.f. Impf.:	תִּשְׁמַעְנָה	*Imperativ:*	שְׁמַעְנָה	* šama^{c}ā (?)	hört!

Der Imperativ kann nicht verneint werden. An die Stelle des verneinten Imperativs treten deshalb אַל + *Jussiv* (= der sog. *Vetitiv*): אַל־תִּכְתֹּב „schreib nicht!“.

b) Der Adhortativ

Der *Adhortativ* bezeichnet die durch die Endung ָה verstärkte Form des Imperativs Sg.m. als höfliche Bitte. Als erster Vokal erscheint hier jedoch *å* bei den Verben mit ō-Imperativ כָּתְבָה und *i* bei den Verben mit a-Imperativ שִׁמְעָה.

ō-Imp. Sg.m.:	זְכֹר		erinnere dich!
Adhortativ:	זָכְרָה	*zåkrā*	erinnere dich bitte! (Neh 13,14)
ō-Imp. Sg.m.:	שְׁמֹר		bewahre!
Adhoraitv:	שָׁמְרָה	*šåmrā*	bewahre bitte! (Ps 25,20)
ō-Imp. Sg.m.:	שְׁפֹט		richte!
Adhortativ:	שָׁפְטָה	*šåpṭā*	richte bitte! (Ps 82,8)
a-Imp. Sg.m.:	שְׁמַע		höre!
Adhortativ:	שִׁמְעָה	*šim^{c}ā*	höre bitte! (Ps 39,13)
a-Imp. Sg.m.:	שְׁלַח		sende!
Adhortativ:	שִׁלְחָה	*šilḥā*	sende bitte! (Gen 43,8)
a-Imp. Sg.m.:	שְׁכַב		lege dich!
Adhortativ:	שִׁכְבָה	*šikbā*	lege dich bitte! (Gen 39,7)

5. Verneinung

Im Hebräischen gibt es folgende Arten der Negation im Verbalsatz:

a) לֹא „nicht“ (griech. οὐ)

לֹא ist die gewöhnliche Negation vor Perfekt und Imperfekt. Sie begegnet ganz selten in Wunschsätzen oder Nominalsätzen.

לֹא כָתַב er hat nicht geschrieben

b) אַל „nicht“ (griech. μή)

אַל ist die Negation des Jussivs und des Kohortativs.

אַל יְקַבֵּץ er soll nicht sammeln

c) Vetitiv

Die *Verneinung des Imperativs* erfolgt durch אַל + 2.Sg./Pl. Jussiv *(= Vetitiv)*.

כְּתֹב schreib!

אַל תִּכְתֹּב schreib nicht!

d) menschliches und göttliches Gebot

לֹא + Imperfekt dient bei menschlichen und göttlichen Geboten zum Ausdruck der *nachdrücklichen Verneinung* (= Prohibitiv).

Ex 20,15 לֹא תִּגְנֹב du sollst nicht (= auf keinen Fall) stehlen!

e) Das Imperfekt consecutivum kann nicht verneint werden, stattdessen steht לֹא + Perfekt.

6. Übungen

1) Konjugieren Sie die folgenden Verben

- im ō-Imperfekt, Imperativ und Adhortativ:
  גנב stehlen, דרשׁ suchen, לכד fangen, שׁפט richten, משׁל herrschen, ספר zählen.

- im a-Imperfekt, Imperativ und Adhortativ:
  כָּבֵד schwer sein, צדק gerecht sein, קדשׁ heilig sein, שׁכב sich niederlegen.

- im Imperfekt consecutivum:
  שׁפט richten, שׁכב sich niederlegen.

2) Bestimmungsübungen zum Imperfekt und Imperfekt consecutivum:

1 יִמְשְׁלוּ וַיִּסְפֹּר אֶפְקוֹד יִפְקְדוּ תִּקְבֹּץ נִרְדֹּף־ תִּשְׁמְרוּ יִגְדַּל תִּכְבְּדִי

2 תִּצְדַּקְנָה וַיִּקְדְּשׁוּ וַתִּקְרְבוּ נִרְכֶּב תִּשְׁמְעוּן וַיִּשְׁמַע יִשְׁכָּבוּן יִדְרְכוּן

3 תִּכְרֹת וַיִּכְתּוֹב יִלְכְּדוּ

3) Bestimmungsübungen zum Kohortativ, Jussiv, Imperativ und Adhortativ:

1 מְשָׁל־ סִפְרוּ קְבֹץ אֶקְבְּצָה קְרַב קָרְבָה נִשְׁמְעָה שִׁמְעָה אֶדְרְשָׁה

2 שָׁמְרָה שִׁמְעוּ שִׁמְעִי שִׁכְבָה דְּרָשׁ־ נִכְרְתָה כָּרְתָה לִכְדוּ אֶשְׁמְרָה

3 שָׁפְטָה שִׁפְטוּ מָלְכָה אַל תִּשְׁלַח

4) Weitere Bestimmungsübungen:

1 סָפַרְתָּה רָדְפוּ יִגְדְּלוּ צֶדָקָה קָדְשׁוּ קִרְבוּ קֳרְבָה שָׁמַעְתָּ שָׁמֵעַ

2 שָׁכַבְתְּ תִּגְנֹבוּ כָּרַתָּ אֶשְׁמְרָה יִשְׁפְּטוּ הֶתְמְלֹךְ תִּמְלוֹךְ

5) Vokalisieren und bestimmen Sie folgende Formen nach Person, Geschlecht und Zahl und übersetzen Sie (oft mehrere Möglichkeiten):

1 ישכבו תרחק שכב וישמע ושמע תקרבו יקדש יצדקו

2 תכבדי אגדל תשמרו ימשלו

6) Übersetzen Sie:

1 (Ps 119,88) וְאֶשְׁמְרָה עֵדוּת פִּיךָ׃

2 (Gen 3,16) וְהוּא יִמְשָׁל־בָּךְ׃

3 (Gen 4,7) וְאַתָּה תִּמְשָׁל־בּוֹ׃

4 (Dtn 15,6) וּבְךָ לֹא יִמְשֹׁלוּ׃

5 (Jdc 8,22) מְשָׁל־בָּנוּ גַּם־אַתָּה גַּם־בִּנְךָ גַּם בֶּן־בְּנֶךָ

6 (Jdc 8,23) לֹא־אֶמְשֹׁל אֲנִי בָּכֶם וְלֹא־יִמְשֹׁל בְּנִי בָּכֶם יְהוָה יִמְשֹׁל בָּכֶם׃

7 (Jes 63,19) לֹא־מָשַׁלְתָּ בָּם

8 (Ps 19,14) אַל־יִמְשְׁלוּ־בִי

9 (Gen 15,5) וּסְפֹר הַכּוֹכָבִים

10 (II Sam 24,10) סָפַר אֶת־הָעָם

11 (Jes 22,10) וְאֶת־בָּתֵּי יְרוּשָׁלַםִ סְפַרְתֶּם

12 (Jdc 15,1) וַיִּפְקֹד שִׁמְשׁוֹן אֶת־אִשְׁתּוֹ

13 (I Sam 2,21) פָּקַד יְהוָה אֶת־חַנָּה

14 (Jer 23,2) וְלֹא פְקַדְתֶּם אֹתָם

15 (Jdc 12,4) וַיִּקְבֹּץ יִפְתָּח אֶת־כָּל־אַנְשֵׁי גִלְעָד

16 (Gen 44,4) רְדֹף אַחֲרֵי הָאֲנָשִׁים

17 (Jdc 1,6) וַיִּרְדְּפוּ אַחֲרָיו

18 (II Sam 17,1) וְאֶרְדְּפָה אַחֲרֵי־דָוִד

19 (Jes 51,1) שִׁמְעוּ אֵלַי

20 (Hos 6,3) נִרְדְּפָה ... אֶת־יְהוָה

21 (Gen 3,10) אֶת־קֹלְךָ שָׁמַעְתִּי בַּגָּן

22 (Gen 21,12) שְׁמַע בְּקֹלָהּ

23 (Gen 42,22) הֲלוֹא אָמַרְתִּי אֲלֵיכֶם ... וְלֹא שְׁמַעְתֶּם

24 (Dtn 7,12) תִּשְׁמְעוּן אֵת הַמִּשְׁפָּטִים

25 (Ez 16,52) תִּצְדַּקְנָה מִמֵּךְ

26 (Gen 19,32) וְנִשְׁכְּבָה עִמּוֹ

27 (Gen 39,12) שִׁכְבָה עִמִּי

7) Lektüreübung: Ex 20,1-17: Der Dekalog

Ex 20 gehört zusammen mit Dtn 5 zu den bekanntesten Texten des Alten Testaments, da hier die Zehn Gebote vorgestellt werden. Es handelt sich dabei um die Zusammenstellung längerer und kürzerer sowie positiv und negativ formulierter Gebotsreihen, die alle eine sehr lange geschichtliche Entwicklung hinter sich haben. Die Gebotsreihen markieren in ihrer jetzigen Form die Grenzen des Zusammenlebens der Menschen untereinander sowie deren Umgang mit Gott.

1 וַיְדַבֵּר אֱלֹהִים אֵת כָּל־הַדְּבָרִים הָאֵלֶּה לֵאמֹר׃
2 אָנֹכִי יְהוָה אֱלֹהֶיךָ אֲשֶׁר הוֹצֵאתִיךָ מֵאֶרֶץ מִצְרַיִם מִבֵּית עֲבָדִים׃
3 לֹא יִהְיֶה־לְךָ אֱלֹהִים אֲחֵרִים עַל־פָּנָיַ׃
4 לֹא תַעֲשֶׂה־לְךָ פֶסֶל וְכָל־תְּמוּנָה אֲשֶׁר בַּשָּׁמַיִם מִמַּעַל וַאֲשֶׁר
בָּאָרֶץ מִתָּחַת וַאֲשֶׁר בַּמַּיִם מִתַּחַת לָאָרֶץ׃
5 לֹא־תִשְׁתַּחֲוֶה לָהֶם וְלֹא תָעָבְדֵם כִּי אָנֹכִי יְהוָה אֱלֹהֶיךָ אֵל
קַנָּא פֹּקֵד עֲוֺן אָבֹת עַל־בָּנִים עַל־שִׁלֵּשִׁים וְעַל־רִבֵּעִים לְשֹׂנְאָי׃
6 וְעֹשֶׂה חֶסֶד לַאֲלָפִים לְאֹהֲבַי וּלְשֹׁמְרֵי מִצְוֹתָי׃
7 לֹא תִשָּׂא אֶת־שֵׁם־יְהוָה אֱלֹהֶיךָ לַשָּׁוְא כִּי לֹא יְנַקֶּה יְהוָה אֵת
אֲשֶׁר־יִשָּׂא אֶת־שְׁמוֹ לַשָּׁוְא׃
8 זָכוֹר אֶת־יוֹם הַשַּׁבָּת לְקַדְּשׁוֹ׃
9 שֵׁשֶׁת יָמִים תַּעֲבֹד וְעָשִׂיתָ כָּל־מְלַאכְתֶּךָ׃
10 וְיוֹם הַשְּׁבִיעִי שַׁבָּת לַיהוָה אֱלֹהֶיךָ לֹא־תַעֲשֶׂה כָל־מְלָאכָה אַתָּה
וּבִנְךָ־וּבִתֶּךָ עַבְדְּךָ וַאֲמָתְךָ וּבְהֶמְתֶּךָ וְגֵרְךָ אֲשֶׁר בִּשְׁעָרֶיךָ׃
11 כִּי שֵׁשֶׁת־יָמִים עָשָׂה יְהוָה אֶת־הַשָּׁמַיִם וְאֶת־הָאָרֶץ אֶת־הַיָּם
וְאֶת־כָּל־אֲשֶׁר־בָּם וַיָּנַח בַּיּוֹם הַשְּׁבִיעִי עַל־כֵּן בֵּרַךְ יְהוָה אֶת־יוֹם
הַשַּׁבָּת וַיְקַדְּשֵׁהוּ׃
12 כַּבֵּד אֶת־אָבִיךָ וְאֶת־אִמֶּךָ לְמַעַן יַאֲרִכוּן יָמֶיךָ עַל הָאֲדָמָה
אֲשֶׁר־יְהוָה אֱלֹהֶיךָ נֹתֵן לָךְ׃
13 לֹא תִּרְצָח׃
14 לֹא תִּנְאָף׃
15 לֹא תִּגְנֹב׃
16 לֹא־תַעֲנֶה בְרֵעֲךָ עֵד שָׁקֶר׃
17 לֹא תַחְמֹד בֵּית רֵעֶךָ לֹא־תַחְמֹד אֵשֶׁת רֵעֶךָ וְעַבְדּוֹ וַאֲמָתוֹ וְשׁוֹרוֹ

וַחֲמֹרוֹ וְכֹל אֲשֶׁר לְרֵעֶךָ׃

8) Vokalisierungsübung. Vokalisieren und übersetzen Sie:

1 (Gen 3,17) ולאדם אמר[a] כי שמעת לקול אשתך

2 (Dtn 26,14) שמעתי בקול יהוה אלהי

3 (I Sam 25,42) ותרכב על־החמור

Erläuterungen:

a אמר „sagen“

Lektion 10:
Verbalsätze; Partizip; Perfekt consecutivum; Richtungsangabe

1. Vokabeln

Verben:

אמר	sagen
דבר	reden
זָקֵן	alt sein, altern
יָרֵא	fürchten, sich fürchten
ישׁב	wohnen, bleiben, sitzen (יֹשֵׁב 7)
למד	lernen (תַּלְמִיד 9)
קבר	begraben
קָטֹן	klein sein
קצר	ernten
קרא	rufen, nennen
שׁבת	aufhören, ruhen („Sabbat“)
שׁלם	unversehrt sein (שָׁלוֹם 7)

Nomina:

אָדוֹן	Herr
דָּם	Blut
כֹּהֵן	Priester
מַלְאָךְ	Bote, Engel
נָבִיא/נְבִיאָה	Prophet/Prophetin
נֶ֫פֶשׁ *f.*	Seele, Person

Weitere Vokabeln:

אֵיךְ	wie? wie!
אַךְ	gewiss, nur
הִנֵּה	siehe
לְמַ֫עַן	damit, um willen

Eigennamen:

אֲבִימֶלֶךְ	Abimelech *(n.pr.m.)*
דְּבוֹרָה	Debora *(n.pr.f.)*
הָאֱמֹרִי	Amoriter *(n.g.)*
יוֹתָם	Jotham *(n.pr.m.)*
יִצְחָק	Isaak *(n.pr.m.)*
לַפִּידוֹת	Lappidoth *(n.pr.m.)*
מֹשֶׁה	Mose *(n.pr.m.)*
סִיחוֹן	Sihon *(n.pr.m.)*
עֲרוֹעֵר	Aroer *(n.l.)*
פְּלִשְׁתִּים	Philister *(n.g.)*

2. Verbalsätze

> Unter einem *Verbalsatz* versteht man einen *Satz mit finitem Verb.*

Die einfachste Form des Verbalsatzes ist: כָּתַב „er hat geschrieben", oder: יִכְתֹּב „er wird schreiben". Hier ist das *(pronominale) Subjekt im Verb eingeschlossen.*

Es ist die Funktion der Verbalsätze, *Handlungen* und *Vorgänge* zu beschreiben. Hierin liegt der wesentliche Unterschied zu den Nominalsätzen, die die Funktion haben, einen Zustand zu beschreiben.

Die *Wortfolge* im Verbalsatz ist meist: Prädikat (1) – Subjekt (2) – weitere Bestimmungen (3). Diese erklärt sich daraus, dass das Verb die einfachste Form des Verbalsatzes darstellt. Das Verb steht zudem deshalb voran, weil im Verbalsatz die Betonung auf dem vom Subjekt ausgehenden Tun liegt.

	3 2 1	
Gen 16,2:	וַיִּשְׁמַע אַבְרָם לְקוֹל שָׂרָי	Abram hörte auf Sarajs Stimme.
	3 2 1	
Gen 16,5:	יִשְׁפֹּט יְהוָה בֵּינִי וּבֵינֶיךָ	Jahwe richte zwischen mir und dir.

Das Subjekt kann jedoch auch *vor* dem Verb stehen, wenn ein *besonderer Nachdruck* auf ihm liegt. Man spricht dann von einem *„invertierten Verbalsatz"*.

Gen 6,8:	וְנֹחַ מָצָא חֵן בְּעֵינֵי יְהוָה׃	Noah aber fand Gnade in den Augen des Herrn.

Zur Hervorhebung des im finiten Verb enthaltenen Subjektes dient die *Vor- oder Nachstellung* durch das entsprechende selbständige Personalpronomen.

	3 1+2 2	
Jdc 10,13:	וְאַתֶּם עֲזַבְתֶּם אוֹתִי	und ihr, ihr habt mich verlassen

	2 + 1 2	
Jes 38,10:	אֲנִי אָמַרְתִּי	ich, ich habe gesagt/gedacht

Die Voranstellung des Subjektes erklärt sich oft damit, dass kein neues Geschehen, sondern ein Zustand beschrieben werden soll. Diese Verbalsätze nähern sich stark dem Charakter von Nominalsätzen an. Ist das Prädikat ein Perfekt, so ist es meist mit Plusquamperfekt zu übersetzen.

Gen 16,1:	וְשָׂרַי אֵשֶׁת אַבְרָם לֹא יָלְדָה לוֹ	Und Saraj, die Frau Abrams, hatte ihm keine Kinder geboren.
Gen 20,4:	וַאֲבִימֶלֶךְ לֹא קָרַב אֵלֶיהָ	Aber Abimelech hatte sich ihr nicht genähert.

In der Regel kongruiert das Verb in Geschlecht und Zahl mit dem Subjekt. Es gibt jedoch auch die Möglichkeit, dass das voranstehende Verb im Singular steht, wenn es sich in gleicher Weise auf mehrere Subjekte bezieht.

Jer 43,4: וְלֹא־שָׁמַע יוֹחָנָן בֶּן־קָרֵחַ ... וְכָל־הָעָם בְּקוֹל יְהוָה

Und Jochanan, der Sohn des Kareach ... und das ganze Volk hörten nicht auf die Stimme Jahwes.

Die Erzählung wird gerne mit וַיְהִי „und es geschah" eröffnet. Es folgt dann meist eine Zeitbestimmung. In der Übersetzung kann וַיְהִי „und es geschah" weggelassen werden.

Gen 21,22:	וַיְהִי בָּעֵת הַהִוא וַיֹּאמֶר אֲבִימֶלֶךְ	Zu jener Zeit sagte Abimelech...

Als Negationen des Verbalsatzes begegnen:
לֹא; אַל (Jussiv); בְּלִי und בַּל (meist in poetischen Texten).
Die Negation steht unmittelbar vor dem Verb.

	Nominalsatz	*Verbalsatz*
Kennzeichen	Satz *ohne* finites Verb. Nomen bzw. entsprechendes Element (Adjektiv, Partizip, Zahlwort, Pronomen, Adverb) als Prädikat Das Prädikat als *neu* zum Subjekt *hinzutretendes* Merkmal	Satz *mit* finitem Verb. Engste Verbindung von Subjekt und Prädikat *in* der finiten Verbform
Wortstellung	Subjekt – Prädikat bei starker Betonung des Prädikats: Prädikat – Subjekt	Verb (Prädikat) – Subjekt invertierter Verbalsatz: Subjekt – Verb (Prädikat)

Fun	Zustandsbeschreibung Identitäts-, Vorhandenseins- und Klassifizierungsaussage	Beschreibung von Handlungen und Vorgängen
Verneinung	אֵין/אַ֫יִן	בְּלִי/בַּל/אַל/לֹא

3. Partizip

Das Partizip steht grammatikalisch zwischen Nomen und Verb („Mittelwort"). Es ist *der Form nach ein Nomen*, seine Verwandtschaft mit dem Verb zeigt sich in der *Darstellung des Ablaufs einer Handlung und eines Zustandes* (durativ). Hierin liegt der Unterschied zum Adjektiv, das eine Eigenschaft oder einen Zustand einfach feststellt.

Ptz. Aktiv: כֹּתֵב * kātibu Übersetzung: „schreibend"
Das ā einer Drucksilbe wurde zu ō; ī in offener Silbe zu ē.

Ptz. Passiv: כָּתוּב * katūbu Übersetzung: „geschrieben"
Wegfall des kurzen unbetonten Vokals am Wortende; wenn in einem Wort die vorletzte Silbe den Ton trug und die letzte Silbe einen kurzen Vokal hatte, so wurde dieser elidiert.

Die Vokale ō (Ptz. Aktiv) und ū (Ptz. Passiv) sind *unveränderlich*; ē und ā werden bei der Anhängung von (vokalischen) Endungen zu Schwa mobile reduziert. Die Flexionsendungen sind die gleichen wie bei den Nomina.

Partizip	*Maskulinum*		*Femininum*	
	st. abs.	*st. cs.*	*st. abs.*	*st. cs.*
Aktiv Sg.	כֹּתֵב	כֹּתֵב	כֹּתְבָה כֹּתֶ֫בֶת	כֹּתְבַת כֹּתֶ֫בֶת
Pl.	כֹּתְבִים	כֹּתְבֵי	כֹּתְבוֹת	כֹּתְבוֹת
Passiv Sg.	כָּתוּב	כְּתוּב	כְּתוּבָה	כְּתוּבַת
Pl.	כְּתוּבִים	כְּתוּבֵי	כְּתוּבוֹת	כְּתוּבוֹת

Bei כֹּתֶבֶת (Ptz. Aktiv Sg.f. st. abs. und cs.) spricht man vom *„segolierten Partizip"*. Es begegnet im Vergleich mit כֹּתְבָה und כֹּתֶבֶת sogar häufiger.

Gen 18,1:	וְהוּא יֹשֵׁב פֶּתַח־הָאֹהֶל	Und er saß gerade an der Tür des Zeltes.
Gen 14,12:	וְהוּא יֹשֵׁב בִּסְדֹם׃	Und er wohnte in Sodom.
Ex 11,5:	הַיֹּשֵׁב עַל־כִּסְאוֹ	... der auf seinem Thron sitzt...
Jos 24,15:	אַתֶּם יֹשְׁבִים בְּאַרְצָם	... ihr wohnt jetzt in ihrem Land
Jes 51,1:	שִׁמְעוּ אֵלַי רֹדְפֵי צֶדֶק	Hört mir zu, die ihr der Gerechtigkeit nachjagt.
Gen 30,33:	גָּנוּב הוּא אִתִּי׃	Gestohlen ist es, wenn es sich bei mir findet.
I Reg 2,45:	וְהַמֶּלֶךְ שְׁלֹמֹה בָּרוּךְ	Aber der König Salomo ist gesegnet.
Dtn 9,10:	כְּתֻבִים בְּאֶצְבַּע אֱלֹהִים	... mit dem Finger Gottes geschrieben.
Jos 8,31:	כַּכָּתוּב בְּסֵפֶר תּוֹרַת מֹשֶׁה	... wie geschrieben steht im Gesetzbuch des Mose.
Dan 9,13:	כַּאֲשֶׁר כָּתוּב בְּתוֹרַת מֹשֶׁה	Wie es geschrieben steht im Gesetz des Mose.

Zur Verwendung:

- attributiv:

  Hier steht das Partizip immer *hinter* dem Substantiv und richtet sich in Genus, Numerus und Determination nach dem Substantiv:

I Reg 3,9:	לֵב שֹׁמֵעַ	ein hörendes Herz

- substantiviert:

Ex 11,5:	הַיֹּשֵׁב עַל־כִּסְאוֹ	der auf seinem Thron sitzt
Jos 8,31:	כַּכָּתוּב בְּסֵפֶר תּוֹרַת מֹשֶׁה	... wie geschrieben steht im Gesetzbuch des Mose.

- verbal:

  Das Partizip kann ein Akkusativobjekt zu sich ziehen:

I Sam 18,29:	אֹיֵב אֶת־דָּוִד	„David befeindend" = ein Feind von David
Jdc 18,11:	חָגוּר כְּלֵי מִלְחָמָה	gegürtet mit Kriegswaffen

- nominal:

  Das Partizip kann in einer Konstruktus-Verbindung stehen:

Ps 5,12:	אֹהֲבֵי שְׁמֶךָ	die, die deinen Namen lieben
Joel 1,8:	חֲגֻרַת־שַׂק	bekleidet mit einem Trauergewand

- Futurum instans:

  In Verbindung mit der Partikel הִנֵּה „siehe“ + Subjekt wird das Partizip zur *Ansage einer unmittelbar bevorstehenden Handlung oder Begebenheit* verwendet: als *Futurum instans*.

  Num 24,14: וְעַתָּה הִנְנִי הוֹלֵךְ לְעַמִּי Und nun, siehe ich werde – so bald als möglich – zu meinem Volk gehen.

  Jer 49,35: הִנְנִי שֹׁבֵר אֶת־קֶשֶׁת עֵילָם Siehe, ich werde den Bogen Elams zerbrechen.

  Jer 32,3: הִנְנִי נֹתֵן אֶת־הָעִיר הַזֹּאת Siehe, ich werde diese Stadt ausliefern.

  Ex 34,10: הִנֵּה אָנֹכִי כֹּרֵת בְּרִית Siehe, ich werde einen Bund schließen.

- Intransitive Verben mit *ē*- bzw. *ō*-Perfekt bilden das Partizip Qal nicht nach *ō-ē*, sondern als sog. *Verbaladjektiv*:

  כָּבֵד schwer

  קָטֹן klein

4. Perfekt consecutivum

Das Perfekt consecutivum ist wie das Imperfekt consecutivum ein *Folgetempus*. Es dient zum Ausdruck von *Handlungen* und *Zuständen*, die zum Vorhergehenden als dessen *zeitliche oder logische Folge* in Beziehung gesetzt werden sollen. Das Perfekt consecutivum besteht aus einem *Waw consecutivum* (וְ „und dann/also“) und der Perfektform. Das Perfekt consecutivum kann als *Perfekt explicativum* verstanden werden.

Sg.	*3.m.*	וְכָתַב	und dann/also wird/soll er schreiben
	3.f.	וְכָתְבָה	und dann wird sie schreiben
	2.m.	וְכָתַבְתָּ	und dann wirst du schreiben
	2.f.	וְכָתַבְתְּ	und dann wirst du schreiben
	1.com.	וְכָתַבְתִּי	und dann werde ich schreiben
Pl.	*3.com.*	וְכָתְבוּ	und dann werden sie schreiben
	2.m.	וּכְתַבְתֶּם	und dann werdet ihr schreiben
	2.f.	וּכְתַבְתֶּן	und dann werdet ihr schreiben
	1.com.	וְכָתַבְנוּ	und dann werden wir schreiben

Bemerkungen:

- In der 2.Sg.m. und 1.Sg.com. ist die *Endbetonung* zu beachten.
- Die Vokalisation von Waw consecutivum entspricht derjenigen von Waw copulativum: וַעֲבַדְתֶּם וּמָשַׁל

Zur Verwendung:

a) Das Perfekt consecutivum folgt auf ein im *Imperativ* und *Imperfekt* ausgedrücktes Geschehen:

Ex 34,1: פְּסָל־לְךָ ... וְכָתַבְתִּי ... Haue dir [zwei steinerne Tafeln] zu ..., und dann werde ich (darauf) schreiben...

Dtn 6,4f.: שְׁמַע יִשְׂרָאֵל ... וְאָהַבְתָּ ... Höre Israel ... und liebe...

Jer 7,2: עֲמֹד ... וְקָרָאתָ ... וְאָמַרְתָּ ... Stell dich auf [im Tor] und predige ... und sprich...

b) Das Perfekt consecutivum bezeichnet andauernde und wiederholte Handlungen und Vorgänge (= *Iterativ*) in Vergangenheit (1) und Gegenwart (2):

Gen 37,3 (1): וְיִשְׂרָאֵל אָהַב ... וְעָשָׂה לוֹ ...
Israel liebte [Joseph] und fertigte für ihn an...

I Sam 7,15f. (1): וַיִּשְׁפֹּט שְׁמוּאֵל ... וְהָלַךְ ... וְסָבַב ...
Und Samuel richtete ... und ging ... und zog umher.

Gen 2,24 (2): עַל־כֵּן יַעֲזָב־אִישׁ ... וְדָבַק בְּאִשְׁתּוֹ ...
Deshalb verlässt ein Mann ... und folgt dann seiner Frau.

c) Das Perfekt consecutivum dient zum Ausdruck *zukünftiger Handlungen*:

Hos 1,4: וּפָקַדְתִּי אֶת־דְּמֵי יִזְרְעֶאל ... Ich werde die Blutschuld von Jesreel heimsuchen...

d) Das Perfekt consecutivum folgt auf Sätze, die eine Bedingung enthalten (nach אִם „wenn ... dann"):

Gen 18,26: אִם־אֶמְצָא ... וְנָשָׂאתִי ... Wenn ich finden werde ..., dann werde ich vergeben...

Gen 34,17: וְאִם־לֹא תִשְׁמְעוּ ... וְלָקַחְנוּ ... וְהָלָכְנוּ׃
Und wenn ihr nicht hören werdet ..., dann werden wir nehmen ... und dann gehen.

Jdc 4,20: אִם־אִישׁ יָבוֹא ... וְאָמַרְתְּ ... Wenn ein Mann kommt ..., dann sollst du sagen...

5. Richtungsangabe

Die Richtung kann auf folgende Weise zum Ausdruck gebracht werden:

a) mit der Präposition אֶל־ „in Richtung auf, zu, nach":

Lev 9,8: אֶל־הַמִּזְבֵּחַ zu dem Altar

Jos 8,1: אֶל־יְהוֹשֻׁעַ zu Josua

b) mit *He locale*:

Die immer unbetont angehängte Endung ָה dient zur Bezeichnung der Richtung und des Zieles.

Gen 26,1: גְּרָרָה nach Gerar
Gen 35,6: לוּזָה nach Luz

c) *Akkusativus loci*:

Der Akkusativus loci wird gebildet durch die Verbindung eines Verbs der Bewegung mit einer adverbiellen Bestimmung des Ortes.

I Sam 13,8: וְלֹא־בָא שְׁמוּאֵל הַגִּלְגָּל Und Samuel kam nicht *nach* Gilgal.

6. Übungen

1) Bestimmungsübungen zum Partizip:

1 קוֹבֵר קְבֻרִים לְמוּדֵי שֹׁכֶבֶת שְׁלֻמֵי מֹשְׁלָה קְבוּצִים רֹדְפֵי

2 שְׁלוּחָה שֹׁמֵעַ דְּרֻכוֹת כָּרוּת שְׁמֻרָה

2) Bestimmungsübungen zum Verb:

1 אֶקְבְּרָה קְצַרְתֶּם קִבְרוּ קֹצְרִים שָׁבָתָה לָמַדְתִּי שִׁכְבָה תִּצְדַּקְנָה

2 יִלְמְדוּן שְׁלָם שָׁמֵעוּ שְׁלֻמֵי נִשְׁמָעָה שָׁלָחְנוּ שִׁמְעִי יִשְׁכָּבוּן

3 וַתִּרְחַק וְרָדַפְתִּי רֹכֶבֶת קָבְרָה וַיִּקְדְּשׁוּ אֶקְבְּצָה וְסָפַרְתָּ

3) Übersetzen Sie:

1 (Gen 14,12) וְהוּא יֹשֵׁב בִּסְדֹם

2 (Gen 19,1) וְלוֹט יֹשֵׁב בְּשַׁעַר־סְדֹם

3 (Gen 26,9) וַיִּקְרָא אֲבִימֶלֶךְ לְיִצְחָק וַיֹּאמֶר[a] אַךְ הִנֵּה אִשְׁתְּךָ הִוא וְאֵיךְ אָמַרְתָּ אֲחֹתִי הִוא

4 (Ex 34,7) פֹּקֵד עֲוֹן אָבוֹת עַל־בָּנִים וְעַל־בְּנֵי בָנִים

5	(Num 2,32)	אֵלֶּה פְּקוּדֵי בְנֵי יִשְׂרָאֵל לְבֵית אֲבֹתָם
6	(Num 13,19)	וּמָה הָאָרֶץ אֲשֶׁר־הוּא יֹשֵׁב בָּהּ הֲטוֹבָה הִוא אִם רָעָה[b]
7	(Dtn 5,1)	וַיִּקְרָא מֹשֶׁה אֶל־כָּל־יִשְׂרָאֵל וַיֹּאמֶר[a] אֲלֵהֶם שְׁמַע יִשְׂרָאֵל אֶת־הַחֻקִּים[c] וְאֶת־הַמִּשְׁפָּטִים אֲשֶׁר אָנֹכִי דֹּבֵר בְּאָזְנֵיכֶם[d] הַיּוֹם
8	(Dtn 28,61)	לֹא כָתוּב בְּסֵפֶר הַתּוֹרָה הַזֹּאת
9	(Jos 12,2)	סִיחוֹן מֶלֶךְ הָאֱמֹרִי הַיּוֹשֵׁב בְּחֶשְׁבּוֹן מֹשֵׁל מֵעֲרוֹעֵר ...
10	(Jdc 4,4)	וּדְבוֹרָה אִשָּׁה נְבִיאָה אֵשֶׁת לַפִּידוֹת הִיא שֹׁפְטָה אֶת־יִשְׂרָאֵל בָּעֵת הַהִיא׃
11	(Jdc 14,4)	וּבָעֵת הַהִיא פְּלִשְׁתִּים מֹשְׁלִים בְּיִשְׂרָאֵל׃
12	(Jdc 15,11)	מֹשְׁלִים בָּנוּ פְּלִשְׁתִּים
13	(I Reg 13,31)	... וּקְבַרְתֶּם אֹתִי בַּקֶּבֶר[e] אֲשֶׁר אִישׁ הָאֱלֹהִים קָבוּר בּוֹ
14	(II Reg 15,5)	וְיוֹתָם בֶּן־הַמֶּלֶךְ עַל־הַבַּיִת שֹׁפֵט אֶת־עַם הָאָרֶץ׃
15	(II Reg 23,3)	... אֶת־דִּבְרֵי הַבְּרִית הַזֹּאת הַכְּתֻבִים עַל־הַסֵּפֶר הַזֶּה
16	(Ez 29,19)	... כֹּה[f] אָמַר אֲדֹנָי יְהוִה הִנְנִי נֹתֵן[g] לִנְבוּכַדְנֶאצַּר[h] מֶלֶךְ־בָּבֶל[i] אֶת־אֶרֶץ מִצְרָיִם[j]
17	(Ps 9,11)	וְיִבְטְחוּ[k] בְךָ יוֹדְעֵי[l] שְׁמֶךָ כִּי[m] לֹא עָזַבְתָּ[n] דֹרְשֶׁיךָ יְהוָה׃
18	(Ps 34,11)	וְדֹרְשֵׁי יְהוָה לֹא יַחְסְרוּ[o] כָל־טוֹב׃
19	(Prov 16,32)	טוֹב ... וּמֹשֵׁל בְּרוּחוֹ מִלֹּכֵד עִיר׃

Erläuterungen:

a „und er sagte“
b „schlecht“
c „die Satzungen“
d „in eure Ohren“
e „Grab“
f „so“
g Wurzel: „geben“
h „Nebukadnessar“
i „Babel“
j „Ägypten“
k Wurzel: „vertrauen“
l Wurzel: „kennen, wissen“
m „denn“
n Wurzel: „verlassen“
o „sie werden Mangel haben“

4) Lektüreübung: Psalm 1: Seligpreisung für den Gesetzestreuen

Ps 1 ist das Eingangstor in das Buch der Psalmen. Er beginnt mit einer Seligpreisung – „Wohl dem, der...“ – für alle, die am Gesetz des Herrn Gefallen haben. Dieses erste Wort des Psalters gibt das Motto des ganzen Buches an. Ps 1 ist sehr von weisheitlichem Gedankengut geprägt: die Gottlosen und die Gerechten; die Spötter und Sünder; das Bild des Weges.

1 אַשְׁרֵי־הָאִישׁ אֲשֶׁר לֹא הָלַךְ בַּעֲצַת רְשָׁעִים וּבְדֶרֶךְ חַטָּאִים לֹא
עָמָד וּבְמוֹשַׁב לֵצִים לֹא יָשָׁב׃
2 כִּי אִם בְּתוֹרַת יְהוָה חֶפְצוֹ וּבְתוֹרָתוֹ יֶהְגֶּה יוֹמָם וָלָיְלָה׃
3 וְהָיָה כְּעֵץ שָׁתוּל עַל־פַּלְגֵי מָיִם אֲשֶׁר פִּרְיוֹ יִתֵּן בְּעִתּוֹ וְעָלֵהוּ
לֹא־יִבּוֹל וְכֹל אֲשֶׁר־יַעֲשֶׂה יַצְלִיחַ׃
4 לֹא־כֵן הָרְשָׁעִים כִּי אִם־כַּמֹּץ אֲשֶׁר־תִּדְּפֶנּוּ רוּחַ׃
5 עַל־כֵּן לֹא־יָקֻמוּ רְשָׁעִים בַּמִּשְׁפָּט וְחַטָּאִים בַּעֲדַת צַדִּיקִים׃
6 כִּי־יוֹדֵעַ יְהוָה דֶּרֶךְ צַדִּיקִים וְדֶרֶךְ רְשָׁעִים תֹּאבֵד׃

5) Vokalisierungsübung. Vokalisieren und übersetzen Sie:

1 (Gen 4,9) ויאמר[a] יהוה אל קין[b] אי[c] הבל[d] אחיך ויאמר לא ידעתי השמר אחי אנכי׃

2 (Ex 34,10) ויאמר[a] הנה אנכי כרת ברית

3 (Dtn 7,9) וידעת כי יהוה אלהיך הוא האלהים

4 (I Chr 29,12) ואתה מושל בכל ובידך כח וגבורה[e]

5 (II Chr 34,31) ויכרת את־הברית לפני יהוה

Erläuterungen:

a וַיֹּאמֶר „und er sagte“
b קַיִן „Kain“ *(n.pr.m.)*
c אֵי „wo?“
d הֶבֶל „Abel“ *(n.pr.m.)*
e גְּבוּרָה „Stärke, Kraft“

Lektion 11:
Infinitiv absolutus und constructus; Segolata; Reflexivverhältnis

1. Vokabeln

Verben:

בחר בְּ	wählen, erwählen
הלך	gehen
ידע	kennen, wissen
משׁח	salben („Messias“)
עמד	stehen
פתח	öffnen
צעק	schreien
קרע	zerreißen
שׁכח	vergessen

Nomina:

- a-Segolata:

אֶבֶן *f.*	Stein
אֶלֶף	tausend
דֶּרֶךְ	Weg, Lebenswandel (דרך 8)
חֶסֶד	Güte, Freundlichkeit
לֶחֶם	Brot
נַחַל	Bachtal
עֶצֶם	Gebein, Knochen; selbst
עֶרֶב	Abend
פַּעַם	Schritt; Mal
רֶגֶל	Fuß
שֶׁמֶן	Öl

- i-Segolata:

זֶבַח	Opfer
כֶּבֶשׂ	Lamm
קֶרֶב	Inneres, Mitte (קרב 9)
רֶכֶב	Wagen (רכב 9)

שֵׁבֶט	Stab, Stamm
שֶׁקֶר	Lüge, Betrug

- u-Segolata:

אֹהֶל	Zelt
אֹזֶן	Ohr
אֹרֶךְ	Länge
קֹדֶשׁ	Heiligkeit; Heiligtum (קדשׁ 9)
שֹׁרֶשׁ	Wurzel
רֹחַב	Weite

- bisher gelernte Nomina dieser Klasse:
  אֶרֶץ (6); הֶבֶל (6); חֹדֶשׁ (6); חֶרֶב (6); כֶּסֶף (6); מֶלֶךְ (6); סֵפֶר (6); עֶבֶד (6); שֶׁמֶשׁ (6); צֶדֶק (6); נַעַר (7); שַׁעַר (7); נֶפֶשׁ (10)

Weitere Vokabeln:

אוֹ	oder
אַחֵר	ein anderer
אִם	wenn, ob
וַיְהִי	und es war/wurde/geschah
כֹּה	so
לֵאמֹר	indem er sagte; folgendermaßen (אמר 10)
מְעִיל	Umhang, Mantel
מָלֵא	voll
צְעָקָה	Geschrei
קַנָּא	eifersüchtig
תְּפִלָּה	Gebet

Eigennamen:

אַבְרָהָם	Abraham *(n.pr.m.)*
חִזְקִיָּהוּ	Hiskia *(n.pr.m.)*
יְשַׁעְיָהוּ	Jesaja *(n.pr.m.)*
עֵשָׂו	Esau *(n.pr.m.)*
צִידֹנִים	Sidonier *(n.g.)*

2. Infinitiv absolutus und constructus

a) Infinitiv absolutus

Der Infinitiv absolutus hat folgende Vokalisation: כָּתוֹב/כָּתֹב. Er kann als „isolierter" Infinitiv bezeichnet werden, weil er *weder mit Suffixen, noch mit den Präpositionen* בְּ, כְּ, לְ, *noch mit dem Artikel* verbunden wird.

Verwendung:

- Der Inf.abs. steht unmittelbar vor oder nach einer Verbform derselben Wurzel zur Hervorhebung der Gewissheit oder Nachdrücklichkeit eines Geschehens *(figura etymologica)*. In der Übersetzung kann der Infinitiv mit „sicherlich, gewiss“ o.ä. wiedergegeben werden:

Gen 37,8:	מָשׁוֹל תִּמְשֹׁל	Du wirst sicherlich herrschen.
Gen 20,18:	כִּי עָצֹר עָצַר יְהוָה	Denn Jahwe hat gewiss verschlossen...
Hi 13,17:	שִׁמְעוּ שָׁמוֹעַ	Hört aufmerksam zu!

- Der Inf.abs. steht vor oder nach dem Verb, um eine zur Haupthandlung *parallel laufende Begleithandlung* auszudrücken. Hier begegnen zwei koordinierte Infinitive, wobei ein Infinitiv das finite Verb aufnimmt:

I Sam 6,12:	הָלְכוּ הָלֹךְ וְגָעוֹ 2. 1.	*wörtlich:* „Sie (= die Kühe) gingen ein Gehen und Brüllen.“ = Sie gingen und brüllten dabei. = Beim Gehen brüllten sie.
Jes 19,22:	וְנָגַף יְהוָה ... נָגֹף וְרָפוֹא 2. 1.	Jahwe ... wird schlagen und dann heilen.
Joel 2,26:	וַאֲכַלְתֶּם אָכוֹל וְשָׂבוֹעַ 2. 1.	Ihr sollt essen und dann satt werden.

- Der Inf.abs. steht als *Stellvertreter des finiten Verbs*:

Jdc 7,19:	וַיִּתְקְעוּ בַּשּׁוֹפָרוֹת וְנָפוֹץ	Sie bliesen in die Posaunen und zerschlugen...

- Der Inf.abs. steht als *Stellvertreter eines nachdrücklichen Imperativs*:

Jer 2,2:	הָלֹךְ וְקָרָאתָ	Geh und predige!
Ex 20,8:	זָכוֹר אֶת־יוֹם הַשַּׁבָּת	Gedenke an den Sabbattag!

b) Infinitiv constructus

Der Infinitiv constructus hat die Vokalisation: כְּתוֹב/כְּתֹב < * kutub. Der Inf.cs. ist ein *nomen verbale* und kann im Unterschied zum Inf.abs. *sowohl mit Präpositionen als auch mit Suffixen* verbunden werden.

- Inf.cs. mit Präpositionen:

בִּכְתֹב	mit Schwa medium
כִּכְתֹב	mit Schwa medium
לִכְתֹּב	mit Schwa quieszens (!) (fester Silbenschluss)

- Inf.cs. mit Suffixen:

1.Sg.com.	כָּתְבֵנִי/כָּתְבִי	mein Schreiben + mich schreiben
2.Sg.m.	כָּתְבְךָ/כְּתָבְךָ	dein Schreiben + dich schreiben

2.Sg.f.	כָּתְבֵךְ	dein Schreiben + dich schreiben
3.Sg.m.	כָּתְבוֹ	sein Schreiben + ihn schreiben
3.Sg.f.	כָּתְבָהּ	ihr Schreiben + sie schreiben
1.Pl.com.	כָּתְבֵ֫נוּ	unser Schreiben + uns schreiben
2.Pl.m.	כָּתְבְכֶם	euer Schreiben + euch schreiben
3.Pl.m.	כָּתְבָם	ihr Schreiben + sie schreiben
lies jeweils *kåt...*		

Da der Inf.cs. ein *nomen verbale* ist, kann das Suffix entweder den Akkusativ oder den Genetiv bezeichnen *(Genetivus objectivus und Genetivus subjectivus)*:

כָּתְבוֹ → ihn schreiben (*verbal* – Akkusativ)
כָּתְבוֹ → sein Schreiben (*nominal* – Genetiv)

Ein Formunterschied findet sich nur beim Suffix 1.Sg.com.:

כָּתְבֵ֫נִי mich schreiben
כָּתְבִי mein Schreiben

Verwendung:

- Der Infinitiv constructus steht *in Verbindung mit Präpositionen an Stelle eines Nebensatzes.*

  Die Präposition לְ vor dem Inf.cs. drückt *Final- und Konsekutivsätze* aus („um zu"):

  Jona 1,3: לִבְרֹחַ תַּרְשִׁישָׁה um nach Tarsis zu fliehen
  Jes 59,7: לִשְׁפֹּךְ דָּם נָקִי um unschuldiges Blut zu vergießen

  Die Präpositionen בְּ und כְּ vor dem Inf.cs. drücken *Temporalsätze* aus:

  Die Präposition בְּ vor dem Inf.cs. drückt die *Gleichzeitigkeit* aus:

  II Sam 5,4: בְּמָלְכוֹ als er König wurde
  Ps 3,1: בְּבָרְחוֹ als er floh = auf seiner Flucht

  Die Präposition כְּ vor dem Inf.cs. drückt die *unmittelbare Vorzeitigkeit* aus:

  I Reg 15,29: וַיְהִי כְמָלְכוֹ als er König geworden war

- Der Infinitiv constructus kann als Nominativ *Subjekt des Satzes* sein (a), er kann als Genetiv *von einem status constructus abhängen* (b), und er kann als Akkusativ *unmittelbar von einem Verb regiert* werden (c).

  ad a)
  Jdc 9,2: הֲמְשֹׁל בָּכֶם שִׁבְעִים אִישׁ Sollen 70 Männer über euch herrschen?

  ad b)
  Koh 3,4: עֵת סְפוֹד וְעֵת רְקוֹד eine Zeit des Klagens und eine Zeit des Tanzens

ad c)
Gen 37,8: וַיּוֹסִפוּ עוֹד שְׂנֹא אֹתוֹ Und sie hassten ihn noch mehr.

- Der Infinitiv constructus wird mit לְבִלְתִּי *verneint*:

Dtn 8,11: לְבִלְתִּי שְׁמֹר מִצְוֹתָיו seine Gebote nicht zu halten

3. Segolata

> Unter den *Segolata* versteht man eine große Gruppe von Nomina, deren *Doppelkonsonanz am Wortende durch Segol als Hilfsvokal aufgesprengt* wurde.

qatl	מֶלֶךְ	< * malk	a-Segolatum
qitl	סֵפֶר	< * sipr	i-Segolatum
qutl	קֹדֶשׁ	< * qudš	u-Segolatum

Je nach ursprünglichem Vokal unterteilt man die Segolata in *a-, i- und u-Segolata*. Die Segolata sind *auf der ersten Silbe betont*; deshalb wurde aus dem ursprünglichen *i* ein *ē* und aus *u* ein *ō*. Bei den a-Segolata wurde *a* an den Hilfsvokal *ä* angeglichen. Da die Laryngale lieber *a* als *ä* bei sich haben, ist bei Segolata mit Laryngal der Hilfsvokal meist Patach:

נַעַר Knabe
נַחַל Bachtal
זֶרַע Same
aber: לֶחֶם Brot

Regeln:

<table>
<tr><td colspan="5">1) Im Singular sind st.abs. und st.cs. gleich. Die Suffixe treten an die Grundform, d.h. der ursprüngliche Vokal begegnet wieder: a, i, oder u bzw. å.</td></tr>
<tr><td>Singular</td><td>st.abs.</td><td>st.cs.</td><td colspan="2">Sg. + Suffixe</td></tr>
<tr><td>מֶלֶךְ
a-Segolatum
* malk</td><td>מֶלֶךְ</td><td>מֶלֶךְ</td><td>מַלְכִּי
מַלְכְּךָ
מַלְכֵּךְ
מַלְכּוֹ
מַלְכָּהּ</td><td>מַלְכֵּנוּ
מַלְכְּכֶם
מַלְכְּכֶן
מַלְכָּם
מַלְכָּן</td></tr>
<tr><td>סֵפֶר
i-Segolatum
* sipr</td><td>סֵפֶר</td><td>סֵפֶר</td><td colspan="2">סִפְרִי</td></tr>
</table>

קֹדֶשׁ u-Segolatum * qudš	קֹדֶשׁ	קֹדֶשׁ	קָדְשִׁי

2) Im Plural erscheint die Grundform im st.cs. und in den Formen mit „schweren“ Suffixen, d.h. 2./3.Pl.m./f. Im st.abs. und in den Formen mit „leichten“ Suffixen (1./2./3.Sg. und 1.Pl.com.) erscheint die Vokalisation Schwa mobile und (Vorton-)Qamäs.				
Plural	*st.abs.*	*st.cs.*	*Plural + leichte Suffixe*	*Plural + schwere Suffixe*
מֶלֶךְ a-Segolatum * malk	מְלָכִים	מַלְכֵי	מְלָכַי מְלָכֶיךָ מְלָכַיִךְ מְלָכָיו מְלָכֶיהָ מְלָכֵינוּ	מַלְכֵיכֶם מַלְכֵיהֶם מַלְכֵיהֶן
סֵפֶר i-Segolatum * sipr	סְפָרִים	סִפְרֵי	סְפָרַי	סִפְרֵיכֶם
קֹדֶשׁ u-Segolatum * qudš	קֳדָשִׁים = קָֽדָשִׁים	קָדְשֵׁי	קֳדָשַׁי	קָדְשֵׁיכֶם
Dual immer mit Grundvokal!				
אֹזֶן	אָזְנַיִם	אָזְנֵי	אָזְנַי	אָזְנֵיכֶם

Bemerkungen:

- Die beiden Segolata קֹדֶשׁ „Heiligkeit“ und שֹׁרֶשׁ „Wurzel“ haben im Pl. st.abs. und vor leichten Suffixen den reduzierten Vokal ֳ, der oft mit Qamäs und Meteg statt mit Chateph-Qamäs geschrieben wird: קָֽדָשִׁים.
- Beim Segolatum אֹהֶל „Zelt“ hat sich im Plural $\bar{o}$ erhalten:

  אֹהָלִים אֹהָלָיו

- Plurale auf וֹת־ haben die femininen Segolata אֶרֶץ und נֶפֶשׁ:

אֶרֶץ	Pl. st.abs.:	אֲרָצוֹת
	Pl. st.cs.:	אַרְצוֹת
נֶפֶשׁ	Pl. st.abs.:	נְפָשׁוֹת
	Pl. st.cs.:	נַפְשׁוֹת

- Die Vokalisation der Segolata lässt sich auf folgende Weise leicht einprägen:

Formen mit Grundvokal:	*Formen mit Schwa mobile und (Vorton-)Qamäs:*
מַלְכִּי מַלְכֵי מַלְכֵיכֶם	מְלָכִים מְלָכַי

אָזְנַיִם

4. Reflexivverhältnis

Zum Ausdruck des Reflexivverhältnisses wird häufig לְ „für“ bzw. כְּ „wie“ gebraucht. Hierbei entsprechen sich das Suffix der Präposition und das Subjekt in Genus und Numerus.

Gen 11,29:	וַיִּקַּח אַבְרָם וְנָחוֹר לָהֶם נָשִׁים	Da nahmen sich Abram und Nahor Frauen...
Gen 13,11:	וַיִּבְחַר־לוֹ לוֹט	Da erwählte sich Lot...
Ex 37,2:	וַיַּעַשׂ לוֹ	Und er machte sich...
Lev 19,18:	וְאָהַבְתָּ לְרֵעֲךָ כָּמוֹךָ	Du sollst deinen Nächsten lieben wie dich selbst.

5. Übungen

1) Bestimmungsübungen zum Infinitiv absolutus und constructus:

1 בְּכָתְבוֹ לְדָרְשֵׁנִי הֲגָנֹב שָׁמֹר וְכָרוֹת לִדְרוֹשׁ לְשָׁמְרוֹ בְּכָרְתִי

2 בְּזָכְרֵנוּ לִמְשָׁל־ שְׁפֹט בִּכְתוֹב לְקָבְצִי בְּשָׁפְטֵךְ לְלָכְדָהּ בְּרָדְפָם

3 הַמְשֵׁל וּלְשָׁמְרָהּ קָבְרוֹ מִקְּבֹר וּבְשָׁכְבְּךָ בְּשִׁכְבָהּ

2) Übungen zu den Segolata:

1 מֵעַבְדֶּךָ נַפְשִׁי לְדַרְכְּכֶם וּבַעֲבָדֶיךָ נַפְשָׁם דְּרָכָיו בִּדְרָכֶיךָ אַלְפַּיִם

2 אֲבָנִים חֲסָדֶיךָ וּמִשְׁמְנָהּ עֲצָמַי מִלַּחְמוֹ נַחֲלֵי שְׁעָרֶיךָ בְּקִרְבִּי לַשֶּׁמֶשׁ

3 לְשִׁבְטֵיכֶם בְּקִרְבְּךָ אָהֳלוֹ בְּאֹהָלֶיךָ אָזְנְךָ לְאֹהָלָיו אָזְנָיו אָרְכּוֹ

4 בְּאָזְנֵינוּ בְּאָזְנֵי שַׁעֲרֵי חַסְדְּכֶם מִדַּרְכֵיהֶם

3) Vokalisierungsübungen zu den Segolata:

1 ועבדו נפשה ועבדיה דרכי דרכנו אבניו לחסדו לחמנו הנחלים

2 פעמים מקרבה לשבטיו אזנו בחדשו שרשם קדשו

4) Übersetzen Sie:

1	(Gen 24,34)	עֶ֫בֶד אַבְרָהָם אָנֹכִי׃
2	(Ex 15,26)	וַיֹּ֫אמֶר[a] אִם־שָׁמ֨וֹעַ תִּשְׁמַע לְקוֹל יְהוָה אֱלֹהֶ֫יךָ
3	(Num 14,14)	וְאָמְרוּ[b] אֶל־יוֹשֵׁב הָאָ֫רֶץ הַזֹּאת שָׁמְעוּ כִּי־אַתָּה יְהוָה בְּקֶ֫רֶב הָעָם הַזֶּה
4	(Dtn 6,15)	כִּי אֵל קַנָּא יְהוָה אֱלֹהֶיךָ בְּקִרְבֶּ֑ךָ
5	(Dtn 8,19)	וְהָיָה[c] אִם שָׁכֹחַ תִּשְׁכַּח אֶת־יְהוָה אֱלֹהֶיךָ וְהָלַכְתָּ֫ אַחֲרֵי אֱלֹהִים אֲחֵרִים
6	(Dtn 11,13)	וְהָיָה[c] אִם שָׁמֹעַ תִּשְׁמְעוּ אֶל־מִצְוֺתַי אֲשֶׁר אָנֹכִי מְצַוֶּה[d] אֶתְכֶם הַיּוֹם
7	(Dtn 15,11)	פָּתֹחַ תִּפְתַּח אֶת־יָדְךָ לְאָחִיךָ ... בְּאַרְצֶ֑ךָ׃
8	(Dtn 18,5)	כִּי בוֹ בָּחַר יְהוָה אֱלֹהֶיךָ מִכָּל־שְׁבָטֶ֑יךָ
9	(Jdc 9,8)	הָלוֹךְ הָלְכוּ הָעֵצִים לִמְשֹׁחַ עֲלֵיהֶם מֶ֑לֶךְ
10	(I Sam 15,17)	רֹאשׁ שִׁבְטֵי יִשְׂרָאֵל אָ֑תָּה
11	(I Sam 22,15)	כִּי לֹא־יָדַע עַבְדְּךָ בְּכָל־זֹאת דָּבָר קָטֹן אוֹ גָדוֹל׃
12	(I Sam 24,21)	וְעַתָּה הִנֵּה יָדַעְתִּי כִּי מָלֹךְ תִּמְל֑וֹךְ
13	(I Reg 5,20)	כִּי אַתָּה יָדַעְתָּ כִּי אֵין בָּנוּ אִישׁ יֹדֵעַ לִכְרָת־עֵצִים כַּצִּדֹנִים׃
14	(I Reg 13,31)	וַיְהִי אַחֲרֵי קָבְרוֹ אֹתוֹ וַיֹּ֫אמֶר[a] אֶל־בָּנָיו לֵאמֹר
15	(Jes 38,4f.)	וַיְהִי דְּבַר־יְהוָה אֶל־יְשַׁעְיָהוּ לֵאמֹר׃ הָלוֹךְ וְאָמַרְתָּ֫ אֶל־חִזְקִיָּהוּ כֹּה־אָמַר יְהוָה אֱלֹהֵי דָּוִד אָבִיךָ שָׁמַעְתִּי אֶת־תְּפִלָּתֶ֫ךָ
16	(Jes 41,8)	וְאַתָּה יִשְׂרָאֵל עַבְדִּי
17	(Jes 44,1)	וְעַתָּה שְׁמַע יַעֲקֹב עַבְדִּ֑י וְיִשְׂרָאֵל בָּחַרְתִּי בוֹ׃
18	(Jes 44,21)	זְכָר־אֵ֫לֶּה יַעֲקֹב וְיִשְׂרָאֵל כִּי עַבְדִּי־אָ֑תָּה

19 (Jer 12,16) וְהָיָה[c] אִם לָמֹד יִלְמְדוּ אֶת־דַּרְכֵי עַמִּי

20 (Jer 17,19) כֹּה־אָמַר יְהוָה אֵלַי הָלֹךְ וְעָמַדְתָּ בְּשַׁעַר בְּנֵי הָעָם

21 (Mal 3,22) זִכְרוּ תּוֹרַת מֹשֶׁה עַבְדִּי

22 (Esr 9,3) וּכְשָׁמְעִי אֶת־הַדָּבָר הַזֶּה קָרַעְתִּי אֶת־בִּגְדִי וּמְעִילִי

Erläuterungen:

a „und er sagte“
b „und sie sagen“
c „es soll sein“
d „befehlend“

5) Übersetzen Sie I Sam 15,1f.: Sauls Sieg über Amalek

In I Sam 15 geht es um die Frage, ob Saul ein Mann nach dem Herzen Gottes ist. Die Antwort darauf ist negativ. Schon der Anfang des Kapitels zeigt, dass die Initiative für den Amalekiterkrieg nicht von Saul, sondern von Samuel und Gott ausgeht.

1 וַיֹּאמֶר[a] שְׁמוּאֵל[b] אֶל־שָׁאוּל[c] אֹתִי שָׁלַח יְהוָה לִמְשָׁחֳךָ לְמֶלֶךְ
עַל־עַמּוֹ עַל־יִשְׂרָאֵל וְעַתָּה שְׁמַע לְקוֹל דִּבְרֵי יְהוָה׃
2 כֹּה אָמַר יְהוָה צְבָאוֹת פָּקַדְתִּי[d] אֵת אֲשֶׁר־עָשָׂה[e] עֲמָלֵק[f] לְיִשְׂרָאֵל
אֲשֶׁר־שָׂם[g] לוֹ בַּדֶּרֶךְ בַּעֲלֹתוֹ[h] מִמִּצְרָיִם׃

Erläuterungen:

a „und er sagte“
b „Samuel“
c „Saul“
d „ich habe geahndet“
e „er hat getan“
f „Amalek“
g „er ist entgegengetreten“
h „als er/es heraufzog“

Übersetzen Sie Gen 22,10-12: Die Prüfung Abrahams

Die Perikope von der Prüfung Abrahams (Gen 22,1-19) zählt zu den bekanntesten Erzählungen des Alten Testaments. V.10-12 gehört zu der Szene, in der Abraham das Messer erhebt und der Engel ihm zuruft: „Strecke deine Hand nicht aus!“ Sie ist der Höhepunkt der Erzählung.

10 וַיִּשְׁלַח אַבְרָהָם אֶת־יָדוֹ וַיִּקַּח[a] אֶת־הַמַּאֲכֶלֶת[b] לִשְׁחֹט[c] אֶת־בְּנוֹ׃
11 וַיִּקְרָא אֵלָיו מַלְאַךְ יְהוָה מִן־הַשָּׁמַיִם וַיֹּאמֶר אַבְרָהָם אַבְרָהָם
וַיֹּאמֶר הִנֵּנִי׃
12 וַיֹּאמֶר אַל־תִּשְׁלַח יָדְךָ אֶל־הַנַּעַר וְאַל־תַּעַשׂ[d] לוֹ מְאוּמָּה[e] כִּי עַתָּה

יָדַעְתִּי כִּי־יְרֵא אֱלֹהִים[f] אַתָּה וְלֹא חָשַׂכְתָּ[g] אֶת־בִּנְךָ אֶת־יְחִידְךָ[h]
מִמֶּנִּי׃

Erläuterungen:

a „und er nahm"
b „Messer"
c „um zu schlachten"
d „tue nicht"
e „irgendwas"
f „gottesfürchtig"
g „du hast vorenthalten"
h „deinen einzigen"

6) Lektüreübung: I Sam 12,1-4: Samuels Rechenschaft

Die Abschiedsrede Samuels beschließt die Epoche der Richter. Samuel bittet um die Bestätigung seiner tadellosen Amtsführung. Er lenkt zugleich den Blick auf die beginnende Königszeit und ermahnt das Volk und den König zu Jahwefurcht.

1 וַיֹּאמֶר שְׁמוּאֵל אֶל־כָּל־יִשְׂרָאֵל הִנֵּה שָׁמַעְתִּי בְקֹלְכֶם לְכֹל
אֲשֶׁר־אֲמַרְתֶּם לִי וָאַמְלִיךְ עֲלֵיכֶם מֶלֶךְ׃
2 וְעַתָּה הִנֵּה הַמֶּלֶךְ מִתְהַלֵּךְ לִפְנֵיכֶם וַאֲנִי זָקַנְתִּי וָשַׂבְתִּי וּבָנַי
הִנָּם אִתְּכֶם וַאֲנִי הִתְהַלַּכְתִּי לִפְנֵיכֶם מִנְּעֻרַי עַד־הַיּוֹם הַזֶּה׃
3 הִנְנִי עֲנוּ בִי נֶגֶד יְהוָה וְנֶגֶד מְשִׁיחוֹ אֶת־שׁוֹר מִי לָקַחְתִּי וַחֲמוֹר
מִי לָקַחְתִּי וְאֶת־מִי עָשַׁקְתִּי אֶת־מִי רַצּוֹתִי וּמִיַּד־מִי לָקַחְתִּי כֹּפֶר
וְאַעְלִים עֵינַי בּוֹ וְאָשִׁיב לָכֶם׃
4 וַיֹּאמְרוּ לֹא עֲשַׁקְתָּנוּ וְלֹא רַצּוֹתָנוּ וְלֹא־לָקַחְתָּ מִיַּד־אִישׁ מְאוּמָה׃

7) Vokalisierungsübung. Vokalisieren und übersetzen Sie:

1 (Dtn 10,1) בעת ההוא אמר יהוה אלי

2 (Jdc 4,4) ודבורה ... היא שׁפטה את ישׂראל בעת ההיא׃

3 (I Reg 11,32) ירושלם העיר אשר בחרתי בהּ מכל שׁבטי ישׂראל׃

4 (Ps 1,6) כי יודע יהוה דרך צדיקים

5 (Ps 7,12) אלהים שׁופט צדיק

Lektion 12: Nifʿal; Segolata mediae Waw/Jod und tertiae Jod; Relativ- oder Attributivsätze mit אֲשֶׁר

1. Vokabeln

Verben:

לחם	*Ni.* kämpfen
מלט	*Ni.* sich retten, entrinnen
פלא	*Ni.* wunderbar sein
שׁאר	*Ni.* übrigbleiben
שׁבע	*Ni.* schwören
זעק	rufen, schreien
מכר	verkaufen
שׁבר	zerbrechen
תפשׂ	fassen, ergreifen

Nomina:

- Segolata mediae Jod/Waw:

אָ֫וֶן	Mühe; Frevel, Sünde
אַ֫יִל	Widder
זַ֫יִת	Ölbaum
חַ֫יִל	Kraft, Heer
יַ֫יִן	Wein
מָ֫וֶת	Tod
עַ֫יִן	Auge; Quelle
עַ֫יִר	junger Esel
תָּ֫וֶךְ	Mitte

- Segolata tertiae Jod:

אֲרִי	Löwe
בְּכִי	Weinen
גְּדִי	Böckchen
חֲצִי	Hälfte, Mitte
כְּלִי	Gerät
לְחִי	Kinnbacken
פְּרִי	Frucht

צְבִי	Herrlichkeit, Stolz
שְׁבִי	Gefangenschaft

• bisher gelerntes Nomen dieser Klasse:

חֳלִי	Krankheit (6)

Weitere Vokabeln:

בֹּקֶר	Morgen
מַבּוּל	Flut
נָא	doch, gewiss *(Verstärkungspartikel)*
עוֹד	weiterhin, ferner, noch, wieder

Eigennamen:

אֵלִיָּהוּ	Elia *(n.pr.m.)*
אֶפְרַ֫יִם	Ephraim *(n.g.; n.terr.)*
בָּבֶל	Babel *(n.l.)*
חֶבְרוֹן	Hebron *(n.l.)*
יְהוּדָה	Juda *(n.g.; n.terr.)*
יַעֲקֹב	Jakob *(n.pr.m.)*

2. Nifᶜal

Das Verb lässt sich je nach Kontext *modifizieren*. So kann man etwa zu einem Verb reflexive oder passive Formen bilden, aber auch Intensiv- und Kausativ-Bildungen sind möglich. Diese Veränderungen am Verb bezeichnet man in der hebräischen Grammatik als *Stammesmodifikationen*:

fangen – gefangen werden	(passiv)
retten – sich retten	(reflexiv)
hören – hören lassen	(kausativ)

Bisher wurde der sog. *Grundstamm (= Qal)* in den Lektionen 8-11 behandelt. Der Grundstamm wird als „Qal“ bezeichnet (< *qll* „leicht sein“), weil er ohne die Hinzufügung von Zusätzen gebildet wird.

Die weiteren sechs Stammesmodifikationen unterscheiden sich vom Grundstamm durch die Vokalisation sowie zusätzliche Vorsilben (Präformative). Allerdings gibt es keine Veränderungen bei den Grundelementen wie Afformativen und Präformativen zur Bezeichnung von Person, Numerus, Genus, Tempus und Modus.

Zu diesen Stammesmodifikationen zählt das Nifᶜal, dessen Konjugation in dieser Lektion behandelt wird. Das Nifᶜal wird abgekürzt als *Ni.* oder *ni* oder *N-Stamm.*

Regeln:

- Das Nifᶜal wird in allen Formen durch die *Voranstellung von Nun* gebildet.
  נ פְּעַל
- Im Perfekt und Partizip verbindet sich das *Präformativ ni-* (< * *na*) mit dem ersten Radikal zu einer geschlossenen Silbe.

	Qal	*Nifᶜal*	*Bedeutung: reflexiv und passiv*	
Perfekt	כָּתַב	נִכְתַּב	er ist geschrieben worden	*Sg.*
	כָּתְבָה	נִכְתְּבָה	sie ist geschrieben worden	
	כָּתַבְתָּ	נִכְתַּבְתָּ	du hast dich geschrieben	
	כָּתַבְתְּ	נִכְתַּבְתְּ	du hast dich geschrieben	
	כָּתַבְתִּי	נִכְתַּבְתִּי	ich habe mich geschrieben	
	כָּתְבוּ	נִכְתְּבוּ	sie sind geschrieben worden	*Pl.*
	כְּתַבְתֶּם	נִכְתַּבְתֶּם	ihr habt euch geschrieben	
	כְּתַבְתֶּן	נִכְתַּבְתֶּן	ihr habt euch geschrieben	
	כָּתַבְנוּ	נִכְתַּבְנוּ	wir haben uns geschrieben	
Partizip	כֹּתֵב/כָּתוּב	נִכְתָּב	geschrieben	*Sg.*
	כֹּתְבָה/כְּתוּבָה	נִכְתָּבָה	geschrieben	
	כֹּתְבִים/כְּתוּבִים	נִכְתָּבִים	geschriebene	*Pl.*
	כֹּתְבוֹת/כְּתוּבוֹת	נִכְתָּבוֹת	geschriebene	

- Im Imperfekt, Imperativ und Infinitiv *assimiliert* sich das Nun an den folgenden Konsonanten, so dass *Formen mit verdoppeltem ersten Radikal* entstehen.

	Qal	*Nifᶜal*	*Bedeutung: reflexiv und passiv*	
Imperfekt	יִכְתֹּב	יִכָּתֵב	er wird geschrieben werden	*Sg.*
	תִּכְתֹּב	תִּכָּתֵב	sie wird geschrieben werden	
	תִּכְתֹּב	תִּכָּתֵב	du wirst dich schreiben	
	תִּכְתְּבִי	תִּכָּתְבִי	du wirst dich schreiben	
	אֶכְתֹּב	אֶכָּתֵב	ich werde mich schreiben	
	יִכְתְּבוּ	יִכָּתְבוּ	sie werden geschrieben werden	*Pl.*
	תִּכְתֹּבְנָה	תִּכָּתַבְנָה	sie werden geschrieben werden	
	תִּכְתְּבוּ	תִּכָּתְבוּ	ihr werdet euch schreiben	
	תִּכְתֹּבְנָה	תִּכָּתַבְנָה	ihr werdet euch schreiben	
	נִכְתֹּב	נִכָּתֵב	wir werden uns schreiben	
Kohortativ	אֶכְתְּבָה	אִכָּתְבָה	ich will mich schreiben	

Imperativ	כְּתֹב	הִכָּתֵב	schreib dich!	*Sg.*
	כִּתְבִי	הִכָּתְבִי	schreib dich!	
	כִּתְבוּ	הִכָּתְבוּ	schreibt euch!	*Pl.*
	כְּתֹבְנָה	הִכָּתַבְנָה	schreibt euch!	
Adhortativ	כָּתְבָה	הִכָּתְבָה	schreib dich doch/bestimmt	
Inf.cs.	כְּתֹב	הִכָּתֵב	geschrieben werden	
Inf.abs.	כָּתֹב	הִכָּתֵב (הִכָּתֹב/נִכְתֹּב)	geschrieben werden/ sich schreiben	

• Bedeutung

Das Nif^cal hat *reflexive und passive Bedeutung*:

Qal:		*Nif^cal:*	
גנב	stehlen (8)	נִגְנַב	gestohlen werden
דרשׁ	suchen (8)	נִדְרַשׁ	gesucht werden, sich suchen (= erfragen)
כרת	schneiden (8)	נִכְרַת	ausgerottet werden
לכד	fangen (8)	נִלְכַּד	gefangen werden
שׁכח	vergessen	נִשְׁכַּח	vergessen werden
שׁמר	bewahren (8)	נִשְׁמַר	sich hüten, behütet werden

Das Nif^cal ist im Perfekt und Partizip durch die Voranstellung von *ni-* vor die Wurzel leicht erkennbar. Im Imperfekt, Imperativ und Infinitiv ist die Verdopplung des ersten Konsonanten der Wurzel *das* Kennzeichen.

Die *Eckformen* des Nif^cal:	
3.Sg.m.Perf.:	נִכְתַּב
3.Sg.m.Impf.:	יִכָּתֵב
Imp. Sg.m.:	הִכָּתֵב
Inf.cs.:	הִכָּתֵב
Inf.abs.:	הִכָּתֵב
Ptz.:	נִכְתָּב

Sich überschneidende Formen im Qal und Nif^cal:

Qal:			Nif^cal:	
1.Pl.com. a-Impf.:	נִשְׁמַע	=	נִשְׁמַע	*3.Sg.m. Perf.*
Kohortativ Pl.:	נִכְתְּבָה	=	נִכְתְּבָה	*3.Sg.f. Perf.*
1.Pl.com. ō-Impf.:	נִכְתֹּב	=	נִכְתֹּב	*Inf.abs. Nebenform*

• *Zum Lexikon:*

Im Hebräischen des Alten Testaments ist nicht damit zu rechnen, dass alle Verben in allen Stammesmodifikationen belegt sind. Man muss eher vom Gegenteil ausgehen: Nur wenige Verben sind in allen Stammesmodifikationen belegt. *Alle* Verben, auch wenn sie nur in bestimmten Stammesmodifikationen belegt sind, werden im Lexikon unter der Wurzel angegeben.

Das Verb לחם etwa hat sein Hauptvorkommen im Nifᶜal. Es wird im Lexikon unter לחם zitiert, aber man lernt die Nifᶜal-Bedeutung „kämpfen“ (< * „handgemein werden“).

Lerne: לחם *Ni.* „kämpfen“.

3. Segolata mediae Waw/Jod und tertiae Jod

Zu den Segolata mediae Waw und tertiae Jod zählt eine kleinere Gruppe von Nomina, deren *Doppelkonsonanz am Wortende durch einen Hilfsvokal aufgesprengt oder durch Kontraktion aufgelöst* wurde. Hierzu zählen die Nomina mit Waw und Jod an zweiter bzw. Jod an dritter Stelle:

מָוֶת < * mawt
זַיִת < * zajt
פְּרִי < * pirj < * parj

a) Segolata mediae Waw

Regel:

Im Sg.st.cs. und in allen anderen Formen tritt Kontraktion von $\bar{a}w$ zu $\bar{o}$ ein.			
	st.abs.	*st.cs.*	*Sg. + Suffix*
Singular	מָוֶת תָּוֶךְ אָוֶן	מוֹת תּוֹךְ אוֹן	מוֹתוֹ תּוֹכִי אוֹנִי
	st.abs.	*st.cs.*	*Pl. + Suffix*
Plural	אוֹנִים	מוֹתֵי	מְתָיו

Bei einigen Nomina ist die Kontraktion bereits im Sg.st.abs. vollzogen worden:

שׁוֹט Peitsche
יוֹם Tag
צוֹם Fasten

b) Segolata mediae Jod

Regeln:

1) Im Sg.st.cs., bei Suffixen und im Dual tritt *immer Kontraktion* von *aj* zu $\bar{e}$ ein.

	st.abs.	st.cs.	Sg. + Suffix
Singular	זַ֫יִת	זֵית	זֵיתְךָ
	אַ֫יִל	אֵיל	
	חַ֫יִל	חֵיל	חֵילִי
	עַ֫יִן	עֵין	עֵינִי
Dual:	עֵינַ֫יִם	עֵינֵי	Dual: עֵינַי

2) Im Plural begegnen kontrahierte Formen, aber auch nach Analogie der a-Segolata gebildete zweisilbige Formen.			
	st.abs.	st.cs.	Pl. + Suffix
Plural	זֵיתִים	זֵיתֵי	זֵיתֵיכֶם
	אֵילִים	אֵילֵי	
	חֲיָלִים	חֵילֵי	חֵילֵיהֶם
	עֲיָנוֹת	עֵינוֹת	

Bei einigen Nomina ist die Kontraktion bereits im Sg.st.abs. vollzogen worden:

חֵיק Brust

חֵיל (Vor-)Mauer

c) Segolata tertiae Jod

Mit Jod als drittem Radikal kommen *alle Nominaltypen* (a, i, u) vor:

פְּרִי < * pirj < * parj

חֲצִי < * ḥiṣj

חֳלִי < * ḥulj

Regeln:

1) Singular st.abs./cs. sind gleich. Die Suffixe treten an die Grundform.			
	st.abs.	st.cs.	Sg. + Suffix
Singular	פְּרִי	פְּרִי	פִּרְיִי
	חֲצִי	חֲצִי	חֶצְיוֹ
	חֳלִי	חֳלִי	חָלְיוֹ

2) Der Plural wird zweisilbig.			
	st.abs.	st.cs.	Pl. + Suffix
Plural	חֳלָיִים		חֳלָיֵינוּ

4. Relativ- oder Attributivsätze mit אֲשֶׁר

Die Partikel אֲשֶׁר (Hilfsübersetzung: „von welchem gilt...“) dient zur Einleitung von Sätzen, die ein Nomen in der Funktion eines Subjektes, Objektes oder in einem präpositionalen Ausdruck attributiv näher bestimmen. אֲשֶׁר ist *nicht deklinierbar*. Die Partikel steht in der Regel unmittelbar hinter dem Bezugswort. Etymologisch ist אֲשֶׁר vielleicht von einem Nomen mit der Bedeutung „Ort“ abzuleiten (vgl. akkadisch *ašru* „Ort“).

Gen 3,3:	הָעֵץ אֲשֶׁר בְּתוֹךְ־הַגָּן	Der Baum, („von welchem gilt“ =) *der* in der Mitte des Gartens steht.
Gen 28,13:	הָאָרֶץ אֲשֶׁר אַתָּה שֹׁכֵב עָלֶיהָ	Das Land, („von welchem gilt“ =) *auf dem* du gerade liegst.
Gen 2,11:	הַחֲוִילָה אֲשֶׁר שָׁם הַזָּהָב	Das Land Hawila, („von welchem gilt“ =) *wo* es das Gold gibt.
Gen 45,4:	אֲנִי יוֹסֵף אֲחִיכֶם אֲשֶׁר מְכַרְתֶּם אֹתִי מִצְרָיְמָה׃	Ich bin Joseph, euer Bruder, („von welchem gilt“ =) *den* ihr nach Ägypten verkauft habt.
Gen 43,16:	וַיֹּאמֶר לַאֲשֶׁר עַל־בֵּיתוֹ	Er sagte zu dem, („von welchem gilt“ =) *der* seinem Haus vorstand.
Ex 33,12:	וְאַתָּה לֹא הוֹדַעְתַּנִי אֵת אֲשֶׁר תִּשְׁלַח עִמִּי	Du hast mich nicht wissen lassen, („den, von welchem gilt“ =) *wen* du mit mir senden wirst.

Erläuterungen zu den Beispielen:

Das einen Relativ- oder Attributsatz regierende Bezugswort ist meist determiniert (s. Gen 3,3; 28,13; 2,11), doch kann auch Indetermination begegnen.

Im Attributsatz kann durch pronominalen (s. Gen 28,13; 45,4) oder adverbiellen Rückverweis (s. Gen 2,11) auf das Bezugswort zurückverwiesen werden. Bei syntaktischer Eindeutigkeit fehlt der Rückbezug.

Zur Kennzeichnung des Dativs bzw. Akkusativs können לְ bzw. אֵת vor אֲשֶׁר treten (s. Gen 43,16; Ex 33,12).

Es besteht die Möglichkeit, Attributsätze ohne אֲשֶׁר einzuleiten (sog. *asyndetische Attributsätze*); das Bezugswort steht in der Regel im *st.cs*.

Hi 3,15:	שָׂרִים זָהָב לָהֶם	Fürsten, die Gold besaßen.
Jer 2,6:	בְּאֶרֶץ לֹא־עָבַר בָּהּ אִישׁ	im Land, in dem kein Mann herumzieht.

Asyndetische Attributsätze begegnen vor allem in der Poesie.

5. Übungen

1) Bestimmungsübungen zum Nif[c]al:

1 נִלְחָמִים נִמְלְטָה נִשְׁאַרְתִּי לְהִמָּלֵט הַנִּשְׁאָרִים יִלָּחֵם הִשָּׁמֶר נִלְחָם

2 וַיִּשָּׁאֶר הִשָּׁבְעָה נִמְכַּרְתֶּם נִלְכְּדָה נִלְחֲמוּ לְהִפָּתֵחַ יִמָּלְטוּ יִלָּכְדוּן

3 וְנִכְרַתָּ הִשָּׁמְרִי תִּשָּׁאַרְנָה וַיִּשָּׁבְעוּ תִּמָּכֵר הַנִּלְכָּד הִכָּרֵת נִרְדָּפְנוּ

4 יִקָּבְרוּ נִשְׁמְרוּ וְנִקְרַב אֶקָּבֵר נִפְתְּחוּ

2) Vokalisierungsübungen zum Nif[c]al:

1 יגנב נזכרים נדרשו הכרת ילכדו נשפטתי השמרו נכבדת

2 הקבצו נלחם השבעה ונקדשתי אשפטה נכרת ישמעו ויפתח

3 תלחם נשבעו השמר

3) Bestimmungsübungen zu den Segolata mediae Jod/Waw und tertiae Jod:

1 בִּכְיִי גְּדָיִים הַחֹלִי כִּכְלִי לֶחְיוֹ כַּצְּבִי שְׁבָיִם בְּתֹכְכֶם מוֹתֵי יֵינָם

2 מִבֵּיתוֹ עֵינַי חֵילֵיהֶם מִבֶּכִי אֲרָיִים וְחֳלָיִים חֶצְיוֹ כֵּלִים פִּרְיָם

3 בְּתוֹכָהּ בְּמֹתָיו מֵאֵיל יֵינִי חֲיָלִים לְעֵינֵיכֶם חֶצְיֵנוּ כֵּלָיו וְהַלְּחָיַיִם

4 בְּתוֹכִי אֵילֵי וּבַיַּיִן חֵילוֹ

4) Übersetzen Sie:

1 (Gen 2,23) לְזֹאת יִקָּרֵא אִשָּׁה

2 (Gen 9,11) וְלֹא־יִכָּרֵת כָּל־בָּשָׂר עוֹד מִמֵּי הַמַּבּוּל

3 (Gen 15,15) וְאַתָּה תָּבוֹא[a] אֶל־אֲבֹתֶיךָ בְּשָׁלוֹם תִּקָּבֵר בְּשֵׂיבָה[b] טוֹבָה׃

4 (Gen 17,5) וְלֹא־יִקָּרֵא עוֹד אֶת־שִׁמְךָ אַבְרָם וְהָיָה[c] שִׁמְךָ אַבְרָהָם

5 (Gen 21,23) וְעַתָּה הִשָּׁבְעָה לִּי בֵאלֹהִים

6 (Gen 21,24) וַיֹּאמֶר[d] אַבְרָהָם אָנֹכִי אִשָּׁבֵעַ׃

7 (Gen 25,33) וַיֹּאמֶר[d] יַעֲקֹב הִשָּׁבְעָה לִּי כַּיּוֹם[e] וַיִּשָּׁבַע לוֹ וַיִּמְכֹּר
אֶת־בְּכֹרָתוֹ[f] לְיַעֲקֹב׃

8 (Gen 49,2) הִקָּבְצוּ וְשִׁמְעוּ בְּנֵי יַעֲקֹב וְשִׁמְעוּ אֶל־יִשְׂרָאֵל אֲבִיכֶם׃

9 (Dtn 20,10) כִּי־[g]תִקְרַב אֶל־עִיר לְהִלָּחֵם עָלֶיהָ וְקָרָאתָ[h] אֵלֶיהָ לְשָׁלוֹם׃

10 (Jos 2,12) וְעַתָּה הִשָּׁבְעוּ־נָא לִי בַּיהוָה

11 (Jos 10,6) כִּי נִקְבְּצוּ אֵלֵינוּ כָּל־מַלְכֵי הָאֱמֹרִי יֹשְׁבֵי הָהָר׃

12 (Jdc 1,8) וַיִּלָּחֲמוּ בְנֵי־יְהוּדָה בִּירוּשָׁלַםִ וַיִּלְכְּדוּ אוֹתָהּ

13 (Jdc 5,20) מִן־שָׁמַיִם נִלְחָמוּ הַכּוֹכָבִים

14 (Jdc 9,45) וַאֲבִימֶלֶךְ נִלְחָם בָּעִיר כֹּל הַיּוֹם הַהוּא וַיִּלְכֹּד אֶת־הָעִיר

15 (Jdc 12,4) וַיִּקְבֹּץ יִפְתָּח אֶת־כָּל־אַנְשֵׁי גִלְעָד וַיִּלָּחֶם אֶת־אֶפְרָיִם

16 (I Sam 19,2) וְעַתָּה הִשָּׁמֶר־נָא בַבֹּקֶר וְיָשַׁבְתָּ בַסֵּתֶר[i]

17 (I Sam 25,1) וַיָּמָת[j] שְׁמוּאֵל וַיִּקָּבְצוּ כָל־יִשְׂרָאֵל וַיִּסְפְּדוּ[k]־לוֹ

18 (I Sam 28,4) וַיִּקָּבְצוּ פְלִשְׁתִּים ... וַיִּקְבֹּץ שָׁאוּל אֶת־כָּל־יִשְׂרָאֵל

19 (I Reg 18,40) וַיֹּאמֶר[d] אֵלִיָּהוּ לָהֶם תִּפְשׂוּ אֶת־נְבִיאֵי הַבַּעַל[l] אִישׁ אַל־יִמָּלֵט מֵהֶם

20 (Jes 7,4) וְאָמַרְתָּ אֵלָיו הִשָּׁמֵר

21 (Jer 34,7) וְחֵיל מֶלֶךְ־בָּבֶל נִלְחָמִים עַל־יְרוּשָׁלַםִ וְעַל כָּל־עָרֵי יְהוּדָה

22 (Jer 38,3) כֹּה אָמַר יְהוָה הִנָּתֹן תִּנָּתֵן הָעִיר הַזֹּאת בְּיַד חֵיל מֶלֶךְ־בָּבֶל

23 (Ez 36,36) וְיָדְעוּ הַגּוֹיִם אֲשֶׁר יִשָּׁאֲרוּ סְבִיבוֹתֵיכֶם[m] כִּי אֲנִי יְהוָה

24 (Hos 2,2) וְנִקְבְּצוּ בְּנֵי־יְהוּדָה וּבְנֵי־יִשְׂרָאֵל יַחְדָּו[n]

25 (Joel 3,5) כֹּל אֲשֶׁר־יִקְרָא בְּשֵׁם יְהוָה יִמָּלֵט

26 (Ps 22,6) אֵלֶיךָ זָעֲקוּ וְנִמְלָטוּ

27 (Ps 34,19) קָרוֹב יְהוָה לְנִשְׁבְּרֵי לֵב

28 (Ps 89,4) כָּרַתִּי בְרִית ... נִשְׁבַּעְתִּי לְדָוִד עַבְדִּי׃

29 (Neh 4,14) בִּמְקוֹם[o] אֲשֶׁר תִּשְׁמְעוּ אֶת־קוֹל הַשּׁוֹפָר[p] שָׁמָּה[q] תִּקָּבְצוּ אֵלֵינוּ
אֱלֹהֵינוּ יִלָּחֶם לָנוּ׃

30 (I Chr 11,1) וַיִּקָּבְצוּ כָל־יִשְׂרָאֵל אֶל־דָּוִיד חֶבְרוֹנָה לֵאמֹר

Erläuterungen:

a „du wirst hingehen" (= sterben)
b „Alter"
c „und es soll sein"
d „und er sagte"
e „zuerst"
f „seine Erstgeburt"
g hier: „wenn"
h „du sollst rufen" (= antragen)
i „Versteck"
j „und er starb"
k „und sie klagten"
l „die Baalspropheten"
m „eure umliegenden Gegenden"
n „zusammen"
o „Ort" *(st.cs.)*
p „Schofar-Horn"
q „dort"

5) Übersetzen Sie Jer 2,4-6a: Jahwes Treue und Israels Untreue

Jer 2,4-6a ist Teil des Abschnittes 2,2-13, in dem Jeremia mit einem großen Reichtum an Bildern die Kluft zwischen Jahwes Treue und Israels Untreue beschreibt. Jeremia beurteilt die Wüstenzeit Israels als die Zeit der idealen Gemeinschaft zwischen Jahwe und seinem Volk. Hierin liegt er auf gleicher Linie mit dem Propheten Hosea (ca. 750 – 725 v.Chr.).

4 שִׁמְעוּ דְבַר[a]־יְהוָה בֵּית יַעֲקֹב וְכָל־מִשְׁפְּחוֹת[b] בֵּית יִשְׂרָאֵל׃
5 כֹּה אָמַר יְהוָה מַה־מָּצְאוּ[c] אֲבוֹתֵיכֶם בִּי עָוֶל[d] כִּי רָחֲקוּ מֵעָלָי
וַיֵּלְכוּ[e] אַחֲרֵי הַהֶבֶל וַיֶּהְבָּלוּ׃

6 וְלֹא אָמְרוּ אַיֵּה יְהוָֹה הַמַּעֲלֶה[f] אֹתָנוּ מֵאֶרֶץ מִצְרָיִם

Erläuterungen:

a „das Wort von" *(st.cs.)*
b „die Sippen von" *(st.cs.)*
c „sie haben gefunden"
d „Unrecht, Frevel"
e „und sie gingen"
f „der uns geführt hat"

6) Lektüreübung: Jdc 9,7-15: Die Jothamfabel

Jdc 9,7-15 gehört zu den wenigen Beispielen der Gattung „Pflanzen-Fabel" im Alten Testament (vgl. noch II Reg 14,9). Die Fabel überträgt menschliche Verhältnisse auf solche zwischen Pflanzen und Tieren. Die Jothamfabel kritisiert anhand der Suche der Bäume die Wahl eines ungeeigneten Königs.

7 וַיַּגִּדוּ לְיוֹתָם וַיֵּ֫לֶךְ וַיַּעֲמֹד בְּרֹאשׁ הַר־גְּרִזִּים וַיִּשָּׂא קוֹלוֹ וַיִּקְרָא
וַיֹּ֫אמֶר לָהֶם שִׁמְעוּ אֵלַי בַּעֲלֵי שְׁכֶם וְיִשְׁמַע אֲלֵיכֶם אֱלֹהִים׃
8 הָלוֹךְ הָלְכוּ הָעֵצִים לִמְשֹׁחַ עֲלֵיהֶם מֶלֶךְ וַיֹּאמְרוּ לַזַּיִת מָלוֹכָה
(מָלְכָה) עָלֵינוּ׃
9 וַיֹּ֫אמֶר לָהֶם הַזַּיִת הֶחֳדַלְתִּי אֶת־דִּשְׁנִי אֲשֶׁר־בִּי יְכַבְּדוּ אֱלֹהִים
וַאֲנָשִׁים וְהָלַכְתִּי לָנוּעַ עַל־הָעֵצִים׃
10 וַיֹּאמְרוּ הָעֵצִים לַתְּאֵנָה לְכִי־אַתְּ מָלְכִי עָלֵינוּ׃
11 וַתֹּאמֶר לָהֶם הַתְּאֵנָה הֶחֳדַלְתִּי אֶת־מָתְקִי וְאֶת־תְּנוּבָתִי הַטּוֹבָה
וְהָלַכְתִּי לָנוּעַ עַל־הָעֵצִים׃
12 וַיֹּאמְרוּ הָעֵצִים לַגָּפֶן לְכִי־אַתְּ מָלוֹכִי (מָלְכִי) עָלֵינוּ׃
13 וַתֹּאמֶר לָהֶם הַגֶּפֶן הֶחֳדַלְתִּי אֶת־תִּירוֹשִׁי הַמְשַׂמֵּחַ אֱלֹהִים וַאֲנָשִׁים
וְהָלַכְתִּי לָנוּעַ עַל־הָעֵצִים׃
14 וַיֹּאמְרוּ כָל־הָעֵצִים אֶל־הָאָטָד לֵךְ אַתָּה מְלָךְ־עָלֵינוּ׃
15 וַיֹּאמֶר הָאָטָד אֶל־הָעֵצִים אִם בֶּאֱמֶת אַתֶּם מֹשְׁחִים אֹתִי לְמֶ֫לֶךְ
עֲלֵיכֶם בֹּאוּ חֲסוּ בְצִלִּי וְאִם־אַ֫יִן תֵּצֵא אֵשׁ מִן־הָאָטָד וְתֹאכַל
אֶת־אַרְזֵי הַלְּבָנוֹן׃

Erläuterung:

Zu V. 8.12: lies die Klammerform (Qere)!

Lektion 13: Dopplungsstamm: Pi^{c}el, Pu^{c}al, Hitpa^{c}el; Nomina mit zwei veränderlichen Vokalen; das Nomen כֹּל („Gesamtheit“)

1. Vokabeln

Verben mit Pi^{c}el und Pu^{c}al:

בקשׁ	*Pi.* suchen
	Pu. gesucht werden
גדל	*Pi.* groß machen (גָּדוֹל 6)
	Pu. groß gezogen werden
הלל	*Pi.* jubeln, preisen („Halleluja“)
	Pu. gepriesen werden
זמר	*Pi.* singen
כבד	*Pi.* ehren (כָּבֵד 7)
	Pu. geehrt sein
כבס	*Pi.* waschen
	Pu. gewaschen werden
כזב	*Pi.* lügen
כפר	*Pi.* Sühne schaffen
	Pu. gesühnt werden
למד	*Pi.* lehren (תַּלְמִיד 9)
	Pu. gelehrt werden
מלט	*Pi.* retten
ספר	*Pi.* erzählen (ספר *Qal* 9)
	Pu. erzählt werden
פלט	*Pi.* retten
שׁלם	*Pi.* vergelten, ersetzen (שָׁלוֹם 7)
	Pu. vergolten werden

Verben mit Hitpa^{c}el:

הלל	*Hitp.* sich rühmen („Halleluja“)
יצב	*Hitp.* sich hinstellen

סתר	*Hitp.* sich verbergen
פלל	*Hitp.* beten (תְּפִלָּה 11)
צדק	*Hitp.* sich rechtfertigen (צֶדֶק 6)
קדשׁ	*Hitp.* sich heiligen (קָדוֹשׁ 7)
שׁמר	*Hitp.* sich hüten

Nomina:

- Nomina mit zwei veränderlichen Vokalen:

זָכָר	männlich
זָקֵן	alt, Ältester (זָקֵן 10)
חָדָשׁ	neu
חָלָל	durchbohrt
חָמָס	Unrecht, Gewalttat
כָּנָף	Flügel
כָּתֵף	Schulter, Berghang
לֵבָב	Herz
מָטָר	Regen
נָהָר	Fluss, Strom
עָפָר	Staub
שָׁלָל	Beute

- bisher gelernte Nomina dieser Klasse:

אָדָם (6), דָּבָר (10), עָנָן (6), רָעָב (7), כָּבֵד (7)

Weitere Vokabeln:

אכל	essen
גְּבוּרָה	Stärke (גִּבּוֹר 7)
וַיֹּאמֶר	und er sagte (אמר 10)
חַיִּים	Leben
לֵאמֹר	folgendermaßen, indem er sagte (אמר 10)
עֶגְלָה	junge Kuh
רפא	heilen

Eigennamen:

אָמוֹץ	Amos *(n.pr.m.)*
אַשּׁוּר	Assur *(n.terr.)*
יָבֵישׁ	Jabesch *(n.l.)*
מִצְפָּה	Mispa *(n.l.)*
סַנְחֵרִב	Sanherib *(n.pr.m.)*
קִישׁ	Kisch *(n.pr.m.)*

2. Der Dopplungsstamm: Piᶜel, Puᶜal, Hitpaᶜel

Die drei Stammesmodifikationen Piᶜel, Puᶜal und Hitpaᶜel werden als *Dopplungsstamm* zusammengefasst, weil bei ihnen *in allen Formen der mittlere Radikal verdoppelt* wird.

a) Piᶜel

Gegenüber dem Qal zeigt das Piᶜel folgende Veränderungen:

- Das Piᶜel ist in allen Formen durch den *verdoppelten mittleren Konsonanten* gekennzeichnet.
- Das Perfekt hat in der geschärften ersten Silbe *–i* (< * *a*).

	Qal	*Pi ᶜel*	*Bedeutung: faktitiv*	
Perfekt	כָּבֵד	כִּבֵּד	er hat geehrt	*Sg.*
	כָּבְדָה	כִּבְּדָה	sie hat geehrt	
	כָּבַדְתָּ	כִּבַּדְתָּ	du *(m.)* hast geehrt	
	כָּבַדְתְּ	כִּבַּדְתְּ	du *(f.)* hast geehrt	
	כָּבַדְתִּי	כִּבַּדְתִּי	ich habe geehrt	
	כָּבְדוּ	כִּבְּדוּ	sie haben geehrt	*Pl.*
	כְּבַדְתֶּם	כִּבַּדְתֶּם	ihr *(m.)* habt geehrt	
	כְּבַדְתֶּן	כִּבַּדְתֶּן	ihr *(f.)* habt geehrt	
	כָּבַדְנוּ	כִּבַּדְנוּ	wir haben geehrt	

- Im Imperativ, Infinitiv constructus und absolutus steht in der geschärften ersten Silbe *–a*.

	Qal	*Pi ᶜel*	*Bedeutung: faktitiv*	
Imperativ	כְּבַד	כַּבֵּד	ehre	*Sg.*
	כִּבְדִי	כַּבְּדִי	ehre	
	כִּבְדוּ	כַּבְּדוּ	ehrt	*Pl.*
	כְּבַדְנָה	כַּבֵּדְנָה	ehrt	
Adhortativ	כִּבְדָה	כַּבְּדָה	ehre doch	
Inf.cs.	כְּבֹד	כַּבֵּד	ehren	
Inf.abs.	כָּבֹד	כַּבֵּד	ehren	

- Im Imperfekt, Kohortativ und Partizip wird der Vokal der Vorsilbe zu Schwa mobile reduziert (< * *a*).

	Qal	*Pi^c^el*	*Bedeutung: faktitiv*	
Imperfekt	יִכְבַּד	יְכַבֵּד	er wird ehren	
	תִּכְבַּד	תְּכַבֵּד	sie wird ehren	
	תִּכְבַּד	תְּכַבֵּד	du *(m.)* wirst ehren	*Sg.*
	תִּכְבְּדִי	תְּכַבְּדִי	du *(f.)* wirst ehren	
	אֶכְבַּד	אֲכַבֵּד	ich werde ehren	
	יִכְבְּדוּ	יְכַבְּדוּ	sie *(m.)* werden ehren	
	תִּכְבַּ֫דְנָה	תְּכַבֵּ֫דְנָה	sie *(f.)* werden ehren	
	תִּכְבְּדוּ	תְּכַבְּדוּ	ihr *(m.)* werdet ehren	*Pl.*
	תִּכְבַּ֫דְנָה	תְּכַבֵּ֫דְנָה	ihr *(f.)* werdet ehren	
	נִכְבַּד	נְכַבֵּד	wir werden ehren	
Kohortativ	אֶכְבְּדָה	אֲכַבְּדָה	ich will ehren	
Verbal-adjektiv/ Partizip	כָּבֵד	מְכַבֵּד	ehrend *(m.)*	*Sg.*
	כְּבֵדָה	מְכַבֶּ֫דֶת	ehrend *(f.)*	
	כְּבֵדִים	מְכַבְּדִים	ehrende *(m.)*	*Pl.*
	כְּבֵדוֹת	מְכַבְּדוֹת	ehrende *(f.)*	

- Bedeutung

  Das Pi^c^el hat gegenüber dem Qal *faktitiv-resultative* und *denominative Bedeutung.* Mit *„faktitiv-resultativ"* wird folgendes ausgesagt: Das Subjekt *bewirkt* am Objekt den von dem entsprechenden Adjektiv oder vom passiven Partizip Qal ausgesagten *Zustand*; im Deutschen läßt sich dies durch die Hinzufügung von „machen" in etwa ausdrücken: „jmdn. machen zu...".

שׁבר	Qal:	„zerbrechen"
	Qal Ptz.Pass.:	„gebrochen, zerbrochen"
	⟶ Pi^c^el:	„zerbrochen machen" = „zerschmettern"
פתח	Qal:	„öffnen"
	Qal Ptz.Pass.:	„geöffnet"
	⟶ Pi^c^el:	„geöffnet machen" = „lösen"
כָּבֵד	Qal:	„schwer sein"
	Adjektiv:	„schwer"
	⟶ Pi^c^el:	„schwer machen" = „(jmdn.) ehren"

Qal:	*Pi^c^el:*
אבד zugrunde gehen	אִבֵּד zugrunde richten *faktitiv-resultativ*
קדשׁ heilig sein (9)	קִדֵּשׁ heiligen
גדל groß sein (9)	גִּדֵּל groß machen, erziehen
למד lernen (10)	לִמֵּד lehren
טמא unrein sein (8)	טִמֵּא verunreinigen

שׁבר	zerbrechen (12)	שִׁבֵּר	zerschmettern	
פתח	öffnen (11)	פִּתַּח	lösen	
ספר	zählen (9)	סִפֵּר	aufzählen, erzählen	
הלך	gehen (11)	הִלֵּךְ	auf- und abgehen	
אֲלֻמָּה	Garbe	אִלֵּם	Garben binden	*denominativ*
קֵן	Nest	קִנֵּן	ein Nest bauen	

Weitere bisher gelernte Verben im Qal, die auch im Pi^c^el belegt sind:

Qal:		*Pi^c^el:*	
כָּבֵד	schwer sein (7)	כִּבֵּד	schwer machen = ehren
כתב	schreiben (8)	כִּתֵּב	schreiben
מָלֵא	voll sein (11)	מִלֵּא	erfüllen, anfüllen
צדק	gerecht sein (9)	צִדֵּק	als gerecht erscheinen lassen
קבר	begraben (10)	קִבֵּר	begraben
רדף	verfolgen (9)	רִדֵּף	nachlaufen, verfolgen
שׁלם	unversehrt sein (10)	שִׁלֵּם	ersetzen, vergelten

Das Pi^c^el ist im Perfekt durch den Vokal *–i* unter dem ersten Radikal und im Imperfekt, Imperativ, Inf.cs. und abs. und Partizip durch den Vokal *–a* unter dem ersten Radikal der Wurzel leicht erkennbar.

Die *Eckformen* des Pi^c^el:	
3.Sg.m.Perf.:	כִּבֵּד
3.Sg.m.Impf.:	יְכַבֵּד
Imp. Sg.m.:	כַּבֵּד
Inf.cs.:	כַּבֵּד
Inf.abs.:	כַּבֵּד
Ptz.:	מְכַבֵּד

Sich überschneidende Formen im Pi^c^el:

Imperativ Sg.m.:	כַּבֵּד
Inf.cs.:	כַּבֵּד
Inf.abs.:	כַּבֵּד

- Besonderheiten:
  - In der 3.Sg.m.Perf.Pi. begegnen folgende Vokale in der Endsilbe:

-ē	*-a*	*-ä*
כִּבֵּד	לִמַּד	דִּבֶּר
		כִּבֶּס
		כִּפֶּר

- Vor Schwa mobile *kann* das Dagesch forte *wegfallen*:

בִּקְשׁוּ für בִּקְּשׁוּ

וַיְכַבֵּד für וַיְּכַבֵּד

b) Pu^c^al

Gegenüber dem Qal zeigt das Pu^c^al folgende Veränderungen:

- Das Pu^c^al ist in allen Formen durch den verdoppelten mittleren Konsonanten gekennzeichnet.
- Das Pu^c^al hat in allen Formen in der geschärften Silbe ein *–u*.

	Qal	*Pu^c^al*	*Bedeutung: Passiv zum Pi^c^el*	
Perfekt	כָּבֵד	כֻּבַּד	er ist geehrt worden	
	כָּבְדָה	כֻּבְּדָה	sie ist geehrt worden	
	כָּבַדְתָּ	כֻּבַּדְתָּ	du *(m.)* bist geehrt worden	*Sg.*
	כָּבַדְתְּ	כֻּבַּדְתְּ	du *(f.)* bist geehrt worden	
	כָּבַדְתִּי	כֻּבַּדְתִּי	ich bin geehrt worden	
	כָּבְדוּ	כֻּבְּדוּ	sie sind geehrt worden	
	כְּבַדְתֶּם	כֻּבַּדְתֶּם	ihr *(m.)* seid geehrt worden	*Pl.*
	כְּבַדְתֶּן	כֻּבַּדְתֶּן	ihr *(f.)* seid geehrt worden	
	כָּבַדְנוּ	כֻּבַּדְנוּ	wir sind geehrt worden	
Imperfekt	יִכְבַּד	יְכֻבַּד	er wird geehrt werden	
	תִּכְבַּד	תְּכֻבַּד	sie wird geehrt werden	
	תִּכְבַּד	תְּכֻבַּד	du *(m.)* wirst geehrt werde	*Sg.*
	תִּכְבְּדִי	תְּכֻבְּדִי	du *(f.)* wirst geehrt werden	
	אֶכְבַּד	אֲכֻבַּד	ich werde geehrt werden	
	יִכְבְּדוּ	יְכֻבְּדוּ	sie *(m.)* werden geehrt werden	
	תִּכְבַּדְנָה	תְּכֻבַּדְנָה	sie *(f.)* werden geehrt werden	
	תִּכְבְּדוּ	תְּכֻבְּדוּ	ihr *(m.)* werdet geehrt werden	*Pl.*
	תִּכְבַּדְנָה	תְּכֻבַּדְנָה	ihr *(f.)* werdet geehrt werden	
	נִכְבַּד	נְכֻבַּד	wir werden geehrt werden	
Imperativ	כְּבַד		-	
Inf.cs.	כְּבֹד		-	
Inf.abs.	כָּבֹד	כֻּבֹּד	geehrt werden	
Partizip	כָּבוֹד	מְכֻבָּד	geehrt werdend *(m.)*	*Sg.*
	כְּבוּדָה	מְכֻבָּדָה/מְכֻבֶּדֶת	geehrt werdend *(f.)*	

	כִּבּוּדִים כִּבּוּדוֹת	מְכֻבָּדִים מְכֻבָּדוֹת	geehrt werdende *(m.)* geehrt werdende *(f.)*	*Pl.*

- Bedeutung

Das Pual ist das *Passiv zum Piel:*

בקשׁ	בֻּקַּשׁ	gesucht werden
(9) כבד	כֻּבַּד	geehrt werden
כפר	כֻּפַּר	gesühnt werden
לבשׁ	לֻבַּשׁ	bekleidet werden
(10) למד	לֻמַּד	belehrt werden
(9) ספר	סֻפַּר	erzählt werden
(9) קדשׁ	קֻדַּשׁ	geheiligt werden
(9) שׁלח	שֻׁלַּח	weggeschickt werden
(10) שׁלם	שֻׁלַּם	vergolten werden

Das Pual ist in allen Formen durch den Vokal *–u* unter dem ersten Radikal der Wurzel leicht erkennbar.

Die *Eckformen* des Pual:	
3.Sg.m.Perf.:	כֻּבַּד
3.Sg.m.Impf.:	יְכֻבַּד
Imp. Sg.m.:	
Inf.cs.:	
Inf.abs.:	כֻּבֹּד
Ptz.:	מְכֻבָּד

- Besonderheiten:
  - Anstelle des Vokals *–u* begegnet auch Qamäs Chatuph:
    Ex 25,5: מְאָדָּם rot gefärbt
  - Leicht verwechselbar mit dem Pual ist das sog. *passive Qal*, das sich bei einigen Verben noch erhalten hat.
    Passives Qal:

Perfekt:	(לקח) לֻקַּח er ist geholt worden	(שׁדד) שֻׁדַּד er ist verwüstet worden	(ילד) יֻלַּד er ist geboren worden
Imperfekt:	(לקח) יֻקַּח er wird genommen werden		(נתן) יֻתַּן er wird gegeben werden

c) Hitpa^{c}el

Gegenüber dem Qal zeigt das Hitpa^{c}el folgende Veränderungen:

- Das Hitpa^{c}el ist in allen Formen durch den verdoppelten mittleren Konsonanten gekennzeichnet.
- Das Hitpa^{c}el ist durch das Präformativ *hit-* und den Vokal *–a* unter dem ersten Radikal der Wurzel gekennzeichnet. Im Imperfekt wird das *–h* des Präformativs *elidiert* und durch das Personenkennzeichen *ersetzt*. Im Partizip wird das *–h* durch *–m* ersetzt.

	Qal	*Hitpa^{c}el*	*Bedeutung: Reflexiv zum Pi^{c}el*	
Perfekt	כָּבֵד	הִתְכַּבֵּד	er hat sich geehrt	
	כָּבְדָה	הִתְכַּבְּדָה	sie hat sich geehrt	
	כָּבַדְתָּ	הִתְכַּבַּדְתָּ	du *(m.)* hast dich geehrt	*Sg.*
	כָּבַדְתְּ	הִתְכַּבַּדְתְּ	du *(f.)* hast dich geehrt	
	כָּבַדְתִּי	הִתְכַּבַּדְתִּי	ich habe mich geehrt	
	כָּבְדוּ	הִתְכַּבְּדוּ	sie haben sich geehrt	
	כְּבַדְתֶּם	הִתְכַּבַּדְתֶּם	ihr *(m.)* habt euch geehrt	*Pl.*
	כְּבַדְתֶּן	הִתְכַּבַּדְתֶּן	ihr *(f.)* habt euch geehrt	
	כָּבַדְנוּ	הִתְכַּבַּדְנוּ	wir haben uns geehrt	
Imperfekt	יִכְבַּד	יִתְכַּבֵּד	er wird sich ehren	
	תִּכְבַּד	תִּתְכַּבֵּד	sie wird sich ehren	
	תִּכְבַּד	תִּתְכַּבֵּד	du *(m.)* wirst dich ehren	*Sg.*
	תִּכְבְּדִי	תִּתְכַּבְּדִי	du *(f.)* wirst dich ehren	
	אֶכְבַּד	אֶתְכַּבֵּד	ich werde mich ehren	
	יִכְבְּדוּ	יִתְכַּבְּדוּ	sie *(m.)* werden sich ehren	
	תִּכְבַּדְנָה	תִּתְכַּבֵּדְנָה	sie *(f.)* werden sich ehren	
	תִּכְבְּדוּ	תִּתְכַּבְּדוּ	ihr *(m.)* werdet euch ehren	*Pl.*
	תִּכְבַּדְנָה	תִּתְכַּבֵּדְנָה	ihr *(f.)* werdet euch ehren	
	נִכְבַּד	נִתְכַּבֵּד	wir werden uns ehren	
Kohortativ	אֶכְבְּדָה	אֶתְכַּבְּדָה	ich will mich ehren	
Imperativ	כְּבַד	הִתְכַּבֵּד	ehre dich *(m.)*	*Sg.*
	כִּבְדִי	הִתְכַּבְּדִי	ehre dich *(f.)*	
	כִּבְדוּ	הִתְכַּבְּדוּ	ehrt euch *(m.)*	*Pl.*
	כְּבַדְנָה	הִתְכַּבֵּדְנָה	ehrt euch *(f.)*	
Adhortativ	כִּבְדָה	הִתְכַּבְּדָה	ehre dich doch	

Inf.cs.	כְּבֹד	הִתְכַּבֵּד	sich ehren	
Inf.abs.	כָּבֹד	הִתְכַּבֵּד	sich ehren	
Verbal-	כָּבֵד	מִתְכַּבֵּד	sich ehrend *(m.)*	*Sg.*
adjektiv/	כָּבְדָה	מִתְכַּבְּדָה/מִתְכַּבֶּדֶת	sich ehrend *(f.)*	
Partizip	כָּבְדִים	מִתְכַּבְּדִים	sich ehrende *(m.)*	*Pl.*
	כָּבְדוֹת	מִתְכַּבְּדוֹת	sich ehrende *(f.)*	

- Bedeutung

  Das Hitpa^c^el bildet die *reflexive Entsprechung zum Pi^c^el*:

Pi^c^el:		Hitpa^c^el:	
קִדֵּשׁ	heiligen	הִתְקַדֵּשׁ	sich heiligen
גִּדֵּל	groß machen	הִתְגַּדֵּל	sich groß/stolz zeigen
כִּבֵּד	ehren	הִתְכַּבֵּד	sich ehren/brüsten

Das Hitpa^c^el ist durch das charakteristische Präformativ *hit-* und den Vokal *–a* unter dem ersten Radikal der Wurzel leicht erkennbar.

Die *Eckformen* des Hitpa^c^el:	
3.Sg.m.Perf.:	הִתְכַּבֵּד
3.Sg.m.Impf.:	יִתְכַּבֵּד
Imp. Sg.m.:	הִתְכַּבֵּד
Inf.cs.:	הִתְכַּבֵּד
Inf.abs.:	הִתְכַּבֵּד
Ptz.:	מִתְכַּבֵּד

Sich überschneidende Formen im Hitpa^c^el:

3.Sg.m. Perf.:	הִתְכַּבֵּד
Imp. Sg.m.:	הִתְכַּבֵּד
Inf.cs.:	הִתְכַּבֵּד
Inf.abs.:	הִתְכַּבֵּד
3.Pl.com. Perf.:	הִתְכַּבְּדוּ
Imp. Pl.m.:	הִתְכַּבְּדוּ
3.Sg.f. Perf.:	הִתְכַּבְּדָה
Adhortativ:	הִתְכַּבְּדָה

- Besonderheiten:
  - *Metathese vor Zischlauten (Sibilanten):* Beginnt das Verb mit einem der Zischlaute *s*, *ś*, *š*, *ṣ* (für *z* fehlen Beispiele), so tauscht das *t* des Hitpa^c^el mit dem Zischlaut die Stelle:

שׁמר – הִשְׁתַּמֵּר
סתר – הִסְתַּתֵּר

- Bei dem Konsonanten *ṣ* wird zusätzlich zur Metathese noch das *t* in das diesem verwandte *ṭ* verwandelt:

צדק – נִצְטַדָּק

- *Assimilation vor Dentalen:* Beginnt das Verb mit einem der Dentale *d*, *ṭ*, *t*, so assimiliert das *t* des Präformativs:

דבר – מִתְדַּבֵּר > מִדַּבֵּר
טהר – מִתְטַהֵר > מִטַּהֵר

- Anstelle von *ē* begegnet auch *a* in der zweiten Stammsilbe:

יִתְהַלָּךְ וַיִּתְיַצַּב

- *Sehr selten* ist die Umwandlung des Hitpaᶜel in ein *passives Hotpaᶜal*:

Lev 13,55f.: הֻכַּבֵּס gewaschen werden *(3.Sg.m. Perf.)*
Dtn 24,4: הֻטַּמָּאָה sich verunreinigen lassen *(3.Sg.f. Perf.)*

d) Die Eckformen des Dopplungsstammes: Piᶜel, Puᶜal, Hitpaᶜel

	Piᶜel	Puᶜal	Hitpaᶜel
3.Sg.m. Perfekt	כִּבֵּד	כֻּבַּד	הִתְכַּבֵּד
3.Sg.m. Imperfekt	יְכַבֵּד	יְכֻבַּד	יִתְכַּבֵּד
Imperativ Sg.m.	כַּבֵּד		הִתְכַּבֵּד
Infinitiv constructus	כַּבֵּד		הִתְכַּבֵּד
Infinitiv absolutus	כַּבֵּד	כֻּבֹּד	הִתְכַּבֵּד
Partizip	מְכַבֵּד	מְכֻבָּד	מִתְכַּבֵּד

3. Nomina mit zwei veränderlichen Vokalen

Zu den Nomina mit zwei veränderlichen Vokalen zählen Nomina und Adjektive mit der Vokalisation

ā – ā: דָּבָר Wort, Sache *(qatal-Bildung)*
ā – ē: חָצֵר Vorhof *(qatil-Bildung)*

Regeln:

1)	Im Pl.st.abs. und in den Formen mit leichten singularischen und pluralischen Suffixen wird der erste Vokal zu *Schwa mobile* reduziert.

Sg.st.abs.	*Pl.st.abs.*	*Sg. + leichte Suffixe*	*Pl. + leichte Suffixe*
דָּבָר	דְּבָרִים	דְּבָרִי	דְּבָרַי
חָצֵר	חֲצֵרִים	חֲצֵרִי	חֲצֵרַי

2) Im Sg.st.cs. und in den Formen mit schweren singularischen Suffixen wird der erste Vokal zu *Schwa mobile* und der zweite Vokal zu *Patach* reduziert.

Sg.st.abs.	*Sg.st.cs.*	*Sg. + schwere Suffixe*
דָּבָר	דְּבַר	דְּבַרְכֶם
חָצֵר	חֲצַר	חֲצַרְכֶם

3) Im Pl.st.cs. und in den Formen mit schweren pluralischen Suffixen werden beide Vokale zu *Schwa mobile* reduziert, was zur Vokalisation mit *i* bzw. *a* bei Laryngalen und *Schwa medium* führt.

Sg.st.abs.	*Pl.st.cs.*	*Pl. + schwere Suffixe*
דָּבָר	דִּבְרֵי	דִּבְרֵיכֶם
חָצֵר	חַצְרֵי	חַצְרֵיכֶם

Besonderheiten:

- נָהָר doppelte Pluralbildung: I נְהָרִים Pl.st.abs.
  II נְהָרוֹת Pl.st.abs.
- כָּתֵף Pluralbildung auf *–ōt*: כְּתֵפוֹת Pl.st.abs.
- עָפָר Pluralbildung auf *–ōt*: עַפְרוֹת Pl.st.cs.
- לֵבָב Pluralbildung auf *–ōt*: לְבָבוֹת Pl.st.abs.

4. Die Übersetzung von כֹּל („Gesamtheit")

a) Vor nichtdeterminierten Nomina im Singular: *jeder, jede, jedes*

כָּל־יוֹם jeder Tag
כָּל־אִישׁ jedermann
כָּל־עַם jedes Volk

b) Vor determinierten Nomina im Singular: *ganz*

כָּל־הָאָרֶץ die ganze Erde
כָּל־הָעָם das ganze Volk
כָּל־הַיּוֹם der ganze Tag
מִצְרַיִם כֻּלָּהּ Ägypten, seine Gesamtheit *(hier mit pronominalem Rückverweis)*

c) Vor determinierten Nomina im Plural: *alle*

כָּל־הָאֲנָשִׁים	alle Männer
כָּל־הָאָדָם	alle Menschen

5. Übungen

1) Bestimmungsübungen zum Dopplungsstamm: Piᶜel, Puᶜal, Hitpaᶜel

1 וְכִבֵּס בַּקְּשׁוּ תְּכַפֵּר שַׁלְּמִי וַיְסַפֶּר־ כִּזֵּב אֲכַפְּרָה יְזַמְּרוּ לִמַּדְתְּ

2 יְכֻבַּד וְשִׁלַּמְתִּי סִפֵּר הִתְכַּבְּדִי זַמְּרוּ מְשֻׁלָּם וָאֶשְׁתַּמֵּר וְהַמְבַקְשִׁים

3 מְלַמְּדֵי סֻפְּרוּ זַמְּרָה מְלֻמְּדֵי־ גַּדֵּל קֻבְּצָה פַּלְּטָה נִצְטַדֵּק הַיְשֻׁלַּם

4 מְלַמֵּד מְשַׁלְּמִים יְבֻקַּשׁ כַּבְּסִי הִתְפַּלַּלְתִּי אֲכַבְּדָה מְלֻמָּדָה וַאֲפַלְּטָה

5 מְקֻבֶּצֶת יְגַדְּלוּ וַיְזַמְּרוּ תִּסְתַּתֵּר וְהִתְגַּדַּלְתִּי

2) Vokalisierungsübungen zum Dopplungsstamm: Piᶜel, Puᶜal, Hitpaᶜel

1 שׁלמו ויבקשׁו וישׁתמר יכפר מקבץ למד תפלט התהללו

2 מסתתר המקדשׁ וקדשׁת תדברנה יטמאו הלכו מלבשׁים

3) Bestimmungsübungen zu den Nomina mit zwei veränderlichen Vokalen:

1 נַהֲרוֹת וּבַדָּבָר נְהַר בִּדְבַר מִנְּהַר דִּבְרֵיהֶם נַהֲרֹתָם כְּנָפַיִם כְּתֵפָיו

2 וְזִקְנֵי לְבָבֵנוּ מְטַר כַּנְפֵי דִּבְרֵי דְּבָרֵנוּ כְּנָפֶיךָ וַחֲמַס־ דְּבָרוֹ

3 הַזְּכָרִים מֵחָמָס כַּמָּטָר כַּדְּבָרִים חֲמָסִים דְּבָרָיו לְבַבְכֶם הַזְּקֵנִים

4 מֵהַשָּׁלָל לְבָבִי וּשְׁלַל וּבִלְבָבוֹ זְקֵנֵינוּ לְבָבָם הֶעָנָן שְׁלָלוֹ

5 זְקֵנֶיךָ כַּעֲנָנִים וּשְׁלָלָם

4) Vokalisierungsübungen zu den Nomina mit zwei veränderlichen Vokalen:

1 עפרם דברי בלבבו ועפרך לזקניו וברעב

2 זקנינו עפרהּ וענן ושללם

5) Übersetzen Sie:

1 (Gen 20,17) וַיִּתְפַּלֵּל אַבְרָהָם אֶל־הָאֱלֹהִים וַיִּרְפָּא אֱלֹהִים אֶת־אֲבִימֶלֶךְ וְאֶת־אִשְׁתּוֹ ... :

2 (Gen 24,30) ... וּכְשָׁמְעוֹ אֶת־דִּבְרֵי רִבְקָה אֲחֹתוֹ לֵאמֹר כֹּה[a]־דִבֶּר אֵלַי הָאִישׁ ...

3 (Gen 37,16) וַיֹּאמֶר אֶת־אַחַי אָנֹכִי מְבַקֵּשׁ ...

4 (Ex 17,7) הֲיֵשׁ יְהוָה בְּקִרְבֵּנוּ אִם אָיִן:

5 (Num 23,26) הֲלֹא דִּבַּרְתִּי אֵלֶיךָ לֵאמֹר כֹּל אֲשֶׁר־יְדַבֵּר יְהוָה אֹתוֹ אֶעֱשֶׂה[b]:

6 (Dtn 4,1) וְעַתָּה יִשְׂרָאֵל שְׁמַע אֶל־הַחֻקִּים[c] וְאֶל־הַמִּשְׁפָּטִים אֲשֶׁר אָנֹכִי מְלַמֵּד אֶתְכֶם ...

7 (Dtn 4,14) וְאֹתִי צִוָּה[d] יְהוָה בָּעֵת הַהִוא לְלַמֵּד אֶתְכֶם חֻקִּים[c] וּמִשְׁפָּטִים ...

8 (Dtn 4,29) ... וּבִקַּשְׁתֶּם מִשָּׁם[e] אֶת־יְהוָה אֱלֹהֶיךָ ...

9 (Jdc 4,22) וְאַרְאֶךָּ[f] אֶת־הָאִישׁ אֲשֶׁר אַתָּה מְבַקֵּשׁ

10 (I Sam 10,20f.) ... וַיִּלָּכֵד שֵׁבֶט בִּנְיָמִן: ... וַתִּלָּכֵד מִשְׁפַּחַת הַמַּטְרִי[g] וַיִּלָּכֵד שָׁאוּל בֶּן־קִישׁ

11 (II Reg 6,17) וַיִּתְפַּלֵּל אֱלִישָׁע[h] וַיֹּאמַר יְהוָה פְּקַח[i]־נָא אֶת־עֵינָיו ... וַיִּפְקַח יְהוָה אֶת־עֵינֵי הַנַּעַר ...

12 (II Reg 19,15) וַיִּתְפַּלֵּל חִזְקִיָּהוּ לִפְנֵי יְהוָה וַיֹּאמַר יְהוָה אֱלֹהֵי יִשְׂרָאֵל יֹשֵׁב הַכְּרֻבִים[j] אַתָּה־הוּא הָאֱלֹהִים

13 (Jes 45,15) אַתָּה אֵל מִסְתַּתֵּר

14 (Jer 9,4) וֶאֱמֶת[k] לֹא יְדַבֵּרוּ לִמְּדוּ לְשׁוֹנָם[l] דַּבֶּר־שֶׁקֶר

15 (Jer 38,28) ... עַד־יוֹם אֲשֶׁר־נִלְכְּדָה יְרוּשָׁלָ͏ִם

16 (Jer 48,7) גַּם־אַתְּ תִּלָּכֵדִי

17 (Jer 50,2) אִמְרוּ נִלְכְּדָה בָבֶל

18 (Ez 26,21) וּתְבֻקְשִׁי וְלֹא־תִמָּצְאִי עוֹד לְעוֹלָם[m] נְאֻם[n] אֲדֹנָי יְהוִה׃

19 (Hos 1,1) דְּבַר־יְהוָה אֲשֶׁר הָיָה[o] אֶל־הוֹשֵׁעַ[v] בֶּן־בְּאֵרִי[v] בִּימֵי עֻזִּיָּה[v] יוֹתָם[v] אָחָז[v] יְחִזְקִיָּה[v] מַלְכֵי יְהוּדָה וּבִימֵי יָרָבְעָם[v] בֶּן־יוֹאָשׁ[v] מֶלֶךְ יִשְׂרָאֵל׃

20 (Hos 3,5) ... וּבִקְשׁוּ אֶת־יְהוָה אֱלֹהֵיהֶם וְאֵת דָּוִד מַלְכָּם

21 (Hos 10,11) וְאֶפְרַיִם עֶגְלָה מְלֻמָּדָה

22 (Ps 34,3) בַּיהוָה תִּתְהַלֵּל נַפְשִׁי יִשְׁמְעוּ עֲנָוִים[p] וְיִשְׂמָחוּ[q]׃

23 (Ps 47,7) זַמְּרוּ אֱלֹהִים זַמֵּרוּ זַמְּרוּ לְמַלְכֵּנוּ זַמֵּרוּ׃

24 (Ps 48,2) גָּדוֹל יְהוָה וּמְהֻלָּל מְאֹד בְּעִיר אֱלֹהֵינוּ הַר־קָדְשׁוֹ׃

25 (Ps 54,2) הֲלֹא דָוִד מִסְתַּתֵּר עִמָּנוּ׃

26 (Esth 2,23) וַיְבֻקַּשׁ הַדָּבָר וַיִּמָּצֵא[r]

27 (Esth 9,20) וַיִּכְתֹּב מָרְדֳּכַי[s] אֶת־הַדְּבָרִים הָאֵלֶּה וַיִּשְׁלַח סְפָרִים אֶל־כָּל־הַיְּהוּדִים

28 (Neh 4,3) וַנִּתְפַּלֵּל אֶל־אֱלֹהֵינוּ

29 (II Chr 7,14) וְיִתְפַּלְלוּ וִיבַקְשׁוּ פָנַי[t]

30 (II Chr 23,12) וַתִּשְׁמַע עֲתַלְיָהוּ[u] אֶת־קוֹל הָעָם ... וְהַמְהַלְלִים אֶת־הַמֶּלֶךְ

Erläuterungen:

a „so“
b „ich will tun“
c „die (Einzel)gesetze/vorschriften“
d „er hat beauftragt/befohlen“
e „von dort“
f „ich werde dir zeigen“
g „die Sippe Matri“
h „Elisa“ *(n.pr.m.)*
i Wurzel פקח: „öffnen“
j „die Keruben“
k „Wahrheit“
l „ihre Sprache“
m „auf immer“
n „Ausspruch“
o „es erging“
p „Elende“
q Wurzel שׂמח: „sich freuen“
r Wurzel מצא: „finden“
s „Mordochai“ *(n.pr.m.)*
t „mein Angesicht“
u „Athalja“ *(n.pr.f.)*
v *Eigennamen (n.pr.m.)*

6) Übersetzen Sie Gen 31,53-32,4: Jakob und Laban

Der Abschnitt ist Teil der Erzählung von Jakobs Trennung von Laban: Vorbereitungen zur Flucht: V.1-16; die Flucht: V.17-25; der Vertrag mit Laban: V.26-32,1. Die Notiz über die Engel von Mahanaim (32,2f.) leitet über zur Erzählung von Jakobs Vorbereitungen für seine Begegnung mit Esau (32,4-22).

53 אֱלֹהֵי אַבְרָהָם וֵאלֹהֵי נָחוֹר[a] יִשְׁפְּטוּ בֵינֵינוּ אֱלֹהֵי אֲבִיהֶם וַיִּשָּׁבַע
יַעֲקֹב בְּפַחַד[b] אָבִיו יִצְחָק׃
54 וַיִּזְבַּח יַעֲקֹב זֶבַח בָּהָר וַיִּקְרָא לְאֶחָיו לֶאֱכָל־לָחֶם וַיֹּאכְלוּ לֶחֶם
וַיָּלִינוּ[c] בָּהָר׃
1 (32) וַיַּשְׁכֵּם[d] לָבָן בַּבֹּקֶר וַיְנַשֵּׁק[e] לְבָנָיו וְלִבְנוֹתָיו וַיְבָרֶךְ[f] אֶתְהֶם וַיֵּלֶךְ[g]
וַיָּשָׁב[h] לָבָן לִמְקֹמוֹ[i]׃
2 וְיַעֲקֹב הָלַךְ לְדַרְכּוֹ וַיִּפְגְּעוּ[j]־בוֹ מַלְאֲכֵי אֱלֹהִים׃
3 וַיֹּאמֶר יַעֲקֹב כַּאֲשֶׁר[k] רָאָם[l] מַחֲנֵה[m] אֱלֹהִים זֶה וַיִּקְרָא שֵׁם־הַמָּקוֹם
הַהוּא מַחֲנָיִם׃
4 וַיִּשְׁלַח יַעֲקֹב מַלְאָכִים לְפָנָיו אֶל־עֵשָׂו אָחִיו אַרְצָה שֵׂעִיר[n] שְׂדֵה[o]
אֱדוֹם׃

Erläuterungen:

a „Nahor“ *(n.pr.m.)*
b „der Schrecken“ *(hier: n.pr.)*
c „und sie übernachteten“
d „und er machte sich früh auf“
e Wurzel נשׁק: „küssen“
f „und er segnete“
g „und er ging“
h „und er kam zurück“
i מָקוֹם: „Ort, Platz“
j Wurzel פגע: „treffen, begegnen“
k כַּאֲשֶׁר: „als“
l „er hatte sie gesehen“
m „das Lager“ *(hier: st.cs.)*
n „Seir“ *(n.terr.)*
o שָׂדֶה: „Gebiet“

Übersetzen Sie Dtn 5,1-5: Die Mose-Rede

Die in Dtn 5,1 beginnende Mose-Rede lenkt den Blick auf die Gottesoffenbarung am Sinai. Es wird betont, dass dieser Bund nicht mit einer früheren, sondern mit der jetzigen Generation geschlossen wurde. In V.6ff. folgt dann der Dekalog.

1 וַיִּקְרָא מֹשֶׁה אֶל־כָּל־יִשְׂרָאֵל וַיֹּאמֶר אֲלֵהֶם שְׁמַע יִשְׂרָאֵל
אֶת־הַחֻקִּים[a] וְאֶת־הַמִּשְׁפָּטִים אֲשֶׁר אָנֹכִי דֹּבֵר בְּאָזְנֵיכֶם הַיּוֹם
וּלְמַדְתֶּם אֹתָם וּשְׁמַרְתֶּם לַעֲשֹׂתָם[b]׃
2 יְהוָה אֱלֹהֵינוּ כָּרַת עִמָּנוּ בְּרִית בְּחֹרֵב[c]׃
3 לֹא אֶת־אֲבֹתֵינוּ כָּרַת יְהוָה אֶת־הַבְּרִית הַזֹּאת כִּי אִתָּנוּ אֲנַחְנוּ
אֵלֶּה פֹה הַיּוֹם כֻּלָּנוּ חַיִּים׃
4 פָּנִים[d] בְּפָנִים דִּבֶּר יְהוָה עִמָּכֶם בָּהָר מִתּוֹךְ הָאֵשׁ׃
5 אָנֹכִי עֹמֵד בֵּין־יְהוָה וּבֵינֵיכֶם בָּעֵת הַהִוא לְהַגִּיד[e] לָכֶם
אֶת־דְּבַר יְהוָה כִּי יְרֵאתֶם[f] מִפְּנֵי[h] הָאֵשׁ וְלֹא־עֲלִיתֶם[g] בָּהָר לֵאמֹר׃

Erläuterungen:

a „die Einzelvorschriften“
b „um sie zu tun/zu erfüllen“
c „Horeb“ (= „Sinai“) *(n.l.)*
d „Angesicht“
e „um mitzuteilen“
f „ihr hattet Angst“
g „ihr seid hinaufgegangen“
h „Angesicht von“

7) Lektüreübung: Psalm 2

Ps 2 gehört mit Ps 1 zum Proömium des Psalters (1,1-2,12). Er wird zur Gruppe der Königslieder gerechnet. Seine Botschaft liegt darin: das Aufbegehren der Völker und Könige gegen Gott und seinen Gesalbten ist angesichts der grenzenlosen Macht Gottes sinnlos.

1 לָמָּה רָגְשׁוּ גוֹיִם וּלְאֻמִּים יֶהְגּוּ־רִיק׃
2 יִתְיַצְּבוּ מַלְכֵי־אֶרֶץ וְרוֹזְנִים נוֹסְדוּ־יָחַד עַל־יְהוָה וְעַל־מְשִׁיחוֹ׃
3 נְנַתְּקָה אֶת־מוֹסְרוֹתֵימוֹ וְנַשְׁלִיכָה מִמֶּנּוּ עֲבֹתֵימוֹ׃
4 יוֹשֵׁב בַּשָּׁמַיִם יִשְׂחָק אֲדֹנָי יִלְעַג־לָמוֹ׃
5 אָז יְדַבֵּר אֵלֵימוֹ בְאַפּוֹ וּבַחֲרוֹנוֹ יְבַהֲלֵמוֹ׃
6 וַאֲנִי נָסַכְתִּי מַלְכִּי עַל־צִיּוֹן הַר־קָדְשִׁי׃
7 אֲסַפְּרָה אֶל חֹק יְהוָה אָמַר אֵלַי בְּנִי אַתָּה אֲנִי הַיּוֹם יְלִדְתִּיךָ׃
8 שְׁאַל מִמֶּנִּי וְאֶתְּנָה גוֹיִם נַחֲלָתֶךָ וַאֲחֻזָּתְךָ אַפְסֵי־אָרֶץ׃
9 תְּרֹעֵם בְּשֵׁבֶט בַּרְזֶל כִּכְלִי יוֹצֵר תְּנַפְּצֵם׃
10 וְעַתָּה מְלָכִים הַשְׂכִּילוּ הִוָּסְרוּ שֹׁפְטֵי אָרֶץ׃

11 עִבְדוּ אֶת־יְהוָה בְּיִרְאָה וְגִילוּ בִּרְעָדָה׃
12 נַשְּׁקוּ־בַר פֶּן־יֶאֱנַף וְתֹאבְדוּ דֶרֶךְ כִּי־יִבְעַר כִּמְעַט אַפּוֹ אַשְׁרֵי
כָּל־חוֹסֵי בוֹ׃

8) Vokalisierungsübung. Vokalisieren und übersetzen Sie:

1 (Jdc 1,35) ותכבד יד בית יוסף

2 (Ps 9,12) זמרו ליהוה ישׁב צּיּוֹן[a]

3 (Ps 75,10) אזמרה לאלהי יעקב׃

4 (Ps 113,1) הללו עבדי יהוה הללו את שׁם יהוה׃

5 (Hi 42,8) ... וְאִיּוֹב[b] עבדי יתפלל עליכם ...

Erläuterung:

a „Zion“ *(n.l.)*

b „Hiob“ *(n.pr.m.)*

Lektion 14:
Kausativstamm: Hifʿil, Hofʿal;
Nomina mit verdoppeltem Endkonsonanten; Gentilicia

1. Vokabeln

Verben mit Hifʿil und Hofʿal:

בדל	*Hi.*	trennen, sondern
סתר	*Hi.*	verbergen
קשׁב	*Hi.*	aufmerken
רחק	*Hi.*	entfernen, sich entfernen
	Qal	fern sein (9)
שׂכל	*Hi.*	Einsicht haben, Erfolg haben, Acht haben
שׁבת	*Hi.*	zum Aufhören bringen
	Qal	aufhören, ruhen (10)
שׁחת	*Hi.*	verderben, vernichten
	Ho.	missraten, verderbt sein
שׁכם	*Hi.*	früh aufstehen
שׁלך	*Hi.*	werfen
	Ho.	geworfen werden
שׁמד	*Hi.*	vertilgen

Nomina:

- Nomina mit verdoppeltem Endkonsonanten:

אֵם	Mutter
אַף	Nase, Zorn
גָּמָל	Kamel
חַי	lebendig
חֵן	Gnade, Gunst
חֹק	Gesetz, Satzung
יָם	Meer
כַּף	hohle Hand
לֵב	Herz (לֵבָב 13)
סֻכָּה	Laubhütte („Sukkot“)
עֵז	Ziege

עֹז	Kraft, Stärke
פַּר	Jungstier
צַר	Feind, Not
צָרָה	Not („Zores“)
קֵץ	Ende
רֹב	Menge
רָעָה	Unheil, Böses
שַׂר	Oberster
תְּהִלָּה	Ruhm, Lobgesang (הלל 13)
תְּפִלָּה	Gebet (פלל 13)

- bisher gelernte Nomina dieser Klasse:

  גַּן (9), הַר (6), חָג (6), כֹּל (9), עַם (6), עֵת (6)

Weitere Vokabeln:

אֲדָמָה	Ackerboden (אָדָם 6)
אָכֵן	fürwahr
אנף	*Hitp.* zürnen
בֶּ֫טֶן	Leib, Mutterleib
מִלְחָמָה	Kampf, Krieg (לחם 12)
מָקוֹם	Ort
פָּנִים	Angesicht
פֶּ֫תַח	Tür, Öffnung (פתח 11)
קצף	*Hi.* zürnen
רֶ֫חֶם	Mutterleib

Eigennamen:

חֹרֵב	Horeb *(n.l.)*
שָׁאוּל	Saul *(n.pr.m.)*

2. Der Kausativstamm: Hifʿil, Hofʿal

Die beiden Stammesmodifikationen Hifʿil und Hofʿal werden als *Kausativstamm* zusammengefasst.

a) Hifʿil

Gegenüber dem Qal zeigt das Hifʿil folgende Veränderungen:

- Das Perfekt hat das *Präformativ hi-* (< * *ha-*), das mit dem ersten Radikal der Wurzel eine geschlossene Silbe bildet. Der Vokal der Stammsilbe ist in der 3.Sg.m./f. und in der 3.Pl.com. *i*, in den restlichen Personen *a*.

- 3.Sg.m. Perf.: הִכְתִּיב < * *ha<u>k</u>tī<u>b</u>* < * *ha<u>k</u>ta<u>b</u>*

	Qal	*Hif^cil*	*Bedeutung: kausativ*	
Perfekt	כָּתַב	הִכְתִּיב	er hat schreiben lassen	*Sg.*
	כָּתְבָה	הִכְתִּיבָה	sie hat schreiben lassen	
	כָּתַבְתָּ	הִכְתַּבְתָּ	du *(m.)* hast schreiben lassen	
	כָּתַבְתְּ	הִכְתַּבְתְּ	du *(f.)* hast schreiben lassen	
	כָּתַבְתִּי	הִכְתַּבְתִּי	ich habe schreiben lassen	
	כָּתְבוּ	הִכְתִּיבוּ	sie haben schreiben lassen	*Pl.*
	כְּתַבְתֶּם	הִכְתַּבְתֶּם	ihr *(m.)* habt schreiben lassen	
	כְּתַבְתֶּן	הִכְתַּבְתֶּן	ihr *(f.)* habt schreiben lassen	
	כָּתַבְנוּ	הִכְתַּבְנוּ	wir haben schreiben lassen	

- Im Imperfekt ist *a* unter den Präformativen *das* Kennzeichen. Es ist der Rest des ursprünglichen Präformativs * *ha*. Der Stammvokal lautet *ī*, jedoch *ē* vor der konsonantischen Endung *–nā* in der 2./3.Pl.f. und den endungslosen Formen des Jussiv und Imperfekt consecutivum.
- 3.Sg.m. Impf.: יַכְתִּיב < * *j^eha<u>k</u>tī<u>b</u>*

	Qal	*Hif^cil*	*Bedeutung: kausativ*	
Imperfekt	יִכְתֹּב	יַכְתִּיב	er wird schreiben lassen	*Sg.*
	תִּכְתֹּב	תַּכְתִּיב	sie wird schreiben lassen	
	תִּכְתֹּב	תַּכְתִּיב	du *(m.)* wirst schreiben lassen	
	תִּכְתְּבִי	תַּכְתִּיבִי	du *(f.)* wirst schreiben lassen	
	אֶכְתֹּב	אַכְתִּיב	ich werde schreiben lassen	
	יִכְתְּבוּ	יַכְתִּיבוּ	sie *(m.)* werden schreiben lassen	*Pl.*
	תִּכְתֹּבְנָה	תַּכְתֵּבְנָה	sie *(f.)* werden schreiben lassen	
	תִּכְתְּבוּ	תַּכְתִּיבוּ	ihr *(m.)* werdet schreiben lassen	
	תִּכְתֹּבְנָה	תַּכְתֵּבְנָה	ihr *(f.)* werdet schreiben lassen	
	נִכְתֹּב	נַכְתִּיב	wir werden schreiben lassen	
Kohortativ	אֶכְתְּבָה	אַכְתִּיבָה	ich will schreiben lassen	
Jussiv	יִכְתֹּב	יַכְתֵּב	er soll schreiben lassen	*Sg.*
	תִּכְתֹּב	תַּכְתֵּב	sie soll schreiben lassen	
	תִּכְתֹּב	תַּכְתֵּב	du *(m.)* sollst schreiben lassen	
	תִּכְתְּבִי	תַּכְתִּיבִי	du *(f.)* sollst schreiben lassen	

	יִכְתְּבוּ	יַכְתִּיבוּ	sie *(m.)* sollen schreiben lassen	*Pl.*
	תִּכְתֹּבְנָה	תַּכְתֵּבְנָה	sie *(f.)* sollen schreiben lassen	
	תִּכְתְּבוּ	תַּכְתִּיבוּ	ihr *(m.)* sollt schreiben lassen	
	תִּכְתֹּבְנָה	תַּכְתֵּבְנָה	ihr *(f.)* sollt schreiben lassen	
Imperfekt consecu-tivum	וַיִּכְתֹּב	וַיַּכְתֵּב	und er ließ schreiben	*Sg.*
	וַתִּכְתֹּב	וַתַּכְתֵּב	und sie ließ schreiben	
	וַתִּכְתֹּב	וַתַּכְתֵּב	und du *(m.)* ließest schreiben	
	וַתִּכְתְּבִי	וַתַּכְתִּיבִי	und du *(f.)* ließest schreiben	
	וָאֶכְתֹּב	וָאַכְתִּיב[a]	und ich ließ schreiben	
	וַיִּכְתְּבוּ	וַיַּכְתִּיבוּ	und sie *(m.)* ließen schreiben	*Pl.*
	וַתִּכְתֹּבְנָה	וַתַּכְתֵּבְנָה	und sie *(f.)* ließen schreiben	
	וַתִּכְתְּבוּ	וַתַּכְתִּיבוּ	und ihr *(m.)* ließet schreiben	
	וַתִּכְתֹּבְנָה	וַתַּכְתֵּבְנָה	und ihr *(f.)* ließet schreiben	
	וַנִּכְתֹּב	וַנַּכְתֵּב	und wir ließen schreiben	

a Bemerkung: 1.Sg.com. Impf.cons. auch וָאַכְתִּיבָה

- Im Imperativ, Infinitiv constructus und absolutus hat sich das ursprüngliche Präformativ * *ha* noch erhalten.

	Qal	*Hif^cil*	*Bedeutung: kausativ*	
Imperativ	כְּתֹב	הַכְתֵּב	lass schreiben	*Sg.*
Adhortativ	כָּתְבָה	הַכְתִּיבָה	lass doch schreiben	
Inf.cs.	כְּתֹב	הַכְתִּיב	schreiben lassen	
Inf.abs.	כָּתֹב	הַכְתֵּב	schreiben lassen	

- Im Partizip ist ebenso wie im Imperfekt das *a* unter dem Präformativ מ *das* Kennzeichen.

Partizip	כֹּתֵב	מַכְתִּיב	schreiben lassend *(m.)*	*Sg.*
	כֹּתְבָה	מַכְתִּיבָה	schreiben lassend *(f.)*	
	כֹּתֶבֶת	מַכְתֶּבֶת	schreiben lassend *(f.)*	
	כֹּתְבִים	מַכְתִּיבִים	schreiben lassende *(m.)*	*Pl.*
	כֹּתְבוֹת	מַכְתִּיבוֹת	schreiben lassende *(f.)*	

- Bedeutung

  Das Hif^cil hat im Vergleich mit dem Qal *kausative Bedeutung*. Das Subjekt *veranlasst* ein Objekt zu einer Handlung: „machen, daß...“. Fehlt die Stammesmodifikation Qal, so ist die kausative Bedeutung nicht mehr erkennbar:

שׁלך Q. –
Hi. „werfen"

Die faktitive Bedeutung des *Pi^c^el* und die kausative Bedeutung des *Hif^c^il* sind bisweilen schwer voneinander zu unterscheiden. Beim Hif^c^il ist auch die sog. „*innerlich*-kausative" Bedeutung greifbar: „einen Vorgang bei sich veranlassen":

רחק Q. „fern sein"
Hi. „entfernen, sich entfernen"

Qal:		*Hif^c^il:*	
דרך	treten (8)	הִדְרִיךְ	betreten lassen, betreten
זכר	gedenken, sich erinnern (8)	הִזְכִּיר	jdn. an etw. erinnern, mahnen, nennen
כרת	schneiden (8)	הִכְרִית	ausrotten
גדל	groß sein (9)	הִגְדִּיל	groß sein lassen, groß machen
קרב	nahe sein (9)	הִקְרִיב	etw. sich nähern lassen, herbeibringen
שׁמע	hören (9)	הִשְׁמִיעַ	jdn. etw. hören lassen, jdm. etw. verkündigen
צדק	gerecht sein (9)	הִצְדִּיק	gerecht machen
שׁבת	aufhören, ruhen (10)	הִשְׁבִּית	etw. ein Ende machen
שׁלם	unversehrt sein (10)	הִשְׁלִים	*(+ Akk.)* vollenden, ausführen
זעק	rufen, schreien (12)	הִזְעִיק	(das Heer) zusammenrufen

Das Hif^c^il ist im Perfekt durch die Vorsilbe *hi-*, im Imperfekt und Partizip durch den Vokal *a* unter den Präformativen und im Imperativ, Infinitiv constructus und absolutus durch die Vorsilbe *ha-* leicht erkennbar.

Die *Eckformen* des Hif^c^il:	
3.Sg.m.Perf.:	הִכְתִּיב
3.Sg.m.Impf.:	יַכְתִּיב
3.Sg.m.Jussiv:	יַכְתֵּב
3.Sg.m.Impf.cons.:	וַיַּכְתֵּב
Imp.Sg.m.:	הַכְתֵּב
Inf.cs.:	הַכְתִּיב
Inf.abs.:	הַכְתֵּב
Ptz.:	מַכְתִּיב

Sich überschneidende Formen im Hif^c^il:

Imperativ Sg.m.:	הַכְתֵּב
Inf.abs.:	הַכְתֵּב

- Bemerkung zum Infinitiv constructus:
  Beim Inf.cs. mit der Präposition לְ wird gelegentlich das He *elidiert*:

  הַכְתִּיב + לְ > לְהַכְתִּיב > לַכְתִּיב

  Amos 8,4: לַשְׁבִּית um ein Ende zu machen

b) Hof^c^al

Gegenüber dem Qal zeigt das Hof^c^al folgende Veränderungen:

- In allen Formen des Hof^c^al steht *–å* in der ersten Silbe.
- Das Perfekt hat das Präformativ *hå-* (< * *hu*), das mit dem ersten Radikal der Wurzel eine geschlossene Silbe bildet. Der Vokal der Stammsilbe ist in allen Formen *–a*.

	Qal	*Hof^c^al*	*Bedeutung: Passiv zum Hif^c^il*	
Perfekt	כָּתַב	הָכְתַּב	er ist schreiben gelassen worden	
	כָּתְבָה	הָכְתְּבָה	sie ist schreiben gelassen worden	
	כָּתַבְתָּ	הָכְתַּבְתָּ	du *(m.)* bist schreiben gelassen worden	*Sg.*
	כָּתַבְתְּ	הָכְתַּבְתְּ	du *(f.)* bist schreiben gelassen worden	
	כָּתַבְתִּי	הָכְתַּבְתִּי	ich bin schreiben gelassen worden	
	כָּתְבוּ	הָכְתְּבוּ	sie sind schreiben gelassen worden	
	כְּתַבְתֶּם	הָכְתַּבְתֶּם	ihr *(m.)* seid schreiben gelassen worden	*Pl.*
	כְּתַבְתֶּן	הָכְתַּבְתֶּן	ihr *(f.)* seid schreiben gelassen worden	
	כָּתַבְנוּ	הָכְתַּבְנוּ	wir sind schreiben gelassen worden	

- Im Imperfekt und Infinitiv absolutus ist *å* in der ersten Silbe *das* Kennzeichen. Im Imperfekt ist He weggefallen. Der Stammvokal lautet *–a*, beim Partizip ist er jedoch *–ā*.

	Qal	*Hof^c^al*	*Bedeutung: Passiv zum Hif^c^il*	
Imperfekt	יִכְתֹּב	יָכְתַּב	er wird schreiben gelassen werden	
	תִּכְתֹּב	תָּכְתַּב	sie wird schreiben gelassen werden	
	תִּכְתֹּב	תָּכְתַּב	du *(m.)* wirst schreiben gelassen werden	*Sg.*
	תִּכְתְּבִי	תָּכְתְּבִי	du *(f.)* wirst schreiben gelassen werden	
	אֶכְתֹּב	אָכְתַּב	ich werde schreiben gelassen werden	

	יִכְתְּבוּ	יָכְתְּבוּ	sie *(m.)* werden schreiben gelassen werden	
	תִּכְתֹּבְנָה	תָּכְתַּבְנָה	sie *(f.)* werden schreiben gelassen werden	
	תִּכְתְּבוּ	תָּכְתְּבוּ	ihr *(m.)* werdet schreiben gelassen werden	*Pl.*
	תִּכְתֹּבְנָה	תָּכְתַּבְנָה	ihr *(f.)* werdet schreiben gelassen werden	
	נִכְתֹּב	נָכְתַּב	wir werden schreiben gelassen werden	
Impf.cons.	וַיִּכְתֹּב	וַיָּכְתַּב	und er wurde schreiben gelassen	
Inf.abs.	כָּתֹב	הָכְתֵּב	schreiben gelassen werden	
Partizip	כֹּתֵב כָּתוּב	מָכְתָּב	schreiben gelassen werdend *(m.)*	*Sg.*

- Bedeutung

  Das Hofᶜal ist das Passiv zum Hifᶜil:

Hifᶜil:		*Hofᶜal:*	
הִשְׁלִיךְ	werfen	הָשְׁלַךְ	geworfen werden
הִפְקִיד	jdn. zur Aufsicht bestellen	הָפְקַד	bestellt sein über
הִשְׁחִית	verderben	הָשְׁחַת	verderbt sein

Das Hofᶜal ist in allen Formen durch den Vokal *–å* unter dem Radikal der Vorsilbe (הָ/יָ/מָ) leicht erkennbar.

Die *Eckformen* des Hofᶜal:	
3.Sg.m.Perf.:	הָכְתַּב
3.Sg.m.Impf.:	יָכְתַּב
3.Sg.m.Impf.cons.:	וַיָּכְתַּב
Imp. Sg.m.:	
Inf.cs.:	
Inf.abs.:	הָכְתֵּב
Ptz.:	מָכְתָּב

- Besonderheiten:
  - Der Imp.Sg.m. und Inf.cs. sind im Hofᶜal beim Starken Verb nicht belegt.
  - Das Hofᶜal kommt beim Starken Verb *selten* vor: z.B. bei שׁלך „geworfen werden" und bei פקד „zur Aufsicht übergeben".
  - Zahlreiche Formen des Hofᶜal von שׁלך haben anstelle von *hå-* die Vorsilbe *hu-*, z.B.: הֻשְׁלַךְ

c) Die Eckformen des Kausativstammes: Hifʿil, Hofʿal

	Hifʿil	Hofʿal
3.Sg.m. Perfekt	הִכְתִּיב	הָכְתַּב
3.Sg.m. Imperfekt	יַכְתִּיב	יָכְתַּב
3.Sg.m. Jussiv	יַכְתֵּב	
3.Sg.m. Impf.cons.	וַיַּכְתֵּב	וַיָּכְתַּב
Imperativ Sg.m.	הַכְתֵּב	
Infinitiv constructus	הַכְתִּיב	
Infinitiv absolutus	הַכְתֵּב	הָכְתֵּב
Partizip	מַכְתִּיב	מָכְתָּב

3. Nomina mit verdoppeltem Endkonsonanten

Zu den Nomina mit verdoppeltem Endkonsonanten zählen vor allem *einsilbige Nominalbildungen*. Hierbei kann man unterscheiden:

- Nominalbildungen nach *qall*, *qill*, *qull*:

עַם	Volk	< * *ʿamm*
עֵת	Zeit	< * *ʿitt*
חֹק	Satzung	< * *ḥuqq*

- Nominalbildungen mit *assimiliertem zweitem Radikal n*:

אַף	Nase, Zorn	< * *ʾapp*	< * *ʾanp*

- zweisilbige Nominalbildungen, die den *Endkonsonanten sekundär verdoppeln*, um den ursprünglichen Vokal kurz zu erhalten:

גָּמָל	Kamel

Regeln:

1) Im Sg.st.abs. und cs. entfällt die Verdopplung des Endkonsonanten. Im st.cs. wird *Qamäṣ zu Patach*, vor Linea Maqqeph werden *lange Vokale verkürzt*.

Sg.st.abs.	*Sg.st.cs.*
עַם	עַם
עֵת	עֵת
חֹק	חֹק חָק־
אַף	אַף
גָּמָל	גְּמַל

<table>
<tr><td colspan="4">2) In den Formen mit Endungen (Plural, Dual, Suffixe) wird der letzte Konsonant verdoppelt. Dadurch entstehen wieder die ursprünglichen kurzen Vokale a, i, u.</td></tr>
<tr><td>Pl.st.abs.</td><td>Pl.st.cs.</td><td>Sg. + Suffixe</td><td>Pl. + Suffixe</td></tr>
<tr><td>עַמִּים</td><td>עַמֵּי</td><td>עַמִּי</td><td>עַמָּיו</td></tr>
<tr><td>עִתִּים</td><td>עִתֵּי</td><td>עִתִּי</td><td>עִתּוֹתַי</td></tr>
<tr><td>חֻקִּים</td><td>חֻקֵּי</td><td>חֻקִּי</td><td>חֻקַּי</td></tr>
<tr><td>Dual אַפַּיִם</td><td>אַפֵּי</td><td>אַפּוֹ</td><td>אַפָּיו</td></tr>
<tr><td>גְּמַלִּים</td><td>גְּמַלֵּי</td><td>גְּמַלִּי</td><td>גְּמַלֵּיהֶם</td></tr>
</table>

<table>
<tr><td colspan="3">3) Vor Laryngalen und Resch tritt meist Ersatzdehnung ein.</td></tr>
<tr><td>הַר</td><td>הָהָרָה</td><td>a > ā</td></tr>
<tr><td>צַר</td><td>צָרוֹת</td><td>a > ā</td></tr>
<tr><td>שַׂר</td><td>שָׂרִים</td><td>a > ā</td></tr>
</table>

Besonderheiten:

- doppelte Pluralbildung bei עֵת: עִתִּים + עִתּוֹת
- Plurale auf ־וֹת:
  כַּפֹּתָיו חֻקֹּתָיו
- Bei den *qall*-Formen erscheint im Sg.st.abs. *ā* oder *a*: חָג עַם
- Bei den *qull*-Formen erscheint in Formen mit Endungen auch Qamäṣ Chatuph:
  עֻזִּי ᶜ*uzzī* + עָזִּי ᶜ*åzzī*

4. Gentilicia

> Unter einem *Gentilicium* versteht man ein von einem Eigennamen abgeleitetes *Herkunftsadjektiv*. Es beschreibt die Zugehörigkeit zu einem Stamm, einer Sippe oder einem Volk. Gentilicia gehören zur Gruppe der sog. *Denominativnomina*.

Die Gentilicia haben folgende Endungen:

<table>
<tr><td>Sg.m.</td><td>ִי</td><td>מִצְרִי</td><td>ein Ägypter</td></tr>
<tr><td rowspan="2">Sg.f.</td><td>ִית</td><td>מִצְרִית</td><td rowspan="2">eine Ägypterin</td></tr>
<tr><td>ִיָּה</td><td>מִצְרִיָּה</td></tr>
<tr><td>Pl.m.</td><td>ִים</td><td>מִצְרִים</td><td>Ägypter</td></tr>
<tr><td>Pl.f.</td><td>ִיּוֹת</td><td>מִצְרִיּוֹת</td><td>Ägypterinnen</td></tr>
</table>

Gen 10,15: חִתִּי hethitisch, Hethiter *(Sg.m.)* (חֵת < * *ḥitt*)
Ruth 1,22: הַמּוֹאֲבִיָּה moabitisch, die Moabiterin *(Sg.f.)*
Gen 10,14: פְּלִשְׁתִּים philistäisch, Philister *(Pl.m.)*
Esth 5,13: הַיְּהוּדִי der Judäer
II Reg 16,6: הַיְּהוּדִים die Judäer *(Pl.m.)*
Ex 1,19: הַמִּצְרִית die Ägypterinnen
II Sam 17,25: הַיִּשְׂרְאֵלִי der Israelit

5. Übungen

1) Bestimmungsübungen zum Kausativstamm: Hif^cil, Hof^cal

1 הִבְדִּיל הַסְתֵּר הִבְדִּילוּ נַשְׁחִיתָה וְהִבְדִּילָה הִסְתַּרְתָּ מַקְשִׁיבִים מָשְׁחָת

2 וְהִבְדַּלְתָּ לְהַקְשִׁיב הִרְחִיקוּ וַיַּשְׁכֵּם הַמַּסְתִּיר מַבְדִּילִים הִסְתִּירוּ

3 וַיַּשְׁלֵךְ הִשְׂכִּילוּ הִשְׁבַּתִּי יַשְׂכִּילוּ לְהַשְׁמִיד לַסְתִּיר הַקְשִׁיבָה לְהַבְדִּיל

4 וַיַּשְׁמֵד תַּבְדִּיל הַרְחֵק וַיַּסְתֵּר מֻשְׁלָכִים אַסְתִּירָה נַקְשִׁיבָה וַיַּבְדֵּל

5 מֻשְׁלֶכֶת לְהַשְׂכִּיל לְמַשְׁחִית וְהִשְׁכַּמְתֶּם אַשְׂכִּילָה וְהָשְׁלַךְ וַתָּשְׁלְכִי

6 וְהִשְׁמַדְתִּי תַּשְׁחֵת וְהָשְׁלְכוּ

2) Vokalisierungsübungen zum Kausativstamm: Hif^cil, Hof^cal

1 מקשיב הרחקת המשכיל להשחית תקשיב והשבתם משחיתים

2 ארחיק משכימי וישליכו השביתו השלכת ישלכו

3) Bestimmungsübungen zu den Nomina mit verdoppeltem Endkonsonanten:

1 וּלְאִמִּי לִבִּי עִזִּים הַכֹּל אִמֹּתֵינוּ לִבֵּךְ הָעֵת וּמִכָּל־ וּכְלִבְּךָ בְּאַפִּי

2 וּבְעִתִּים לִבּוֹת אַפַּיִם גַּנּוֹתֵיכֶם כֻּלְּכֶם בְּעִתּוֹ עִתֹּתָי הָהָרָה חַיֵּי יָמָּה

3 חַגָּה כַּפָּיו חֻקֹּתָיו כַּפּוֹ וּלְכָל־ עָזִּי לְכֻלָּם עַמֵּנוּ כֻּלּוֹ וַעֲמָמִים

4 צָרוֹתָיו שָׂרֵי עֻזְּכֶם גְּמַלִּים סֻכָּתוֹ תְּפִלָּתִי

4) Vokalisierungsübungen zu den Nomina mit verdoppeltem Endkonsonanten:

1 לבנו בעת לבו אפך הרים כלה כפיך

2 כלו עזי כלנו גמליהם תפלות

5) Bestimmungsübungen zu den Gentilicia:

1 בִּיהוּדִי הַמִּצְרִית הָאֲגָגִי הַגִּלְעָדִי חִתִּית הַיִּשְׂרְאֵלִית כְּרֵתִים

2 הַמִּדְיָנִית עִבְרִי הַמֹּאֲבִיָּה עֲמָלֵקִי

6) Übersetzen Sie:

1 (Gen 1,4) וַיַּבְדֵּל אֱלֹהִים בֵּין הָאוֹר וּבֵין הַחֹשֶׁךְ[a]:

2 (Gen 19,13) כִּי־מַשְׁחִתִים אֲנַחְנוּ אֶת־הַמָּקוֹם הַזֶּה

3 (Gen 19,14) ... כִּי מַשְׁחִית יְהוָה אֶת־הָעִיר ...

4 (Gen 20,8) וַיַּשְׁכֵּם אֲבִימֶלֶךְ בַּבֹּקֶר וַיִּקְרָא לְכָל־עֲבָדָיו וַיְדַבֵּר
אֶת־כָּל־הַדְּבָרִים הָאֵלֶּה בְּאָזְנֵיהֶם

5 (Gen 22,12) וַיֹּאמֶר אַל־תִּשְׁלַח יָדְךָ אֶל־הַנַּעַר

6 (Dtn 4,5) ... לִמַּדְתִּי אֶתְכֶם חֻקִּים וּמִשְׁפָּטִים

7 (Dtn 4,26) הִשָּׁמֵד תִּשָּׁמֵדוּן:

8 (Dtn 9,8) וּבְחֹרֵב הִקְצַפְתֶּם אֶת־יְהוָה וַיִּתְאַנַּף יְהוָה בָּכֶם לְהַשְׁמִיד אֶתְכֶם:

9 (Dtn 10,8) בָּעֵת הַהִוא הִבְדִּיל יְהוָה אֶת־שֵׁבֶט הַלֵּוִי[b] ...

10 (Dtn 31,18) וְאָנֹכִי הַסְתֵּר אַסְתִּיר פָּנַי בַּיּוֹם הַהוּא עַל כָּל־הָרָעָה ...

11 (Jos 8,29) וַיֹּרִידוּ[c] אֶת־נִבְלָתוֹ[d] מִן־הָעֵץ וַיַּשְׁלִיכוּ אוֹתָהּ אֶל־פֶּתַח שַׁעַר הָעִיר

12 (Jdc 7,1) וַיַּשְׁכֵּם יְרֻבַּעַל הוּא גִדְעוֹן[e] וְכָל־הָעָם אֲשֶׁר אִתּוֹ

13 (Jdc 18,1) בַּיָּמִים הָהֵם אֵין מֶלֶךְ בְּיִשְׂרָאֵל וּבַיָּמִים הָהֵם שֵׁבֶט הַדָּנִי[f]
מְבַקֶּשׁ־לוֹ נַחֲלָה[g] לָשֶׁבֶת[h]

14 (I Sam 17,8) הֲלוֹא אָנֹכִי הַפְּלִשְׁתִּי וְאַתֶּם עֲבָדִים לְשָׁאוּל

15 (I Sam 26,15) וַיֹּאמֶר דָּוִד אֶל־אַבְנֵר[i] הֲלוֹא אִישׁ אַתָּה וּמִי כָמוֹךָ בְּיִשְׂרָאֵל
וְלָמָּה לֹא שָׁמַרְתָּ אֶל־אֲדֹנֶיךָ הַמֶּלֶךְ כִּי־בָא[j] אַחַד[k] הָעָם
לְהַשְׁחִית אֶת־הַמֶּלֶךְ אֲדֹנֶיךָ׃

16 (I Reg 11,1) וְהַמֶּלֶךְ שְׁלֹמֹה אָהַב[l] נָשִׁים נָכְרִיּוֹת[m] רַבּוֹת[n] וְאֶת־בַּת־פַּרְעֹה
מוֹאֲבִיּוֹת עַמֳּנִיּוֹת אֲדֹמִיֹּת צֵדְנִיֹּת חִתִּיֹּת׃

17 (I Reg 22,4) וַיֹּאמֶר אֶל־יְהוֹשָׁפָט[o] הֲתֵלֵךְ[p] אִתִּי לַמִּלְחָמָה רָמֹת גִּלְעָד[q] וַיֹּאמֶר
יְהוֹשָׁפָט אֶל־מֶלֶךְ יִשְׂרָאֵל כָּמוֹנִי כָמוֹךָ כְּעַמִּי כְעַמֶּךָ כְּסוּסַי
כְּסוּסֶיךָ׃

18 (II Reg 8,19) וְלֹא־אָבָה[r] יְהוָה לְהַשְׁחִית אֶת־יְהוּדָה לְמַעַן[s] דָּוִד עַבְדּוֹ

19 (Jes 45,15) אָכֵן אַתָּה אֵל מִסְתַּתֵּר

20 (Jes 65,8) ... לְבִלְתִּי הַשְׁחִית הַכֹּל׃

21 (Jer 6,28) כֻּלָּם מַשְׁחִיתִים הֵמָּה׃

22 (Jer 7,13) וָאֲדַבֵּר אֲלֵיכֶם הַשְׁכֵּם וְדַבֵּר וְלֹא שְׁמַעְתֶּם

23 (Jer 31,7) כִּי־כֹה אָמַר יְהוָה ... הַשְׁמִיעוּ הַלְלוּ וְאִמְרוּ

24 (Am 9,8) ... וְהִשְׁמַדְתִּי אֹתָהּ מֵעַל פְּנֵי הָאֲדָמָה אֶפֶס כִּי[t] לֹא הַשְׁמֵיד
אַשְׁמִיד אֶת־בֵּית יַעֲקֹב

25 (Ps 9,11) וְיִבְטְחוּ[u] בְךָ יוֹדְעֵי שְׁמֶךָ כִּי לֹא עָזַבְתָּ[v] דֹרְשֶׁיךָ יְהוָה׃

26 (Ps 22,11) עָלֶיךָ הָשְׁלַכְתִּי מֵרָחֶם מִבֶּטֶן אִמִּי אֵלִי אָתָּה׃

וְלֹא־הִסְתִּיר פָּנָיו מִמֶּנּוּ (Ps 22,25) 27

בֵּית רְשָׁעִים יִשָּׁמֵד (Prov 14,11) 28

וּבָעֵת הַהִיא יִמָּלֵט עַמְּךָ (Dan 12,1) 29

וּבָעִתִּים הָהֵם אֵין שָׁלוֹם (II Chr 15,5) 30

Erläuterungen:

a „die Finsternis“
b „Levi“
c „und sie nahmen herunter“
d „seinen Leichnam“
e „Gideon“ *(n.pr.m.)*
f „Dan“
g „Erbteil, Erbland“
h „um sich niederzulassen“ *(Inf.cs.)*
i „Abner“ *(n.pr.m.)*
j „er ist gekommen“
k „einer“ *(st.cs.)*
l „er liebte“
m *Adj. Pl.f. von* „fremd“
n *Adj. Pl.f. von* „viel“
o „Joschaphat“ *(n.pr.m.)*
p „willst du gehen“
q „Ramot-Gilead“ *(n.l.)*
r „er wollte nicht“
s „wegen“
t „aber“
u „und sie werden vertrauen“
v *hier:* „du verlässt nicht“

7) Übersetzen Sie Ps 105,3-10:

Ps 105 ist ein Hymnus, der an die großen Taten des Herrn erinnert: Abraham (V.6); Bund (V.8); Joseph (V.17); Ägypten (V.23); Mose (V.26); ägyptische Plagen (V.28ff.). Der Psalm möchte zum Vertrauen und Lob des heiligen Wortes Gottes aufrufen.

3 הִתְהַלְלוּ בְּשֵׁם קָדְשׁוֹ יִשְׂמַח[a] לֵב מְבַקְשֵׁי יְהוָה׃
4 דִּרְשׁוּ יְהוָה וְעֻזּוֹ בַּקְּשׁוּ פָנָיו תָּמִיד[b]׃
5 זִכְרוּ נִפְלְאוֹתָיו[c] אֲשֶׁר־עָשָׂה[d] מֹפְתָיו[e] וּמִשְׁפְּטֵי־פִיו׃
6 זֶרַע[f] אַבְרָהָם עַבְדּוֹ בְּנֵי יַעֲקֹב בְּחִירָיו[g]׃
7 הוּא יְהוָה אֱלֹהֵינוּ בְּכָל־הָאָרֶץ מִשְׁפָּטָיו׃
8 זָכַר לְעוֹלָם[h] בְּרִיתוֹ דָּבָר צִוָּה[i] לְאֶלֶף דּוֹר[j]׃
9 אֲשֶׁר כָּרַת אֶת־אַבְרָהָם וּשְׁבוּעָתוֹ[k] לְיִשְׂחָק׃
10 וַיַּעֲמִידֶהָ[l] לְיַעֲקֹב לְחֹק לְיִשְׂרָאֵל בְּרִית עוֹלָם׃

Erläuterungen:

a „es soll sich freuen“
b „beständig“
g „seine Erwählten“
h „auf immer“

c „seine Wundertaten“
d „er hat gemacht“
e „seine Zeichen“
f „Nachkommenschaft“

i „er hat befohlen“
j „für tausend Geschlechter“
k „sein Schwur“
l „und er stellte ihn“

8) Vokalisierungsübung. Vokalisieren und übersetzen Sie:

1	(Gen 19,2)	... והשכמתם והלכתם לדרככם
2	(Ex 10,1)	כי־אני הכבדתי את־לבו ואת־לב עבדיו
3	(Lev 20,24)	אני יהוה אלהיכם אשר־הבדלתי אתכם מן־העמים׃
4	(Dtn 10,8)	בעת ההוא הבדיל יהוה את שׁבט הַלֵּוִי
5	(Ps 22,20)	ואתה יהוה אל־תרחק

Lektion 15: Das Starke Verb mit Objektsuffixen (Imperfekt); Nomina mit veränderlichem Qamäṣ in der Endsilbe; Die hebräischen Stammesmodifikationen: wichtige Kennzeichen

1. Vokabeln

Verben:

בטח	vertrauen
מצא	finden
נתן	geben, zulassen, machen zu
ספד	klagen
פקד	*Hi.* zur Aufsicht bestellen, beauftragen
שׂרף	verbrennen

Nomina:

- Nomina mit veränderlichem Qamäṣ in der Endsilbe:

אוֹצָר	Vorrat, Schatz
גּוֹרָל	Los, Losanteil, Geschick
הֵיכָל	Palast, Tempel
כִּכָּר	runde Scheibe; Talent *(ca. 34 kg)*; Gegend, Umkreis
מִדְבָּר	Wüste, Steppe
מוּסָר	Zucht, Züchtigung
מִזְרָח	Aufgang *(Sonne)*, Osten
מִסְפָּר	Zahl (ספר 9)
מִקְדָּשׁ	Heiligtum
מִשְׁכָּן	Wohnung
קָרְבָּן	Darbringung, Gabe (קרב 9)
שׁוֹפָר	Widderhorn, Schofar
שֻׁלְחָן	Tisch

- bisher gelernte Nomina dieser Klasse:

דָּם (10), יָד (6), מַלְאָךְ (10), מִשְׁפָּט (9)

Weitere Vokabeln:

בֶּ֫גֶד	Kleid
כֹּה	so
כִּי	dass, denn, weil, wenn
נְאֻם יְהוָה	Ausspruch des Herrn
עוֹלָם	ferne Zukunft
פַּ֫חַד	Schrecken
שָׁם	dort

Eigennamen:

אֲבִיָּם	Abijam *(n.pr.m.)*
אֲחַזְיָ֫הוּ	Ahasja *(n.pr.m.)*
אָסָא	Asa *(n.pr.m.)*
אַשְׁדּוֹד	Aschdod *(n.l.)*
בֶּן־הֲדַד	Benhadad *(n.pr.m.)*
בַּ֫עַל	Baal *(n.pr.m.)*
חָצוֹר	Hazor *(n.l.)*
יָבִין	Jabin *(n.pr.m.)*
יְהוֹאָחָז	Joahas *(n.pr.m.)*
יְהוֹשֻׁעַ	Josua *(n.pr.m.)*
יוֹאָשׁ	Joas *(n.pr.m.)*
יִרְמְיָ֫הוּ	Jeremia *(n.pr.m.)*
כְּנַ֫עַן	Kanaan *(n.terr.)*
שְׁמוּאֵל	Samuel *(n.pr.m.)*
שִׁמְעוֹן	Simeon *(n.pr.m.)*
שֹׁמְרוֹן	Samaria *(n.l.; n.terr.)*

2. Das Starke Verb mit Objektsuffixen

Die Verbindung eines Verbs mit einem pronominalen Akkusativobjekt kann mit der *nota accusativi* erfolgen:

כָּתַב אֹתוֹ	er hat ihn angeschrieben
שָׁפַט אֹתוֹ	er hat ihn gerichtet

Die weitaus häufigere Verbindung von Verb und Objekt ist die *Anhängung eines Objektsuffixes an das Verb*:

כְּתָבוֹ	er hat ihn angeschrieben
שְׁפָטוֹ	er hat ihn gerichtet

Dadurch ergeben sich *Vokalveränderungen*, die im folgenden dargestellt werden. Dabei ist folgendes zu beachten:

- *Die Anhängung eines Objektsuffixes an das Verb ist nur in den aktiven Stammesmodifikationen Qal, Pi^{c}el und Hif^{c}il möglich.* Das Objektsuffix beim Verb im Nif^{c}al, Pu^{c}al, Hitpa^{c}el und Hof^{c}al ist nicht möglich. Das passive und reflexive Verhältnis kann nicht mit einem Objektsuffix dargestellt werden.
- Bei der Anhängung eines Objektsuffixes an das Verb ist auf den *Auslaut des Verbs* zu achten. Bei konsonantisch endenden Formen ist ein *Bindevokal* notwendig, bei vokalisch endenden Formen ist dies überflüssig.
- Die 2.Pl.f. Perf. und die 2./3.Pl.f. Impf. sind mit Suffixen nicht belegt.

Übersicht über die Suffixe des Verbs:

	vokalisch endende Formen	konsonantisch endende Formen	
		Perfekt	Imperfekt
1.Sg.com.	נִי	ַנִי	ֵנִי
2.Sg.m.	ךָ	ְךָ	ְךָ
2.Sg.f.	ךְ	ֵךְ / ְךְ	ֵךְ
3.Sg.m.	ו/הוּ	ָהוּ / וֹ	ֵהוּ
3.Sg.f.	הָ	ָהּ	ֶהָ
1.Pl.com.	נוּ	ָנוּ	ֵנוּ
2.Pl.m.	כֶם	ְכֶם	ְכֶם
2.Pl.f.			
3.Pl.m.	ם/הֶם	ַ/ָם	ֵם
3.Pl.m.poet.	מוֹ		ֵמוֹ
3.Pl.f.	ן	ַ/ָן	

Der Bindevokal im Perfekt ist meist ein *a*-Laut, derjenige im Imperfekt ein *ē*-Laut.

a) Objektsuffixe am Imperfekt: Hif^{c}il

Die einfachste Verbindung von Verb und Suffix findet sich im Imperfekt Hif^{c}il. Hier ergeben sich keinerlei Vokalveränderungen.

3.Sg.m. Impf. Hif^{c}il (konsonantisch endend) mit Objektsuffixen			
יַכְתִּיב	יַכְתִּיבֵנִי	er wird mich schreiben lassen	*singularisch*
	יַכְתִּיבְךָ	er wird dich *(m.)* schreiben lassen	
	יַכְתִּיבֵךְ	er wird dich *(f.)* schreiben lassen	
	יַכְתִּיבֵהוּ	er wird ihn schreiben lassen	
	יַכְתִּיבֶהָ	er wird sie schreiben lassen	

	יַכְתִּיבֵנוּ	er wird uns schreiben lassen	*pluralisch*
	יַכְתִּיבְכֶם	er wird euch *(m.)* schreiben lassen	
	יַכְתִּיבֵם	er wird sie *(m.)* schreiben lassen	

In gleicher Weise wie bei der 3.Sg.m. Impf.Hi. werden die Objektsuffixe angehängt bei:

3.Sg.f.	תַּכְתִּיב	תַּכְתִּיבֵנִי
2.Sg.m.	תַּכְתִּיב	תַּכְתִּיבֵנִי
1.Sg.com.	אַכְתִּיב	אַכְתִּיבְךָ
1.Pl.com.	נַכְתִּיב	נַכְתִּיבְךָ

3.Pl.m. Impf. Hif^{c}il (vokalisch endend) mit Objektsuffixen			
יַכְתִּיבוּ	יַכְתִּיבוּנִי	sie werden mich schreiben lassen	*singularisch*
	= יַכְתִּיבֻנִי		
	יַכְתִּיבוּךָ	sie werden dich *(m.)* schreiben lassen	
	יַכְתִּיבוּךְ	sie werden dich *(f.)* schreiben lassen	
	יַכְתִּיבוּהוּ	sie werden ihn schreiben lassen	
	יַכְתִּיבוּהָ	sie werden sie schreiben lassen	
	יַכְתִּיבוּנוּ	sie werden uns schreiben lassen	*pluralisch*
	יַכְתִּיבוּכֶם	sie werden euch *(m.)* schreiben lassen	
	יַכְתִּיבוּם	sie werden sie *(m.)* schreiben lassen	
	יַכְתִּיבוּן	sie werden sie *(f.)* schreiben lassen	

In gleicher Weise wie bei der 3.Pl.m. Impf.Hi. werden die Objektsuffixe angehängt bei:

2.Sg.f.	תַּכְתִּיבִי	תַּכְתִּיבִינִי
2.Pl.m.	תַּכְתִּיבוּ	תַּכְתִּיבוּנִי

b) Objektsuffixe am Imperfekt: Pi^{c}el

Im Pi^{c}el wird in den konsonantisch endenden Formen der Vokal der Endsilbe *ē/a/ä* zu *Schwa mobile* verkürzt.

3.Sg.m. Impf. Pi^{c}el (konsonantisch endend) mit Objektsuffixen			
יְכַבֵּד	יְכַבְּדֵנִי	er wird mich ehren	*singularisch*
	יְכַבֶּדְךָ	er wird dich *(m.)* ehren	
	יְכַבְּדֵךְ	er wird dich *(f.)* ehren	
	יְכַבְּדֵהוּ	er wird ihn ehren	
	יְכַבְּדֶהָ	er wird sie ehren	

	יְכַבְּדֵנוּ	er wird uns ehren	*pluralisch*
	יְכַבֶּדְכֶם	er wird euch *(m.)* ehren	
	יְכַבְּדֵם	er wird sie *(m.)* ehren	

In gleicher Weise wie bei der 3.Sg.m. Impf.Pi. werden die Objektsuffixe angehängt bei:

3.Sg.f.	תְּכַבֵּד	תְּכַבְּדֵנִי
2.Sg.m.	תְּכַבֵּד	תְּכַבְּדֵנִי
1.Sg.com.	אֲכַבֵּד	אֲכַבֶּדְךָ
1.Pl.com.	נְכַבֵּד	נְכַבֶּדְךָ

3.Pl.m. Impf. Pi^c^el (vokalisch endend) mit Objektsuffixen			
יְכַבְּדוּ	יְכַבְּדוּנִי	sie werden mich ehren	*singularisch*
	= יְכַבְּדֻנִי		
	יְכַבְּדוּךָ	sie werden dich *(m.)* ehren	
	יְכַבְּדוּךְ	sie werden dich *(f.)* ehren	
	יְכַבְּדוּהוּ	sie werden ihn ehren	
	יְכַבְּדוּהָ	sie werden sie ehren	
	יְכַבְּדוּנוּ	sie werden uns ehren	*pluralisch*
	יְכַבְּדוּכֶם	sie werden euch *(m.)* ehren	
	יְכַבְּדוּם	sie werden sie *(m.)* ehren	
	יְכַבְּדוּן	sie werden sie *(f.)* ehren	

In gleicher Weise wie bei der 3.Pl.m. Impf.Pi. werden die Objektsuffixe angehängt bei:

2.Sg.f.	תְּכַבְּדִי	תְּכַבְּדִינִי
2.Pl.m.	תְּכַבְּדוּ	תְּכַבְּדוּנִי

c) Objektsuffixe am Imperfekt: Qal

Im *ō*-Imperfekt Qal wird in den konsonantisch endenden Formen der lange Vokal *ō* zu *Schwa mobile* reduziert.

3.Sg.m. Impf. Qal (konsonantisch endend) mit Objektsuffixen			
יִכְתֹּב	יִכְתְּבֵ֫נִי	er wird mich anschreiben	*singularisch*
	יִכְתָּבְךָ	er wird dich *(m.)* anschreiben	
	יִכְתְּבֵךְ	er wird dich *(f.)* anschreiben	
	יִכְתְּבֵ֫הוּ	er wird ihn anschreiben	
	יִכְתְּבָהּ	er wird sie anschreiben	
	= יִכְתְּבֶ֫הָ		
	יִכְתְּבֵ֫נוּ	er wird uns anschreiben	*pluralisch*
	יִכְתָּבְכֶם	er wird euch *(m.)* anschreiben	
	יִכְתְּבֵם	er wird sie *(m.)* anschreiben	

In gleicher Weise wie bei der 3.Sg.m. Impf. Qal werden die Objektsuffixe angehängt bei:

3.Sg.f. תִּכְתֹּב תִּכְתְּבֵ֫נִי
2.Sg.m. תִּכְתֹּב תִּכְתְּבֵ֫נִי
1.Sg.com. אֶכְתֹּב אֶכְתָּבְךָ
1.Pl.com. נִכְתֹּב נִכְתָּבְךָ

3.Pl.m. Impf. Qal (vokalisch endend) mit Objektsuffixen			
יִכְתְּבוּ	יִכְתְּב֫וּנִי	sie werden mich anschreiben	*singularisch*
	= יִכְתְּבֻ֫נִי		
	יִכְתְּבוּךָ	sie werden dich *(m.)* anschreiben	
	יִכְתְּבוּךְ	sie werden dich *(f.)* anschreiben	
	יִכְתְּב֫וּהוּ	sie werden ihn anschreiben	
	יִכְתְּבוּהָ	sie werden sie anschreiben	
	יִכְתְּב֫וּנוּ	sie werden uns anschreiben	*pluralisch*
	יִכְתְּבוּכֶם	sie werden euch *(m.)* anschreiben	
	יִכְתְּבוּם	sie werden sie *(m.)* anschreiben	
	יִכְתְּבוּן	sie werden sie *(f.)* anschreiben	

In gleicher Weise wie bei der 3.Pl.m. Impf. Qal werden die Objektsuffixe angehängt bei:

2.Sg.f. תִּכְתְּבִי תִּכְתְּבִ֫ינִי
2.Pl.m. תִּכְתְּבוּ תִּכְתְּב֫וּנִי

Im *a*-Imperfekt Qal wird bei den konsonantisch endenden Formen *a* zu *ā* gedehnt. In den vokalisch endenden Formen erscheint Vortonqamäṣ.

3.Sg.m. Impf. Qal (konsonantisch endend) mit Objektsuffixen			
יִשְׁמַע	יִשְׁמָעֵ֫נִי	er wird mich hören	*singularisch*
	יִשְׁמָעֲךָ	er wird dich *(m.)* hören	
	יִשְׁמָעֵךְ	er wird dich *(f.)* hören	
	יִשְׁמָעֵ֫הוּ	er wird ihn hören	
	יִשְׁמָעֶהָ	er wird sie hören	
	= יִשְׁמָעָהּ		
	יִשְׁמָעֵ֫נוּ	er wird uns hören	*pluralisch*
	יִשְׁמָעֲכֶם	er wird euch *(m.)* hören	
	יִשְׁמָעֵם	er wird sie *(m.)* hören	

In gleicher Weise wie bei der 3.Sg.m. Impf. Qal werden die Objektsuffixe angehängt bei:

3.Sg.f.	תִּשְׁמַע	תִּשְׁמָעֵ֫נִי
2.Sg.m.	תִּשְׁמַע	תִּשְׁמָעֵ֫נִי
1.Sg.com.	אֶשְׁמַע	אֶשְׁמָעֲךָ
1.Pl.com.	נִשְׁמַע	נִשְׁמָעֲךָ

3.Pl.m. Impf. Qal (vokalisch endend) mit Objektsuffixen			
יִשְׁמְעוּ	יִשְׁמָע֫וּנִי	sie werden mich hören	*singularisch*
	יִשְׁמָעוּךָ	sie werden dich *(m.)* hören	
	יִשְׁמָעוּךְ	sie werden dich *(f.)* hören	
	יִשְׁמָע֫וּהוּ	sie werden ihn hören	
	יִשְׁמָעוּהָ	sie werden sie hören	
	יִשְׁמָע֫וּנוּ	sie werden uns hören	*pluralisch*
	יִשְׁמָעוּם	sie werden sie *(m.)* hören	

In gleicher Weise wie bei der 3.Pl.m. Impf. Qal werden die Objektsuffixe angehängt bei:

2.Sg.f.	תִּשְׁמְעִי	תִּשְׁמָע֫ינִי
2.Pl.m.	תִּשְׁמְעוּ	תִּשְׁמָע֫וּנִי

d) Nun energicum

In den endungslosen Formen des Imperfekts wird der Bindevokal vor allem in den Pausalformen gerne durch eine Bindesilbe, das sog. *Nun energicum*, ersetzt: ַן

/ךֶ . Auf diese Weise soll das Suffix phonetisch betont werden. Ein Bedeutungsunterschied zu den Formen ohne Nun energicum ist allerdings nicht erkennbar. Das Nun energicum begegnet fast nur im Imperfekt und dort bei den Suffixen 1.Sg.com, 2.Sg.m. und 3.Sg.m./f.

1.Sg.com.:	ַנִּי	<	* ַנְנִי	
	ֶנִּי	<	* ֶנְנִי	
2.Sg.m.:	ֶךָּ/ ֶכָּה	<	* ֶנְךָ	
3.Sg.m.:	ֶנּוּ	<	* ֶנְהוּ	
3.Sg.f.:	ֶנָּה	<	* ֶנְהָ	
	יִכְתְּבֶנִּי	<	* יִכְתְּבֶנְנִי	יִכְתְּבֵנִי
	↑ Nun energicum ↑			Bindevokal

e) Tabelle zum Imperfekt mit Objektsuffixen

	Qal	Pi^{c}el	Hif^{c}il
3.Sg.m. Impf. + Suffix 1.Sg.com.	יִכְתְּבֵנִי יִשְׁמָעֵנִי	יְכַבְּדֵנִי	יַכְתִּיבֵנִי
3.Sg.m. Impf. + Suffix 1.Sg.com. + Nun energicum	יִכְתְּבֶנִּי יִשְׁמָעֶנִּי	יְכַבְּדֶנִּי	יַכְתִּיבֶנִּי
3.Pl.m. Impf. + Suffix 1.Sg.com.	יִכְתְּבוּנִי יִשְׁמָעוּנִי	יְכַבְּדוּנִי	יַכְתִּיבוּנִי

3. Nomina mit veränderlichem Qamäṣ in der Endsilbe

Zu den Nomina mit veränderlichem Vokal in der Endsilbe gehören
- zweisilbige Nomina mit $\bar{a}$ in der Endsilbe: מִשְׁפָּט
- einsilbige Nomina mit $\bar{a}$ in der Endsilbe: יָד

Regeln:

1) Im Sg./Pl.st.abs. und vor leichten Suffixen des Sg., Dual und Pl. bleibt der Vokal der Endsilbe erhalten.

Sg. st.abs.	*Pl. st.abs.*	*Sg. + leichte Suffixe*	*Pl. + leichte Suffixe*
מִשְׁפָּט יָד	מִשְׁפָּטִים יָדַיִם	מִשְׁפָּטִי יָדִי	מִשְׁפָּטַי יָדַי

2) Im Sg.st.cs. und vor schweren Suffixen des Sg. wird $\bar{a}$ zu a verkürzt.

Sg. st.cs.	*Sg. + schwere Suffixe*
מִשְׁפַּט יַד	מִשְׁפַּטְכֶם

3) Im Pl./Dual st.cs. und vor schweren Suffixen des Pl. und Dual wird $\bar{a}$ zu Schwa mobile verkürzt.	
Pl./Du. st.cs.	*Pl. + schwere Suffixe*
מִשְׁפְּטֵי יְדֵי	מִשְׁפְּטֵיכֶם

Besonderheiten:

- הֵיכָל	doppelte Pluralbildung	I	הֵיכְלֵי	Pl.st.cs.
		II	הֵיכָלוֹת	Pl.st.abs.
- גּוֹרָל	Pluralbildung auf $-\bar{o}t$		גּוֹרָלוֹת	Pl.st.abs.
- כִּכָּר	doppelte Pluralbildung	I	כִּכָּרִים	Pl.st.abs.
		II	כִּכְּרוֹת	Pl.st.cs.
- שֻׁלְחָן	Pluralbildung auf $-\bar{o}t$		שֻׁלְחָנוֹת	Pl.st.abs.

4. Die hebräischen Stammesmodifikationen: wichtige Kennzeichen (zur Repetition)

Grundstamm

Qal: Grundbedeutung des transitiven und intransitiven Verbs

Nifal: *Besonderheiten*
- Das Präformativ נ bildet mit dem ersten Radikal eine geschlossene Silbe mit Schwa quieszens.
- נ wird im Imperfekt durch Dagesch forte ersetzt (Assimilation)
- Imperativ und Infinitiv mit הִ und Dagesch forte.

Vokalisation
- Perfekt: *i – a*
- Imperfekt/Imperativ/Infinitiv constructus: *i – ā – ē*

Bedeutungen
- reflexiv zum Qal: „sich *(Akk.)* schreiben“
- passiv zum Qal: „geschrieben werden“

Dopplungsstamm

Pi^cel/Pu^cal: *Besonderheiten*
- Verdopplung des mittleren Radikals
- Partizip mit מ
- im Imperfekt wird der Vokal des Präformativs zu Schwa bzw. Chateph-Laut

	Vokalisation - Perfekt: *i – ē/a/ä* (im Picel) *u – a* (im Pucal) - Imperfekt: *e – a – ē/a* (im Picel) *e – u – a* (im Pucal) *Bedeutungen* - faktitiv-resultativ und denominativ (Picel) - Passiv zum Picel (Pucal)
Hitpacel:	*Besonderheiten* - Verdopplung des mittleren Radikals - הִתְ־ vor dem Stamm - Imperfekt: יִתְ־ - Partizip: מִתְ־ - Metathese vor Zischlauten - Assimilation vor Dentalen *Vokalisation* - Perfekt: *i – a – ē/a* - Imperfekt: *i – a – e/a* *Bedeutung* - reflexiv zum Picel
Kausativstamm	
Hifcil:	*Besonderheiten* - Das Präformativ הִ bildet mit dem ersten Radikal eine geschlossene Silbe *Vokalisation* - Perfekt: *i – ī* - Imperfekt: *a – ī* *Bedeutung* - kausativ zum Qal
Hofcal:	*Besonderheiten* - Das Präformativ הֻ/הָ bildet mit dem ersten Radikal eine geschlossene Silbe *Vokalisation* - Perfekt: *å/u – a* - Imperfekt: *å/u – a* *Bedeutung* - Passiv zum Hifcil

5. Übungen

1) Bestimmungsübungen zum Imperfekt mit Objektsuffixen:

1 אֲבַקְשֶׁנּוּ וַאֲגַדְּלֶנּוּ אַדְרִיכֵם תִּדְרְשֶׁנּוּ יִזְכְּרוּךָ אֲכַבֶּדְךָ תְּבַקְשֶׁנָּה

2 וַיַּדְרִיכֵם תִּדְרְשֵׁנִי וַיְגַדְּלֵהוּ וָאֲכַבְּדֵהוּ וַיִּלְכְּדָהּ וְנִמְכְּרֶנּוּ וַיַּמְלִכֵהוּ

3 תְּלַמְּדֵנִי וַיְבַקְשֵׁהוּ וַיְסַפְּרָהּ תִּפְקְדֶנּוּ תַּמְשִׁילֵהוּ יִלְכְּדֶנָּה תְּקַבְּרֵם

4 וַיַּפְקִידֵם תְּבַקְשֶׁנּוּ אֲלַמֶּדְכֶם

2) Vokalisierungsübungen zum Imperfekt mit Objektsuffixen:

1 ידריכני יזכרוני יכבדוך וילכדהו אלמדם וימכרם ויספרום

2 תפקדם ויקברהו יקבצנו

3) Bestimmungsübungen zu den Nomina mit veränderlichem Qamäṣ in der Endsilbe:

1 וּבַמִּדְבָּר בַּהֵיכָל גּוֹרָלְךָ בְּכִכָּרִים לַמַּלְאָךְ מִקְדָּשִׁי שֻׁלְחָן קָרְבָּנָם

2 מִדְבָּרָה מִסְפָּרָם מֵהֵיכָלֶךָ גּוֹרָלוֹת כִּכָּרִים מַלְאַךְ מִקְדָּשִׁים שֻׁלְחָנוֹת

3 קָרְבַּן מִמִּדְבַּר מֵהֵיכָלוֹ כִּכְּרֵי מַלְאֲכֵי מִקְדָּשֶׁיךָ לְשֻׁלְחָנֶךָ מִקְדְּשֵׁיכֶם

4 מַלְאָכִים כִּכְּרוֹת הֵיכָלוֹת הֵיכְלֵי לְהֵיכְלֵיכֶם

4) Vokalisierungsübungen zu den Nomina mit veränderlichem Qamäṣ in der Endsilbe:

1 ידי במדבר אוצרות גורלי מלאכי מקדשים מקדשיכם

5) Übersetzen Sie:

1 (Gen 25,34) וְיַעֲקֹב נָתַן לְעֵשָׂו לֶחֶם

2 (Gen 39,4) וַיַּפְקִדֵהוּ עַל־בֵּיתוֹ וְכָל־יֶשׁ־לוֹ נָתַן בְּיָדוֹ׃

3 (Gen 39,12) וַתִּתְפְּשֵׂהוּ בְּבִגְדוֹ לֵאמֹר שִׁכְבָה עִמִּי

4 (Ex 16,15) וַיֹּאמֶר מֹשֶׁה אֲלֵהֶם הוּא הַלֶּחֶם אֲשֶׁר נָתַן יְהוָה לָכֶם

5 (Jos 7,16) וַיַּשְׁכֵּם יְהוֹשֻׁעַ בַּבֹּקֶר וַיַּקְרֵב אֶת־יִשְׂרָאֵל לִשְׁבָטָיו וַיִּלָּכֵד
שֵׁבֶט יְהוּדָה׃

6 (Jdc 1,3) וַיֹּאמֶר יְהוּדָה לְשִׁמְעוֹן אָחִיו ... וְנִלָּחֲמָה בַּכְּנַעֲנִי וְהָלַכְתִּי
גַם־אֲנִי אִתְּךָ בְּגוֹרָלֶךָ

7 (Jdc 4,2) וַיִּמְכְּרֵם יְהוָה בְּיַד יָבִין מֶלֶךְ־כְּנַעַן אֲשֶׁר מָלַךְ בְּחָצוֹר

8 (I Sam 1,19) ... וַיֵּדַע[a] אֶלְקָנָה אֶת־חַנָּה אִשְׁתּוֹ וַיִּזְכְּרֶהָ יְהוָה׃

9 (I Sam 3,3) ... וּשְׁמוּאֵל שֹׁכֵב בְּהֵיכַל יְהוָה אֲשֶׁר־שָׁם אֲרוֹן אֱלֹהִים׃

10 (I Sam 5,6) וַתִּכְבַּד יַד־יְהוָה אֶל־הָאַשְׁדּוֹדִים

11 (I Sam 25,1) וַיָּמָת[b] שְׁמוּאֵל וַיִּקָּבְצוּ כָל־יִשְׂרָאֵל וַיִּסְפְּדוּ־לוֹ וַיִּקְבְּרֻהוּ בְּבֵיתוֹ

12 (II Sam 22,7) בַּצַּר־לִי אֶקְרָא יְהוָה וְאֶל־אֱלֹהַי אֶקְרָא

13 (I Reg 9,16) פַּרְעֹה מֶלֶךְ־מִצְרַיִם עָלָה[c] וַיִּלְכֹּד אֶת־גֶּזֶר[d] וַיִּשְׂרְפָהּ[e] בָּאֵשׁ
וְאֶת־הַכְּנַעֲנִי הַיֹּשֵׁב בָּעִיר הָרָג[f]

14 (I Reg 15,8) וַיִּשְׁכַּב אֲבִיָּם עִם־אֲבֹתָיו וַיִּקְבְּרוּ אֹתוֹ בְּעִיר דָּוִד וַיִּמְלֹךְ אָסָא
בְנוֹ תַּחְתָּיו׃

15 (I Reg 15,18) ... וַיִּשְׁלָחֵם הַמֶּלֶךְ אָסָא אֶל־בֶּן־הֲדַד בֶּן־טַבְרִמֹּן[g] בֶּן־חֶזְיוֹן[h] מֶלֶךְ
אֲרָם[i] הַיֹּשֵׁב בְּדַמֶּשֶׂק[j] לֵאמֹר׃

16 (I Reg 18,40) וַיֹּאמֶר אֵלִיָּהוּ לָהֶם תִּפְשׂוּ אֶת־נְבִיאֵי הַבַּעַל אִישׁ אַל־יִמָּלֵט
מֵהֶם וַיִּתְפְּשׂוּם

17 (II Reg 13,9) וַיִּשְׁכַּב יְהוֹאָחָז עִם־אֲבֹתָיו וַיִּקְבְּרֻהוּ בְּשֹׁמְרוֹן וַיִּמְלֹךְ יוֹאָשׁ
בְּנוֹ תַּחְתָּיו׃

18 (Jes 20,1) ... וַיִּלָּחֶם בְּאַשְׁדּוֹד וַיִּלְכְּדָהּ׃

19 (Jes 41,12) תְּבַקְשֵׁם וְלֹא תִמְצָאֵם

20 (Jes 63,3) וְאֶדְרְכֵם בְּאַפִּי

21 (Jer 34,3) וְאַתָּה לֹא תִמָּלֵט מִיָּדוֹ כִּי תָּפֹשׂ תִּתָּפֵשׂ וּבְיָדוֹ תִּנָּתֵן

22 (Jer 38,23) ... וְאַתָּה לֹא־תִמָּלֵט מִיָּדָם כִּי בְיַד מֶלֶךְ־בָּבֶל תִּתָּפֵשׂ וְאֶת־הָעִיר
הַזֹּאת תִּשְׂרֹף בָּאֵשׁ׃

23 (Jer 7,4) אַל־תִּבְטְחוּ לָכֶם אֶל־דִּבְרֵי הַשֶּׁקֶר לֵאמֹר הֵיכַל יְהוָה הֵיכַל יְהוָה
הֵיכַל יְהוָה הֵמָּה׃

24 (Am 7,13) ... כִּי מִקְדַּשׁ־מֶלֶךְ הוּא וּבֵית מַמְלָכָה[k] הוּא׃

25 (Ps 8,5) מָה־אֱנוֹשׁ כִּי־תִזְכְּרֶנּוּ וּבֶן־אָדָם כִּי תִפְקְדֶנּוּ׃

26 (Ps 14,1) אָמַר נָבָל[l] בְּלִבּוֹ אֵין אֱלֹהִים׃

27 (Ps 107,7) וַיַּדְרִיכֵם בְּדֶרֶךְ יְשָׁרָה

28 (Hi 1,5) ... וַיִּשְׁלַח אִיּוֹב וַיְקַדְּשֵׁם וְהִשְׁכִּים בַּבֹּקֶר

29 (I Chr 26,32) וַיַּפְקִידֵם דָּוִיד הַמֶּלֶךְ עַל־הָראוּבֵנִי[m] וְהַגָּדִי[n] וַחֲצִי שֵׁבֶט הַמְנַשִּׁי[o]
לְכָל־דְּבַר הָאֱלֹהִים וּדְבַר הַמֶּלֶךְ׃

30 (II Chr 22,9) וַיְבַקֵּשׁ אֶת־אֲחַזְיָהוּ וַיִּלְכְּדֻהוּ וְהוּא מִתְחַבֵּא[p] בְשֹׁמְרוֹן

Erläuterungen:

a „und er erkannte"
b „und er starb"
c „er zog hinauf"
d „Gezer" *(n.l.)*
e Wurzel שׂרף: „verbrennen"
f „er tötete"
g „Tabrimon" *(n.pr.m.)*
h „Hezjon" *(n.pr.m.)*
i „Aram" *(n.l.)*
j „Damaskus" *(n.l.)*
k „Königtum"
l „ein Tor, Törichter"
m „die Rubeniter" *(n.g.)*
n „die Gaditer" *(n.g.)*
o „die Manassiter" *(n.g.)*
p חבא *Hitp.* „sich verstecken"

6) Übersetzen Sie Jer 30,1-5:

Jer 30,1-5 eröffnet den Block von Heilsworten an Juda-Israel in Kap. 30-35. In Jer 30f. geht es um die Ankündigung der Heimkehr aus dem Exil und eines glücklichen Lebens in der Heimat.

1 הַדָּבָר אֲשֶׁר הָיָה[a] אֶל־יִרְמְיָהוּ מֵאֵת יְהוָה לֵאמֹר׃
2 כֹּה־אָמַר יְהוָה אֱלֹהֵי יִשְׂרָאֵל לֵאמֹר כְּתָב־לְךָ אֵת כָּל־הַדְּבָרִים
אֲשֶׁר־דִּבַּרְתִּי אֵלֶיךָ אֶל־סֵפֶר׃
3 כִּי הִנֵּה יָמִים בָּאִים[b] נְאֻם־יְהוָה וְשַׁבְתִּי אֶת־שְׁבוּת[c] עַמִּי יִשְׂרָאֵל
וִיהוּדָה אָמַר יְהוָה וַהֲשִׁבֹתִים[d] אֶל־הָאָרֶץ אֲשֶׁר־נָתַתִּי[e] לַאֲבוֹתָם
וִירֵשׁוּהָ[f]׃
4 וְאֵלֶּה הַדְּבָרִים אֲשֶׁר דִּבֶּר יְהוָה אֶל־יִשְׂרָאֵל וְאֶל־יְהוּדָה׃
5 כִּי־כֹה אָמַר יְהוָה קוֹל חֲרָדָה[g] שָׁמָעְנוּ פַּחַד וְאֵין שָׁלוֹם׃

Erläuterungen:

a „es ist ergangen"
b „sie sind im Kommen"
c „ich werde wenden das Geschick"
d „ich werde sie zurückbringen"
e „ich habe gegeben"
f „und sie werden es besitzen"
g „Schrecken"

7) Lektüreübung: Psalm 23

Das Motto des Psalms findet sich in V.1b: „Der Herr ist mein Hirte." Der Beter nennt dankbar und vertrauensvoll all das, was der Herr für ihn tut. Angesichts der Bedrohung durch Feinde weiß der Beter die göttliche Fürsorge in besonderer Weise zu schätzen.

1 מִזְמוֹר לְדָוִד יְהוָה רֹעִי לֹא אֶחְסָר׃
2 בִּנְאוֹת דֶּשֶׁא יַרְבִּיצֵנִי עַל־מֵי מְנֻחוֹת יְנַהֲלֵנִי׃
3 נַפְשִׁי יְשׁוֹבֵב יַנְחֵנִי בְמַעְגְּלֵי־צֶדֶק לְמַעַן שְׁמוֹ׃
4 גַּם כִּי־אֵלֵךְ בְּגֵיא צַלְמָוֶת לֹא־אִירָא רָע כִּי־אַתָּה עִמָּדִי שִׁבְטְךָ
וּמִשְׁעַנְתֶּךָ הֵמָּה יְנַחֲמֻנִי׃
5 תַּעֲרֹךְ לְפָנַי שֻׁלְחָן נֶגֶד צֹרְרָי דִּשַּׁנְתָּ בַשֶּׁמֶן רֹאשִׁי כּוֹסִי רְוָיָה׃
6 אַךְ טוֹב וָחֶסֶד יִרְדְּפוּנִי כָּל־יְמֵי חַיָּי וְשַׁבְתִּי בְּבֵית־יְהוָה
לְאֹרֶךְ יָמִים׃

8) Vokalisierungsübung. Vokalisieren und übersetzen Sie:

1	(Gen 26,31)	וישׁכימו בבקר וישׁבעו אישׁ לאחיו
2	(Ex 4,3)	וישׁליכהו ארצה
3	(Jer 6,17)	הקשׁיבו לקול שׁופר
4	(Ez 34,25)	וכרתי להם ברית שׁלום
5	(Ps 100,5)	כי טוב יהוה לעולם חסדו

Lektion 16: Das Starke Verb mit Objektsuffixen (Perfekt); Nomina mit veränderlichem Ṣere in der Endsilbe; Konditionalsätze

1. Vokabeln

Verben:

ברך	*Qal/Pi.* segnen
זבח	schlachten, opfern (זֶ֫בַח 11)
חכם	weise sein/werden (חָכָם 6)
חלל	*Pi.* entweihen
חפץ	Gefallen haben an
יסר	*Pi.* zurechtweisen, züchtigen
עבד	dienen, arbeiten (עֶבֶד 6)
עזב	verlassen
קטר	*Hi.* räuchern, opfern
שׁאל	fragen, bitten
שׁפך	vergießen, verschütten

Nomina:

- Nomina mit veränderlichem Ṣere in der Endsilbe:

אוֹיֵב	Feind
אִלֵּם	stumm
כִּסֵּא	Thronstuhl, Sessel
מוֹעֵד	Zeitpunkt
מוֹקֵשׁ	Falle
מִזְבֵּחַ	Altar (זֶ֫בַח 11)
סוֹפֵר	Erzähler (ספר 9)
עִוֵּר	blind
פִּסֵּחַ	lahm
שׁוֹפֵט	Richter (שׁפט 8)

- bisher gelerntes Nomen dieser Klasse:

כֹּהֵן (10)

Weitere Vokabeln:

אַשְׁרֵי	glücklich (Seligpreisung)

בִּי	bitte
גֶּבֶר	Mann
חִנָּם	umsonst, unentgeltlich (חֵן 14)
כַּאֲשֶׁר	wie, weil, wie wenn
לוּ	wenn; falls; gesetzt den Fall, dass
לוּלֵי	wenn nicht
מַמְלָכוּת	Königsmacht (מלך 8)
נַחֲלָה	Erbe, Besitz
פֹּה	hier
רַב	groß, zahlreich (רֹב 14)
שַׁבָּת	Sabbat (שׁבת 10/14)

Eigennamen:

אֲבִיגַל/אֲבִיגַיִל	Abigail *(n.pr.f.)*
בֵּית־אֵל	Bethel *(n.l.)*
גִּדְעוֹן	Gideon *(n.pr.m.)*
חֲנַנְיָה	Hananja *(n.pr.m.)*
מִצְרַיִם	Ägypten *(n.terr.)*
רָחֵל	Rahel *(n.pr.f.)*
שְׁלֹמֹה	Salomo *(n.pr.m.)*

2. Das Starke Verb mit Objektsuffixen: Perfekt

Im Unterschied zum Imperfekt ergeben sich beim Perfekt einschneidende Vokalisationsveränderungen. Hier empfiehlt sich folgende Einteilung:
- vokalisch endende Formen: 1.Sg.com., 3.Pl.com., 1.Pl.com.
- die maskulinen Formen: 3.Sg.m., 2.Sg.m.
- die femininen Formen: 3.Sg.f., 2.Sg.f.
- 2.Pl.m.

Da das Hif^cil von diesen Vokalisationsänderungen nur in einigen Formen betroffen ist, empfiehlt es sich, mit dieser Stammesmodifikation zu beginnen.

a) Objektsuffixe am Perfekt: Hif^cil

1.Sg.com. Perf. Hif^cil (vokalisch endend) mit Objektsuffixen			
הִכְתַּבְתִּי			*singularisch*
	הִכְתַּבְתִּיךָ	ich habe dich *(m.)* schreiben lassen	
	הִכְתַּבְתִּיךְ	ich habe dich *(f.)* schreiben lassen	
	הִכְתַּבְתִּיו	ich habe ihn schreiben lassen	
	הִכְתַּבְתִּיהָ	ich habe sie schreiben lassen	

	הִכְתַּבְתִּים	ich habe sie *(m.)* schreiben lassen	*pluralisch*

In gleicher Weise wie bei der 1.Sg.com. Perf.Hi. werden die Objektsuffixe angehängt bei:

3.Pl.com.	הִכְתִּיבוּ	הִכְתִּיבוּנִי
1.Pl.com.	הִכְתַּבְנוּ	הִכְתַּבְנוּךָ

3.Sg.m. Perf. Hifʿil (konsonantisch endend) mit Objektsuffixen			
הִכְתִּיב	הִכְתִּיבַנִי	er hat mich schreiben lassen	*singularisch*
	הִכְתִּיבְךָ	er hat dich *(m.)* schreiben lassen	
	הִכְתִּיבֵךְ	er hat dich *(f.)* schreiben lassen	
	הִכְתִּיבוֹ	er hat ihn schreiben lassen	
	הִכְתִּיבָהּ	er hat sie schreiben lassen	
	הִכְתִּיבָנוּ	er hat uns schreiben lassen	*pluralisch*
	הִכְתִּיבָם	er hat sie *(m.)* schreiben lassen	

2.Sg.m. Perf. Hifʿil (vokalisch endend) mit Objektsuffixen
Beim Afformativ der 2.Sg.m. Perf. fällt in Verbindung mit Objektsuffixen der Vokal Qamäṣ weg, und an seine Stelle tritt der Bindevokal.

הִכְתַּבְתָּ	הִכְתַּבְתַּנִי	du hast mich schreiben lassen	*singularisch*
	הִכְתַּבְתּוֹ	du hast ihn schreiben lassen	
	הִכְתַּבְתָּהּ	du hast sie schreiben lassen	
	הִכְתַּבְתָּנוּ	du hast uns schreiben lassen	*pluralisch*
	הִכְתַּבְתָּם	du hast sie *(m.)* schreiben lassen	

3.Sg.f. Perf. Hifʿil (vokalisch endend) mit Objektsuffixen
In der 3.Sg.f. Perf. tritt anstelle der Endung הָ die ältere Endung *–at* auf.

הִכְתִּ֫יבָה	הִכְתִּיבַ֫תְנִי	sie hat mich schreiben lassen	*singularisch*
	הִכְתִּיבַ֫תְךָ	sie hat dich *(m.)* schreiben lassen	
	הִכְתִּיבָ֫תֶךְ	sie hat dich *(f.)* schreiben lassen	
	הִכְתִּיבַ֫תְהוּ	sie hat ihn schreiben lassen	
	הִכְתִּיבַ֫תְהָ	sie hat sie schreiben lassen	
	הִכְתִּיבַ֫תְנוּ	sie hat uns schreiben lassen	*pluralisch*
	הִכְתִּיבָ֫תַם	sie hat sie *(m.)* schreiben lassen	

Bemerkungen:
- Mit Suffix der 3.Sg.m. auch: הִכְתִּיבַ֫תּוּ
- Mit Suffix der 3.Sg.f. auch: הִכְתִּיבַ֫תָּה
- Die Endung *–at* ist immer betont.
- Vor den Suffixen der 2.Sg.f. und 3.Pl.m. wird *a* > *ā*.

2.Sg.f. Perf. Hifʿil (konsonantisch endend) mit Objektsuffixen
In der 2.Sg.f. Perf. tritt anstelle der Endung תְּ die ältere Endung *–tī* auf.

הִכְתַּבְתְּ	הִכְתַּבְתִּ֫ינִי	du hast mich schreiben lassen	*singularisch*
	הִכְתַּבְתִּ֫יהוּ	du hast ihn schreiben lassen	
	הִכְתַּבְתִּ֫ים	du hast sie *(m.)* schreiben lassen	*pluralisch*

Bemerkungen:
- Die 2.Sg.f. Perf. ist nur mit den Suffixen der 1.Sg.com., der 3.Sg.m. und der 3.Pl.m. belegt.

2.Pl.m. Perf. Hifʿil (konsonantisch endend) mit Objektsuffixen
In der 2.Pl.m. Perf. tritt anstelle der Endung תֶּם die ältere Endung *–tū* auf.

הִכְתַּבְתֶּם	הִכְתַּבְתּוּנִי	ihr habt mich schreiben lassen	*singularisch*
	= הִכְתַּבְתָּנִי		
	הִכְתַּבְתּוּךָ	ihr habt dich *(m.)* schreiben lassen	
	הִכְתַּבְתּוּךְ	ihr habt dich *(f.)* schreiben lassen	
	הִכְתַּבְתּוּהוּ	ihr habt ihn schreiben lassen	
	הִכְתַּבְתּוּהָ	ihr habt sie schreiben lassen	
	הִכְתַּבְתּוּנוּ	ihr habt uns schreiben lassen	*pluralisch*
	הִכְתַּבְתּוּם	ihr habt sie *(m.)* schreiben lassen	

b) Objektsuffixe am Perfekt: Pi^{c}el

Da im Pi^{c}el mit Objektsuffixen mit Ausnahme der 3.Sg.m., wo der Vokal der Endsilbe zu Schwa mobile verkürzt wird, *keine Veränderungen* beim Verb auftauchen, genügt hier die tabellarische Aufstellung. Die Veränderungen bei den Afformativen entsprechen denen im Hif^{c}il.

Pi^{c}el Perfekt mit Objektsuffixen		
1.Sg.com.	כִּבַּדְתִּי	כִּבַּדְתִּיךָ
3.Pl.com.	כִּבְּדוּ	כִּבְּדוּנִי
1.Pl.com.	כִּבַּדְנוּ	כִּבַּדְנוּךָ
3.Sg.m.	כִּבֵּד	כִּבְּדַנִי
2.Sg.m.	כִּבַּדְתָּ	כִּבַּדְתַּנִי
3.Sg.f.	כִּבְּדָה	כִּבְּדַתְנִי
2.Sg.f.	כִּבַּדְתְּ	כִּבַּדְתִּינִי
2.Pl.m.	כִּבַּדְתֶּם	כִּבַּדְתּוּנִי

c) Objektsuffixe am Perfekt: Qal

1.Sg.com. Perf. Qal (vokalisch endend) mit Objektsuffixen Der Vokal $\bar{a}$ in der ersten Silbe wird zu Schwa mobile reduziert.			
כָּתַבְתִּי			*singularisch*
	כְּתַבְתִּיךָ	ich habe dich *(m.)* geschrieben	
	כְּתַבְתִּיךְ	ich habe dich *(f.)* geschrieben	
	כְּתַבְתִּיו	ich habe ihn geschrieben	
	כְּתַבְתִּיהָ	ich habe sie geschrieben	

	כְּתַבְתִּים	ich habe sie *(m.)* geschrieben	*pluralisch*

3.Pl.com. Perf. Qal (vokalisch endend) mit Objektsuffixen Der Vokal *ā* in der ersten Silbe wird zu Schwa mobile reduziert; unter dem zweiten Radikal der Wurzel erscheint Vortonqamäṣ.			
כָּתְבוּ	כְּתָבוּנִי	sie haben mich geschrieben	*singularisch*
	כְּתָבוּךָ	sie haben dich *(m.)* geschrieben	
	כְּתָבוּךְ	sie haben dich *(f.)* geschrieben	
	כְּתָבוּהוּ	sie haben ihn geschrieben	
	כְּתָבוּהָ	sie haben sie geschrieben	
	כְּתָבוּנוּ	sie haben uns geschrieben	*pluralisch*
	כְּתָבוּם	sie haben sie *(m.)* geschrieben	

1.Pl.com. Perf. Qal (vokalisch endend) mit Objektsuffixen Der Vokal *ā* in der ersten Silbe wird zu Schwa mobile reduziert.			
כָּתַבְנוּ			*singularisch*
	כְּתַבְנוּךָ	wir haben dich *(m.)* geschrieben	
	כְּתַבְנוּךְ	wir haben dich *(f.)* geschrieben	
	כְּתַבְנוּהוּ	wir haben ihn geschrieben	
	כְּתַבְנוּהָ	wir haben sie geschrieben	
	כְּתַבְנוּם	wir haben sie *(m.)* geschrieben	*pluralisch*

3.Sg.m. Perf. Qal (konsonantisch endend) mit Objektsuffixen Der Vokal *ā* in der ersten Silbe wird zu Schwa mobile reduziert; unter dem zweiten Radikal der Wurzel erscheint Vortonqamäṣ.			
כָּתַב	כְּתָבַנִי	er hat mich geschrieben	*singularisch*
	כְּתָבְךָ	er hat dich *(m.)* geschrieben	
	כְּתָבֵךְ	er hat dich *(f.)* geschrieben	
	כְּתָבוֹ	er hat ihn geschrieben	
	כְּתָבָהּ	er hat sie geschrieben	

	כְּתָבָנוּ	er hat uns geschrieben	*pluralisch*
	כְּתָבָם	er hat sie *(m.)* geschrieben	

2.Sg.m. Perf. Qal (vokalisch endend) mit Objektsuffixen
Der Vokal *ā* in der ersten Silbe wird zu Schwa mobile reduziert. Der Vokal *ā* des Afformativs entfällt; an seine Stelle tritt der Bindevokal.

כָּתַבְתָּ	כְּתַבְתַּנִי	du hast mich geschrieben	*singularisch*
	כְּתַבְתּוֹ	du hast ihn geschrieben	
	כְּתַבְתָּהּ	du hast sie geschrieben	
	כְּתַבְתָּנוּ	du hast uns geschrieben	*pluralisch*
	כְּתַבְתָּם	du hast sie *(m.)* geschrieben	

3.Sg.f. Perf. Qal (vokalisch endend) mit Objektsuffixen
Der Vokal *ā* in der ersten Silbe wird zu Schwa mobile verkürzt. Unter dem zweiten Radikal der Wurzel erscheint Vortonqamäṣ; anstelle der Endung ָה tritt die ältere Endung *–at* auf.

כָּתְבָה	כְּתָבַתְנִי	sie hat mich geschrieben	*singularisch*
	כְּתָבַתְךָ	sie hat dich *(m.)* geschrieben	
	כְּתָבָתֶךְ	sie hat dich *(f.)* geschrieben	
	כְּתָבַתְהוּ	sie hat ihn geschrieben	
	כְּתָבַתָּה	sie hat sie geschrieben	
	כְּתָבַתְנוּ	sie hat uns geschrieben	*pluralisch*
	כְּתָבָתַם	sie hat sie *(m.)* geschrieben	

Bemerkung:

- Mit Suffix der 3.Sg.m. auch: כְּתָבַתּוּ

2.Sg.f. Perf. Qal (konsonantisch endend) mit Objektsuffixen
Der Vokal *ā* in der ersten Silbe wird zu Schwa mobile verkürzt. An die Stelle der Endung תְּ tritt die ältere Endung *–tī*.

כָּתַבְתְּ	כְּתַבְתִּינִי	du hast mich geschrieben
	כְּתַבְתִּיהוּ	du hast ihn geschrieben

	כְּתַבְתִּים	du hast sie *(m.)* geschrieben

2.Pl.m. Perf. Qal (konsonantisch endend) mit Objektsuffixen
Anstelle der Endung תֶּם tritt die ältere Endung *–tū* auf.

כְּתַבְתֶּם	כְּתַבְתּוּנִי	ihr habt mich geschrieben	*singularisch*
	= כְּתַבְתֻּנִי		
	כְּתַבְתּוּךָ	ihr habt dich *(m.)* geschrieben	
	כְּתַבְתּוּךְ	ihr habt dich *(f.)* geschrieben	
	כְּתַבְתּוּהוּ	ihr habt ihn geschrieben	
	כְּתַבְתּוּהָ	ihr habt sie geschrieben	
	כְּתַבְתּוּנוּ	ihr habt uns geschrieben	*pluralisch*
	כְּתַבְתּוּם	ihr habt sie *(m.)* geschrieben	

d) Tabelle zum Perfekt mit Objektsuffixen (1.Sg.com. bzw. 2.Sg.m.)

	Qal	Piᶜel	Hifᶜil
3.Sg.m.	כְּתָבַנִי	כִּבְּדַנִי	הִכְתִּיבַנִי
3.Sg.f.	כְּתָבַתְנִי	כִּבְּדַתְנִי	הִכְתִּיבַתְנִי
2.Sg.m.	כְּתַבְתַּנִי	כִּבַּדְתַּנִי	הִכְתַּבְתַּנִי
2.Sg.f.	כְּתַבְתִּינִי	כִּבַּדְתִּינִי	הִכְתַּבְתִּינִי
1.Sg.com.	כְּתַבְתִּיךָ	כִּבַּדְתִּיךָ	הִכְתַּבְתִּיךָ
3.Pl.com.	כְּתָבוּנִי	כִּבְּדוּנִי	הִכְתִּיבוּנִי
2.Pl.m.	כְּתַבְתּוּנִי	כִּבַּדְתּוּנִי	הִכְתַּבְתּוּנִי
1.Pl.com.	כְּתַבְנוּךָ	כִּבַּדְנוּךָ	הִכְתַּבְנוּךָ

Sich überschneidende Formen im Qal, Piᶜel und Hifᶜil:
2.Sg.f. Perf. mit Suffix 3.Pl.m. = 1.Sg.com. Perf. mit Suffix 3.Pl.m.

Qal	Piᶜel	Hifᶜil
כְּתַבְתִּים	כִּתַּבְתִּים	הִכְתַּבְתִּים
כְּתַבְתִּים	כִּתַּבְתִּים	הִכְתַּבְתִּים

3. Nomina mit veränderlichem Ṣere in der Endsilbe

Zu den Nomina mit veränderlichem Ṣere in der Endsilbe gehören

- zweisilbige Nomina mit *ē* in der Endsilbe (Nomina mit *Mem*-Präformativ; das aktive Partizip Qal; Adjektive mit verdoppeltem mittlerem Konsonanten zur Beschreibung körperlicher Gebrechen): שׁוֹפֵט
- einsilbige Nomina mit *ē* in der Endsilbe: עֵץ

Regeln:

1) Im Sg.st.abs./cs. bleibt der Vokal der Endsilbe $\bar{e}$ erhalten.	
Sg.st.abs.	*Sg.st.cs.*
שׁוֹפֵט	שׁוֹפֵט
עֵץ	עֵץ

2) Im Sg. mit Suffixen und in allen Formen des Pl. wird der Vokal der Endsilbe $\bar{e}$ zu Schwa mobile bzw. Chateph-Vokal verkürzt.		
Sg. + Suffixe	*Pl.st.abs.*	*Pl. + Suffixe*
שׁוֹפְטֵנוּ	שֹׁפְטִים	שֹׁפְטֶיךָ

3) In unbetont geschlossener Silbe wird der Vokal der Endsilbe $\bar{e}$ zu *ä* oder *i* verkürzt.	
אֹיִבְךָ	dein Feind
יֶשְׁךָ	du bist da

4) Bei den einsilbigen Stämmen bleibt der Vokal der Endsilbe $\bar{e}$ teilweise als Vortonsere erhalten.	
עֵצָהּ	ihr Baum
עֵצָיו	seine Bäume

Besonderheiten:

- מִזְבֵּחַ	„Altar“ hat als Sg.st.cs.:		מִזְבַּח	
- מוֹקֵשׁ	„Falle“ doppelte Pluralbildung	I	מֹקְשֵׁי	Pl.st.cs.
		II	וּמֹקְשׁוֹת	Pl.st.abs.
- מוֹעֵד	„Zeitpunkt“ doppelte Pluralbildung	I	מוֹעֲדִים	Pl.st.abs.
		II	מוֹעָדוֹת	Pl.st.abs.
- שֵׁם	„Name“ Pluralbildung auf *–ōt*		שֵׁמוֹת	Pl.st.abs.

4. Bedingungssätze – Konditionalsätze

Das Verhältnis von Bedingung und Folge kann durch Konjunktionen im bedingenden Satz (a) und durch Nebeneinanderstellung zweier Sätze ohne Konjunktion *(asyndetisch)* zum Ausdruck gebracht werden (b). Der Bedingungssatz („wenn...“) steht in der Regel *vor* dem Folgesatz.

ad a): Konditionalsätze mit Konjunktionen

Die Konjunktionen zur Einführung von Bedingungssätzen waren wohl ursprünglich *deiktische Interjektionen*. Als Konjunktionen zur Einführung von Konditionalsätzen dienen:

אִם „wenn; falls; gesetzt den Fall, dass“ – am häufigsten; zur Einführung *realer* Bedingungssätze.

אִם לֹא	„wenn nicht“
כִּי	„wenn; falls; gesetzt den Fall, dass“ – nicht sehr häufig; zur Einführung *realer* Bedingungssätze
אֲשֶׁר	„wenn; falls; gesetzt den Fall, dass“ – selten; zur Einführung *realer* Bedingungssätze
הֵן/הִנֵּה	„wenn; falls; gesetzt den Fall, dass“ – selten, v.a. in jüngeren Texten; zur Einführung *realer* Bedingungssätze
לוּ/לוּא	„wenn“ – zur Einführung *irrealer* Bedingungssätze; לוּ ist ursprünglich eine Wunschpartikel
לוּלֵי	„wenn nicht“ (< * לוּ לֹא)

Gen 50,4:

דַּבְּרוּ־נָא בְּאָזְנֵי פַרְעֹה לֵאמֹר׃	אִם־נָא מָצָאתִי חֵן בְּעֵינֵיכֶם
Imp. verstärkt	*Perf. verstärkt*
Nachsatz *(Apodosis)* – Folge: „*dann* redet doch mit dem Pharao und sagt“	Vordersatz *(Protasis)* – Bedingung: „*Wenn* ich doch Gnade in euren Augen gefunden habe, –“

Prov 9,12:

חָכַמְתָּ לָּךְ	אִם־חָכַמְתָּ
Perf. als Präsens	*Perf. als Präsens*
Nachsatz *(Apodosis)* – Folge: „*dann* bist du weise für dich selbst“	Vordersatz *(Protasis)* – Bedingung: „*Wenn* du weise bist, –“

Gen 34,17:

וְלָקַחְנוּ אֶת־בִּתֵּנוּ וְהָלָכְנוּ׃	וְאִם־לֹא תִשְׁמְעוּ אֵלֵינוּ לְהִמּוֹל
Perf.cons. *Perf.cons.*	*Impf. verneint*
Nachsatz *(Apodosis)* – Folge: „*dann* nehmen wir unsere Tochter und gehen“	Vordersatz *(Protasis)* – Bedingung: „*Wenn* ihr nicht auf uns hören wollt, euch beschneiden zu lassen, –“

Ex 21,2:

שֵׁשׁ שָׁנִים יַעֲבֹד	כִּי תִקְנֶה עֶבֶד עִבְרִי
Impf.	*Impf. / „wenn“*
Nachsatz *(Apodosis)* – Folge: „*dann* soll er sechs Jahre dienen“	Vordersatz *(Protasis)* – Bedingung: „*Wenn* du einen hebräischen Skla-, ven erwirbst, –“

Dtn 11,26-28:

V.26: „Siehe, ich lege euch heute vor den Segen und den Fluch:“ (Nachsatz, Apodosis, Folge)

V.27:

אֲשֶׁר תִּשְׁמְעוּ אֶל־מִצְוֹת יְהוָה אֱלֹהֵיכֶם...	אֶת־הַבְּרָכָה
„wenn“	
Vordersatz *(Protasis)* – Bedingung: „*wenn* ihr hört auf die Gebote des Herrn, eures Gottes“	Nachsatz *(Apodosis)* – Folge: „den Segen, –“

V.28:	אִם־לֹא תִשְׁמְעוּ אֶל־מִצְוֹת יְהוָה אֱלֹהֵיכֶם *„wenn nicht"* Vordersatz *(Protasis)* – Bedingung: „*wenn* ihr nicht hört auf die Gebote des Herrn, eures Gottes"	וְהַקְּלָלָה Nachsatz *(Apodosis)* – Folge: „den Fluch, –"

Jos 2,18:

אֶת־תִּקְוַת חוּט הַשָּׁנִי הַזֶּה תִּקְשְׁרִי בַּחַלּוֹן *Impf.* Nachsatz *(Apodosis)* – Folge: „*dann* sollst du diese rote Schnur ins Fenster knüpfen."	הִנֵּה אֲנַחְנוּ בָאִים בָּאָרֶץ *Ptz.* *„wenn"* Vordersatz *(Protasis)* – Bedingung: „*Wenn* wir in das Land kommen, –"

Num 22,29:	כִּי עַתָּה הֲרַגְתִּיךְ׃ Nachsatz *(Apodosis)* – Folge: „*dann* würde ich dich jetzt töten."	לוּ יֶשׁ־חֶרֶב בְּיָדִי *Nominalsatz / „wenn" (Irrealis)* Vordersatz *(Protasis)* – Bedingung: „*Wenn* ich ein Schwert in meiner Hand hätte, –"
Dtn 32,29:	יַשְׂכִּילוּ זֹאת *Impf.* Nachsatz *(Apodosis)* – Folge: „würden sie dies verstehen"	לוּ חָכְמוּ *Perf.* *„wenn" (Irrealis)* Vordersatz *(Protasis)* – Bedingung: „*Wenn* sie klug wären, –"
Gen 31,42:	כִּי עַתָּה רֵיקָם שִׁלַּחְתָּנִי Nachsatz *(Apodosis)* – Folge: „*dann* hättest du mich mit leeren Händen ziehen lassen"	לוּלֵי אֱלֹהֵי אָבִי אֱלֹהֵי אַבְרָהָם ... הָיָה לִי *„wenn nicht" (Irrealis)* Vordersatz *(Protasis)* – Bedingung: „*Wenn* nicht der Gott meines Vaters ... für mich gewesen wäre, –"

ad b): Asyndetische Konditionalsätze

Das Verhältnis von Bedingung und Folge kann auch durch die Nebeneinanderstellung zweier Sätze *ohne Konjunktion* (asyndetisch) ausgedrückt werden. Der Folgesatz kann dabei mit oder ohne Waw copulativum stehen.

Jdc 6,13:	וְלָמָּה מְצָאַתְנוּ כָּל־זֹאת *mit Waw copulativum* Nachsatz *(Apodosis)* – Folge: „*warum* hat uns *dann* all dies getroffen?"	וְיֵשׁ יְהוָה עִמָּנוּ Vordersatz *(Protasis)* – Bedingung: „*Wenn* der Herr mit uns ist, –"
Ps 104,28:	יִשְׂבְּעוּן טוֹב׃ *ohne Waw copulativum* Nachsatz *(Apodosis)* – Folge:	תִּפְתַּח יָדְךָ Vordersatz *(Protasis)* – Bedingung:

„*dann* werden sie gut gesättigt!“ | „*Wenn* du deine Hand auftust, –“

5. Übungen

1) Bestimmungsübungen zum Perfekt mit Objektsuffixen:

1 וְהִבְדִּילוֹ גְּנָבַתּוּ וּבִקְשָׁתַם הִדְרִיכָהּ וְכִבַּדְתּוֹ וּלְכָדָהּ הִבְדַּלְתָּם בִּקַּשְׁתִּיו

2 גְּנָבָתַם וְכִפַּרְתָּהוּ לִמְּדוּם הִדְרִיכֻהוּ דְּרַשְׁתִּיךָ מִלְּטָנוּ מְכָרוֹ הִלַּלְתִּיךָ

3 הִסְתִּירָנִי פְּקַדְתִּים זְכַרְתַּנִי פִּתַּחְתִּיךָ סְפָרָם מְכָרָם כִּבַּדְתָּנִי לִמַּדְתַּנִי

4 פְּקָדוּךָ הִמְלַכְתַּנִי זְכַרְתִּיךָ וְקִבֶּצְךָ וּמְכָרוּם גְּנָבוּךָ

2) Vokalisierungsübungen zum Perfekt mit Objektsuffixen:

1 וקברתו וקדשתם והשכבתים והקריבו וקברום רדפוני

2 קדשוהו הקדשתיך והשבתים והקרבתם

3) Bestimmungsübungen zu den Nomina mit veränderlichem Ṣere in der Endsilbe:

1 הַמִּזְבֵּחָה סִפְרֵי כִּסְאִי לַכֹּהֲנִים פִּסְחִים מִזְבַּח מִכִּסְאוֹתָם וּבִשְׁמִי

2 סְפָרִים כֹּהֲנֶיהָ שִׁמְךָ כִּסְאוֹ מִמִּקְשֵׁי בְּשִׁמְתָם כֹּהֲנֵי אֹיְבוֹ עֲצֵי אֹיִבְךָ

3 מֵאוֹיְבַי מֵעֲצֵי שְׁמֵנוּ מוֹעֲדֵנוּ וְשֹׁפְטֶיךָ הֲיִשְׁכֶם וּמוֹעֲדֵיכֶם יֶשְׁךָ הֲיֵשׁ

4 עֹרוֹת לַמִּזְבֵּחַ לָעֵץ

4) Vokalisierungsübungen zu den Nomina mit veränderlichem Ṣere in der Endsilbe:

1 לעץ ושמו מזבחתיו עצה כהנינו ולכהן

2 אויביו שפטים אויבי שפטיהם

5) Übersetzen Sie:

1	(Gen 29,15)	וַיֹּאמֶר לָבָן לְיַעֲקֹב הֲכִי־אָחִי אַתָּה וַעֲבַדְתַּנִי חִנָּם
2	(Gen 31,32)	וְלֹא יָדַע יַעֲקֹב כִּי רָחֵל גְּנָבָתַם׃
3	(Gen 37,15f.)	וַיִּמְצָאֵהוּ אִישׁ ... וַיִּשְׁאָלֵהוּ הָאִישׁ לֵאמֹר מַה־תְּבַקֵּשׁ׃ וַיֹּאמֶר אֶת־אַחַי אָנֹכִי מְבַקֵּשׁ
4	(Gen 45,4)	וַיֹּאמֶר אֲנִי יוֹסֵף אֲחִיכֶם אֲשֶׁר מְכַרְתֶּם אֹתִי מִצְרָיְמָה׃
5	(Gen 47,29f.)	אַל־נָא תִקְבְּרֵנִי בְּמִצְרָיִם׃ וְשָׁכַבְתִּי עִם־אֲבֹתַי
6	(Lev 19,12)	וְלֹא־תִשָּׁבְעוּ בִשְׁמִי לַשָּׁקֶר וְחִלַּלְתָּ אֶת־שֵׁם אֱלֹהֶיךָ אֲנִי יְהוָה׃
7	(Lev 21,8)	וְקִדַּשְׁתּוֹ כִּי־אֶת־לֶחֶם אֱלֹהֶיךָ הוּא מַקְרִיב קָדֹשׁ יִהְיֶה[a]־לָּךְ כִּי קָדוֹשׁ אֲנִי יְהוָה מְקַדִּשְׁכֶם׃
8	(Dtn 21,14)	אִם לֹא חָפַצְתָּ בָּהּ וְשִׁלַּחְתָּהּ לְנַפְשָׁהּ וּמָכֹר לֹא־תִמְכְּרֶנָּה בַּכָּסֶף
9	(Jdc 2,17)	וְגַם אֶל־שֹׁפְטֵיהֶם לֹא שָׁמֵעוּ כִּי זָנוּ[b] אַחֲרֵי אֱלֹהִים אֲחֵרִים
10	(Jdc 4,20)	וַיֹּאמֶר אֵלֶיהָ עֲמֹד פֶּתַח הָאֹהֶל וְהָיָה[c] אִם־אִישׁ יָבוֹא[d] וּשְׁאֵלֵךְ וְאָמַר הֲיֵשׁ־פֹּה אִישׁ וְאָמַרְתְּ אָיִן׃
11	(Jdc 6,13)	וַיֹּאמֶר אֵלָיו גִּדְעוֹן בִּי אֲדֹנִי וְיֵשׁ יְהוָה עִמָּנוּ וְלָמָּה מְצָאַתְנוּ כָּל־זֹאת
12	(I Sam 1,20)	וַתִּקְרָא אֶת־שְׁמוֹ שְׁמוּאֵל כִּי מֵיְהוָה שְׁאִלְתִּיו׃
13	(I Sam 8,20)	וְהָיִינוּ[e] גַם־אֲנַחְנוּ כְּכָל־הַגּוֹיִם וּשְׁפָטָנוּ מַלְכֵּנוּ וְיָצָא[f] לְפָנֵינוּ וְנִלְחַם אֶת־מִלְחֲמֹתֵנוּ׃
14	(I Sam 8,21)	וַיִּשְׁמַע שְׁמוּאֵל אֵת כָּל־דִּבְרֵי הָעָם וַיְדַבְּרֵם בְּאָזְנֵי יְהוָה׃
15	(I Sam 8,22)	וַיֹּאמֶר יְהוָה אֶל־שְׁמוּאֵל שְׁמַע בְּקוֹלָם וְהִמְלַכְתָּ לָהֶם מֶלֶךְ וַיֹּאמֶר שְׁמוּאֵל אֶל־אַנְשֵׁי יִשְׂרָאֵל לְכוּ[g] אִישׁ לְעִירוֹ׃
16	(I Sam 15,28)	וַיֹּאמֶר אֵלָיו שְׁמוּאֵל קָרַע יְהוָה אֶת־מַמְלְכוּת יִשְׂרָאֵל מֵעָלֶיךָ הַיּוֹם וּנְתָנָהּ לְרֵעֲךָ הַטּוֹב מִמֶּךָּ׃

17 (I Sam 23,14) וַיְבַקְשֵׁהוּ שָׁאוּל כָּל־הַיָּמִים וְלֹא־נְתָנוֹ אֱלֹהִים בְּיָדוֹ׃

18 (I Sam 25,32) וַיֹּאמֶר דָּוִד לַאֲבִיגַל בָּרוּךְ יְהוָה אֱלֹהֵי יִשְׂרָאֵל אֲשֶׁר שְׁלָחֵךְ
הַיּוֹם הַזֶּה

19 (I Reg 8,53) כִּי־אַתָּה הִבְדַּלְתָּם לְךָ לְנַחֲלָה מִכֹּל עַמֵּי הָאָרֶץ כַּאֲשֶׁר דִּבַּרְתָּ
בְּיַד מֹשֶׁה עַבְדֶּךָ

20 (Jer 17,22) וְקִדַּשְׁתֶּם אֶת־יוֹם הַשַּׁבָּת כַּאֲשֶׁר צִוִּיתִי[h] אֶת־אֲבוֹתֵיכֶם׃

21 (Jer 28,15) וַיֹּאמֶר יִרְמְיָה הַנָּבִיא אֶל־חֲנַנְיָה הַנָּבִיא שְׁמַע־נָא חֲנַנְיָה
לֹא־שְׁלָחֲךָ יְהוָה וְאַתָּה הִבְטַחְתָּ אֶת־הָעָם הַזֶּה עַל־שָׁקֶר׃

22 (Jer 38,3) כֹּה אָמַר יְהוָה הִנָּתֹן תִּנָּתֵן הָעִיר הַזֹּאת בְּיַד חֵיל מֶלֶךְ־בָּבֶל
וּלְכָדָהּ׃

23 (Hos 2,9) וּבִקְשָׁתַם וְלֹא תִמְצָא

24 (Ps 22,2) אֵלִי אֵלִי לָמָה עֲזַבְתָּנִי

25 (Ps 22,4) וְאַתָּה קָדוֹשׁ יוֹשֵׁב תְּהִלּוֹת יִשְׂרָאֵל׃

26 (Ps 22,5) בְּךָ בָּטְחוּ אֲבֹתֵינוּ בָּטְחוּ וַתְּפַלְּטֵמוֹ׃

27 (Ps 22,6) אֵלֶיךָ זָעֲקוּ וְנִמְלָטוּ בְּךָ בָטְחוּ

28 (Ps 94,12) אַשְׁרֵי הַגֶּבֶר אֲשֶׁר תְּיַסְּרֶנּוּ ... וּמִתּוֹרָתְךָ תְלַמְּדֶנּוּ׃

29 (II Chr 1,8) וַיֹּאמֶר שְׁלֹמֹה לֵאלֹהִים אַתָּה עָשִׂיתָ[i] עִם־דָּוִיד אָבִי חֶסֶד גָּדוֹל
וְהִמְלַכְתַּנִי תַּחְתָּיו׃

30 (II Chr 1,9) עַתָּה יְהוָה אֱלֹהִים יֵאָמֵן[j] דְּבָרְךָ עִם דָּוִיד אָבִי כִּי אַתָּה
הִמְלַכְתַּנִי עַל־עַם רַב כַּעֲפַר הָאָרֶץ׃

Erläuterungen:

a „es soll sein“
b *hier:* „sie folgten“ (eigtl.: „untreu sein“)
c „und es soll sein“
d „er wird kommen“
e „und wir werden sein“
f „und er wird voranziehen“
g „geht!“
h „ich habe befohlen“
i „du hast geschaffen“
j „er/es wird wahr werden“

6) Übersetzen Sie I Reg 13,1-4: Der Gottesmann aus Juda

Die beiden Königebücher thematisieren die Zeit vom Beginn des Königtums Salomos bis zum babylonischen Exil (ca. 950-538 v.Chr.). I Reg 13 gehört zum Abschnitt I Reg 12 – II Reg 17, in dem die Lossagung der Nordstämme vom Südreich und die Gründung eines eigenen Königtums in Nordisrael beschrieben werden. I Reg 13 erzählt von einem Gottesmann aus Juda, der ein Wort gegen den Altar von Bethel sprechen soll.

1 וְהִנֵּה אִישׁ אֱלֹהִים בָּא[a] מִיהוּדָה בִּדְבַר יְהוָה אֶל־בֵּית־אֵל
וְיָרָבְעָם[b] עֹמֵד עַל־הַמִּזְבֵּחַ לְהַקְטִיר׃
2 וַיִּקְרָא עַל־הַמִּזְבֵּחַ בִּדְבַר יְהוָה וַיֹּאמֶר מִזְבֵּחַ מִזְבֵּחַ כֹּה אָמַר
יְהוָה הִנֵּה־בֵן נוֹלָד[c] לְבֵית־דָּוִד יֹאשִׁיָּהוּ[d] שְׁמוֹ וְזָבַח עָלֶיךָ
אֶת־כֹּהֲנֵי הַבָּמוֹת[e] הַמַּקְטִרִים עָלֶיךָ וְעַצְמוֹת אָדָם יִשְׂרְפוּ עָלֶיךָ׃
3 וְנָתַן בַּיּוֹם הַהוּא מוֹפֵת[f] לֵאמֹר זֶה הַמּוֹפֵת אֲשֶׁר דִּבֶּר יְהוָה הִנֵּה
הַמִּזְבֵּחַ נִקְרָע וְנִשְׁפַּךְ הַדֶּשֶׁן[g] אֲשֶׁר־עָלָיו׃
4 וַיְהִי כִשְׁמֹעַ הַמֶּלֶךְ אֶת־דְּבַר אִישׁ־הָאֱלֹהִים אֲשֶׁר קָרָא
עַל־הַמִּזְבֵּחַ בְּבֵית־אֵל וַיִּשְׁלַח יָרָבְעָם אֶת־יָדוֹ מֵעַל הַמִּזְבֵּחַ
לֵאמֹר תִּפְשֻׂהוּ וַתִּיבַשׁ[h] יָדוֹ אֲשֶׁר שָׁלַח עָלָיו ...

Erläuterungen:

a „er ist gekommen“
b „Jerobeam“ *(n.pr.m.)*
c „er wird geboren werden“
d „Josia“ *(n.pr.m.)*
e „die Kulthöhen“
f „Wunderzeichen“
g „die Asche“
h „und sie verdorrte“

7) Lektüreübung: II Reg 2,19-25: Elisas Wundertaten

Der Textabschnitt gehört zu den in I Reg 17 – II Reg 9 dokumentierten Elia- und Elisaerzählungen. Elia und Elisa gehören zu den ersten Propheten Israels. II Reg 2,19-25 berichtet von Wundertaten Elisas.

19 וַיֹּאמְרוּ אַנְשֵׁי הָעִיר אֶל־אֱלִישָׁע הִנֵּה־נָא מוֹשַׁב הָעִיר טוֹב כַּאֲשֶׁר
אֲדֹנִי רֹאֶה וְהַמַּיִם רָעִים וְהָאָרֶץ מְשַׁכָּלֶת׃
20 וַיֹּאמֶר קְחוּ־לִי צְלֹחִית חֲדָשָׁה וְשִׂימוּ שָׁם מֶלַח וַיִּקְחוּ אֵלָיו׃
21 וַיֵּצֵא אֶל־מוֹצָא הַמַּיִם וַיַּשְׁלֶךְ־שָׁם מֶלַח וַיֹּאמֶר כֹּה־אָמַר יְהוָה
רִפִּאתִי לַמַּיִם הָאֵלֶּה לֹא־יִהְיֶה מִשָּׁם עוֹד מָוֶת וּמְשַׁכָּלֶת׃
22 וַיֵּרָפוּ הַמַּיִם עַד הַיּוֹם הַזֶּה כִּדְבַר אֱלִישָׁע אֲשֶׁר דִּבֵּר׃
23 וַיַּעַל מִשָּׁם בֵּית־אֵל וְהוּא עֹלֶה בַדֶּרֶךְ וּנְעָרִים קְטַנִּים יָצְאוּ

מִן־הָעִ֫יר וַיִּתְקַלְּסוּ־בוֹ וַיֹּאמְרוּ לוֹ עֲלֵה קֵרֵחַ עֲלֵה קֵרֵחַ׃

24 וַיִּ֫פֶן אַחֲרָיו וַיִּרְאֵם וַיְקַלְלֵם בְּשֵׁם יְהוָה וַתֵּצֶאנָה שְׁתַּיִם דֻּבִּים
מִן־הַיַּ֫עַר וַתְּבַקַּ֫עְנָה מֵהֶם אַרְבָּעִים וּשְׁנֵי יְלָדִים׃

25 וַיֵּ֫לֶךְ מִשָּׁם אֶל־הַר הַכַּרְמֶל וּמִשָּׁם שָׁב שֹׁמְרוֹן׃

8) Vokalisierungsübung. Vokalisieren und übersetzen Sie:

1 (Dtn 1,16) וָאֲצַוֶּה[a] את שׁפטיכם בעת ההוא לאמר שׁמע בין־אחיכם
ושׁפטתם צדק בין אישׁ ובין־אחיו ובין גרו׃

2 (Jdc 11,27) ישׁפט יהוה השׁפט היום בין בני ישׂראל ובין בני עמון׃

3 (Am 3,1) שׁמעו את הדבר הזה אשׁר דבר יהוה עליכם בני ישׂראל

4 (Am 5,4) כי כה אמר יהוה לבית ישׂראל דרשׁוני

5 (Ps 148,4f.) הללוהו שׁמי השׁמים והמים אשׁר מעל השׁמים׃
יהללו את־שׁם יהוה

Erläuterung:

a „und ich befahl“

Lektion 17:
Das Starke Verb mit Objektsuffixen (Imperativ und Infinitiv constructus); Nomina mit veränderlichem Qamäṣ in der vorletzten Silbe; Temporalsätze

1. Vokabeln

Verben:

ילד	gebären, zeugen
לקח	nehmen, fassen, ergreifen
מָלֵא	voll sein
	Ni. angefüllt sein, erfüllt werden (מָלֵא 11)
נפל	fallen
עבר	durchziehen, vorübergehen
שׂמח	sich freuen, fröhlich sein

Nomina:

• Nomina mit veränderlichem Qamäṣ:

בָּרוּךְ	gesegnet (ברך 16)
גָּבֹהַּ	hoch
הָמוֹן	Lärm, Menge
זִכָּרוֹן	Andenken (זכר 8)
טָהוֹר	rein
יָמִין	rechte Hand, rechte Seite
כָּבוֹד	Ehre, Herrlichkeit (כָּבֵד 7)
לָשׁוֹן	Zunge, Sprache
מָרוֹם	Höhe
מָשִׁיחַ	Gesalbter (משׁח 11)
נָשִׂיא	Fürst
סָבִיב	ringsum; Umgebung
צָפוֹן	Norden
קָדִים	Osten, Ostwind
רָצוֹן	Wohlgefallen
תָּמִים	vollständig, untadelig

- bisher gelernte Nomina dieser Klasse:
  קָדוֹשׁ (7), עָוֹן (6), נָבִיא (10), מָקוֹם (14), גָּדוֹל (6), אָדוֹן (16)
  שָׁלוֹם (7), רָחוֹק (8), קָרוֹב (12)

Weitere Vokabeln:

אוּלַי	vielleicht
אוֹת	Zeichen, Wunder
בְּהֵמָה	Vieh, Tiere
בְּטֶרֶם	bevor, ehe
זֶרַע	Saat, Same; Nachkommenschaft, Geschlecht
יְשׁוּעָה	Hilfe, Heil
עוֹף	Vögel *(kollektiv)*
עֲנָוָה	Demut
תֵּבָה	Kasten; Arche

Eigennamen:

דָּן	Dan *(n.pr.m.)*
חִירָם	Hiram *(n.pr.m.)*
נֹחַ	Noah *(n.pr.m.)*

2. Das Starke Verb mit Objektsuffixen: Imperativ und Infinitiv constructus

a) Imperativ

Imp.Sg.m. Hif^{c}il (konsonantisch endend) mit Objektsuffixen			
הַכְתֵּב	הַכְתִּיבֵנִי	lass mich schreiben!	*singularisch*
Ausgangsform: הַכְתִּיב	הַכְתִּיבֵהוּ	lass ihn schreiben!	
	הַכְתִּיבֶהָ	lass sie schreiben!	
	הַכְתִּיבֵנוּ	lass uns schreiben!	*pluralisch*
	הַכְתִּיבֵם	lass sie *(m.)* schreiben!	

Imp.Pl.m. Hif^{c}il (vokalisch endend) mit Objektsuffixen			
הַכְתִּיבוּ	הַכְתִּיבוּנִי	lasst mich schreiben!	*singularisch*
	הַכְתִּיבוּהוּ	lasst ihn schreiben!	
	הַכְתִּיבוּהָ	lasst sie schreiben!	
	הַכְתִּיבוּנוּ	lasst uns schreiben!	*pluralisch*
	הַכְתִּיבוּם	lasst sie *(m.)* schreiben!	

Imp.Sg.m. Pi^{c}el (konsonantisch endend) mit Objektsuffixen Hier wird das Ṣere der Endsilbe in Verbindung mit Suffixen zu Schwa mobile verkürzt.			
כַּבֵּד	כַּבְּדֵנִי	ehre mich!	*singularisch*
	כַּבְּדֵהוּ	ehre ihn!	
	כַּבְּדֶהָ	ehre sie!	
	כַּבְּדֵנוּ	ehre uns!	*pluralisch*
	כַּבְּדֵם	ehre sie *(m.)*!	

Imp.Pl.m. Pi^{c}el (vokalisch endend) mit Objektsuffixen			
כַּבְּדוּ	כַּבְּדוּנִי	ehrt mich!	*singularisch*
	כַּבְּדוּהוּ	ehrt ihn!	
	כַּבְּדוּהָ	ehrt sie!	
	כַּבְּדוּנוּ	ehrt uns!	*pluralisch*
	כַּבְּדוּם	ehrt sie *(m.)*!	

$\bar{o}$-Imp.Sg.m. Qal Hier begegnet als Ausgangsform כָּתְב *kåtb* < * *kutub* + Schwa medium			***a*-Imp.Sg.m. Qal** Hier wird *a* > $\bar{a}$ (Vortonqamäs) gedehnt			
כְּתֹב	כָּתְבֵנִי	schreib mich an!	שְׁמַע	שְׁמָעֵנִי	höre mich an!	*singularisch*
	כָּתְבֵהוּ	schreib ihn an!		שְׁמָעֵהוּ	höre ihn an!	
	כָּתְבֶהָ	schreib sie an!		שְׁמָעֶהָ	höre sie an!	
	כָּתְבֵנוּ	schreib uns an!		שְׁמָעֵנוּ	höre uns an!	*pluralisch*
	כָּתְבֵם	schreib sie *(m.)* an!		שְׁמָעֵם	höre sie *(m.)* an!	

$\bar{o}$-Imp.Pl.m. Qal			***a*-Imp.Pl.m. Qal** Wie im Sg. wird *a* > $\bar{a}$ gedehnt.			
כִּתְבוּ	כִּתְבוּנִי	schreibt mich an!	שִׁמְעוּ	שְׁמָעוּנִי	hört mir zu!	*singularisch*
	כִּתְבוּהוּ	schreibt ihn an!		שְׁמָעוּהוּ	hört ihm zu!	
	כִּתְבוּהָ	schreibt sie an!		שְׁמָעוּהָ	hört ihr zu!	
	כִּתְבוּנוּ	schreibt uns an!		שְׁמָעוּנוּ	hört uns zu!	*pluralisch*
	כִּתְבוּם	schreibt sie *(m.)* an!		שְׁמָעוּם	hört ihnen *(m.)* zu!	

Tabelle zum Imperativ mit Objektsuffixen (1.Sg.com.)

	Qal	Pi^cel	Hif^cil
$\bar{o}$-Imp.Sg.m.	כָּתְבֵנִי	כַּבְּדֵנִי	הַכְתִּיבֵנִי
a-Imp.Sg.m.	שְׁמָעֵנִי		
$\bar{o}$-Imp.Pl.m.	כִּתְבוּנִי	כַּבְּדוּנִי	הַכְתִּיבוּנִי
a-Imp.Pl.m.	שְׁמָעוּנִי		

b) Infinitiv constructus mit Suffixen

	Qal	Nif^{c}al	Pi^{c}el	Hif^{c}il
Inf.cs.	כְּתֹב	הִכָּתֵב	כַּבֵּד	הַכְתִּיב
singularisch	כָּתְבֵנִי/כָּתְבִי	הִכָּתְבִי	כַּבְּדֵנִי/כַּבְּדִי	הַכְתִּיבֵנִי/הַכְתִּיבִי
	כָּתְבְךָ/כְּתָבְךָ	הִכָּתֶבְךָ	כַּבֶּדְךָ	הַכְתִּיבְךָ
	כָּתְבֵךְ	הִכָּתְבֵךְ	כַּבְּדֵךְ	הַכְתִּיבֵךְ
	כָּתְבוֹ	הִכָּתְבוֹ	כַּבְּדוֹ	הַכְתִּיבוֹ
	כָּתְבָהּ	הִכָּתְבָהּ	כַּבְּדָהּ	הַכְתִּיבָהּ
pluralisch	כָּתְבֵנוּ	הִכָּתְבֵנוּ	כַּבְּדֵנוּ	הַכְתִּיבֵנוּ
	כְּתָבְכֶם	הִכָּתֶבְכֶם	כַּבֶּדְכֶם	הַכְתִּיבְכֶם
	כָּתְבָם	הִכָּתְבָם	כַּבְּדָם	הַכְתִּיבָם

3. Nomina mit veränderlichem Qamäṣ in der vorletzten Silbe

Regel:

Der Vokal Qamäṣ (Vortonqamäṣ) wird außer im Sg.st.abs. überall zu Schwa mobile bzw. Chateph-Patach reduziert.

Sg.st.abs.	*übrige Formen*	
נָבִיא	נְבִיאִים	Pl.st.abs.
	נְבִיאֵי	Pl.st.cs.
	נְבִיאֶיךָ	Pl. + Suff.2.Sg.m.
לָשׁוֹן	לְשׁוֹן	Sg.st.cs.
	לְשׁוֹנִי	Sg. + Suff.1.Sg.com.

Besonderheiten:

- זִכָּרוֹן „Andenken“ hat als Sg.st.cs.: זִכְרוֹן
  doppelte Pluralbildung I זִכְרֹנֵיכֶם
  II הַזִּכְרֹנוֹת
- מָקוֹם „Ort“ hat als Plural: מְקֹמוֹת
- עָוֹן „Sünde, Schuld“ doppelte Pluralbildung I עֲוֹנֵינוּ
  II עֲוֹנֹת

4. Temporalsätze

Das zeitliche Verhältnis zweier Handlungen kann durch Konjunktionen (a), durch die Nebeneinanderstellung zweier Sätze ohne Konjunktion (b) sowie durch Inf.cs. + Präposition (c) zum Ausdruck gebracht werden.

ad a): Temporalsätze mit Konjunktionen

Als Konjunktionen zur Einführung von Temporalsätzen dienen:

כַּאֲשֶׁר/כִּי/אִם	„als, nachdem, wenn“
עַד־כִּי/עַד־אִם/עַד אֲשֶׁר אִם/עַד אֲשֶׁר/עַד	„bis dass, solange als, solange bis“
בְּטֶ֫רֶם	„ehe, bevor“
אַחַר/אַחֲרֵי אֲשֶׁר/אַחֲרֵי	„nachdem“
מֵאָז	„seitdem“

Beispiele:

Jdc 3,18:	וַיְשַׁלַּח אֶת־הָעָם „entließ er die Leute.“	וַיְהִי כַּאֲשֶׁר כִּלָּה לְהַקְרִיב אֶת־הַמִּנְחָה *Perf.* *„als, nachdem“* „Als er den Tribut übergeben hatte, –“
Jdc 1,28:	וַיָּשֶׂם אֶת־הַכְּנַעֲנִי לָמַ֫ס „machte es die Kanaanäer fron-pflichtig.“	וַיְהִי כִּי־חָזַק יִשְׂרָאֵל *Perf.* *„als, nachdem“* „Als Israel mächtig wurde, –“
Jdc 6,3:	וְעָלָה מִדְיָן „zog Midian herauf.“	וְהָיָה אִם־זָרַע יִשְׂרָאֵל *„als, wenn“* „Immer, wenn Israel gesät hatte, –“
Gen 28,15:	עַד אֲשֶׁר אִם־עָשִׂיתִי *Perf.* *„bis dass“* „bis dass ich erfüllt haben wer-de...“	כִּי לֹא אֶעֱזָבְךָ „Denn ich werde dich nicht verlassen,“
II Reg 6,32:	וְהוּא אָמַר „hatte er gesagt“	בְּטֶ֫רֶם יָבֹא הַמַּלְאָךְ אֵלָיו *Impf. als Vergangenheit* *„ehe, bevor“* „Bevor der Bote zu ihm kam, –“
Jos 7,8:	אַחֲרֵי אֲשֶׁר הָפַךְ יִשְׂרָאֵל עֹ֫רֶף לִפְנֵי אֹיְבָיו׃ *„nachdem“* „nachdem Israel seinen Feinden den Rücken gekehrt hat?“	בִּי אֲדֹנָי מָה אֹמַר „Bitte, mein Herr, was soll ich sa-gen, –“

Gen 39,5:	וַיְבָרֶךְ יְהוָה ...	וַיְהִי מֵאָז הִפְקִיד אֹתוֹ בְּבֵיתוֹ ...
		Perf. *„seitdem"*
	„segnete Jahwe..."	„Seitdem er ihn über sein Haus gesetzt hatte ..., –"

Die Beispiele zeigen, dass Temporalsätze der Vergangenheit oft durch וַיְהִי (3.Sg.m. Impf.cons. von היה „sein, werden") bzw. durch וְהָיָה (3.Sg.m. Perf.cons. von היה) eingeleitet werden.

ad b): Temporalsätze ohne Konjunktion

Beispiel:

Gen 7,6:	וְהַמַּבּוּל הָיָה	וְנֹחַ בֶּן־שֵׁשׁ מֵאוֹת שָׁנָה
	„als die Flut kam."	„Und Noah war 600 Jahre alt, –"

ad c): Inf.cs. + Präposition als Stellvertreter eines Temporalsatzes

Beispiel:

II Sam 11,16:	וַיִּתֵּן אֶת־אוּרִיָּה	וַיְהִי בִּשְׁמוֹר יוֹאָב אֶל־הָעִיר
		Inf.cs.
	„stellte er Uria ..."	„Als Joab die Stadt belagerte, –"

5. Übungen

1) Bestimmungsübungen zum Imperativ und Inf.cs. mit Objektsuffixen:

1 בִּקְשֵׁנִי בַּקְּשׁוּנִי דִּרְשׁוּנִי גַּדְּלֵךְ הַלְלוּהוּ זָכְרֵנִי כְּהַזְכִּירוֹ כַּבְּדֶךָ

2 בְּכָרְתִי בִּקְשֵׁהוּ וּלְגַדְּלָם בִּכְתָבוֹ דָּרְשׁוֹ כַּבְּדֵנִי כָּתְבֵם כַּבְּדוּהוּ

3 בְּכַפֶּרְךָ לְלָכְדֵנִי לְדָרְשֵׁנִי הַכְבִּדִי וְלָכְדָהּ כַּבְּסֵנִי לְלַמְּדָם לְמָכְרָהּ

4 בְּכַפְּרִי לַמְּדֵנִי וּמַלְּטוּנִי לְבַקְּשׁוֹ מָשְׁחֵהוּ שָׁפְטֵנִי

2) Vokalisierungsübungen zum Imperativ und Inf.cs. mit Objektsuffixen:

1 בתפשם לשפטנו ותפשוהו לשמרו שפטני כשמעם

2 להשמידני השליכהו לשלח והשכם

3) Bestimmungsübungen zu den Nomina mit veränderlichem Qamäṣ in der vorletzten Silbe:

1 צָפֹ֫נָה רְצוֹן תְּמִימֵי הֲשָׁלוֹם שְׁלוֹמִים הֶהָמוֹן סְבִיבֹתַי זִכְרֹנֵיכֶם

2 עֲוֹנֵ֫ינוּ שְׁלוֹם

4) Vokalisierungsübungen zu den Nomina mit veränderlichem Qamäṣ in der vorletzten Silbe:

1 מצפון ברצונך ולשׁונם המונה מקמות

5) Übersetzen Sie:

1 (Gen 12,11) וַיְהִי כַּאֲשֶׁר הִקְרִיב לָבוֹא[a] מִצְרָ֑יְמָה וַיֹּ֫אמֶר אֶל־שָׂרַי אִשְׁתּוֹ
הִנֵּה־נָא יָדַעְתִּי כִּי אִשָּׁה יְפַת־מַרְאֶה[b] אָֽתְּ׃

2 (Gen 24,52) וַיְהִי כַּאֲשֶׁר שָׁמַע עֶבֶד אַבְרָהָם אֶת־דִּבְרֵיהֶ֑ם וַיִּשְׁתַּ֫חוּ[c] אַ֫רְצָה
לַיהוָֽה׃

3 (Gen 24,53) וַיּוֹצֵא[d] הָעֶבֶד כְּלֵי־כֶ֫סֶף וּכְלֵי זָהָב וּבְגָדִים וַיִּתֵּן[e] לְרִבְקָ֑ה
וּמִגְדָּנֹת[f] נָתַן לְאָחִיהָ וּלְאִמָּֽהּ׃

4 (Gen 30,25) וַיְהִי כַּאֲשֶׁר יָלְדָה רָחֵל אֶת־יוֹסֵ֑ף וַיֹּ֫אמֶר יַעֲקֹב אֶל־לָבָן שַׁלְּחֵ֫נִי
וְאֵלְכָה[g] אֶל־מְקוֹמִי וּלְאַרְצִֽי׃

5 (Gen 31,1) וַיִּשְׁמַע אֶת־דִּבְרֵי בְנֵי־לָבָן לֵאמֹר לָקַח יַעֲקֹב אֵת כָּל־אֲשֶׁר
לְאָבִ֑ינוּ וּמֵאֲשֶׁר לְאָבִינוּ עָשָׂה[h] אֵת כָּל־הַכָּבוֹד[i] הַזֶּֽה׃

6 (Gen 31,29) וֵאלֹהֵי אֲבִיכֶם ... אָמַר אֵלַי לֵאמֹר הִשָּׁמֶר לְךָ מִדַּבֵּר עִם־יַעֲקֹב
מִטּוֹב עַד־רָֽע[j]׃

7 (Jdc 6,7f.) וַיְהִי כִּי־זָעֲקוּ בְנֵי־יִשְׂרָאֵל אֶל־יְהוָה עַל אֹדוֹת[k] מִדְיָֽן׃
וַיִּשְׁלַח יְהוָה אִישׁ נָבִיא אֶל־בְּנֵי יִשְׂרָאֵל וַיֹּ֫אמֶר לָהֶם כֹּה־אָמַר
יְהוָה אֱלֹהֵי יִשְׂרָאֵל אָנֹכִי הֶעֱלֵיתִי[l] אֶתְכֶם מִמִּצְרַ֫יִם וָאֹצִיא[m]
אֶתְכֶם מִבֵּית עֲבָדִֽים׃

8 (Jdc 18,1) בַּיָּמִים הָהֵם אֵין מֶ֫לֶךְ בְּיִשְׂרָאֵל וּבַיָּמִים הָהֵם שֵׁבֶט הַדָּנִי
מְבַקֶּשׁ־לוֹ נַחֲלָה לָשֶׁ֫בֶת[n] כִּי לֹא־נָפְלָה[o] לּוֹ עַד־הַיּוֹם הַהוּא
בְּתוֹךְ־שִׁבְטֵי יִשְׂרָאֵל בְּנַחֲלָֽה׃

9 (II Reg 2,9f.) וַיְהִי כְעָבְרָם וְאֵלִיָּהוּ אָמַר אֶל־אֱלִישָׁע שְׁאַל מָה אֶעֱשֶׂה[p] לָּךְ
בְּטֶרֶם אֶלָּקַח מֵעִמָּךְ וַיֹּאמֶר אֱלִישָׁע וִיהִי־נָא[q] פִּי־שְׁנַיִם[r] בְּרוּחֲךָ
אֵלָי׃

10 (Zeph 2,3) בַּקְּשׁוּ־צֶדֶק בַּקְּשׁוּ עֲנָוָה אוּלַי תִּסָּתְרוּ בְּיוֹם אַף־יְהוָה׃

11 (Ps 4,6) זִבְחוּ זִבְחֵי צֶדֶק וּבִטְחוּ אֶל־יְהוָה׃

12 (Ps 5,3f.) הַקְשִׁיבָה לְקוֹל שַׁוְעִי[s] מַלְכִּי וֵאלֹהָי כִּי אֵלֶיךָ אֶתְפַּלָּל׃
יְהוָה בֹּקֶר תִּשְׁמַע קוֹלִי

13 (Ps 90,2) בְּטֶרֶם הָרִים יֻלָּדוּ ... וּמֵעוֹלָם עַד־עוֹלָם אַתָּה אֵל׃

14 (Ps 106,4) זָכְרֵנִי יְהוָה בִּרְצוֹן עַמֶּךָ פָּקְדֵנִי בִּישׁוּעָתֶךָ׃

15 (Ruth 1,1) וַיְהִי בִּימֵי שְׁפֹט הַשֹּׁפְטִים וַיְהִי רָעָב בָּאָרֶץ

Erläuterungen:

a „zu kommen“
b „schön an Aussehen“
c „und er verneigte sich“
d „und er brachte heraus“
e „und er gab“
f „Kostbarkeiten“
g „ich will gehen“
h „er hat getan“
i „die Ehre“
j „das Böse“
k „wegen“
l „ich habe herausgeführt“
m „ich führte heraus“
n „um zu wohnen“
o „es war gefallen“
p „ich werde tun“
q „es soll sein“
r *hier:* „doppelter Anteil“
s „mein Flehen“

6) Übersetzen Sie Gen 9,8-12: Der Bund mit Noah

Die Erzählung von Gottes Bund mit Noah steht am Ende der Sintflutberichte (Gen 6-8). Gottes Bund mit Noah dokumentiert den Entschluss Gottes, die Menschheit nicht mehr zu vernichten, „solange die Erde steht“. Literarisch zählt Gen 9 zur sog. Priesterschrift (6.Jh. v.Chr.).

8 וַיֹּאמֶר אֱלֹהִים אֶל־נֹחַ וְאֶל־בָּנָיו אִתּוֹ לֵאמֹר׃
9 וַאֲנִי הִנְנִי מֵקִים[a] אֶת־בְּרִיתִי אִתְּכֶם וְאֶת־זַרְעֲכֶם אַחֲרֵיכֶם׃
10 וְאֵת כָּל־נֶפֶשׁ הַחַיָּה אֲשֶׁר אִתְּכֶם בָּעוֹף בַּבְּהֵמָה וּבְכָל־חַיַּת
הָאָרֶץ אִתְּכֶם מִכֹּל יֹצְאֵי הַתֵּבָה לְכֹל חַיַּת הָאָרֶץ׃

11 וַהֲקִמֹתִי[b] אֶת־בְּרִיתִי אִתְּכֶם וְלֹא־יִכָּרֵת כָּל־בָּשָׂר עוֹד מִמֵּי
הַמַּבּוּל וְלֹא־יִהְיֶה[c] עוֹד מַבּוּל לְשַׁחֵת[d] הָאָרֶץ׃
12 וַיֹּאמֶר אֱלֹהִים זֹאת אוֹת־הַבְּרִית אֲשֶׁר־אֲנִי נֹתֵן בֵּינִי וּבֵינֵיכֶם
וּבֵין כָּל־נֶפֶשׁ חַיָּה אֲשֶׁר אִתְּכֶם לְדֹרֹת עוֹלָם׃

Erläuterungen:

a „aufrichtend“

b „ich werde aufrichten“

c „es wird sein“

d „um zu vernichten“

7) Vokalisierungsübung. Vokalisieren und übersetzen Sie:

1 (Lev 19,1f.) וידבר יהוה אל משׁה לאמר:
דבר אל כל עֲדַת[a] בני ישׂראל ואמרת אלהם קדשׁים תִּהְיוּ[b]
כי קדושׁ אני יהוה אלהיכם:

2 (Num 15,39) ... וזכרתם את כל מצות יהוה

3 (Dtn 13,4) לא תשׁמע אל דברי הנביא ההוא

4 (Jes 65,23) כי זרע ברוכי יהוה המה

5 (Ps 72,19) וברוך שׁם כבודו לעולם וימלא כבודו את כל הארץ אמן
אמן:

Erläuterungen:

a „Versammlung“ *(Sg.st.cs.)*

b „ihr sollt sein“

Lektion 18:
Verba primae laryngalis; Verba primae Aleph; Nomina auf Segol He (ֶה); Schwursätze

1. Vokabeln

Verben:

- Verba primae laryngalis mit ō-Imperfekt:

(יֶאֱסֹף)	אסף	sammeln, aufnehmen, wegnehmen
(יֶאְסֹר)	אסר	anbinden, fesseln
(יַהֲפֹךְ)	הפך	wenden, umstürzen
(יַהֲרֹג)	הרג	töten, schlagen
(יַחְשֹׁב)	חשב	anrechnen, halten für
(יַעְזֹר/יַעֲזָר־)	עזר	helfen, unterstützen
(יַעֲרֹךְ)	ערך	ordnen, zurüsten

- Verba primae laryngalis mit a-Imperfekt und Hifil:

(יֶאֱהַב)	אהב	lieben
(יֶחְדַּל)	חדל	aufhören
(יֶחֱזַק)	חזק	fest sein, stark sein (חָזָק 8)
		Hi. ergreifen
(יֶחְפָּץ/יַחְפֹּץ)	חָפֵץ	Gefallen haben an
(הֶאֱזִין)	אזן	*Hi.* hinhören (אֹזֶן 11)
(הֶאֱמִין)	אמן	*Hi.* glauben („Amen“)
(הֶחֱרִים)	חרם	*Hi.* bannen

- Bisher gelernte Verben dieser Klasse:

עמד (11), עזב (16), עבד (16), עבר (17)

- Verba primae Aleph:

(יֹאמַר)	אמר	sagen
(יֹאבֶה)	אבה	wollen
(יֹאפֶה)	אפה	backen
(יֹאחֵז/יֶאֱחֹז)	אחז	ergreifen
(יֹאכַל)	אכל	essen
(יֹאבַד)	אבד	zugrunde gehen

Nomina:

- Nomina auf Segol He:

יָפֶה	schön
מַחֲנֶה	Lager; Heer
מַטֶּה	Stab, Stamm
מַעֲשֶׂה	Tat, Werk, Arbeit
מַרְאֶה	Sehen; Aussehen, Erscheinung
מִשְׁתֶּה	Trinken; Gastmahl
נָוֶה	Weideplatz; Stätte
עָלֶה	Blätter
קָנֶה	(Schilf-)Rohr
קָצֶה	Ende, Rand
קָשֶׁה	hart
רֹעֶה	Hirte
שָׂדֶה	Feld, Grundstück

- bisher gelerntes Nomen dieser Klasse:

מִקְנֶה (6)

Weitere Vokabeln:

אַוָּה	Begehren, Verlangen
אָנָּה	ach, doch
בַּעֲבוּר	um ... willen; wegen
בְּרָכָה	Segen, Segensspruch (ברך 16)
חַיָּה	(wildes) Tier
כִּי אִם	außer, sondern, jedoch
כֵּן	so, ebenso
לֵוִי	Levit
מַאֲכָל	Speise (אכל 13)
מָעוֹז	Zufluchtsort, Schutz
נָקִי	ledig, frei; unschuldig
פֶּן	dass nicht, damit nicht; sonst
פקח	öffnen
רַק	nur, bloß *(Adv.)*
רָשָׁע	schuldig; Gottloser
שְׁנֵיהֶם	beide
תְּאֵנָה	Feigenbaum

Eigennamen:

אֱלִישָׁע	Elisa *(n.pr.m.)*
יִזְרְעֶאל	Jesreel *(n.l.)*
נָבוֹת	Naboth *(n.pr.m.)*

2. Verba primae laryngalis

Zu dieser Verbklasse gehören diejenigen Verben, die einen Laryngal an erster Stelle haben. Im Vergleich zum Starken Verb zeigen die Verba primae laryngalis folgende Abweichungen:

- Im Impf. Qal hat das Präformativ die Vokale Patach oder Segol. Handelt es sich um ein ō-Impf., ist der Präformativvokal meist Patach, bei a-Impf. meist Segol.

3.Sg.m. ō-Impf.:	יַעֲבֹד/יַחְשֹׁב	(יִכְתֹּב)
3.Sg.m. a-Impf.:	יֶאֱהַב	(יִשְׁמַע)

- Im Perf. und Partizip Ni. und im Perf. Hi. wird der Präformativvokal Chiräq zu Segol.

3.Sg.m. Perf.Ni.:	נֶעֱבַד	(נִכְתַּב)
Ptz. Sg.m. Ni.:	נֶעֱבָד	(נִכְתָּב)
3.Sg.m. Perf.Hi.:	הֶעֱבִיד	(הִכְתִּיב)

- Im Impf. Qal, Perf. Ni., Partizip Ni. und in allen Formen von Hi. und Ho. wird die erste geschlossene Silbe entweder beibehalten (sog. *harte Verbindung mit Schwa quieszens*; oft bei He und Chet) oder mit einem gleichlautenden Chateph-Vokal aufgesprengt (sog. *weiche Verbindung*).

	weiche Verbindung:	harte Verbindung:
3.Sg.m. Impf. Qal:	יַעֲבֹד	יַחְשֹׁב
3.Sg.m. Perf.Ni.:	נֶעֱבַד	נֶחְשַׁב
Ptz. Sg.m. Ni.:	נֶעֱבָד	נֶחְשָׁב
3.Sg.m. Perf.Hi.:	הֶעֱבִיד	הֶחְשִׁיב
3.Sg.m. Perf.Ho.:	הָעֳבַד	הָחְשַׁב

- Im Impf. Ni., Imp. Ni. und Inf.cs. Ni. tritt statt der Verdopplung des ersten Radikals *Ersatzdehnung* des Präformativvokals $i > \bar{e}$ ein.

3.Sg.m. Impf.Ni.:	יֵעָבֵד	(יִכָּתֵב)
Imp. Sg.m. Ni.:	הֵעָבֵד	(הִכָּתֵב)
Inf.cs. Ni.:	הֵעָבֵד	(הִכָּתֵב)

- Erhält der zweite Radikal Schwa mobile, so wird der Chateph-Vokal durch den entsprechenden vollen Vokal (+ folgendes Schwa medium) ersetzt (nur bei weicher Verbindung).

2.Sg.f. Impf. Qal:	תַּעַבְדִי	(תִּכְתְּבִי)
3.Pl.m. Impf. Qal:	יַעַבְדוּ	(יִכְתְּבוּ)
2.Pl.m. Impf. Qal:	תַּעַבְדוּ	(תִּכְתְּבוּ)
3.Pl.com. Perf.Ni.:	נֶעֶבְדוּ	(נִכְתְּבוּ)

- Statt Schwa mobile erhält der erste Radikal der Wurzel Chateph-Patach. Ist der erste Radikal ein Aleph, so erhält er Chateph-Segol.

  2.Pl.m. Perf. Qal: עֲבַדְתֶּם (כְּתַבְתֶּם)
  Inf.cs. Qal: עֲבֹד/אֱסֹף (כְּתֹב)

- Der Dopplungsstamm Pi., Pu., Hitp. entspricht in seiner Formenbildung dem Starken Verb.

  Besonderheiten:
  Inf.cs. Qal von אהב *„lieben“ +* לְ*:* לַאֲהָבָה
  1.Sg.com. Impf.cons. אהב *„lieben“:* וָאֹהַב „und ich liebte“

3. Verba primae Aleph

Zu dieser Verbklasse zählen nur folgende Verben:

אמר	sagen
אבה	wollen
אפה	backen
אחז	ergreifen
אכל	essen
אבד	zugrunde gehen

Merksatz: „Er *sagte*, wir *wollen backen*, *ergreifen*, *essen* und *zugrunde gehen*.“

Im Vergleich zum Starken Verb zeigen die Verba primae Aleph folgende Abweichungen:

- Das Aleph verliert im Impf. Qal seinen Konsonantenwert und quiesziert zu $\bar{o}$.

  יֹאמַר < * יָאמַר < * יַאְמָר (יִכְתֹּב)

- In der 1.Sg.com. Impf. Qal fällt ein Aleph in der Schrift aus.

  אֹמַר (אֶכְתֹּב)

- In den endungslosen Formen im Impf.cons. wird außer in der 1.Sg.com. und in Pausalformen der Ton zurückgezogen.

  וַיֹּ֫אמֶר (וַיִּ֫כְתֹּב)

- Der Inf.cs. von אמר + לְ lautet: לֵאמֹר

- Alle Stammesmodifikationen außer Qal gehen nach Analogie der Verba primae laryngalis.

  3.Sg.m. Perf.Ni.: נֶאֱמַר (נִכְתַּב)
  3.Sg.m. Impf.Ni.: יֵאָמֵר (יִכָּתֵב)

Besonderheiten:

- אחז bildet im Impf. auch Formen ohne Quieszierung des Aleph nach Analogie der Verba primae laryngalis:
  3.Sg.f./2.Sg.m. Impf. Qal: תֶּאֱחֹז (תִּכְתֹּב)
  3.Sg.m. Impf.cons. Qal: וַיֶּאֱחֹז (וַיִּכְתֹּב)
- Sehr selten fällt das Aleph als erster Radikal auch in der Schrift aus:
  2.Pl.m. Impf. Qal (II Sam 19,14)*:* תֹּמְרוּ (תִּכְתְּבוּ)

4. Nomina auf Segol He (ֶה)

Die Nomina, die mit Segol He enden, waren ursprünglich Nomina auf Patach Jod (ַי). Diese Endung fiel weg und wurde durch Segol He ersetzt. Bei dem Nomen שָׂדֶה hat sich die ältere Form שָׂדַי / i.p. שָׂדָי noch an einigen poetischen Stellen erhalten: Dtn 32,13; Jes 56,9; Jer 4,17 u.ö.

Zu dieser Nominalklasse gehören:

- Nomina mit מַ- und מִ-Präformativ von Verbalwurzeln
  מַטֶּה „Stab, Stamm" מַחֲנֶה „Lager; Heer" מִקְנֶה „(Vieh-)Besitz"
- die aktiven Partizipien der Verba tertiae infirmae
  רֹעֶה „Hirte" *(wörtl.: „ein Weidender")*

Regeln:

1) Die Endung Segol He (ֶה) im Sg.m. st.abs. wird im Sg.m. st.cs. zu Ṣere He (ֵה).

Sg. st.abs.	*Sg. st.cs.*
מַעֲשֶׂה	מַעֲשֵׂה
רֹעֶה	רֹעֵה

2) In allen Formen außer im Sg.st.abs./cs. fällt Segol He bzw. Ṣere He ersatzlos weg. Die Suffixe und Nominalendungen treten an deren Stelle.

Sg. + Suffix	*Pl. st.abs.*	*Pl. st.cs.*
מַעֲשִׂי	מַעֲשִׂים	מַעֲשֵׂי
רֹעִי	רֹעִים	רֹעֵי

Besonderheiten:

- שָׂדֶה doppelte Pluralbildung I שָׂדֵי
  II שָׂדוֹת
- מַחֲנֶה doppelte Pluralbildung I מַחֲנֶיךָ
  II מַחֲנוֹת

-	מַטֶּה	doppelte Pluralbildung	I	מַטּוֹת
			II	בְּמַטָּיו
-	נָוֶה	Nebenform im Pl.st.cs.:		נְאוֹת
-	שָׂדֶה	Nebenform im Sg.st.abs. (ältere Form):		שָׂדַי

5. Schwursätze

Schwur- oder Beteuerungssätze können als bedingte Selbstverfluchung gedeutet werden. Sie sind in der Regel durch folgende Elemente erkennbar:

a) Schwurformeln (Beteuerungsformel)

חַי אָנִי	„so wahr ich lebe“
חַי יְהוָה	„so wahr Jahwe lebt“
חֵי פַרְעֹה	„so wahr der Pharao lebt“
חֵי נַפְשְׁךָ	„so wahr du lebst“
חָלִילָה לִי	„fern sei es von mir“
שׁבע	*Ni.* „schwören“

b) Selbstverwünschungsformel

כֹּה יַעֲשֶׂה (לִי) אֱלֹהִים וְכֹה יוֹסִיף „so und so möge mir Gott tun...“

c) Schwursatz

eingeleitet mit	אִם	„wenn...“ = „gewiss nicht“ (!):	*verneinender Schwursatz*
eingeleitet mit	אִם לֹא	„wenn nicht“ = „gewiss“ (!):	*bejahender Schwursatz*
eingeleitet mit	כִּי	„gewiss“:	*bejahender Schwursatz*

Die Übersetzung von אִם mit „gewiss nicht“ und אִם לֹא mit „gewiss“ erklärt sich aus der Verbindung mit der oft wegfallenden Selbstverwünschungsformel:

„So und so möge mir der Herr tun, *wenn* ich das tue“ =
ich werde es aber *bestimmt nicht* tun!
„So und so möge mir der Herr tun, *wenn* ich das *nicht* tue“ =
ich werde es aber *bestimmt* tun!

In vielen Fällen fällt die Selbstverwünschung weg:

II Sam 12,5:

כִּי בֶן־מָוֶת הָאִישׁ הָעֹשֶׂה זֹאת׃	חַי־יְהוָה
„gewiss“	*Schwurformel*
„gewiss ist der Mann, der dies getan hat, ein Mann des Todes.“	„so wahr Jahwe lebt, –“

I Sam 24,22:

וְעַתָּה הִשָּׁבְעָה לִּי בַּיהוָה	אִם־תַּכְרִית אֶת־זַרְעִי אַחֲרָי	וְאִם־תַּשְׁמִיד אֶת־שְׁמִי מִבֵּית אָבִי׃
Schwurformel	*1. Schwursatz*	*2. Schwursatz*
„Und jetzt, schwöre mir bei dem Herrn, “	„du wirst gewiss nicht ausrotten meine Nachkommenschaft nach mir“	„und du wirst gewiss nicht vertilgen meinen Namen aus dem Haus meines Vaters.“

I Sam 24,7:

וַיֹּאמֶר לַאֲנָשָׁיו	חָלִילָה לִּי מֵיהוָה	אִם־אֶעֱשֶׂה אֶת־הַדָּבָר הַזֶּה לַאדֹנִי
	Schwurformel	*Schwursatz*
„Und er sagte zu seinen Männern: –“	„Davor soll mich der Herr bewahren, –“	„ich werde gewiss nicht meinem Herrn diese Sache antun...“ *oder:* „nicht anzutun...“

Mit Selbstverwünschungsformel:

II Sam 19,14:

וְלַעֲמָשָׂא תֹּמְרוּ הֲלֹא עַצְמִי וּבְשָׂרִי אָתָּה	כֹּה יַעֲשֶׂה־לִּי אֱלֹהִים וְכֹה יוֹסִף
	Selbstverwünschung
„Und zu Amasa sprecht: Bist du nicht von meinem Gebein und Fleisch?“	„Gott tue mir dies und das, –“
אִם־לֹא שַׂר־צָבָא תִּהְיֶה לְפָנַי	
Schwursatz	
„du wirst gewiss Oberster des Heeres vor mir sein.“ = „wenn du nicht Oberster sein sollst vor mir.“	

6. Übungen

1) Konjugieren Sie mündlich folgende Verben:

אכל Qal   אמן Hi.   אזן Hi.   עמד Qal

2) Bestimmungsübungen zu den Verba primae laryngalis:

1 יַאַסְפֵנִי וַיֶּאְסֹר נֶהְפַּךְ אֶסְרוּ יַהֲפֹךְ וַיַּהַרְגֵהוּ נֶחְשְׁבוּ וְנַעְבְּרָה

2 וְנֶאֱסַפְתָּ יֵחָשֵׁב וְהַעֲבַרְתֶּם יֵאָסֵפוּן וַיַּחְשְׁבֶהָ וַיַּעֲבֶר־ עֲזַרְתִּיךְ הֵאָסְפוּ

3 לְעָזְרֵנוּ וַיַּעֲרֹךְ הֶעֱרִיךְ וַיֶּאֱהָבֶךָ יֶעֶזְרוּ מְאַהֲבַיִךְ יֶחֶזְקוּ נֶאֱמָנִים

4 חַזְּקֵנִי יֵאָמֵן הַאֲמִינוּ הַחֲזֵק הֶאֱמִינוּ

3) Bestimmungsübungen zu den Verba primae Aleph:

1 תֹּאמְרִי תֹּאבֶה אֹכַל בְּאָמְרָם יֹאכַל יֹאחֵז יֹאבַד אֹחֲזָה נֹאבֵד

2 וַתֹּאמַרְןָ יֹאכְלֵם לֵאמֹר יֵאָמֵר הָאוֹכֵל נֹאמַר יֵאָכְלוּ נֹאבְדָה

3 תֹּאבֵדוּן אוֹמְרָה וַיֵּאָחֵז תֹּאכְלֶנּוּ וְנֹאכְלָה וַתֹּאבַדְנָה יֹאכְלֵהוּ אֹכְלָה

4 בְּאָמְרִי וַיֹּאמֶר וָאֹמַר אָכְלוּ תֹּמְרוּ

4) Vokalisierungsübungen zu den Verba primae Aleph und laryngalis:

1 העמיד אמר ויאמר ונאכל האזינו אחזה תאבדו

2 יאמין העמדתי ויאסף יעמד ויעמידה

5) Bestimmungsübungen zu den Nomina auf Segol He:

1 קְשֵׁה קְשֵׁי מַעֲשָׂיו כְּמַרְאֵה מִקְנֵה כְּמִשְׁתֵּה רֹעֵה רֹעִי רֹעֵי רֹעַי

2 שָׂדוֹת וְקָנָהּ קְשַׁת מַעֲשֵׂי וּמַמַּרְאֵה מִשְׁתָּיו רֹעוֹת מִקְנֵנוּ שְׂדֹתֵינוּ

3 מִקָּצֵה נְוֵה שָׂדַי קָצֵהוּ נָוֵהוּ בִּנְאוֹת וִיפֵה יְפוֹת מִקְנַי וִיפַת מַטְּךָ

6) Vokalisierungsübungen zu den Nomina auf Segol He:

1 מחני יפה רעיך מראינו וקשי

7) Übersetzen Sie:

1 (Gen 18,3) וַיֹּאמַר אֲדֹנָי אִם־נָא מָצָאתִי חֵן בְּעֵינֶיךָ אַל־נָא תַעֲבֹר מֵעַל עַבְדֶּךָ׃

2 (Dtn 12,15) רַק בְּכָל־אַוַּת נַפְשְׁךָ תִּזְבַּח וְאָכַלְתָּ בָשָׂר כְּבִרְכַּת יְהוָה אֱלֹהֶיךָ אֲשֶׁר נָתַן־לְךָ בְּכָל־שְׁעָרֶיךָ הַטָּמֵא וְהַטָּהוֹר יֹאכְלֶנּוּ

3 (Dtn 12,18) כִּי אִם־לִפְנֵי יְהוָה אֱלֹהֶיךָ תֹּאכְלֶנּוּ בַּמָּקוֹם אֲשֶׁר יִבְחַר יְהוָה אֱלֹהֶיךָ בּוֹ אַתָּה וּבִנְךָ וּבִתֶּךָ וְעַבְדְּךָ וַאֲמָתֶךָ וְהַלֵּוִי אֲשֶׁר בִּשְׁעָרֶיךָ וְשָׂמַחְתָּ לִפְנֵי יְהוָה אֱלֹהֶיךָ

4 (Jdc 5,31) כֵּן יֹאבְדוּ כָל־אוֹיְבֶיךָ יְהוָה

5 (Jdc 9,45) וַאֲבִימֶלֶךְ נִלְחָם בָּעִיר כֹּל הַיּוֹם הַהוּא וַיִּלְכֹּד אֶת־הָעִיר וְאֶת־הָעָם אֲשֶׁר־בָּהּ הָרָג

6 (I Reg 17,12) וַתֹּאמֶר חַי־יְהוָה אֱלֹהֶיךָ אִם־יֶשׁ לִי מָעוֹג[a]

7 (I Reg 18,10) חַי יְהוָה אֱלֹהֶיךָ אִם־יֶשׁ־גּוֹי וּמַמְלָכָה אֲשֶׁר לֹא־שָׁלַח אֲדֹנִי שָׁם לְבַקֶּשְׁךָ וְאָמְרוּ אָיִן וְהִשְׁבִּיעַ אֶת־הַמַּמְלָכָה וְאֶת־הַגּוֹי כִּי לֹא יִמְצָאֶכָּה׃

8 (I Reg 21,3) וַיֹּאמֶר נָבוֹת אֶל־אַחְאָב חָלִילָה לִּי מֵיהוָה מִתִּתִּי[b] אֶת־נַחֲלַת אֲבֹתַי לָךְ׃

9 (II Reg 2,2) וַיֹּאמֶר אֵלִיָּהוּ אֶל־אֱלִישָׁע שֵׁב[c]־נָא פֹה כִּי יְהוָה שְׁלָחַנִי עַד־בֵּית־אֵל וַיֹּאמֶר אֱלִישָׁע חַי־יְהוָה וְחֵי־נַפְשְׁךָ אִם־אֶעֶזְבֶךָּ וַיֵּרְדוּ[d] בֵּית־אֵל׃

10 (Jes 7,9) אִם לֹא תַאֲמִינוּ כִּי לֹא תֵאָמֵנוּ׃

11 (Ez 18,23) הֶחָפֹץ אֶחְפֹּץ מוֹת רָשָׁע נְאֻם אֲדֹנָי יְהוִה הֲלוֹא בְּשׁוּבוֹ[e] מִדְּרָכָיו וְחָיָה[f]׃

12 (Jon 1,14) וַיִּקְרְאוּ אֶל־יְהוָה וַיֹּאמְרוּ אָנָּה יְהוָה אַל־נָא נֹאבְדָה בְּנֶפֶשׁ הָאִישׁ הַזֶּה וְאַל־תִּתֵּן[g] עָלֵינוּ דָּם נָקִיא כִּי־אַתָּה יְהוָה כַּאֲשֶׁר חָפַצְתָּ עָשִׂיתָ[h]׃

13 (Ps 27,8f.) אֶת־פָּנֶיךָ יְהוָה אֲבַקֵּשׁ׃ אַל תַּסְתֵּר פָּנֶיךָ מִמֶּנִּי

14 (Ps 27,10) כִּי־אָבִי וְאִמִּי עֲזָבוּנִי וַיהוָה יַאַסְפֵנִי׃

15 (Ps 64,11) יִשְׂמַח צַדִּיק בַּיהוָה ... וְיִתְהַלְלוּ כָּל־יִשְׁרֵי־לֵב׃

Erläuterungen:

a Text nicht ganz sicher; vielleicht ist מְאוּמָה „irgendetwas" zu lesen

b „als dass ich gebe"

c „setz dich!"

d „und sie zogen“
e „wenn er umkehrt“
f „er wird leben“
g „du sollst nicht geben, anrechnen“
h „du handelst“

8) Übersetzen Sie Gen 3,1-13: Die Schuld Adams und Evas

Gen 3 gehört zur biblischen Urgeschichte in Gen 1-11. Die *Schuld* Adams und Evas liegt in dem Ungehorsam gegen Gott (3,6), denn sie essen von der verbotenen Frucht. Als *Strafe* wird von Gott festgelegt: Die Schlange muss auf dem Bauch kriechen (3,14), die Frau unter Schmerzen gebären (3,16), der Mann mit Mühsal seine Arbeit verrichten (3,17). Der Mann und seine Frau werden aus dem Paradies vertrieben, aber sie werden nicht getötet!

1 וְהַנָּחָשׁ[a] הָיָה עָרוּם[b] מִכֹּל חַיַּת הַשָּׂדֶה אֲשֶׁר עָשָׂה[c] יְהוָה אֱלֹהִים
וַיֹּאמֶר אֶל־הָאִשָּׁה [d]אַף כִּֽי־[d] אָמַר אֱלֹהִים לֹא תֹֽאכְלוּ מִכֹּל עֵץ
הַגָּן׃
2 וַתֹּאמֶר הָאִשָּׁה אֶל־הַנָּחָשׁ[a] מִפְּרִי עֵץ־הַגָּן נֹאכֵל׃
3 וּמִפְּרִי הָעֵץ אֲשֶׁר בְּתוֹךְ־הַגָּן אָמַר אֱלֹהִים לֹא תֹֽאכְלוּ מִמֶּנּוּ וְלֹא
תִגְּעוּ[e] בּוֹ פֶּן־תְּמֻתוּן[f]׃
4 וַיֹּאמֶר הַנָּחָשׁ אֶל־הָאִשָּׁה לֹא־מוֹת תְּמֻתוּן[f]׃
5 כִּי יֹדֵעַ אֱלֹהִים כִּי בְּיוֹם אֲכָלְכֶם מִמֶּנּוּ וְנִפְקְחוּ עֵינֵיכֶם וִהְיִיתֶם[g]
כֵּאלֹהִים יֹדְעֵי טוֹב וָרָע[h]׃
6 וַתֵּרֶא[i] הָאִשָּׁה כִּי טוֹב הָעֵץ לְמַאֲכָל וְכִי תַֽאֲוָה[j]־הוּא לָעֵינַיִם
וְנֶחְמָד[k] הָעֵץ לְהַשְׂכִּיל וַתִּקַּח[l] מִפִּרְיוֹ וַתֹּאכַל וַתִּתֵּן[m] גַּם־לְאִישָׁהּ
עִמָּהּ וַיֹּאכַל׃
7 וַתִּפָּקַחְנָה עֵינֵי שְׁנֵיהֶם וַיֵּדְעוּ[n] כִּי עֵירֻמִּם[o] הֵם וַיִּתְפְּרוּ[p] עֲלֵה
תְאֵנָה וַיַּעֲשׂוּ[q] לָהֶם חֲגֹרֹת[r]׃
8 וַיִּשְׁמְעוּ אֶת־קוֹל יְהוָה אֱלֹהִים מִתְהַלֵּךְ בַּגָּן לְרוּחַ הַיּוֹם וַיִּתְחַבֵּא[s]
הָאָדָם וְאִשְׁתּוֹ מִפְּנֵי יְהוָה אֱלֹהִים בְּתוֹךְ עֵץ הַגָּן׃
9 וַיִּקְרָא יְהוָה אֱלֹהִים אֶל־הָאָדָם וַיֹּאמֶר לוֹ אַיֶּכָּה[t]׃
10 וַיֹּאמֶר אֶת־קֹלְךָ שָׁמַעְתִּי בַּגָּן וָאִירָא[u] כִּי־עֵירֹם[o] אָנֹכִי וָאֵחָבֵא[s]׃
11 וַיֹּאמֶר מִי הִגִּיד[v] לְךָ כִּי עֵירֹם[o] אָתָּה הֲמִן־הָעֵץ אֲשֶׁר צִוִּיתִיךָ[w]
לְבִלְתִּי אֲכָל־מִמֶּנּוּ אָכָלְתָּ׃
12 וַיֹּאמֶר הָאָדָם הָאִשָּׁה אֲשֶׁר נָתַתָּה[x] עִמָּדִי הִוא נָתְנָה־לִּי מִן־הָעֵץ
וָאֹכֵל׃
13 וַיֹּאמֶר יְהוָה אֱלֹהִים לָאִשָּׁה מַה־זֹּאת עָשִׂית[y] וַתֹּאמֶר הָאִשָּׁה
הַנָּחָשׁ[a] הִשִּׁיאַנִי[z] וָאֹכֵל׃

Erläuterungen:

a „die Schlange“
b „listig, schlau“
c „er hatte geschaffen“
d-d *hier:* „Ist es so, dass...?“
e „ihr sollt nicht berühren“
f „ihr werdet sterben“
g „ihr werdet sein“
h „böse, schlecht“
i „und sie sah“
j „Begehren“
k „begehrenswert“
l „und sie nahm“
m „und sie gab“
n „und sie erkannten“
o „nackt“
p „und sie flochten/machten“
q „und sie machten“
r „Schurze“
s חבא „sich verstecken“
t „wo bist du?“
u „und ich fürchtete mich“
v „er hat mitgeteilt“
w „ich habe dir befohlen“
x „du hast gegeben“
y „du hast getan“
z „sie hat mich verführt“

9) Vokalisierungsübung. Vokalisieren und übersetzen Sie:

ויעבדו העם את יהוה כל ימי יהושע וכל ימי הזקנים	(Jdc 2,7)	1
פן יאמרו לי אשה הרגתהו	(Jdc 9,54)	2
אל תעזבני יהוה אלהי אל תרחק ממני:	(Ps 38,22)	3
שׁומר יהוה את כל אהביו ואת כל הרשׁעים ישמיד:	(Ps 145,20)	4
לא אאמין כי יאזין קולי:	(Hi 9,16)	5

Lektion 19: Verba mediae laryngalis; feminine Nomina auf *–īt* und *–ūt*; Final- und Konsekutivsätze; Partikeln mit Suffixen

1. Vokabeln

Verben:

- Verba mediae laryngalis:

(יִבְחַן)	בחן	*Qal*	prüfen, auf die Probe stellen
(יְגָרֵשׁ)	גרשׁ	*Pi.*	vertreiben
(יְחָרֵף)	חרף	*Pi.*	schmähen, verhöhnen
(יִטְהַר)	טהר	*Qal*	rein sein
(יְטַהֵר)		*Pi.*	reinigen, für rein erklären
(יְמָאֵן)	מאן	*Pi.*	sich weigern
(יִמְאַס)	מאס	*Qal*	verschmähen, verabscheuen
(יְמַהֵר)	מהר	*Pi.*	eilen, beschleunigen
(יְנָאֵץ)	נאץ	*Pi.*	verachten
(יְנַחֵם)	נחם	*Pi.*	trösten
(יְרַחֵם)	רחם	*Pi.*	sich erbarmen (רֶחֶם 14)
(יְשָׁרֵת)	שׁרת	*Pi.*	dienen, bedienen

- Bisher gelernte Verben dieser Klasse:

  שׁאל (16), רחק (14), זעק/צעק (11), ברך (16), בחר (11)

Nomina:

- Feminine Nomina auf *–īt* und *–ūt*:

אַחֲרִית	Zukunft; Ende; Nachkommenschaft (אחר 7)
דְּמוּת	Ähnlichkeit, Abbild
מַלְכוּת	Königsherrschaft, Königreich (מֶלֶךְ 6)
רֵאשִׁית	Anfang (ראֹשׁ 8)
שְׁאֵרִית	Rest (שׁאר 12)

- bisher gelerntes Nomen dieser Klasse:

  עֵדוּת (9)

Weitere Vokabeln:

אֱמֶת	Treue; Wahrheit
הֵן	siehe

חַנּוּן	barmherzig, gnädig (חֵן 14)
נָבָל	unverständig, gottlos
צלח	*Hi.* gelingen

Eigenname:

נוּן	Nun *(n.pr.m.)*

2. Verba mediae laryngalis

Zu dieser Verbklasse gehören diejenigen Verben, die einen Laryngal oder ר als zweiten Radikal haben.

Im Vergleich zum Starken Verb zeigen die Verba mediae laryngalis folgende Abweichungen:

- Statt Schwa mobile erhält der zweite Radikal der Wurzel Chateph-Patach.

  3.Pl.m. Impf. Qal: יִשְׁאֲלוּ (יִכְתְּבוּ)

- Die Verba mediae laryngalis bilden a-Impf. und a-Imp. im Qal.

  3.Sg.m. Impf. Qal: יִשְׁאַל (יִכְתֹּב)
  Imp. Sg.m. Qal: שְׁאַל (כְּתֹב)

- Die Verdopplung des mittleren Radikals in den Dopplungsstämmen Pi., Pu. und Hitp. kann wegen der Laryngalis nicht vollzogen werden. Deshalb tritt ein:

  Ersatzdehnung von *i* > *ē*, *a* > *ā*, *u* > *ō*; immer vor ר, meist vor א und ע:

  3.Sg.m. Perf.Pi.: בֵּרַךְ (כִּתֵּב)
  3.Sg.m. Perf.Pu.: בֹּרַךְ (כֻּתַּב)
  3.Sg.m. Perf.Hitp.: הִתְבָּרֵךְ (הִתְכַּתֵּב)

  Virtuelle Verdopplung, d.h. kein Dagesch forte und keine Ersatzdehnung; immer vor ה und ח:

  3.Sg.m. Perf.Pi.: מִהַר (כִּתֵּב)
  3.Sg.m. Perf.Pu.: נֻחַם (כֻּתַּב)
  3.Sg.m. Perf.Hitp.: הִתְנַחֵם (הִתְכַּתֵּב)

- In der 3.Sg.m. Perf.Pi. begegnet folgende Vokalisation in der Endsilbe:

ē	*a*
שֵׁרֵת	בֵּרַךְ
חֵרֵף	גֵּרַשׁ
	מִהַר

3. Feminine Nomina auf *–īt* und *–ūt*

Regel:

Die Suffixe und Endungen werden ohne Veränderungen des Nomens angehängt.	
Sg. + Suffixe	*Pl. + Suffixe*
בְּרִיתִי אַחֲרִיתְךָ מַלְכוּתוֹ	עֵדוֹתֶיךָ

Besonderheit:

- עֵדוּת bildet den Plural mit עֵדוֹתֶיךָ

4. Final- und Konsekutivsätze

Die Aussage einer Absicht und Folge wird mit folgenden Konjunktionen ausgedrückt:

לְמַעַן אֲשֶׁר/לְמַעַן	„damit; mit Rücksicht auf“
בַּעֲבוּר	„für, damit, um zu“
כִּי	„dass“
אֲשֶׁר/אֲשֶׁר לֹא	„damit / damit nicht“
פֶּן־	„damit nicht / dass nicht“
לְבִלְתִּי	„um nicht“ *(beim Inf.cs.)*

Ex 4,5: לְמַעַן יַאֲמִינוּ כִּי „damit sie glauben, dass“

Gen 18,19: לְמַעַן אֲשֶׁר יְצַוֶּה אֶת־בָּנָיו „damit er seinen Söhnen befehle“

I Sam 15,15: לְמַעַן זְבֹחַ לַיהוָה „um (sie) zu opfern für Jahwe“

Ps 105,45: בַּעֲבוּר יִשְׁמְרוּ חֻקָּיו „damit sie seine Gebote hielten“

Gen 11,7: אֲשֶׁר לֹא יִשְׁמְעוּ אִישׁ שְׂפַת רֵעֵהוּ
„damit sie nicht verstehen die Sprache des anderen“

Jdc 9,54: פֶּן־יֹאמְרוּ לִי damit man nicht von mir sagt

Ex 14,5: כִּי שִׁלַּחְנוּ אֶת־יִשְׂרָאֵל מֵעָבְדֵנוּ
„dass wir Israel ziehen lassen, so dass sie uns nicht mehr dienen“

5. Partikeln mit Suffixen

Neben den Existenzpartikeln יֵשׁ „es ist vorhanden“ und אַיִן „es ist nicht vorhanden“ werden noch andere Partikeln mit Suffixen versehen:

	עוֹד noch	הִנֵּה siehe	אַיֵּה wo?
1.Sg.com.	עוֹדִי/עוֹדֶנִּי	הִנְנִי/הִנֵּנִי	
2.Sg.m.	עוֹדְךָ	הִנְּךָ/הִנֶּךָ/הִנְּכָה	אַיֶּכָּה
2.Sg.f.	עוֹדָךְ	הִנָּךְ	
3.Sg.m.	עוֹדֶנּוּ	הִנּוֹ	אַיּוֹ
3.Sg.f.	עוֹדָהּ/עוֹדֶנָּה		
1.Pl.com.	עוֹדֵינוּ	הִנְנוּ/הִנֵּנוּ	
2.Pl.m.		הִנְּכֶם	
3.Pl.m.	עוֹדָם	הִנָּם	אַיָּם

Gen 18,22: וְאַבְרָהָם עוֹדֶנּוּ עֹמֵד לִפְנֵי יְהוָה

„Abraham aber blieb *noch* vor dem Herrn stehen."

Ps 104,33: אֲזַמְּרָה לֵאלֹהַי בְּעוֹדִי

„Ich will singen für meinen Gott, *solange ich bin*."

Dtn 31,16: וַיֹּאמֶר יְהוָה אֶל־מֹשֶׁה הִנְּךָ שֹׁכֵב עִם אֲבֹתֶיךָ

„Und der Herr sprach zu Mose: *Siehe*, wenn du dich nun zu deinen Vätern legst..."

I Reg 14,19: וְיֶתֶר דִּבְרֵי יָרָבְעָם ... הִנָּם כְּתוּבִים עַל־סֵפֶר דִּבְרֵי הַיָּמִים לְמַלְכֵי יִשְׂרָאֵל׃

„Was sonst noch von Jerobeam zu sagen ist... *Siehe*, es steht verzeichnet in der Chronik der Könige von Israel."

Gen 3,9: וַיִּקְרָא יְהוָה אֱלֹהִים אֶל־הָאָדָם וַיֹּאמֶר לוֹ אַיֶּכָּה׃

„Und Gott der Herr rief den Menschen und sagte zu ihm: *Wo bist du?*"

Ex 2,20: וַיֹּאמֶר אֶל־בְּנֹתָיו וְאַיּוֹ

„Und er sagte zu seinen Töchtern: *Wo ist er denn?*"

6. Übungen

1) Konjugieren Sie mündlich folgende Verben:

רחם Pi. נאץ Pi. גרשׁ Pi./Pu. בחן Qal

2) Bestimmungsübungen zu den Verba mediae laryngalis:

1 אֶבְחָנְךָ וְגֵרַשְׁתִּיו חֵרֵף וְטִהֲרוּ מָאֵן מֹאֶסֶת כְּמַהֵר וְנִאֲצוּנִי וַיְנַחֵם

2 לְנַחֲמוֹ רִחַמְתִּיךָ מְשָׁרֵת וּבָחַרְתָּ וַיְבָחֲרוּ וִישָׁרְתוּךָ יְרַחֵם נֶחָמָה

3 וְהִנָּחֵם מְנַאֲצַיִךְ מָאֲסוּ יְגָרְשֵׁם חֵרְפוּ מְטֹהָרָה מַהֵרִי מְטַהֲרִים מֵאֲנוּ

4 נַחֲמוּ רֻחֲמָה בֵּחֲרוּ בָּחֲרוּ

3) Vokalisierungsübungen zu den Verba mediae laryngalis:

1 גרשו מנחם מהרה וימאן תנחמני ורחמום לגרשנו

4) Bestimmungsübungen zu den femininen Nomina auf *–īt* und *ūt*:

1 בְּרִיתְכֶם וְאַחֲרִיתֵךְ בִּדְמוּתוֹ וּבְמַלְכוּתִי מֵרֵאשִׁיתוֹ וּשְׁאֵרִיתָם עֵדוֹתָיו

2 וּבְרִיתוֹ אַחֲרִיתָהּ לִשְׁאֵרִית אַחֲרִיתִי וּמַלְכוּתָהּ

5) Vokalisierungsübungen zu den femininen Nomina auf *–īt* und *ūt*:

1 בריתך אחריתנו כדמותנו מלכותם העדות בראשיתה

6) Bestimmungsübungen zu den Partikeln mit Suffixen:

1 אַיֶּכָּה הִנּוֹ עוֹדֶנָּה הִנָּם עוֹדֶנִּי הִנְנִי אַיָּם הִנָּךְ עוֹדֶנּוּ

7) Übersetzen Sie:

1 (Gen 4,14) הֵן גֵּרַשְׁתָּ אֹתִי הַיּוֹם מֵעַל פְּנֵי הָאֲדָמָה וּמִפָּנֶיךָ אֶסָּתֵר

2 (Gen 18,6) וַיְמַהֵר אַבְרָהָם הָאֹהֱלָה אֶל־שָׂרָה

3 (Gen 24,27) וַיֹּאמֶר בָּרוּךְ יְהוָה אֱלֹהֵי אֲדֹנִי אַבְרָהָם אֲשֶׁר לֹא עָזַב חַסְדּוֹ
וַאֲמִתּוֹ מֵעִם אֲדֹנִי

4 (Gen 27,20) וַיֹּאמֶר יִצְחָק אֶל־בְּנוֹ מַה־זֶּה מִהַרְתָּ לִמְצֹא בְּנִי

5 (Gen 39,4) וַיִּמְצָא יוֹסֵף חֵן בְּעֵינָיו וַיְשָׁרֶת אֹתוֹ וַיַּפְקִדֵהוּ עַל־בֵּיתוֹ
וְכָל־יֶשׁ־לוֹ נָתַן בְּיָדוֹ׃

6 (Ex 6,1) כִּי בְיָד חֲזָקָה יְשַׁלְּחֵם וּבְיָד חֲזָקָה יְגָרְשֵׁם מֵאַרְצוֹ׃

7 (Dtn 15,4) כִּי־בָרֵךְ יְבָרֶכְךָ יְהוָה בָּאָרֶץ אֲשֶׁר יְהוָה אֱלֹהֶיךָ נֹתֵן־לְךָ נַחֲלָה

8 (Jos 1,1) וַיֹּאמֶר יְהוָה אֶל־יְהוֹשֻׁעַ בִּן־נוּן מְשָׁרֵת מֹשֶׁה לֵאמֹר׃

9 (Jdc 2,3) וְגַם אָמַרְתִּי לֹא־אֲגָרֵשׁ אוֹתָם מִפְּנֵיכֶם

10 (Jdc 11,2) וַיְגָרְשׁוּ אֶת־יִפְתָּח וַיֹּאמְרוּ לוֹ לֹא־תִנְחַל[a] בְּבֵית־אָבִינוּ כִּי
בֶּן־אִשָּׁה אַחֶרֶת אָתָּה׃

11 (Jes 40,1f.) נַחֲמוּ נַחֲמוּ עַמִּי יֹאמַר אֱלֹהֵיכֶם׃
דַּבְּרוּ עַל־לֵב יְרוּשָׁלַםִ וְקִרְאוּ אֵלֶיהָ

12 (Jes 66,13) כְּאִישׁ אֲשֶׁר אִמּוֹ תְּנַחֲמֶנּוּ כֵּן אָנֹכִי אֲנַחֶמְכֶם וּבִירוּשָׁלַםִ תְּנֻחָמוּ׃

13 (Ps 74,18) זְכָר־זֹאת אוֹיֵב חֵרֵף יְהוָה וְעַם נָבָל נִאֲצוּ שְׁמֶךָ׃

14 (Ps 116,4f.) וּבְשֵׁם־יְהוָה אֶקְרָא אָנָּה יְהוָה מַלְּטָה נַפְשִׁי׃
חַנּוּן יְהוָה וְצַדִּיק וֵאלֹהֵינוּ מְרַחֵם׃

15 (Ruth 3,10) וַיֹּאמֶר בְּרוּכָה אַתְּ לַיהוָה בִּתִּי

Erläuterung:

a „du wirst nicht beerben“

8) Übersetzen Sie Gen 39,2-9: Die Versuchung Josephs

Diese Erzählung gehört zur Josephsgeschichte in Gen 37-50. Es geht dem Erzähler darum, Joseph als einen klugen, bescheidenen und tüchtigen Menschen zu beschreiben, „mit dem Jahwe ist“.

2 וַיְהִי[a] יְהוָה אֶת־יוֹסֵף וַיְהִי[a] אִישׁ מַצְלִיחַ וַיְהִי[a] בְּבֵית אֲדֹנָיו
הַמִּצְרִי׃
3 וַיַּרְא[b] אֲדֹנָיו כִּי יְהוָה אִתּוֹ וְכֹל אֲשֶׁר־הוּא עֹשֶׂה[c] יְהוָה מַצְלִיחַ
בְּיָדוֹ׃
4 וַיִּמְצָא יוֹסֵף חֵן בְּעֵינָיו וַיְשָׁרֶת אֹתוֹ וַיַּפְקִדֵהוּ עַל־בֵּיתוֹ
וְכָל־יֶשׁ־לוֹ נָתַן בְּיָדוֹ׃
5 וַיְהִי[a] מֵאָז[d] הִפְקִיד אֹתוֹ בְּבֵיתוֹ וְעַל כָּל־אֲשֶׁר יֶשׁ־לוֹ וַיְבָרֶךְ
יְהוָה אֶת־בֵּית הַמִּצְרִי בִּגְלַל[e] יוֹסֵף וַיְהִי[a] בִּרְכַּת יְהוָה בְּכָל־אֲשֶׁר
יֶשׁ־לוֹ בַּבַּיִת וּבַשָּׂדֶה׃
6 וַיַּעֲזֹב כָּל־אֲשֶׁר־לוֹ בְּיַד־יוֹסֵף וְלֹא־יָדַע אִתּוֹ מְאוּמָה[f] כִּי
אִם־הַלֶּחֶם אֲשֶׁר־הוּא אוֹכֵל וַיְהִי[a] יוֹסֵף יְפֵה־תֹאַר וִיפֵה מַרְאֶה[g]׃

7 וַיְהִי[a] אַחַר הַדְּבָרִים הָאֵלֶּה וַתִּשָּׂא[h] אֵשֶׁת־אֲדֹנָיו אֶת־עֵינֶיהָ
אֶל־יוֹסֵף וַתֹּאמֶר שִׁכְבָה עִמִּי׃
8 וַיְמָאֵן וַיֹּאמֶר אֶל־אֵשֶׁת אֲדֹנָיו הֵן אֲדֹנִי לֹא־יָדַע אִתִּי
מַה־בַּבָּיִת וְכֹל אֲשֶׁר־יֶשׁ־לוֹ נָתַן בְּיָדִי׃
9 אֵינֶנּוּ גָדוֹל בַּבַּיִת הַזֶּה מִמֶּנִּי וְלֹא־חָשַׂךְ[i] מִמֶּנִּי מְאוּמָה[f] כִּי
אִם־אוֹתָךְ בַּאֲשֶׁר אַתְּ־אִשְׁתּוֹ וְאֵיךְ אֶעֱשֶׂה[j] הָרָעָה הַגְּדֹלָה הַזֹּאת
וְחָטָאתִי[k] לֵאלֹהִים׃

Erläuterungen:

a „und er war“
b „und er sah“
c „tuend“ *(Ptz.)*
d „von da an, seitdem“
e „wegen“
f „irgendetwas“
g „Aussehen“
h „und sie erhob“
i „und er hat nicht vorenthalten“
j „ich will machen“
k „ich werde/kann sündigen“

9) Vokalisierungsübung. Vokalisieren und übersetzen Sie:

1 (Dtn 18,5) כי בו בחר יהוה אלהיך מכל שׁבטיך לעמד לשׁרת בשׁם יהוה
הוא ובניו כל הימים׃

2 (Jdc 11,8) ויאמרו זקני גלעד אל יפתח ... והלכת עמנו ונלחמת בבני עמון

3 (I Sam 12,8) ויזעקו אבותיכם אל יהוה וישׁלח יהוה את משׁה ואת אהרן

4 (Jes 41,9) ואמר לך עבדי אתה בחרתיך ולא מאסתיך׃

5 (Hos 7,14) ולא זעקו אלי בלבם

Lektion 20:
Verba tertiae laryngalis; Verba tertiae Aleph; feminine Nomina mit veränderlichen Vokalen; Kausalsätze; Dativus ethicus

1. Vokabeln

Verben:

- Verba tertiae laryngalis:

(יִבְלַע)	בלע	verschlingen
(יִבְקַע)	בקע	spalten, teilen
(יִבְרַח)	ברח	entlaufen, fliehen
(יִגְבַּהּ)	גבה	hoch/erhaben sein (גָּבֹהַּ 17)
(יִזְרַע)	זרע	säen (זֶ֫רַע 17)
(יִסְלַח)	סלח	vergeben *(nur von Gott!)*
(יִפְרַח)	פרח	sprossen, treiben
(יִרְצַח)	רצח	töten, morden

- Bisher gelernte Verben dieser Klasse:

שׁלח (9), קרע (11), צלח (19), פתח (11), משׁח (11), בטח (15), שׁמע (9),
שׁכח (11), שׂבע (12), שׂמח (11)

- Verba tertiae Aleph:

(יִבְרָא)	ברא	schaffen *(nur von Gott!)*
(יֵחָבֵא)	חבא	*Ni.* sich verstecken
(יֶחֱטָא)	חטא	sündigen, verfehlen
(יִפָּלֵא)	פלא	*Ni.* wunderbar sein
(יִצְמָא)	צָמֵא	dürsten
(יְקַנֵּא)	קנא	*Pi.* eifersüchtig sein, sich ereifern (קַנָּא 11)
(יִרְפָּא)	רפא	heilen
(יִשְׂנָא)	שׂנא	hassen

- Bisher gelernte Verben dieser Klasse:

קרא (10), מצא (15), מָלֵא (17), טָמֵא (8)

Nomina:

- Feminine Nomina mit veränderlichen Vokalen:

אַלְמָנָה	Witwe
בְּרֵכָה	Teich

• חֵמָה	Hitze, Erregung, Zorn
מַמְלָכָה	Königsherrschaft, Königswürde (מלך 8)
נְשָׁמָה	Wehen, Atem, Hauch
צְדָקָה	Gerechtigkeit (צדק 9)
שָׂפָה	Lippe, Sprache; Rand, Ufer
תּוֹעֵבָה	Abscheuliches, Abscheu

• bisher gelernte Nomina dieser Klasse:

צְעָקָה (11), מִלְחָמָה (14), בְּרָכָה (18), אֲדָמָה (14), שְׁמָמָה (7)

Weitere Vokabeln:

אָתוֹן	Eselin
בָּקָר	Rind *(kollektiv)*
גבר	stark sein (גִּבּוֹר 7)
וְהָיָה כִּי	und es wird sein, wenn
חָדָשׁ	neu
חשׂך	zurückhalten, schonen
יוֹנָה	Taube
כְּסִיל	Tor *(stultus)*
מְאוּמָה	irgendetwas
מָנוֹחַ	Ruheort
מִשְׁפָּחָה	Geschlecht, Sippe *(„Mischpoke“)*
נגע	schlagen, berühren
	Hi. gelangen
נֶגַע	Schlag, Plage
עֵד	Zeuge
פַּרְעֹה	Pharao
שִׁפְחָה	Sklavin
תֹּאַר	Form, Gestalt, Aussehen

Eigenname:

יְהוֹנָתָן	Jonathan *(n.pr.m.)*
שָׂרַי	Saraj *(n.pr.f.)*

2. Verba tertiae laryngalis

> Nur Verben mit ע, ח und הּ als drittem Radikal gelten als *Verba tertiae laryngalis*. Die Verba tertiae Aleph und tertiae He bilden eigene Verbklassen.

Im Vergleich zum Starken Verb zeigen die Verba tertiae laryngalis folgende Abweichungen:

- Stehen die Laryngale הּ, ח und ע am Ende des Wortes nach einem langen Vokal, der *nicht a/ā* ist (also *ā, ē, ī, ō, ū*), so dringt zwischen diesen und die Laryngalis ein Patach furtivum.

Inf.cs.:	שְׁלֹחַ	(כְּתֹב)
Inf.abs.:	שָׁלֹחַ	(כָּתֹב)
Ptz.Akt. Qal:	שֹׁלֵחַ	(כֹּתֵב)

- Im Impf. und Imp. Qal wird Cholām unter dem Einfluss der Laryngalis durch Patach verdrängt.

3.Sg.m. Impf. Qal:	יִשְׁלַח	(יִכְתֹּב)
Imp. Sg.m. Qal:	שְׁלַח	(כְּתֹב)

- Beim segolierten Partizip wird Segol unter dem Einfluss der Laryngalis durch Patach verdrängt.

Ptz.Sg.f. st.abs. Qal:	שֹׁלַחַת	(כֹּתֶבֶת)

- Vor הּ, ח und ע steht meist Patach:

3.Sg.m. Impf.Ni.:	יִשָּׁלַח	(יִכָּתֵב)
3.Sg.m. Impf.Pi.:	יְשַׁלַּח	(יְכַתֵּב)

- In der 2.Sg.f. Perf. wird die doppelt geschlossene Silbe mit Patach aufgesprengt.

Qal:	שָׁלַחַתְּ	(כָּתַבְתְּ)
Ni.:	נִשְׁלַחַתְּ	(נִכְתַּבְתְּ)

3. Verba tertiae Aleph

> Verben mit Aleph als drittem Radikal gelten als Verba tertiae Aleph.

Im Vergleich zum Starken Verb zeigen die Verba tertiae Aleph folgende Abweichungen:

- Aleph quiesziert im Auslaut sowie vor den konsonantischen Afformativen des Perf., Impf. und Imp.
  Im Auslaut wird Patach zu Qamäṣ gedehnt.

3.Sg.m. Perf. Qal:	מָצָא	(כָּתַב)
3.Sg.m. Impf. Qal:	יִמְצָא	(יִשְׁמַע)

Im Perf. lautet der Vokal vor den konsonantischen Afformativen Qamäṣ (Perf. Qal transitiv) bzw. Ṣere (Perf. Qal intransitiv, Ni. – Ho.).

2.Sg.m. Perf. Qal:	מָצָאתָ	(כָּתַבְתָּ)
2.Sg.m. Perf. Qal:	מָלֵאתָ	(כָּבַדְתָּ)
2.Sg.m. Perf.Ni.:	נִמְצֵאתָ	(נִכְתַּבְתָּ)

Im Impf. lautet der Vokal vor den konsonantischen Afformativen Segol.

3.Pl.f. Impf. Qal:	תִּמְצֶאנָה	(תִּכְתֹּבְנָה)

- Keine Veränderungen ergeben sich vor vokalischen Afformativen.

3.Pl.com. Perf. Qal:	מָצְאוּ	(כָּתְבוּ).

4. Feminine Nomina mit veränderlichen Vokalen

Diese Nomina haben in der vorletzten Silbe ein *Vortonqamäṣ* bzw. *Vortonṣere*, die in bestimmten Fällen reduziert werden.

Regeln:

1) Im Sg./Pl.st.abs. bleiben Vortonqamäṣ bzw. Vortonṣere erhalten.

Sg.st.abs.	*Pl.st.abs.*
צְדָקָה תּוֹעֵבָה	צְדָקוֹת תּוֹעֵבוֹת

2) Vortonqamäṣ und Vortonṣere werden in allen anderen Flexionsformen reduziert.

Sg.st.cs.	*Sg. + Suffix*	*Pl.st.cs.*	*Pl. + Suffix*
צִדְקַת תּוֹעֲבַת	צִדְקָתִי	צִדְקוֹת תּוֹעֲבוֹת	צִדְקֹתֶיךָ תּוֹעֲבֹתֶיךָ

3) Geht Vortonqamäṣ oder Vortonṣere ein Schwa mobile voraus, so tritt in allen Formen außer Sg./Pl.st.abs. ein kurzes Chiräq bzw. bei Laryngalen ein Patach auf.

	Sg.st.cs.		*Pl.st.cs.*
בְּרָכָה	בִּרְכַּת בִּרְכָתִי	בְּרָכוֹת	בִּרְכוֹת בִּרְכוֹתֵיכֶם

Besonderheiten:

- Bei בְּרֵכָה „Teich" bleibt Vortonṣere erhalten:
  Sg.st.cs.: בְּרֵכַת
- שָׂפָה „Lippe, Sprache; Rand, Ufer" bildet den Dual abs. שְׂפָתַיִם, den Dual cs. שִׂפְתֵי.

5. Kausalsätze

Die Aussage einer Begründung wird mit folgenden Konjunktionen ausgedrückt:

כִּי	„weil“
יַעַן/יַעַן כִּי/יַעַן אֲשֶׁר	„wegen dessen, dass“
עַל דִּבְרַת אֲשֶׁר/עַל כִּי/עַל אֲשֶׁר	„weil / darum, dass“
תַּחַת כִּי/תַּחַת אֲשֶׁר/עֵקֶב אֲשֶׁר/עֵקֶב	„dafür, dass / weil“
בַּאֲשֶׁר	„dadurch, dass / weil“
מֵאֲשֶׁר	„weil“

Gen 3,14:

וַיֹּאמֶר יְהוָה אֱלֹהִים אֶל־הַנָּחָשׁ | כִּי עָשִׂיתָ זֹּאת | אָרוּר אַתָּה

„Und der Herr Gott sagte zu der Schlange: –“ | „*Weil* du dies getan hast, –“ | „seist du verflucht.“

Gen 22,18:

וְהִתְבָּרֲכוּ בְזַרְעֲךָ כֹּל גּוֹיֵי הָאָרֶץ | עֵקֶב אֲשֶׁר שָׁמַעְתָּ בְּקֹלִי׃

„Und durch dein Geschlecht sollen alle Völker auf Erden gesegnet werden, –“ | „*weil* du meiner Stimme gehorcht hast.“

Gen 39,9:

וְלֹא־חָשַׂךְ מִמֶּנִּי מְאוּמָה כִּי אִם־אוֹתָךְ | בַּאֲשֶׁר אַתְּ־אִשְׁתּוֹ

„Er hat mir nichts vorenthalten außer dir, –“ | „*weil* du seine Frau bist.“

Num 20,12:

וַיֹּאמֶר יְהוָה אֶל־מֹשֶׁה וְאֶל־אַהֲרֹן | יַעַן לֹא־הֶאֱמַנְתֶּם בִּי

„Der Herr aber sagte zu Mose und zu Aaron: –“ | „*Weil* ihr mir nicht geglaubt habt...“

I Sam 15,23: יַעַן מָאַסְתָּ אֶת־דְּבַר יְהוָה וַיִּמְאָסְךָ מִמֶּלֶךְ׃
„*Weil* du das Wort des Herrn verworfen hast, hat er dich auch verworfen, dass du nicht mehr König seist.“

Prov 1,29: תַּחַת כִּי־שָׂנְאוּ דָעַת וְיִרְאַת יְהוָה לֹא בָחָרוּ׃
„*Weil* sie die Erkenntnis hassten und die Furcht des Herrn nicht erwählten.“

Jer 29,19: תַּחַת אֲשֶׁר לֹא שָׁמְעוּ אֶל־דְּבָרַי
„*Dafür, dass* sie nicht auf meine Worte gehört haben.“

6. Dativus ethicus

Der *Dativus ethicus* wird mit der Präposition לְ + Suffix gebildet. Er steht nach einer Verbform, um die Bedeutung einer Handlung für ein bestimmtes Subjekt zum Ausdruck zu bringen. Das Suffix richtet sich dabei in Genus und Numerus nach dem Subjekt. Der Dativus ethicus ist ein *Stilmittel zur Betonung* und kann in der Übersetzung mit „bestimmt", „doch" o.ä. wiedergegeben werden.

- beim Imperativ:

Gen 24,6:	הִשָּׁמֶר־לְךָ	hüte dich doch!
Gen 27,43:	בְּרַח־לְךָ	flieh bestimmt!
Jos 22,19:	עִבְרוּ לָכֶם	zieht doch hinüber!

- beim Impf.cons.:

Jes 36,9:	וַתִּבְטַח לְךָ	und du vertrautest

- beim Perf.cons.:

I Reg 17,3:	וּפָנִיתָ לְּךָ	und du sollst dich – in deinem eigenen Interesse – wenden

7. Übungen

1) Konjugieren Sie mündlich folgende Verben:

צָמֵא Qal   רפא Ni.   קרע Qal   ברח Qal

2) Bestimmungsübungen zu den Verba tertiae laryngalis:

1 וּבְקָעֻהוּ בֹּרַחַת מִבְטַח גְּבֹהַּ מַבְטִיחִי הָבְקְעָה שְׁלָחֵנִי שְׁלָחַנִי שָׁמַעַתְּ

2 הַשְׁמֵעַ אַל־תִּשְׁכְּחִי הָרֹצֵחַ בְּבָרְחוֹ בָּטָחְנוּ יַבְרִיחֶנּוּ פֹּרַחַת בָּטֵחַ

3 וַיְשַׁלְּחֵם כְּשָׁמְעָם שְׁלַחְתִּיךָ הַנִּרְצָחָה תַּפְרִיחִי שַׁלַּח שְׁמָעוּנִי

4 וַיִּשְׁכָּחֵהוּ שַׁלְּחֵנִי תִּשָּׁכַח

3) Bestimmungsübungen zu den Verba tertiae Aleph:

1 בְּרָאָהּ וְחִטֵּאתָ נִפְלָאֹת בְּרָאתָם אֲחַטֶּנָּה (!) יִפָּלֵא וּבֵראתוֹ הַפְלֵא

2 רְפָאֵנִי נַחְבֵּאתָ הֶחֱטִיא קְרָאתִיךָ וְאֵחָבֵא מְצָאַתְנוּ הַקְּרָאִים חֵבְאוּ

3 מְצָאתִיהָ לִקְרֹא הַמִּתְחַבְּאִים מֹצְאוֹ נִקְרָא חָטָאנוּ מֹצֵאת וְיִרְפָּאֵם

4 יֶחֱטָא אֶמְצָא רִפֵּאתִי (!) בְּרֹא בְּרָא וּשְׂנֵאָה

4) Vokalisierungsübungen zu den Verba tertiae laryngalis und tertiae Aleph:

1 אקראך משלחים שׂנאתי נבראו וחטאתם לחטא הרופא

2 לא תרצח שׁלחני

5) Bestimmungsübungen zu den femininen Nomina mit veränderlichen Vokalen:

1 בִּבְרָכָה מִנִּשְׁמַת צִדְקָתִי בְּבִרְכַּת וְנִשְׁמָתוֹ צִדְקָתֵךְ וּמִבִּרְכָתֵךְ לִצְדָקָה

2 תּוֹעֵבוֹת וּבְצִדְקָתֵךְ כְּתוֹעֲבַת מִצִּדְקָתוֹ תּוֹעֲבֹתַיִךְ צִדְקֹתֵינוּ אַדְמָתִי

3 מַמְלַכְתִּי מִלְחַמְתֵּךְ מַמְלָכוֹת מִלְחֲמוֹת

6) Vokalisierungsübungen zu den femininen Nomina mit veränderlichen Vokalen:

1 ברכות ונשׁמתי ובחמה צדקת ממלכת

7) Übersetzen Sie:

1 (Gen 20,17) וַיִּתְפַּלֵּל אַבְרָהָם אֶל־הָאֱלֹהִים וַיִּרְפָּא אֱלֹהִים אֶת־אֲבִימֶלֶךְ וְאֶת־אִשְׁתּוֹ וְאַמְהֹתָיו

2 (Gen 24,40) וַיֹּאמֶר אֵלָי יְהוָה אֲשֶׁר־הִתְהַלַּכְתִּי לְפָנָיו יִשְׁלַח מַלְאָכוֹ אִתָּךְ וְהִצְלִיחַ דַּרְכֶּךָ וְלָקַחְתָּ אִשָּׁה לִבְנִי מִמִּשְׁפַּחְתִּי וּמִבֵּית אָבִי׃

3 (Ex 10,16) וַיְמַהֵר פַּרְעֹה לִקְרֹא לְמֹשֶׁה וּלְאַהֲרֹן[a] וַיֹּאמֶר חָטָאתִי לַיהוָה אֱלֹהֵיכֶם וְלָכֶם׃

4 (Lev 26,43) וְהָאָרֶץ תֵּעָזֵב מֵהֶם ... יַעַן וּבְיַעַן בְּמִשְׁפָּטַי מָאָסוּ וְאֶת־חֻקֹּתַי גָּעֲלָה[b] נַפְשָׁם׃

5 (Jdc 2,20) וַיִּחַר־אַף[c] יְהוָה בְּיִשְׂרָאֵל וַיֹּאמֶר יַעַן אֲשֶׁר עָבְרוּ הַגּוֹי הַזֶּה אֶת־בְּרִיתִי אֲשֶׁר צִוִּיתִי[d] אֶת־אֲבוֹתָם וְלֹא שָׁמְעוּ לְקוֹלִי׃

6 (Jdc 11,27f.) וְאָנֹכִי לֹא־חָטָאתִי לָךְ וְאַתָּה עֹשֶׂה[e] אִתִּי רָעָה לְהִלָּחֶם בִּי יִשְׁפֹּט
יְהוָה הַשֹּׁפֵט הַיּוֹם בֵּין בְּנֵי יִשְׂרָאֵל וּבֵין בְּנֵי עַמּוֹן[f]׃
וְלֹא שָׁמַע מֶלֶךְ בְּנֵי עַמּוֹן אֶל־דִּבְרֵי יִפְתָּח אֲשֶׁר שָׁלַח אֵלָיו׃

7 (I Sam 19,4) וַיְדַבֵּר יְהוֹנָתָן בְּדָוִד טוֹב אֶל־שָׁאוּל אָבִיו וַיֹּאמֶר אֵלָיו אַל־יֶחֱטָא
הַמֶּלֶךְ בְּעַבְדּוֹ בְדָוִד כִּי לוֹא חָטָא לָךְ וְכִי מַעֲשָׂיו טוֹב־לְךָ מְאֹד׃

8 (I Reg 11,11) וַיֹּאמֶר יְהוָה לִשְׁלֹמֹה יַעַן אֲשֶׁר הָיְתָה[g]־זֹּאת עִמָּךְ וְלֹא שָׁמַרְתָּ
בְּרִיתִי וְחֻקֹּתַי אֲשֶׁר צִוִּיתִי[d] עָלֶיךָ קָרֹעַ אֶקְרַע אֶת־הַמַּמְלָכָה
מֵעָלֶיךָ וּנְתַתִּיהָ[h] לְעַבְדֶּךָ׃

9 (Jes 29,13) וַיֹּאמֶר אֲדֹנָי יַעַן כִּי נִגַּשׁ[i] הָעָם הַזֶּה בְּפִיו וּבִשְׂפָתָיו כִּבְּדוּנִי
וְלִבּוֹ רִחַק מִמֶּנִּי ...

10 (Jes 43,15) אֲנִי יְהוָה קְדוֹשְׁכֶם בּוֹרֵא יִשְׂרָאֵל מַלְכְּכֶם׃

11 (Jes 61,1) רוּחַ אֲדֹנָי יְהוִה עָלָי יַעַן מָשַׁח יְהוָה אֹתִי

12 (Jes 65,17) כִּי־הִנְנִי בוֹרֵא שָׁמַיִם וָאָרֶץ חֲדָשָׁה

13 (Ps 3,1) מִזְמוֹר לְדָוִד בְּבָרְחוֹ מִפְּנֵי ׀ אַבְשָׁלוֹם בְּנוֹ׃

14 (Ps 103,11) כִּי כִגְבֹהַּ שָׁמַיִם עַל־הָאָרֶץ גָּבַר חַסְדּוֹ עַל־יְרֵאָיו׃

15 (Prov 28,26) בּוֹטֵחַ בְּלִבּוֹ הוּא כְסִיל וְהוֹלֵךְ בְּחָכְמָה הוּא יִמָּלֵט׃

Erläuterungen:

a „Aaron“ *(n.pr.m.)*
b געל: „verabscheuen, überdrüssig sein“
c „und es wurde zornig“
d „ich habe befohlen“
e „tuend“ *(Ptz.)*
f „Ammoniter“ *(n.g.)*
g „es ist geschehen“
h „und ich werde es geben“
i „es hat sich genähert“

8) Übersetzen Sie Gen 12,10-20: Abrahams Ägyptenzug

Die Geschichte erzählt den Zug Abrahams nach Ägypten wegen der schweren Hungersnot in Kanaan. In Ägypten ist er als der Machtlose dem Mächtigen ausgeliefert. Er ist vom Tod bedroht und kann sich nur durch eine List retten, indem er Sara als seine Schwester ausgibt. Eine Fortschreibung von Gen 12,10-20 findet sich in Gen 20,1-18; 26,1-11.

10 וַיְהִי רָעָב בָּאָרֶץ וַיֵּרֶד[a] אַבְרָם מִצְרַיְמָה לָגוּר[b] שָׁם כִּי־כָבֵד
הָרָעָב בָּאָרֶץ׃
11 וַיְהִי כַּאֲשֶׁר הִקְרִיב לָבוֹא[c] מִצְרָיְמָה וַיֹּאמֶר אֶל־שָׂרַי אִשְׁתּוֹ
הִנֵּה־נָא יָדַעְתִּי כִּי אִשָּׁה יְפַת־מַרְאֶה אָתְּ׃
12 וְהָיָה כִּי־יִרְאוּ[d] אֹתָךְ הַמִּצְרִים וְאָמְרוּ אִשְׁתּוֹ זֹאת וְהָרְגוּ אֹתִי
וְאֹתָךְ יְחַיּוּ[e]׃
13 אִמְרִי־נָא אֲחֹתִי אָתְּ לְמַעַן יִיטַב[f]־לִי בַעֲבוּרֵךְ וְחָיְתָה[g] נַפְשִׁי
בִּגְלָלֵךְ[h]׃
14 וַיְהִי כְּבוֹא[i] אַבְרָם מִצְרָיְמָה וַיִּרְאוּ[j] הַמִּצְרִים אֶת־הָאִשָּׁה כִּי־יָפָה
הִוא מְאֹד׃
15 וַיִּרְאוּ[j] אֹתָהּ שָׂרֵי פַרְעֹה וַיְהַלְלוּ אֹתָהּ אֶל־פַּרְעֹה וַתֻּקַּח[k] הָאִשָּׁה
בֵּית פַּרְעֹה׃
16 וּלְאַבְרָם הֵיטִיב[l] בַּעֲבוּרָהּ וַיְהִי־לוֹ צֹאן־וּבָקָר וַחֲמֹרִים וַעֲבָדִים
וּשְׁפָחֹת וַאֲתֹנֹת וּגְמַלִּים׃
17 וַיְנַגַּע יְהוָה אֶת־פַּרְעֹה נְגָעִים גְּדֹלִים וְאֶת־בֵּיתוֹ עַל־דְּבַר
שָׂרַי אֵשֶׁת אַבְרָם׃
18 וַיִּקְרָא פַרְעֹה לְאַבְרָם וַיֹּאמֶר מַה־זֹּאת עָשִׂיתָ[m] לִּי לָמָּה
לֹא־הִגַּדְתָּ[n] לִּי כִּי אִשְׁתְּךָ הִוא׃
19 לָמָה אָמַרְתָּ אֲחֹתִי הִוא וָאֶקַּח[o] אֹתָהּ לִי לְאִשָּׁה וְעַתָּה הִנֵּה
אִשְׁתְּךָ קַח וָלֵךְ[p]׃
20 וַיְצַו[q] עָלָיו פַּרְעֹה אֲנָשִׁים וַיְשַׁלְּחוּ אֹתוֹ וְאֶת־אִשְׁתּוֹ
וְאֶת־כָּל־אֲשֶׁר־לוֹ׃

Erläuterungen:

a „und er zog hinunter“
b „als Fremder wohnen“
c „zu kommen“
d „sie werden sehen“
e „sie werden am Leben lassen“
f „es wird gut sein“
g „es wird leben“
h „wegen dir“
i „als er gekommen war“
j „und sie sahen“
k „sie wurde genommen“
l „er ließ es gut gehen“
m „du hast getan“
n „du hast mitgeteilt“
o „ich nahm“
p „nimm sie und geh“
q „und er befahl“

9) Vokalisierungsübung. Vokalisieren und übersetzen Sie:

1 (Gen 3,5) כי ידע אלהים כי ביום אכלכם ממנו ונפקחו עיניכם

2 (Gen 8,9) ולא מצאה היונה מנוח לכף רגלהּ

3 (Gen 39,9) איננו גדול בבית הזה ממני

4 (Ex 10,11) כי אתהּ אתם מבקשים ויגרש אתם מאת פני פרעה׃

5 (I Sam 19,12) והמלך דוד שלח אל־צָדוֹק[a] ואל־אֶבְיָתָר[b] הכהנים לאמר דברו
אל־זקני יהודה לאמר

Erläuterungen:

a „Zadok“ *(n.pr.m.)*

b „Äbjatar“ *(n.pr.m.)*

Lektion 21:
Verba primae Nun; das Verb נתן „geben"; das Verb לקח „nehmen"; feminine Nomina mit segolierter Endung; Wunschsätze

1. Vokabeln

Verben:

- Verba primae Nun:

(נִבָּא)	נבא	*Ni.* als Prophet auftreten (נָבִיא 10)
(הִבִּיט)	נבט	*Hi.* aufblicken
(הִגִּיד)	נגד	*Hi.* Nachricht geben, mitteilen
(יִגֹּף)	נגף	schlagen, stoßen
(יִגֹּשׂ)	נגשׂ	drängen, treiben
(יִדֹּר/וַיִּדַּר)	נדר	ein Gelübde ablegen
(נִצַּב)	נצב	*Ni.* sich hinstellen
(הִצִּיל)	נצל	*Hi.* entreißen, wegnehmen
(הִשִּׂיג)	נשׂג	*Hi.* erreichen, einholen

- *a/ē*-Imperfekt Qal (Verba primae Nun):

(יִגַּשׁ)	נגשׁ	hinzutreten, sich nähern
(יִנְחַל)	נחל	Besitz erhalten, erben (נַחֲלָה 16)
(יִטַּע)	נטע	pflanzen
(יִסַּע)	נסע	aufbrechen, weiterziehen
(יִשָּׂא)	נשׂא	heben, aufheben
(יִשַּׁק)	נשׁק	küssen

- Bisher gelernte Verben dieser Klasse:

נתן (15), נפל (17), נחם (19), נגע (20), לקח (17)

Nomina:

- Feminine Nomina mit segolierter Endung:

דֶּלֶת	Tür
דַּעַת	Wissen (ידע 11)
מַחֲשֶׁבֶת	Gedanke (חשב 18)
מַצֶּבֶת	Mazzebe, Gedenkstein

מִשְׁמֶ֫רֶת	Wache (שׁמר 8)
קְטֹ֫רֶת	Räucherwerk (קטר 16)
תִּפְאֶ֫רֶת	Zierde

Weitere Vokabeln:

אֵ֫בֶר	Flügel
כֶּ֫רֶם	Weinberg
לָכֵן	deshalb
נֶ֫גֶב	Süden; Negev
נֶ֫דֶר	Gelübde
קָהָל	Volksversammlung, Gemeinde
רָע / רַע	schlecht, minderwertig

Eigennamen:

אַהֲרוֹן	Aaron *(n.pr.m.)*
בְּנֵי עַמּוֹן	Ammoniter *(n.g.)*
גְּרָר	Gerar *(n.l.)*

2. Verba primae Nun

Im Vergleich zum Starken Verb zeigen die Verba primae Nun folgende Abweichungen:

- Das Nun am Ende einer Silbe wird dem zweiten Radikal assimiliert, wo es mit dem Präformativ eine geschlossene Silbe bildet. Dies ist der Fall im Impf. Qal, Perf. und Ptz. Nif^cal, im Hif^cil und Hof^cal.

3.Sg.m. Impf. Qal:	יִפֹּל	< *	יִנְפֹּל	(יִכְתֹּב)
3.Sg.m. Perf.Ni.:	נִגַּשׁ	< *	נִנְגַּשׁ	(נִכְתַּב)
Ptz.Ni. Sg.m. st.abs.:	נִגָּשׁ	< *	נִנְגָּשׁ	(נִכְתָּב)
3.Sg.m. Perf.Hi.:	הִגִּישׁ	< *	הִנְגִּישׁ	(הִכְתִּיב)
3.Sg.m. Perf.Ho.:	הֻגַּשׁ	< *	הֻנְגַּשׁ	(הָכְתַּב)

- Hat das Impf. Qal als Stammvokal *a* (intransitive Verben, Verba mediae und tertiae laryngalis), so werden der Imp. und der Inf.cs. meist unter ersatzlosem Wegfall des Nun gebildet *(„Apherese“)*. Als Angleichung an das dreiradikalige Starke Verb wird der Inf. durch die Femininendung ת mit Segolierung erweitert. Der Inf.cs. Qal wird bei der Anhängung von Suffixen wie ein Segolatum behandelt.

3.Sg.m. Impf. Qal:	יִגַּשׁ	יִגַּע
Imp. Sg.m. Qal:	גַּשׁ	גַּע
Inf.cs. Qal:	גֶּ֫שֶׁת	גַּ֫עַת

Inf.cs. Qal + Suffix: גִּשְׁתִּי גַּעְתִּי

- Die Assimilation des Nun unterbleibt meist
  - bei Pausalformen: יִנְצֹרוּ „sie werden bewachen" (Dtn 33,9)
  - vor Laryngalen: יִנְחַל „er wird erben" (Jes 57,13)
    לֹא תִנְאָף „du sollst nicht ehebrechen" (Ex 20,14)
    Ausnahme: נִחַם „er hat bereut" (II Sam 13,39)
    (< * נִנְחַם *3.Sg.m. Perf.Ni.* von נחם)
  - Gelegentlich bilden Imp. und Inf.cs. Qal auch Formen ohne Apherese:
    Imp. Pl.m. Qal: נִטְעוּ „pflanzt!" (II Reg 19,29)
    Inf.cs. Qal: נְטֹעַ „pflanzen" (Jes 51,16)
    Imp. Sg.m.: לְקַח „nimm!" (Ex 29,1)
    Imp. Sg.f.: לִקְחִי „nimm!" (I Reg 20,33)
- Die Assimilation von Nun wird mit Dagesch forte angezeigt. Dagesch forte fällt gerne weg, wenn unter dem zu verdoppelnden Konsonanten Schwa mobile steht:

  תִּטְעִי für תִּטְּעִי
  וַיִּסְעוּ für וַיִּסְּעוּ

3. Das Verb נתן „geben, schenken"

Besonderheiten des Verbs נתן:

- Im Perfekt assimiliert sich der dritte Radikal dem konsonantischen Afformativ:
  2.Sg.m. Perf. Qal: נָתַתָּ (כָּתַבְתָּ)
  2.Pl.m. Perf. Qal: נְתַתֶּם (כְּתַבְתֶּם)
- Das Impf. Qal wird mit dem Stammvokal $\bar{e}$ gebildet. Der erste Radikal assimiliert sich in allen Personen dem mittleren Konsonanten:
  3.Sg.m. Impf. Qal: יִתֵּן < * יִנְתֵּן (יִכְתֹּב)
  1.Pl.com. Impf. Qal: נִתֵּן (נִכְתֹּב)
- Imp. und Inf.cs. werden mit Apherese des Nun gebildet:
  Imp. Sg.m. Qal: תֵּן (כְּתֹב)
  Adhortativ Qal: תְּנָה (כָּתְבָה)
  Inf.cs. Qal: תֵּת < * תֵּתְ < * תְּנֵתְ (כְּתֹב)
  Inf.cs. Qal + Suffixe: תִּתִּי
  תִּתּוֹ
  תִּתָּם

- Die Eckformen von נתן im Qal, Ni., „Ho.“ = *hier:* passives Qal:

	Qal	Nif^cal	Hof^cal = Qal passiv
3.Sg.m. Perf.	נָתַן	נִתַּן	
3.Sg.m. Impf.	יִתֵּן	יִנָּתֵן	יֻתַּן
3.Sg.m. Impf.cons.	וַיִּתֵּן	וַיִּנָּתֵן	וַיֻּתַּן
Imp. Sg.m.	תֵּן		
Adhortativ	תְּנָה		
Inf.cs.	תֵּת/נְתֹן	הִנָּתֵן	
Inf.abs.	נָתֹן	הִנָּתֹן	
Ptz.Akt. Sg.m. st.abs.	נֹתֵן		
Ptz.Pass. Sg.m. st.abs.	נָתוּן	נִתָּן	

- Die Bedeutung von נתן:

Qal:	„geben, anbieten, bringen, schenken“
Nif^cal:	„gegeben werden“
„Hof^cal“ = passives Qal:	„gegeben werden“

Die Form יֻתַּן sieht aus wie ein Hof^cal, in Wirklichkeit aber wird sie als passives Qal angesehen.

4. Das Verb לקח „fassen, nehmen“

Das Verb לקח gehört zur Gruppe der Verba primae Nun und Verba tertiae laryngalis.
Besonderheiten des Verbs לקח:

- Im Impf. Qal assimiliert sich der erste Radikal in allen Personen dem mittleren Konsonanten:

3.Sg.m. Impf. Qal:	יִקַּח	(יִכְתֹּב)
3.Pl.m. Impf. Qal:	יִקְחוּ	(יִכְתְּבוּ)

- Imp. und Inf.cs. werden mit Apherese des Lamed gebildet:

Imp. Sg.m. Qal:	קַח	(כְּתֹב)
Adhortativ Qal:	קְחָה	(כָּתְבָה)
Inf.cs. Qal:	קַחַת	(כְּתֹב)
Inf.cs. Qal + Suffixe:	קַחְתִּי	
	לְקַחְתָּהּ	

• Die Eckformen von לקח im Qal, Ni., Ho. = Qal passiv, Hitp.:

	Qal	Qal passiv	Nifᶜal	Hofᶜal Qal pass.	Hitpaᶜel
3.Sg.m. Perf.	לָקַח	לֻקַּח	נִלְקַח		
3.Sg.m. Impf.	יִקַּח		יִלָּקַח	יֻקַּח	
3.Sg.m. Impf.cons.	וַיִּקַּח				
Imp. Sg.m.	קַח				
Adhortativ	קְחָה				
Inf.cs.	קַחַת		הִלָּקַח		
Inf.abs.	לָקֹחַ				
Ptz. Sg.m. st.abs.	לֹקֵחַ	לֻקָּח			*Sg.f. st.cs.* מִתְלַקַּחַת

• Die Bedeutung von לקח:

Qal:	„fassen, ergreifen, nehmen"
Nifᶜal:	„hinweggenommen/entrückt werden"
Puᶜal:	„genommen/entrückt werden"
Hofᶜal = passives Qal:	„genommen werden"
Hitpaᶜel:	„sich ergreifen"

Die Formen לֻקַּח/לֻקָּח und יֻקַּח sehen aus wie ein Puᶜal bzw. Hofᶜal, tatsächlich aber werden sie als passives Qal behandelt.

5. Feminine Nomina mit segolierter Endung

Alle diese Nomina enden mit der Femininendung ת־. Die durch Anhängung von ת־ entstandene Doppelkonsonanz wird durch Segolierung aufgelöst. Dabei lassen sich drei Vokalisierungen unterscheiden:

ǟ – ä	*ō – ä*	*a – a* (bei ה, ח, ע)
דֶּלֶת	קְטֹרֶת	דַּעַת

Regeln:

1) Die Nomina dieser Klasse werden im Singular wie die maskulinen Segolata behandelt.

Sg.st.abs./cs.	*Sg.st.cs. + Suffixe*
מִשְׁמֶרֶת	מִשְׁמַרְתִּי
דֶּלֶת	דַּלְתּוֹ

2) Im Pl./Du.st.abs. erscheint wie bei den maskulinen Segolata ein Vortonvokal.

Pl.st.abs.
מִשְׁמָרוֹת
דְּלָתַיִם

3) Im Pl./Du.st.cs. und bei den pluralischen Suffixen wird der Vortonvokal reduziert.

Pl./Du.st.cs.	*Pl.st.cs. + Suffixe*
מִשְׁמְרוֹת	מִשְׁמְרוֹתָם
דַּלְתֵי *(Dual)*	
דַּלְתוֹת *(Plural)*	דַּלְתֹתָיו

6. Wunschsätze mit מִי יִתֵּן

Wunschsätze können außer durch Imperfekt, Kohortativ, Jussiv, Imperativ oder Perfekt consecutivum durch den mit מִי יִתֵּן „wer wird geben! / wer kann ermöglichen, dass!“ eingeleiteten Ausruf ausgedrückt werden.

Dtn 28,67: בַּבֹּקֶר תֹּאמַר מִי־יִתֵּן עֶרֶב וּבָעֶרֶב תֹּאמַר מִי־יִתֵּן בֹּקֶר
„Am Morgen sagst du: *Könnte* es doch Abend sein, und am Abend sagst du: *Könnte* es doch Morgen sein!“

Jdc 9,29: וּמִי יִתֵּן אֶת־הָעָם הַזֶּה בְּיָדִי
„*Könnte* doch dieses Volk auf meiner Seite stehen!“

Jer 9,1: מִי־יִתְּנֵנִי בַמִּדְבָּר
„*Könnte* es doch für mich in der Wüste ... !“

Ps 14,7: מִי יִתֵּן מִצִּיּוֹן יְשׁוּעַת יִשְׂרָאֵל
„*Könnte doch* vom Zion Hilfe für Israel kommen!“

7. Übungen

1) Konjugieren Sie mündlich folgende Verben:

נסע Qal   נגשׁ Qal   נגד Hi.

2) Bestimmungsübungen zu den Verba primae Nun:

1 נִבְאוּ וַיַּגֵּד בְּגִשְׁתָּם הִבִּיטוּ הַבִּיטוּ גְּשָׁה וְאַגִּידָה וַיִּגַּשׁ תִּדֹּר הִנָּבֵא

2 וַיִּדַּר הִצַּלְתִּיךָ יִתְנַבֵּא מַצִּיל וַתִּשַּׁק וַיַּבֵּט וְנָסוֹעַ תִּטְּעִי מַגִּיד וַיִּסְעוּ

3 מְנַחֲמֵי וַתַּגֵּד־ לִנְטֹעַ לָטַעַת יִנָּחֵם הֻגַּד הֻגֵּד וַיִּפְּלוּ תַּשִּׂיג הִפִּילָה

3) Bestimmungsübungen zum Verb נתן:

1 וְנָתַן נִתַּן וּנְתָנָם נָתַתָּה יִנָּתֵן וּנְתַנּוּךָ וּנְתַתִּיהוּ וּנְתַתִּיו יִתַּן נָתַנּוּ

2 נְתָנַנִי נֹתְנֵי נֹתֶנְךָ נְתַתַּנִי בְּתִתְּךָ נִתְּנוֹת נֻתְּנוּ תְּנוּ לָתֶת־ נֹתְנוֹ

3 אֶתְּנֶנָּה תִּנֵהוּ נָתֹן תִּתֵּן אֶתְּנָה מִתִּתִּי נִתַּנּוּ תִּתְּנוֹ תִּנֶּנָּה הֲתִתְּנֵם

4) Vokalisierungsübungen zum Verb נתן:

1 נתן נתנו יתנו תתו תתני ואתן

5) Bestimmungsübungen zum Verb לקח:

1 נִלְקַח וְלָקַחַתְּ וְלָקַחַת לְקָחְתִּיךָ לְקַחְתֵּךְ לְקַחְתָּהּ וְקָחֶנּוּ וּלְקָחָהּ

2 וְנִקְּחָה קְחִי לְקַחְתָּנוּ הֲלָקַח אֶקָּחֵךְ וּלְקַחְתִּים אֶקְחָה תִּקָּחֶנּוּ

3 הַלְּקֻחִים לְקָחָם נִקַּח מִקַּחַת לָקֹחַ אֶלָּקַח קָחֶנָּה לְקַחְתּוֹ הֲיִקַּח

4 וָאֶקָּחֵם בְּקַחְתֵּךְ לְקָחַנִי וַיִּקָּחֵהוּ וַתִּקְחִי

6) Vokalisierungsübungen zum Verb לקח:

1 ויקחו ולקחו לקחת לקחי ותקח קחתי

7) Bestimmungsübungen zu den femininen Nomina mit segolierter Endung:

1 דַּלְתּוֹ וּבְדַעַת מַחְשְׁבוֹתֵינוּ לְדַעְתִּי מִשְׁמַרְתִּי וּקְטָרְתִּי מַחֲשַׁבְתּוֹ

2 תִּפְאַרְתּוֹ בִּדְלָתַיִם מַצִּבְתָּהּ מִדַּלְתִּי בְּדַעְתּוֹ מִשְׁמַרְתְּךָ הַמַּחֲשָׁבֹת

3 מַחְשְׁבוֹתַי תִּפְאַרְתֵּנוּ מִמַּחְשְׁבֹתֵיכֶם מִשְׁמַרְתּוֹ תִּפְאַרְתָּם מִשְׁמְרוֹת

4 מַחְשְׁבוֹתָם דְּלָתוֹת דַּלְתוֹת דְּלָתַיִם

8) Vokalisierungsübungen zu den femininen Nomina mit segolierter Endung:

1 ומחשבתיך דלתי משמרתי ודעתם

9) Übersetzen Sie:

1 (Gen 12,18) וַיִּקְרָא פַרְעֹה לְאַבְרָם וַיֹּאמֶר מַה־זֹּאת עָשִׂיתָ[a] לִּי לָמָּה לֹא־הִגַּדְתָּ לִּי כִּי אִשְׁתְּךָ הִוא׃

2 (Gen 20,1f.) וַיִּסַּע מִשָּׁם אַבְרָהָם אַרְצָה הַנֶּגֶב ... וַיֹּאמֶר אַבְרָהָם אֶל־שָׂרָה אִשְׁתּוֹ אֲחֹתִי הִוא וַיִּשְׁלַח אֲבִימֶלֶךְ מֶלֶךְ גְּרָר וַיִּקַּח אֶת־שָׂרָה׃

3 (Gen 24,3) וְאַשְׁבִּיעֲךָ בַּיהוָה אֱלֹהֵי הַשָּׁמַיִם וֵאלֹהֵי הָאָרֶץ אֲשֶׁר לֹא־תִקַּח אִשָּׁה לִבְנִי מִבְּנוֹת הַכְּנַעֲנִי אֲשֶׁר אָנֹכִי יוֹשֵׁב בְּקִרְבּוֹ׃

4 (Gen 27,25-27) וַיֹּאמֶר הַגִּשָׁה לִּי וְאֹכְלָה מִצֵּיד[b] בְּנִי לְמַעַן תְּבָרֶכְךָ נַפְשִׁי וַיַּגֶּשׁ־לוֹ וַיֹּאכַל ... וַיֹּאמֶר אֵלָיו יִצְחָק אָבִיו גְּשָׁה־נָּא וּשְׁקָה־לִּי בְּנִי׃ וַיִּגַּשׁ וַיִּשַּׁק־לוֹ ...

5 (Gen 29,19) וַיֹּאמֶר לָבָן טוֹב תִּתִּי אֹתָהּ לָךְ מִתִּתִּי אֹתָהּ לְאִישׁ אַחֵר

6 (Gen 32,1) וַיַּשְׁכֵּם לָבָן בַּבֹּקֶר וַיְנַשֵּׁק לְבָנָיו וְלִבְנוֹתָיו וַיְבָרֶךְ אֶתְהֶם

7 (Gen 50,1) וַיִּפֹּל יוֹסֵף עַל־פְּנֵי אָבִיו וַיֵּבְךְּ[c] עָלָיו וַיִּשַּׁק־לוֹ׃

8 (Num 20,12) וַיֹּאמֶר יְהוָה אֶל־מֹשֶׁה וְאֶל־אַהֲרֹן יַעַן לֹא־הֶאֱמַנְתֶּם בִּי לְהַקְדִּישֵׁנִי לְעֵינֵי בְּנֵי יִשְׂרָאֵל לָכֵן לֹא תָבִיאוּ[d] אֶת־הַקָּהָל הַזֶּה אֶל־הָאָרֶץ אֲשֶׁר־נָתַתִּי לָהֶם׃

9 (Dtn 32,40) כִּי־אֶשָּׂא אֶל־שָׁמַיִם יָדִי וְאָמַרְתִּי חַי אָנֹכִי לְעֹלָם׃

10 (Jdc 11,30f.) וַיִּדַּר יִפְתָּח נֶדֶר לַיהוָה וַיֹּאמַר אִם־נָתוֹן תִּתֵּן אֶת־בְּנֵי עַמּוֹן בְּיָדִי׃ וְהָיָה ...

11 (I Sam 18,25) וְשָׁאוּל חָשַׁב לְהַפִּיל אֶת־דָּוִד בְּיַד־פְּלִשְׁתִּים׃

12 (II Sam 7,8) וְעַתָּה כֹּה־תֹאמַר לְעַבְדִּי לְדָוִד כֹּה אָמַר יְהוָה צְבָאוֹת אֲנִי לְקַחְתִּיךָ מִן־הַנָּוֶה מֵאַחַר הַצֹּאן

13 (Jes 59,7) רַגְלֵיהֶם לָרַע יָרֻצוּ[e] וִימַהֲרוּ לִשְׁפֹּךְ דָּם נָקִי מַחְשְׁבוֹתֵיהֶם מַחְשְׁבוֹת אָוֶן

14 (Ps 55,7) וָאֹמַר מִי־יִתֶּן־לִּי אֵבֶר כַּיּוֹנָה

15 (II Chr 32,11) יְהוָה אֱלֹהֵינוּ יַצִּילֵנוּ מִכַּף מֶלֶךְ אַשּׁוּר׃

Erläuterungen:

a „du hast getan“
b צַיִד: „Wildbret, Jagdbeute“
c „und er weinte“
d „ihr werdet bringen“
e „sie werden laufen“

10) Übersetzen Sie Gen 27,1-11: Die Erlistung des Segens

Die umfangreiche Erzählung von der Erlistung des Segens durch Jakob (Gen 27,1-45) steht im Kontext der Erzählreihe um die beiden Zwillingsbrüder Jakob und Esau (Gen 25,19-33,16). Inhaltlich geht es in Gen 27 um den Kampf um den Sterbesegen Isaaks. In diesem Kampf kommen Gottes Pläne zu ihrem Ziel.

1 וַיְהִי כִּי־זָקֵן יִצְחָק וַתִּכְהֶיןָ[a] עֵינָיו מֵרְאֹת[b] וַיִּקְרָא אֶת־עֵשָׂו בְּנוֹ
הַגָּדֹל וַיֹּאמֶר אֵלָיו בְּנִי וַיֹּאמֶר אֵלָיו הִנֵּנִי׃
2 וַיֹּאמֶר הִנֵּה־נָא זָקַנְתִּי לֹא יָדַעְתִּי יוֹם מוֹתִי׃
3 וְעַתָּה שָׂא־נָא כֵלֶיךָ[c] תֶּלְיְךָ[d] וְקַשְׁתֶּךָ[e] וְצֵא[f] הַשָּׂדֶה וְצוּדָה[g] לִּי
צֵידָה[h]׃
4 וַעֲשֵׂה[i]־לִי מַטְעַמִּים[j] כַּאֲשֶׁר אָהַבְתִּי וְהָבִיאָה[k] לִּי וְאֹכֵלָה בַּעֲבוּר
תְּבָרֶכְךָ נַפְשִׁי בְּטֶרֶם אָמוּת[l]׃
5 וְרִבְקָה שֹׁמַעַת בְּדַבֵּר יִצְחָק אֶל־עֵשָׂו בְּנוֹ וַיֵּלֶךְ[m] עֵשָׂו הַשָּׂדֶה
לָצוּד צַיִד[h] לְהָבִיא[n]׃
6 וְרִבְקָה אָמְרָה אֶל־יַעֲקֹב בְּנָהּ לֵאמֹר הִנֵּה שָׁמַעְתִּי אֶת־אָבִיךָ
מְדַבֵּר אֶל־עֵשָׂו אָחִיךָ לֵאמֹר׃
7 הָבִיאָה[o] לִּי צַיִד[h] וַעֲשֵׂה־לִי מַטְעַמִּים וְאֹכֵלָה וַאֲבָרֶכְכָה לִפְנֵי
יְהוָה לִפְנֵי מוֹתִי׃
8 וְעַתָּה בְנִי שְׁמַע בְּקֹלִי לַאֲשֶׁר אֲנִי מְצַוָּה[p] אֹתָךְ׃
9 לֶךְ[q]־נָא אֶל־הַצֹּאן וְקַח־לִי מִשָּׁם שְׁנֵי[r] גְּדָיֵי עִזִּים טֹבִים וְאֶעֱשֶׂה[s]
אֹתָם מַטְעַמִּים לְאָבִיךָ כַּאֲשֶׁר אָהֵב׃
10 וְהֵבֵאתָ[t] לְאָבִיךָ וְאָכָל בַּעֲבֻר אֲשֶׁר יְבָרֶכְךָ לִפְנֵי מוֹתוֹ׃
11 וַיֹּאמֶר יַעֲקֹב אֶל־רִבְקָה אִמּוֹ הֵן עֵשָׂו אָחִי אִישׁ שָׂעִר[u] וְאָנֹכִי
אִישׁ חָלָק[v]׃

Erläuterungen:

a „sie waren erloschen“
b „so dass er nicht mehr sehen konnte“
c „dein Jagdzeug“
d „dein Köcher“

e „dein Bogen“
f „geh hinaus“
g „und jage“
h „Jagd, Jagdbeute“
i „und bereite zu“
j „Leckerbissen“
k „und bringe“
l „ich werde sterben“
m „und er ging“
n „um es zu bringen“
o „bringe bitte“
p „befehlend“ *(Ptz.)*
q „geh“
r „zwei“
s „ich will zubereiten“
t „du sollst bringen“
u „haarig“
v „glatt“

11) Übersetzen Sie Ps 147,1-7:

Der Psalm ist ein Hymnus; er wird von der Aufforderung „Lobt den Herrn“ umschlossen (V.1 + V.20; Stilfigur der „inclusio“). Das Thema „Schöpfung“ ist ein wesentliches Element des Psalms (V.4.5.8.9.14-18).

הַלְלוּ יָהּ כִּי־טוֹב זַמְּרָה אֱלֹהֵינוּ כִּי־נָעִים[a] נָאוָה[b] תְהִלָּה׃ 1
בּוֹנֵה[c] יְרוּשָׁלִַם יְהוָה נִדְחֵי[d] יִשְׂרָאֵל יְכַנֵּס[e]׃ 2
הָרֹפֵא[f] לִשְׁבוּרֵי לֵב וּמְחַבֵּשׁ[g] לְעַצְּבוֹתָם[h]׃ 3
מוֹנֶה[i] מִסְפָּר לַכּוֹכָבִים לְכֻלָּם שֵׁמוֹת יִקְרָא׃ 4
גָּדוֹל אֲדוֹנֵינוּ וְרַב־כֹּחַ לִתְבוּנָתוֹ[j] אֵין מִסְפָּר׃ 5
מְעוֹדֵד[k] עֲנָוִים[l] יְהוָה מַשְׁפִּיל[m] רְשָׁעִים עֲדֵי[n]־אָרֶץ׃ 6
עֱנוּ[o] לַיהוָה בְּתוֹדָה[p] זַמְּרוּ לֵאלֹהֵינוּ בְכִנּוֹר[q]׃ 7

Erläuterungen:

a „lieblich, freundlich“
b „schön, lieblich“
c „der Erbauer“ *(st.cs.)*
d נדח *Ni.* „versprengt werden“
e כנס „sammeln“
f רפא „heilen“
g חבשׁ „verbinden“
h עַצֶּבֶת *hier:* „Wunde“
i מנה „zählen“
j תְּבוּנָה „Einsicht, Geschicklichkeit“
k „aufhelfend“ *(Ptz.)*
l „Demütige“
m שׁפל *Qal* „niedrig sein“
n עֲדֵי = עַד
o „singt“
p „Dank“
q „Leier, Laute“

12) Vokalisierungsübung. Vokalisieren und übersetzen Sie:

1 (Dtn 30,18) הגדתי לכם היום כי אבד תאבדון

2 (I Sam 25,11) ולקחתי את־לחמי ואת־מימי ... ונתתי לאנשים אשר לא ידעתי

3 (I Reg 18,30) ויאמר אליהו לכל־העם גשו אלי ויגשו כל־העם אליו

4 (II Reg 19,29) ונטעו כרמים נאכלו פרים:

5 (Jer 31,15) עוד תטעי כרמים בהרי שמרון

Lektion 22:
Verba primae Jod/Waw; das Verb יָרֵא „sich fürchten“; das Verb יָכֹל „können, vermögen“; feminine Nomina auf Qamäṣ He von Segolata; die Präpositionen לְ und בְּ

1. Vokabeln

Verben:

- Verba primae Jod/Waw:

(יִבַשׁ/יִיבֳשׁ)	יָבֵשׁ	trocken sein
(יִיטַב)	יטב	gut sein (טוֹב 8)
(יוּכַל)	יָכֹל	können, vermögen
(יִינַק)	ינק	*Qal* saugen
		Hi. säugen, stillen
	יסד	*Qal* gründen
(הוֹסִיף)	יסף	*Qal/Hi.* hinzufügen
(יִיעַף)	יָעֵף	müde werden
(יִיעַץ)	יעץ	raten
(יֵצֵא)	יצא	hinausgehen
(יִצֹּק)	יצק	ausgießen, ausschütten
(יִצֹּר/וַיִּיצֶר)	יצר	formen, bilden
(יֵרֵד)	ירד	hinabsteigen
(יִירַשׁ)	ירשׁ	in Besitz nehmen, beerben
(יִישַׁן)	יָשֵׁן	einschlafen, schlafen
(הוֹשִׁיעַ)	ישׁע	*Hi.* helfen, retten (יְשׁוּעָה 17)
(הוֹתִיר)	יתר	*Hi.* übrig lassen

- Bisher gelernte Verben dieser Klasse:

ישׁב (10), יָרֵא (10), ילד (17), ידע (11), הלך (11)

Nomina:

- Feminine Nomina auf Qamäṣ He von Segolata:

אָכְלָה	Speise, Nahrung (אכל 13)	
חֶלְקָה	1.	Glätte, Schmeichelei
	2.	Feld

מַלְכָּה	Königin (מֶ֫לֶךְ 6; מלך 8)
עֶזְרָה	Hilfe, Beistand (עזר 18)
קִרְיָה	Stadt, Ortschaft

• Bisher gelernte Nomina dieser Klasse:

שִׁפְחָה (20), עֶגְלָה (13), נַחֲלָה (16)

Weitere Vokabeln:

בְּתוּלָה	Jungfrau
גַּיְא	Tal
גֵּר	Fremder, Schutzbürger
חוֹל	Sand
יֶ֫לֶד	Kind, Knabe (ילד 17)
מַחֲזֶה	Gesicht, Vision
עֲבֹדָה	Arbeit (עֶ֫בֶד 6; עבד 16)
תִּקְוָה	Hoffnung

Eigennamen:

אֱלִיעֶ֫זֶר	Elieser *(n.pr.m.)*
בְּאֵר שֶׁבַע	Beerseba *(n.l.)*
הָגָר	Hagar *(n.pr.f.)*

2. Verba primae Jod/Waw

Die Verba primae Jod/Waw zerfallen ihrem Ursprung nach in zwei Klassen:

- in Verben, die ursprünglich mit Waw anlauteten; dieses Waw wurde jedoch infolge eines Lautwechsels im Anlaut durch Jod ersetzt: ו > י:

  ישב < * ושב

  ירד < * ורד

- in Verben, die mit ursprünglichem Jod anlauteten („Jod originario"):

  יטב = * יטב.

In den Lexika und Vokabelverzeichnissen werden beide Klassen vereint unter Jod aufgeführt.

a) Verba primae Jod

- Die Verba primae Jod bilden Impf. Qal durch Kontraktion des Präformativvokals *i* mit Jod zu Chiräq magnum. Der Vokal im Impf. Qal ist *a*.

  יִיטַב < * יִיְטַב   *ij* > *ī*

- Im gesamten Hifʿil bleibt Jod erhalten und verschmilzt mit dem *a* des Präformativs zu Ṣere magnum:

3.Sg.m. Perf.Hi.:	הֵיטִיב	< * הַיְטִיב	*aj > ē*
3.Sg.m. Impf.Hi.:	יֵיטִיב	< * יַיְטִיב	
3.Sg.m. Impf.cons.Hi.:	וַיֵּ֫יטֶב		
Imp. Sg.m. Hi.:	הֵיטֵב	< * הַיְטֵב	
Inf.cs. Hi.:	הֵיטִיב	< * הַיְטִיב	
Inf.abs. Hi.:	הֵיטֵב	< * הַיְטֵב	
Ptz.Hi. Sg.m.:	מֵיטִיב	< * מַיְטִיב	

- Im Nifᶜal und Hofᶜal folgen die Verba primae Jod der Bildeweise der Verba primae Waw.
- Sich überschneidende Formen im Hifᶜil:

3.Sg.m. Perf.:	הֵיטִיב
Inf.cs.:	הֵיטִיב
3.Pl.com. Perf.:	הֵיטִ֫יבוּ
Imp. Pl.m.:	הֵיטִ֫יבוּ
Imp. Sg.m.:	הֵיטֵב
Inf.abs.:	הֵיטֵב

- Die Eckformen von יטב im Qal und Hi.:

	Qal	Hifᶜil
3.Sg.m. Perf.	יָטַב	הֵיטִיב
3.Sg.m. Impf.	יִיטַב	יֵיטִיב
3.Sg.m. Impf.cons.	וַיִּיטַב	וַיֵּ֫יטֶב
Imp. Sg.m.		הֵיטֵב
Inf.cs.		הֵיטִיב
Inf.abs.		הֵיטֵב
Ptz.		מֵיטִיב

Die Verba primae Jod sind im Hi. durch ֵי vor dem zweiten Radikal erkennbar.

b) Verba primae Waw

- Im Impf., Imp. und Inf.cs. Qal zeigt diese Verbklasse eine doppelte Bildeweise:

  1. Bildeweise:

  Bei einer Sondergruppe von Verben tritt in diesen Formen Apherese des Jod ein. Dazu gehören die häufig vorkommenden Verben ישׁב, ירד, ילד, ידע, יצא und הלך (< * ולך). Sie bilden den Inf.cs. Qal mit segolierter Endung. Im Impf. begegnet der unveränderliche Präformativvokal *ē*; der Stammvokal *ē* ist jedoch veränderbar.

Qal	*3.Sg.m. Impf.*	*3.Sg.m./f. Impf.cons.*	*Imp. Sg.m. + Adhortativ*	*Inf.cs.*	*Inf.cs. + Suffix 1.Sg.com.*
ישב	יֵשֵׁב	וַיֵּשֶׁב	שֵׁב/שְׁבָה	שֶׁבֶת	שִׁבְתִּי
ירד	יֵרֵד	וַיֵּרֶד	רֵד/רְדָה	רֶדֶת	רִדְתִּי
ילד	יֵלֵד	וַתֵּלֶד		לֶדֶת	לִדְתִּי
ידע	יֵדַע	וַיֵּדַע	דַּע	דַּעַת	דַּעְתִּי
יצא	יֵצֵא	וַיֵּצֵא	צֵא/צְאָה	צֵאת	צֵאתִי
הלך	יֵלֵךְ	וַיֵּלֶךְ	לֵךְ/לְכָה	לֶכֶת	לֶכְתִּי

2. Bildeweise:
Bei den übrigen Verba primae Waw tritt im Impf., Imp. und Inf.cs. Qal an die Stelle des Waw ein Jod. Diese Gruppe von Verben ist im Vergleich mit der Sondergruppe klein. Dazu gehören u.a. die Verben יָעֵף, יָעַץ und יָשֵׁן.

Qal	*3.Sg.m. Impf.*	*3.Sg.m. Impf.cons.*	*Imp. Sg.m. + Adhortativ*	*Inf.cs.*
יָעֵף	יִיעַף			
יעץ	יִיעַץ			
יָשֵׁן	יִישַׁן	וַיִּישַׁן		יְשֹׁן
יסד				יְסֹד

- Die Verba primae Jod/Waw haben im Impf., Imp. und Inf. Ni. anstelle des Jod ein verdoppeltes Waw. Bei den Verba primae Waw wird somit im Ni. der ursprüngliche erste Konsonant Waw sichtbar.

3.Sg.m. Impf.Ni.: יִוָּשֵׁב
Imp. Sg.m. Ni. הִוָּשֵׁב
Inf.cs. Ni.: הִוָּשֵׁב

- Die Verba primae Waw haben im Perf. und Ptz. Ni. und im gesamten Hi. ō:

3.Sg.m. Perf.Ni.: נוֹשַׁב < * נַוְשַׁב ** aw > ō*
Ptz.Ni. Sg.m. st.abs.: נוֹשָׁב < * נַוְשָׁב
3.Sg.m. Perf.Hi.: הוֹשִׁיב < * הַוְשִׁיב
3.Sg.m. Impf.Hi.: יוֹשִׁיב < * יַוְשִׁיב
3.Sg.m. Impf.cons.: וַיּוֹשֶׁב
Imp. Sg.m. Hi.: הוֹשֵׁב < * הַוְשֵׁב
Inf.cs. Hi.: הוֹשִׁיב < * הַוְשִׁיב
Inf.abs. Hi.: הוֹשֵׁב < * הַוְשֵׁב
Ptz.Hi. Sg.m.: מוֹשִׁיב < * מַוְשִׁיב

- Die Verba primae Jod/Waw haben im gesamten Ho. ū:

3.Sg.m. Perf.Ho.: הוּשַׁב < * הֻוְשַׁב ** uw > ū*
3.Sg.m. Impf.Ho.: יוּשַׁב < * יֻוְשַׁב

Ptz.Ho. Sg.m.: מוּשָׁב < * מֻוְשָׁב

- Sich überschneidende Formen im Hif^cil:

3.Sg.m. Perf.:	הוֹשִׁיב
Inf.cs.:	הוֹשִׁיב
3.Pl.com. Perf.:	הוֹשִׁיבוּ
Imp. Pl.m.:	הוֹשִׁיבוּ
Imp. Sg.m.:	הוֹשֵׁב
Inf.abs.:	הוֹשֵׁב
3.Sg.m. Jussiv:	יוֹשֵׁב
Ptz. Qal (!) Sg.m.:	יוֹשֵׁב

- Die Eckformen der Verba primae Waw im Qal, Hi. und Ho.:

	Qal		Hif^cil	Hof^cal
3.Sg.m. Perf	יָשֵׁן	יָשַׁב	הוֹשִׁיב	הוּשַׁב
3.Sg.m. Impf.	יִישַׁן	יֵשֵׁב	יוֹשִׁיב	יוּשַׁב
3.Sg.m. Impf.cons.	וַיִּישַׁן	וַיֵּשֶׁב	וַיּוֹשֶׁב	וַיּוּשַׁב
Imp. Sg.m.		שֵׁב	הוֹשֵׁב	
Inf.cs.	יְשֹׁן	שֶׁבֶת	הוֹשִׁיב	
Inf.abs.		יָשׁוֹב	הוֹשֵׁב	
Ptz.		יֹשֵׁב	מוֹשִׁיב	מוּשָׁב

Die Verba primae Waw der Sondergruppe sind im Impf. Qal am Ṣere unter den Präformativen und im Ni. und Hi. am ו *ō* vor dem zweiten Radikal erkennbar.

c) Besonderheiten

Eine kleine Gruppe von Verba primae Jod/Waw zeigt folgende Besonderheiten:

- Assimilation von Jod an den folgenden Konsonanten nach Analogie der Verba primae Nun bei:

יצק: יִצֹּק וַיִּצְּקֵם
יצר: יִצְּרֵהוּ אֶצָּרְךָ

- Apherese im Inf.cs. Qal und Imp. Qal bei:

ירשׁ: רֵשׁ רֶשֶׁת
יצק: צַק/יְצֹק צֶקֶת

3. Das Verb יָרֵא „sich fürchten“

Das Verb יָרֵא gehört zur Gruppe der Verba primae Jod, Verba mediae Resch und Verba tertiae Aleph.

- In der 3.Sg.m. Perf. Qal lautet die Vokalfolge $\bar{a} - \bar{e}$:

  יָרֵא (כָּתַב)

- Aleph als dritter Konsonant quiesziert im Auslaut und vor konsonantischen Afformativen:

  3.Sg.m. Impf. Qal: יִירָא (יִכְתֹּב)
  2.Pl.m. Perf. Qal: יְרֵאתֶם (כְּתַבְתֶּם)

- Der Inf.cs. Qal ist in folgender Weise überliefert:

  Jos 22,25: יְרֹא
  I Sam 18,29: לֵרֹא
  Dtn 10,12: לְיִרְאָה

- Die Eckformen von יָרֵא im Qal, Ni. und Pi.:

	Qal	Nif^{c}al	Pi^{c}el
3.Sg.m. Perf.	יָרֵא		
3.Sg.m. Impf.	יִירָא		
3.Sg.m. Impf.cons.	וַיִּירָא		
Imp. Sg.m.	יְרָא		
Adhortativ			
Inf.cs.	יִרְאָה		
Inf.abs.			
Ptz. Sg.m. st.abs. / Verbaladjektiv	יָרֵא	נוֹרָא	מְיָרֵא

- Die Bedeutung von יָרֵא:

  Qal: „fürchten, sich fürchten"
  Nif^{c}al: „gefürchtet werden"
  Pi^{c}el: „in Furcht setzen"

4. Das Verb יָכֹל „können, vermögen"

Das Verb יָכֹל gehört zur Gruppe der Verba primae Waw.

- In der 3.Sg.m. Perf. Qal lautet die Vokalfolge $\bar{a} - \bar{o}$:

  יָכֹל (כָּתַב)

- In den Perfektformen im Qal begegnet in der Stammsilbe $\bar{o}$:

  יָכֹלְתִּי (כָּתַבְתִּי)

- Im Impf. Qal steht in Verbindung mit den Präformativen וֹ:

  יוּכַל (יִכְתֹּב)

  Vielleicht handelt es sich hier um ein Impf.Ho. mit Verlust der Kausativbedeutung: „er wird in die Lage versetzt werden" = „er wird können".

- Der Inf.cs. Qal wird mit segolierter Endung gebildet.

- Die Eckformen von יָכֹל im Qal:

	Qal
3.Sg.m. Perf.	יָכֹל
3.Sg.m. Impf.	יוּכַל
3.Sg.m. Impf.cons.	וַיּוּכַל
Imp. Sg.m.	
Adhortativ	
Inf.cs.	יְכֹלֶת
Inf.abs.	יָכֹל
Ptz. Sg.m. st.abs.	

- Die Bedeutung von יָכֹל:

  Qal: „können, vermögen; besiegen"

5. Feminine Nomina auf Qamäṣ He von Segolata

Diese Nomina sind Feminina auf Qamäṣ He von maskulinen Segolata:

מַלְכָּה von מֶ֫לֶךְ
אָכְלָה von אֹ֫כֶל

Regeln:

1) Die Nomina dieser Klasse werden im Plural wie die maskulinen Segolata mit einem zweisilbigen Stamm gebildet. Der Pl.st.abs. hat Schwa mobile und Vortonqamäṣ.
Pl.st.abs.
נְחָלוֹת שְׁפָחוֹת

2) Im Pl.st.cs. und in allen Suffixformen erscheinen der Stammvokal des Singular und Schwa medium.	
Pl.st.cs.	*Pl.st.cs. + Suffixe*
עֶגְלוֹת	שִׁפְחֹתֶיךָ שִׁפְחֹתָיו

6. Die Verwendung der Präpositionen לְ und בְּ

Das Verwendungsspektrum beider Präpositionen ist sehr weit. Es sollen hier nur wichtige Verwendungen genannt werden.

a) Die Präposition לְ

Die Grundbedeutung der Präposition לְ beschreibt die *Richtung nach etwas hin.* Als Hilfsübersetzung bietet sich „in Bezug auf“ an, um so die Beziehung zwischen Personen und Sachen auszudrücken.

• *lokal:*	לְמַעְלָה	„nach oben hin“ (Jes 7,11)
	לְמַטָּה	„nach unten hin“ (Jes 37,31)
	לַמִּזְרָח	„nach Osten hin“ (Neh 3,21)
	לְאָחוֹר	„rückwärts“ (Jer 7,24)
	הלך לְ	„gehen nach“ (Gen 30,25)
	לְפֶתַח אָהֳלוֹ	„an der Tür seines Zeltes“ (Num 11,10)
• *temporal:*	לְעֵת עֶרֶב	„zur Abendzeit“ (Gen 8,11)
	לַבֹּקֶר	„am Morgen“ (Am 4,4)
	לְיָמִים עוֹד שִׁבְעָה	„in noch sieben Tagen“ (Gen 7,4)
• *modal:*	לָבֶטַח	„in Sicherheit“ (Jdc 18,7)
	לְפִי	„gemäß“ (I Reg 17,1)
	כָּאַרְבֶּה לָרֹב	„wie Heuschrecken an Menge“ (Jdc 7,12)
	אֶעֶשְׂךָ לְגוֹי גָּדוֹל	„ich mache dich zu einem großen Volk“ (Gen 12,2)
• *dativisch:*	לוֹ הַיָּם	„ihm gehört das Meer“ (Ps 95,5) *(Dativus possessoris)*
	לֹא לָאָדָם דַּרְכּוֹ	„der Mensch verfügt nicht über seinen Weg“ (Jer 10,23)
• *kausal:*	יִצְחַק־לִי	„er wird über mich lachen“ (Gen 21,6)
	בְּרוּכָה אַתְּ לַיהוָה	„gesegnet seist du von Jahwe“ (Ruth 3,10)
	מִזְמוֹר לְדָוִד	„ein Psalm Davids“ (Ps 3,1) *(לְ auctoris)*

b) Die Präposition בְּ

Die Grundbedeutung der Präposition בְּ ist lokal, instrumental und modal. בְּ wird verwendet:

• *lokal:*	בָּאָרֶץ	„im Lande“ (Gen 12,6)

	בְּפֶתַח שַׁעַר־	„am Toreingang“ (Jer 26,10)
	בַּשָּׁמַיִם	„am Himmel“ (Prov 30,19)
	בָּהָר	„auf dem Berg“ (Ex 24,18)
	בַּקֹּשְׁרִים	„unter den Verschwörern“ (II Sam 15,31)
• *instrumental:*	בַּשֵּׁבֶט	„mit dem Stab“ (Ex 21,20)
	בְּהוֹשֵׁעַ	„durch Hosea“ (Hos 1,2)
• *modal:*	בְּשָׁלוֹם	„in Frieden“ (I Sam 29,7)
	בְּרַע	„in bösem Sinn“ (Ps 73,8)
	בְּכֹחַ	„kräftig“ (Ps 29,4)
• *temporal:*	בְּרֵאשִׁית	„im Anfang“ (Gen 1,1)
	בְּשָׁלֹשׁ שָׁנִים	„binnen dreier Jahre“ (Jes 16,14)
	בְּהִבָּרְאָם	„als sie erschaffen wurden“ (Gen 2,4; mit *Inf.cs.*)

• *Einführung des Objekts bei Verben des Kontakts:*

אחז בְּ	ergreifen
חזק בְּ	*Hi.* anfassen
גער בְּ	schelten
דבק בְּ	kleben an
אמן בְּ	*Hi.* glauben
בטח בְּ	vertrauen
בחר בְּ	erwählen
שׂמח בְּ	sich freuen über

• בְּ *essentiae (der Seinsweise/Erscheinungsform):*

בְּאֵל שַׁדָּי	„als El Schaddai“ (Ex 6,3)
בְּטָמֵא	„als Unreiner“ (Dtn 26,14)
בְּעֶזְרָתִי	„als meine Hilfe“ = „mir zu Hilfe“ (Ps 35,2)

• בְּ *pretii (des Preises/Wertes):*

בְּכֶסֶף	„für Silber“ (Gen 23,9)
בְּאֶלֶף כָּסֶף	„für tausend (Schekel) Silber“ (Dtn 19,21)
שֵׁן בְּשֵׁן	„Zahn für Zahn“ (Dtn 19,21)

7. Übungen

1) Konjugieren Sie mündlich folgende Verben:

ירד Qal ישב Ni. ישע Hi. הלך Qal יטב Hi.

2) Bestimmungsübungen zu den Verba primae Jod/Waw:

1 יִיבַשׁ יֵיטִיב יִינָֽקוּ הוֹבַשְׁתִּי מֵינֶקֶת יֹסְפִים וַיֵּיטְבוּ נוֹסַף אִיעֲצָה

2 מֵיטִיב אוֹסִיף נוֹעַץ יוֹנֵק יָעֵפוּ יִיעַף מֵנִקְתּוֹ יוֹעַצְתּוֹ צֵאתוֹ

3 הֹסַפְתִּי יָצוֹא אֵצֹק וַיֹּסֶף יוֹצֵר אִירָשֶׁנָּה וַיִּוָּעֵץ וַיֵּרֶד וַיִּישַׁן

4 וַיֵּצֵא לִישׁוֹן הוֹשִׁיעָה לְדַעְתּוֹ יוֹשִׁעֵנוּ אֵדְעָה לֶכְתְּךָ וַיֵּלֶךְ וַיֹּלֶךְ

3) Vokalisierungsübungen zu den Verba primae Jod/Waw:

1 הושיעני להיטיב כשבתו ויושע ישבו יצאתי היניקה נולד

4) Bestimmungsübungen zu den Verben יָרֵא und יָכֹל:

1 יָכֹלוּ יֵרָאֶה וִירֵא נִירָא אוֹכַל תִּירְאוּן יִרְאֵי אִירָאֶנּוּ וְיָכָלְתָּ

2 יָרֵאתָ תּוּכְלִי וְיִירְאוּ יֵרָאָיו יְכָלְתִּיו יֵרָאוּךְ יְרָאוּךְ וְהַנּוֹרָא הֲיָכֹל

3 וַיְיָרְאֵנִי נוֹרְאֹתֶיךָ יְרָאֲךָ נוּכַל מְיָרְאִים לְיִרְאָה יְרֵאתֶם הָאוּכַל

5) Vokalisierungsübungen zu den Verben יָרֵא und יָכֹל:

1 נוכל תיראי תוכלו ירא אל־תירא

6) Bestimmungsübungen zu den femininen Nomina auf Qamäṣ He von Segolata:

1 מַלְכַּת־ הַחֶלְקָה נַחֲלָתִי לְעֶגְלוֹת עֶזְרָתֵנוּ מִקְרָיָה שִׁפְחָתֵךְ שִׁפְחֹתֶיךָ

2 מְלָכוֹת חֶלְקַת נַחֲלַת עֶגְלַת עֶזְרָתִי שִׁפְחָתְךָ נַחֲלָתֵנוּ בְּעֶגְלָתִי

3 שִׁפְחָתוֹ בַּמַּלְכָּה נְחָלוֹת בְּעֶזְרָתֵךְ שִׁפְחָתָהּ

7) Vokalisierungsübungen zu den femininen Nomina auf Qamäṣ He von Segolata:

1 נחלתו חלקתי ושפחות שפחתי חלקתם

8) Übersetzen Sie:

1 (Gen 21,17)
וַיִּשְׁמַע אֱלֹהִים אֶת־קוֹל הַנַּעַר וַיִּקְרָא מַלְאַךְ אֱלֹהִים אֶל־הָגָר
מִן־הַשָּׁמַיִם וַיֹּאמֶר לָהּ מַה־לָּךְ הָגָר אַל־תִּירְאִי כִּי־שָׁמַע אֱלֹהִים
אֶל־קוֹל הַנַּעַר בַּאֲשֶׁר הוּא־שָׁם׃

2 (Gen 30,24-26)
וַתִּקְרָא אֶת־שְׁמוֹ יוֹסֵף לֵאמֹר יֹסֵף יְהוָה לִי בֵּן אַחֵר׃
וַיְהִי כַּאֲשֶׁר יָלְדָה רָחֵל אֶת־יוֹסֵף וַיֹּאמֶר יַעֲקֹב אֶל־לָבָן שַׁלְּחֵנִי
וְאֵלְכָה אֶל־מְקוֹמִי וּלְאַרְצִי׃
תְּנָה אֶת־נָשַׁי וְאֶת־יְלָדַי אֲשֶׁר עָבַדְתִּי אֹתְךָ בָּהֵן וְאֵלֵכָה כִּי אַתָּה
יָדַעְתָּ אֶת־עֲבֹדָתִי אֲשֶׁר עֲבַדְתִּיךָ׃

3 (Gen 32,13)
וְאַתָּה אָמַרְתָּ הֵיטֵב אֵיטִיב עִמָּךְ וְשַׂמְתִּי[a] אֶת־זַרְעֲךָ כְּחוֹל הַיָּם
אֲשֶׁר לֹא־יִסָּפֵר מֵרֹב׃

4 (Gen 44,22)
וַנֹּאמֶר אֶל־אֲדֹנִי לֹא־יוּכַל הַנַּעַר לַעֲזֹב אֶת־אָבִיו וְעָזַב
אֶת־אָבִיו וָמֵת[b]׃

5 (Gen 45,16)
וְהַקֹּל נִשְׁמַע בֵּית פַּרְעֹה לֵאמֹר בָּאוּ[c] אֲחֵי יוֹסֵף וַיִּיטַב בְּעֵינֵי
פַרְעֹה וּבְעֵינֵי עֲבָדָיו׃

6 (Ex 2,7)
וַתֹּאמֶר אֲחֹתוֹ אֶל־בַּת פַּרְעֹה הַאֵלֵךְ וְקָרָאתִי לָךְ אִשָּׁה מֵינֶקֶת
מִן הָעִבְרִיֹּת וְתֵינִק לָךְ אֶת־הַיָּלֶד׃

7 (Dtn 6,4-7)
שְׁמַע יִשְׂרָאֵל יְהוָה אֱלֹהֵינוּ יְהוָה אֶחָד[d]׃
וְאָהַבְתָּ אֵת יְהוָה אֱלֹהֶיךָ בְּכָל־לְבָבְךָ וּבְכָל־נַפְשְׁךָ וּבְכָל־מְאֹדֶךָ[e]׃
וְהָיוּ[f] הַדְּבָרִים הָאֵלֶּה אֲשֶׁר אָנֹכִי מְצַוְּךָ[g] הַיּוֹם עַל־לְבָבֶךָ׃
וְשִׁנַּנְתָּם[h] לְבָנֶיךָ וְדִבַּרְתָּ בָּם בְּשִׁבְתְּךָ בְּבֵיתֶךָ וּבְלֶכְתְּךָ בַדֶּרֶךְ
וּבְשָׁכְבְּךָ וּבְקוּמֶךָ[i]׃

8 (Dtn 12,1)
אֵלֶּה הַחֻקִּים וְהַמִּשְׁפָּטִים אֲשֶׁר תִּשְׁמְרוּן לַעֲשׂוֹת[j] בָּאָרֶץ אֲשֶׁר נָתַן
יְהוָה אֱלֹהֵי אֲבֹתֶיךָ לְךָ לְרִשְׁתָּהּ כָּל־הַיָּמִים אֲשֶׁר־אַתֶּם חַיִּים
עַל־הָאֲדָמָה׃

9 (Jdc 2,6) וַיְשַׁלַּח יְהוֹשֻׁעַ אֶת־הָעָם וַיֵּלְכוּ בְנֵי־יִשְׂרָאֵל אִישׁ לְנַחֲלָתוֹ
לָרֶשֶׁת אֶת־הָאָרֶץ׃

10 (Jdc 10,13) וְאַתֶּם עֲזַבְתֶּם אוֹתִי וַתַּעַבְדוּ אֱלֹהִים אֲחֵרִים לָכֵן לֹא־אוֹסִיף
לְהוֹשִׁיעַ אֶתְכֶם׃

11 (I Sam 3,6) וַיֹּסֶף יְהוָה קְרֹא עוֹד שְׁמוּאֵל וַיָּקָם[k] שְׁמוּאֵל וַיֵּלֶךְ אֶל־עֵלִי
וַיֹּאמֶר הִנְנִי כִּי קָרָאתָ לִי וַיֹּאמֶר לֹא קָרָאתִי בְנִי שׁוּב[l] שְׁכָב׃

12 (II Sam 17,11) כִּי יָעַצְתִּי הֵאָסֹף יֵאָסֵף עָלֶיךָ כָל־יִשְׂרָאֵל מִדָּן וְעַד־בְּאֵר שֶׁבַע
כַּחוֹל אֲשֶׁר־עַל־הַיָּם לָרֹב

13 (Jes 47,1) רְדִי וּשְׁבִי עַל־עָפָר בְּתוּלַת בַּת־בָּבֶל שְׁבִי־לָאָרֶץ אֵין כִּסֵּא
בַּת־כַּשְׂדִּים[m] כִּי לֹא תוֹסִיפִי יִקְרְאוּ־לָךְ

14 (Ez 37,11) וַיֹּאמֶר אֵלַי בֶּן־אָדָם הָעֲצָמוֹת הָאֵלֶּה כָּל־בֵּית יִשְׂרָאֵל הֵמָּה
הִנֵּה אֹמְרִים יָבְשׁוּ עַצְמוֹתֵינוּ וְאָבְדָה תִקְוָתֵנוּ

15 (Ps 23,4) גַּם כִּי־אֵלֵךְ בְּגֵיא צַלְמָוֶת[n] לֹא־אִירָא רָע כִּי־אַתָּה עִמָּדִי שִׁבְטְךָ
וּמִשְׁעַנְתֶּךָ[o] הֵמָּה יְנַחֲמֻנִי׃

Erläuterungen:

a „ich werde machen"
b „dann wird er sterben"
c „sie sind gekommen"
d „einer"
e „und mit all deiner Kraft"
f „sie sollen sein"
g „dir gebietend"
h „du sollst sie einschärfen"
i „wenn du aufstehst"
j „um (sie) zu tun"
k „und er stand auf"
l *hier:* „wiederum"
m „Chaldäer" *(n.g.)*
n „Finsternis"
o „und dein Stab"

9) Übersetzen Sie Gen 15: Verheißung an Abraham

Gen 15 nimmt innerhalb der Abrahamerzählungen Kap. 12-25 eine zentrale Stellung ein, denn es geht um die Verheißung eines Sohnes für Abraham (V.4) sowie die feierliche Versicherung des Herrn, dass Abrahams Nachkommen das Land in Besitz nehmen werden (V.18). Von Abraham wird berichtet, dass er dem Herrn glaubte und dies ihm zur Gerechtigkeit angerechnet wurde (V.6).

1 אַחַר ׀ הַדְּבָרִים הָאֵלֶּה הָיָה[a] דְבַר־יְהוָה אֶל־אַבְרָם בַּמַּחֲזֶה

לֵאמֹר אַל־תִּירָא אַבְרָם אָנֹכִי מָגֵן[b] לָךְ שְׂכָרְךָ[c] הַרְבֵּה[d] מְאֹד׃
2 וַיֹּאמֶר אַבְרָם אֲדֹנָי יֱהוִה מַה־תִּתֶּן־לִי וְאָנֹכִי הוֹלֵךְ עֲרִירִי[e]
וּבֶן־מֶשֶׁק[f] בֵּיתִי הוּא דַּמֶּשֶׂק[g] אֱלִיעֶזֶר׃
3 וַיֹּאמֶר אַבְרָם הֵן לִי לֹא נָתַתָּה זָרַע וְהִנֵּה בֶן־בֵּיתִי יוֹרֵשׁ אֹתִי׃
4 וְהִנֵּה דְבַר־יְהוָה אֵלָיו לֵאמֹר לֹא יִירָשְׁךָ זֶה כִּי־אִם אֲשֶׁר יֵצֵא
מִמֵּעֶיךָ[h] הוּא יִירָשֶׁךָ׃
5 וַיּוֹצֵא אֹתוֹ הַחוּצָה וַיֹּאמֶר הַבֶּט־נָא הַשָּׁמַיְמָה וּסְפֹר הַכּוֹכָבִים
אִם־תּוּכַל לִסְפֹּר אֹתָם וַיֹּאמֶר לוֹ כֹּה יִהְיֶה[i] זַרְעֶךָ׃
6 וְהֶאֱמִן בַּיהוָה וַיַּחְשְׁבֶהָ לּוֹ צְדָקָה׃
7 וַיֹּאמֶר אֵלָיו אֲנִי יְהוָה אֲשֶׁר הוֹצֵאתִיךָ מֵאוּר כַּשְׂדִּים[j] לָתֶת
לְךָ אֶת־הָאָרֶץ הַזֹּאת לְרִשְׁתָּהּ׃
8 וַיֹּאמַר אֲדֹנָי יֱהוִה בַּמָּה אֵדַע כִּי אִירָשֶׁנָּה׃
9 וַיֹּאמֶר אֵלָיו קְחָה לִי עֶגְלָה מְשֻׁלֶּשֶׁת[k] וְעֵז מְשֻׁלֶּשֶׁת וְאַיִל מְשֻׁלָּשׁ
וְתֹר[l] וְגוֹזָל[m]׃
10 וַיִּקַּח־לוֹ אֶת־כָּל־אֵלֶּה וַיְבַתֵּר[n] אֹתָם בַּתָּוֶךְ וַיִּתֵּן אִישׁ־בִּתְרוֹ[o]
לִקְרַאת[p] רֵעֵהוּ וְאֶת־הַצִּפֹּר[q] לֹא בָתָר׃
11 וַיֵּרֶד הָעַיִט[r] עַל־הַפְּגָרִים[s] וַיַּשֵּׁב[t] אֹתָם אַבְרָם׃
12 וַיְהִי הַשֶּׁמֶשׁ לָבוֹא[u] וְתַרְדֵּמָה[v] נָפְלָה עַל־אַבְרָם וְהִנֵּה אֵימָה[w]
חֲשֵׁכָה[x] גְדֹלָה נֹפֶלֶת עָלָיו׃
13 וַיֹּאמֶר לְאַבְרָם יָדֹעַ תֵּדַע כִּי־גֵר ׀ יִהְיֶה[y] זַרְעֲךָ בְּאֶרֶץ
לֹא לָהֶם וַעֲבָדוּם וְעִנּוּ[z] אֹתָם אַרְבַּע מֵאוֹת שָׁנָה[α]׃
14 וְגַם אֶת־הַגּוֹי אֲשֶׁר יַעֲבֹדוּ דָּן[β] אָנֹכִי וְאַחֲרֵי־כֵן יֵצְאוּ בִּרְכֻשׁ[γ]
גָּדוֹל׃
15 וְאַתָּה תָּבוֹא[δ] אֶל־אֲבֹתֶיךָ בְּשָׁלוֹם תִּקָּבֵר בְּשֵׂיבָה[ε] טוֹבָה׃
16 וְדוֹר רְבִיעִי[ζ] יָשׁוּבוּ[η] הֵנָּה[θ] כִּי לֹא־שָׁלֵם[ι] עֲוֺן הָאֱמֹרִי עַד־הֵנָּה׃
17 וַיְהִי הַשֶּׁמֶשׁ בָּאָה[κ] וַעֲלָטָה[λ] הָיָה וְהִנֵּה תַנּוּר[μ] עָשָׁן[ν] וְלַפִּיד[ξ] אֵשׁ
אֲשֶׁר עָבַר בֵּין הַגְּזָרִים[ο] הָאֵלֶּה׃
18 בַּיּוֹם הַהוּא כָּרַת יְהוָה אֶת־אַבְרָם בְּרִית לֵאמֹר לְזַרְעֲךָ נָתַתִּי
אֶת־הָאָרֶץ הַזֹּאת מִנְּהַר[π] מִצְרַיִם עַד־הַנָּהָר הַגָּדֹל נְהַר־פְּרָת׃
19 אֶת־הַקֵּינִי וְאֶת־הַקְּנִזִּי וְאֵת הַקַּדְמֹנִי׃
20 וְאֶת־הַחִתִּי וְאֶת־הַפְּרִזִּי וְאֶת־הָרְפָאִים׃
21 וְאֶת־הָאֱמֹרִי וְאֶת־הַכְּנַעֲנִי וְאֶת־הַגִּרְגָּשִׁי וְאֶת־הַיְבוּסִי׃ ס

Erläuterungen:

a *hier:* „es erging"
b „Schild" *(m.)*
c „dein Lohn"
d „viel, zahlreich"
v „Tiefschlaf"
w „Schrecken"
x חֲשֵׁכָה *bleibt unübersetzt!*
y „es wird sein"

e „kinderlos“
f „Besitz“ (?)
g הוּא דַּמֶּשֶׂק *bleibt unübersetzt!*
h „dein Inneres, dein Bauch“
i „es wird sein“
j „Ur-Kasdim“ *(n.l.)*
k „dreijährig“
l „Taube“
m „junger Vogel“
n „und er zerschnitt“
o „sein Teil“
p „vor, gegenüber“
q „der Vogel“
r „die Raubvögel“ *(coll.)*
s „die Leichname“
t „und er verscheuchte“
u „untergehen“ *(Inf.cs.)*
z „sie werden unterdrücken“
α „400 Jahre“
β „richtend“
γ „Besitz, Habe“
δ „du wirst gehen“
ε „Alter“
ζ „viertes“
η „sie werden zurückkommen“
ϑ „hierher“
ι „friedlich, unversehrt“
κ „sie war untergegangen“
λ „Finsternis“
μ „Ofen“
ν „Rauch“
ξ „Fackel“
ο „die Hälften, Stücke“
π „Strom“ *(st.cs.)*

10) Vokalisierungsübung. Vokalisieren und übersetzen Sie:

1 (Gen 44,26) ונאמר לא נוכל לרדת

2 (Lev 20,24) ואמר לכם אתם תירשו את־אדמתם ואני אתננה לכם לרשת אתהּ

3 (Jdc 6,23) ויאמר לו יהוה שׁלום לך אל־תירא

4 (I Sam 1,23) ותשב האשה ותינק את־בנהּ

5 (Jes 44,3) אצק רוחי על־זרעך

Lektion 23:
Verba tertiae infirmae; das Verb היה „sein, werden"; das Verb חוה „sich niederwerfen, anbeten"; das Verb ראה „sehen"; einsilbige Nomina mit veränderlichem Vokal; die Präpositionen מִן und כְּ

1. Vokabeln

Verben:

- Verba tertiae infirmae:

(יִבְכֶּה)	בכה	weinen (בְּכִי 12)
(יִבְנֶה)	בנה	bauen
(יִגְלֶה)	גלה	*Qal* entblößen, offenbaren
		Hi. ins Exil führen
(יִהְיֶה)	היה	sein, werden, geschehen
(יִשְׁתַּחֲוֶה)	חוה	*Hištaf^{c}el* sich verneigen, anbeten
(יֶחֱזֶה)	חזה	schauen *(visionär)*
(יִחְיֶה)	חיה	leben (חַי 14)
(יֶחֱלֶה)	חלה	krank sein (חֳלִי 6)
(יַחֲנֶה)	חנה	sich lagern (מַחֲנֶה 18)
(יַעֲלֶה)	עלה	hinaufsteigen
(יַעֲנֶה)	ענה I	antworten
(יַעֲנֶה)	ענה II	gebeugt sein; *Pi.* demütigen
(יַעֲשֶׂה)	עשׂה	tun, machen (מַעֲשֶׂה 18)
(יִפְנֶה)	פנה	sich wenden (פָּנִים 14)
(יִפְרֶה)	פרה	fruchtbar sein (פְּרִי 12)
(יְצַוֶּה)	צוה	*Pi.* befehlen
(יְקַוֶּה)	קוה	*Pi.* hoffen, warten
(יִקְנֶה)	קנה	kaufen, erwerben, erschaffen (מִקְנֶה 6)
(יִרְאֶה)	ראה	*Qal* sehen
		Ni. erscheinen (מַרְאֶה 18)
(יִרְבֶּה)	רבה	viel sein/werden (רֹב 14)
(יִרְעֶה)	רעה	weiden (רֹעֶה 18)

(יַשְׁקֶה)	שׁקה	*Hi.* trinken lassen, tränken
(יִשְׁתֶּה)	שׁתה	trinken (מִשְׁתֶּה 18)

- Bisher gelernte Verben dieser Klasse:

אפה (18), אבה (18)

Weitere Vokabeln:

אֶחָד	eins *(st.cs.: אַחַד)*
אֶרֶז	Zeder
כחשׁ	*Pi.* lügen, leugnen
נֶגֶד	vor, gegenüber von
נָהָר	Fluss, Strom
עֻגָה	Brotfladen
עַל־כֵּן	deshalb
צחק	lachen

Eigennamen:

אֲבִיהוּ	Abihu *(n.pr.m.)*
בָּרָק	Barak *(n.pr.m.)*
יְרִיחוֹ	Jericho *(n.l.)*
יָעֵל	Jael *(n.pr.f.)*
יִשְׁמָעֵאל	Ismael *(n.pr.m.)*
לֵאָה	Lea *(n.pr.f.)*
נָדָב	Nadab *(n.pr.m.)*
סִיסְרָא	Sisera *(n.pr.m.)*

2. Verba tertiae infirmae

Die Verba tertiae infirmae sind ursprünglich Verba tertiae Jod/Waw. Anstelle von Jod und Waw erscheint jedoch ein He als Zeichen für den vokalischen Auslaut. Eine Ausnahme bildet das Ptz. Pass. Qal, bei dem sich das ursprüngliche Jod erhalten hat: גָּלוּי.

- Die Endungen dieser Verbklasse sind:

ָה	in 3.Sg.m. Perf. Qal – Hofᶜal (גָּלָה Qal)
ֶה	in 3.Sg.m./f.; 2.Sg.m.; 1.Sg./Pl.com. Impf. Qal – Hofᶜal und Ptz. Sg.m. st.abs. Qal – Hofᶜal (יִגְלֶה; גֹּלֶה Qal)
ֵה	im Imp. Sg.m. Qal, Nifᶜal, Piᶜel, Hitpaᶜel, Hifᶜil (גְּלֵה Qal)
ֹה	im Inf.abs. Qal + Nifᶜal
ֵה	im Inf.abs. Piᶜel, Hitpaᶜel, Hifᶜil, Hofᶜal
וֹת	im Inf.cs. Qal – Hofᶜal (גְּלוֹת Qal)

- Die konsonantischen Endungen werden im Perf., Impf. und Imp. an einen Bindevokal angehängt:
  - ִי im Perf. Qal, Pi^{c}el, Hitpa^{c}el, Hif^{c}il (aktive Stammesmodifikationen; גָּלִיתָ Qal)
  - ֵי im Perf. Nif^{c}al, Pu^{c}al, Hof^{c}al (passive Stammesmodifikationen; נִגְלֵיתָ Ni.)
  - ֶי im Impf. Qal – Hof^{c}al und Imp. Pl.f. Qal, Ni., Pi., Hitp., Hi. (תִּגְלֶינָה / גְּלֶינָה Qal)

- Die vokalischen Endungen und Suffixe werden direkt an den zweiten Radikal angehängt:

גָּלוּ	3.Pl.com. Perf. Qal
יִגְלוּ	3.Pl.m. Impf. Qal
גְּלִי	Imp. Sg.f. Qal
גָּלַנִי	3.Sg.m. Perf. Qal + Suffix 1.Sg.com.

- Die 3.Sg.f. Perf. Qal – Ho. ist mit der ursprünglichen Endung *ṯ* und der Endung *–ā* als feminine Form doppelt gekennzeichnet:

גָּלְתָה	3.Sg.f. Perf. Qal
נִגְלְתָה	3.Sg.f. Perf. Ni.

- Die 1.Sg./Pl.com. Impf. dient zugleich zum Ausdruck des Kohortativ:

אֶגְלֶה
- *1.Sg.com. Impf. Qal:* „ich werde aufdecken"
- *Koh.Sg. Qal:* „ich will aufdecken"

- Eine Besonderheit der Verba tertiae infirmae ist die Bildung von Kurzformen im Jussiv und im Impf.cons. mit Abwerfung der Endung ֶה *(Apokopie)*:

Qal

יִגְלֶה: *יִגְל > יֶגֶל Jussiv; וַיִּגֶל Impf.cons.

Nif^{c}al

יִגָּלֶה: יִגָּל Jussiv; וַיִּגָּל Impf.cons.

Pi^{c}el:

יְגַלֶּה: יְגַל Jussiv; וַיְגַל Impf.cons.

In den apokopierten Formen im Jussiv und Impf.cons. Pi^{c}el und Hitpa^{c}el ist noch der Wegfall von Dagesch forte im zweiten Radikal zu beachten.

Hif^{c}il:

יַגְלֶה: *יַגְל > יֶגֶל Jussiv; וַיֶּגֶל Impf.cons.

Zu beachten ist, dass bei einigen Verben die doppelt geschlossene Silbe im Jussiv und im Impf.cons. erhalten bleibt und der Präformativvokal *i* > *ē* wird:

בכה: וַיֵּבְךְּ *i* > *ē* Impf.cons.

שׁתה:	וַיֵּשְׁתְּ	$i > \bar{e}$	Impf.cons.
	וְיֵשְׁתְּ	$i > \bar{e}$	Jussiv + וְ

- Die Verba tertiae infirmae mit einem Laryngal als erstem oder zweitem Radikal werden entsprechend den Regeln der Laryngalverben gebildet.

הֶעֱלָה	3.Sg.m. Perf.Hi.
הַעֲלֵה	Imp. Sg.m. / Inf.abs. Hi.
הַעֲלוֹת	Inf.cs. Hi.
מַעֲלֶה	Ptz.Hi. Sg.m. st.abs.

In den Impf.-Formen ist die Identität zwischen Qal und Hifᶜil zu beachten (ohne 1.Sg.com.):

	יַעֲלֶה	3.Sg.m. Impf. Qal./Hi.
aber:	אֶעֱלֶה	1.Sg.com. Impf. Qal
	אַעֲלֶה	1.Sg.com. Impf. Hi.

- Die Endungen der Partizipien richten sich nach denen der Nomina auf Segol He.

גֹּלֶה	Sg.m. st.abs. Qal
גֹּלֵה	Sg.m. st.cs. Qal
גֹּלִים	Pl.m. st.abs. Qal
גֹּלֵי	Pl.m. st.cs. Qal
גֹּלוֹת	Pl.f. st.abs./cs. Qal

3. Das Verb הָיָה „sein, werden"

Das Verb הָיָה zeigt einige Besonderheiten:

- Der Vokal des Präformativs im Impf. Qal ist trotz des Laryngals ה ein Chiräq:

יִהְיֶה

- In der 3.Sg.m./f.; 2.Sg.m. Jussiv/Impf.cons. Qal verschmilzt der zweite Konsonant Jod nach Analogie der Segolata tertiae Jod (* *pirj*) mit vorausgehendem Chiräq zu Chiräq magnum:

יִהְיֶה	* יִהְיְ	>	יְהִי	וַיְהִי
תִּהְיֶה	* תִּהְיְ	>	תְּהִי	וַתְּהִי

- Die Eckformen von הָיָה im Qal:

	Qal
3.Sg.m. Perf.	הָיָה
3.Sg.m. Impf.	יִהְיֶה
3.Sg.m. Jussiv	יְהִי

3.Sg.m. Impf.cons.	וַיְהִי	
Imp. Sg.m.	הֱיֵה	
Inf.cs.	הֱיוֹת	לִהְיוֹת (+ לְ)
Inf.abs.	הָיוֹ/הָיֹה	
Ptz. Sg.f.	הֹיָה	

4. Das Verb חוה „sich beugen, sich niederwerfen, anbeten"

Das Verb חוה begegnet im Alten Testament nur in der in anderen semitischen Sprachen vorkommenden, im biblischen Hebräisch aber ungebräuchlichen Stammesmodifikation des *Hištaf ᶜel* (reflexiv zum *Šafᶜel* oder *Š-Kausativ*). Die Wurzel des Verbs ist חוה, wie die Imperative und Imperfekt Plural zeigen. In den älteren Wörterbüchern ging man noch von der Wurzel שׁחה *(Hitpa ᶜel + Metathese)* aus. Bei dieser Ableitung ist allerdings nicht das Vorkommen von ו als zweitem Radikal erklärbar.

- Die Eckformen von חוה im Hištafᶜel:

	Hištafᶜel
3.Sg.m. Perf.	הִשְׁתַּחֲוָה
3.Sg.m. Impf.	יִשְׁתַּחֲוֶה
3.Sg.m. Impf.cons.	וַיִּשְׁתַּחוּ
Imp. Sg.m.	הִשְׁתַּחֲוֵה
Inf.cs.	הִשְׁתַּחֲוֹת
Inf.abs.	
Ptz. Sg.m. st.abs.	מִשְׁתַּחֲוֶה

- Zu beachten sind:

הִשְׁתַּחֲווּ < 3.Pl.com. Perf. / Imp. Pl.m.

וַיִּשְׁתַּחוּ 3.Sg.(!) m. Impf.cons.

וַיִּשְׁתַּחֲווּ 3.Pl.(!) m. Impf.cons.

5. Das Verb ראה „sehen, betrachten" (Qal), „erscheinen" (Ni.)

Das Verb ראה gehört zur Gruppe der Verba mediae laryngalis, Verba tertiae infirmae; der Radikal ר wird wie ein Laryngal behandelt.

- Im Impf.cons. und Jussiv Qal quiesziert Aleph:

וַיַּרְא 3.Sg.m. Impf.cons. Qal

וַתֵּרֶא	3.Sg.f. Impf.cons. Qal
יֵרֶא	3.Sg.m. Jussiv Qal

Die Verbform וַיַּרְא kann sowohl 3.Sg.m. Impf.cons. Qal als auch 3.Sg.m. Impf.cons. Hi. sein!

- Die Eckformen von ראה im Qal, Ni., Hi.:

	Qal	Nif^cal	Hif^cil
3.Sg.m. Perf.	רָאָה	נִרְאָה	הֶרְאָה
3.Sg.m. Impf.	יִרְאֶה	יֵרָאֶה	יַרְאֶה
3.Sg.m. Jussiv	יֵרֶא	יֵרָא	
3.Sg.m. Impf.cons.	וַיַּרְא	וַיֵּרָא	וַיַּרְא
Imp. Sg.m.	רְאֵה	הֵרָאֵה	הַרְאֵה
Inf.cs.	רְאוֹת	הֵרָאוֹת	הַרְאוֹת
Inf.abs.	רָאֹה/רָאוֹ	הֵרָאֹה	
Ptz.	רֹאֶה	נִרְאֶה	מַרְאֶה

- Die Verben רָאָה und יָרֵא im Vergleich

	Perfekt	רָאָה	יָרֵא
Singular	*3.m.*	רָאָה	יָרֵא
	3.f.	רָאֲתָה	יָרְאָה
	2.m.	רָאִיתָ	יָרֵאתָ
	2.f.	רָאִית	
	1.com.	רָאִיתִי	יָרֵאתִי
Plural	*3.com.*	רָאוּ	יָרְאוּ
	2.m.	רְאִיתֶם	יְרֵאתֶם
	2.f.	רְאִיתֶן	
	1.com	רָאִינוּ	יָרֵאנוּ

	Impf. / Impf.cons.	רָאָה	יָרֵא
Singular	*3.m.*	וַיַּרְא/יִרְאֶה	וַיִּרָא/וַיִּירָא/יִירָא
	3.f.	תִּרְאֶה	תִּירָא
	2.m.	תִּרְאֶה	תִּירָא
	2.f.	תִּרְאִי	תִּֽרְאִי/תִּירְאִי
	1.com.	אֶרְאֶה	אִירָא
Plural	*3.m.*	וַיִּרְאוּ/יִרְאוּ	וַיֵּרְאוּ/וַיִּירְאוּ/יִירְאוּ
	3.f.	תִּרְאֶינָה	
	2.m.	תִּרְאוּ	תִּֽרְאוּ/תִּירְאוּ
	2.f.		
	1.com	נִרְאֶה	נִירָא

	רָאָה	יָרֵא
Imp. Sg.m.	רְאֵה	יְרָא
Inf.cs.	רְאֹה/רְאוֹת	לְיִרְאָה/יְרֹא
Inf.abs.	רָאֹה	
Ptz. / Verbaladjektiv	רֹאֶה	יָרֵא

6. Einsilbige Nomina mit veränderlichen Vokalen

Zu dieser Nominalklasse zählen einsilbige Nomina mit dem Vokal Qamäṣ bzw. Ṣere:

יָד
שֵׁם

Regeln:

1) Der Vokal Qamäṣ bzw. Ṣere erscheint im Sg.st.abs., vor leichten Suffixen und im Du./Pl.st.abs. Beim Nomen שֵׁם wird Sere im Singular und Plural mit Suffixen zu Schwa mobile reduziert.			
Sg.st.abs.	*Sg. + leichte Suffixe*	*Pl.st.abs.*	*Pl. + leichte Suffixe*
יָד עֵץ שֵׁם	יָדִי עֵצוֹ שְׁמִי	יָדִים עֵצִים שֵׁמוֹת	יָדַי עֵצֵינוּ שְׁמֹתָם

2) Im Sg.st.cs. wird Qamäṣ zu Patach, Ṣere bleibt erhalten. Bei schweren Suffixen im Singular erscheint Segol oder Chiräq.	
Sg.st.cs.	*Sg. + schwere Suffixe*
יַד עֵץ שֵׁם	יֶדְכֶם שִׁמְכֶם

3) Im Du./Pl.st.cs. und vor schweren Suffixen werden Qamäṣ und Ṣere zu Schwa mobile reduziert.	
Pl.st.cs.	*Pl. + schwere Suffixe*
יְדֵי עֲצֵי שְׁמוֹת	יְדֵיהֶם

7. Die Verwendung der Präpositionen מִן und כְּ

a) Die Präposition מִן

Die Präposition מִן ist die *Präposition der Trennung und des Abstands.*

• *lokal:*	מֵאֶרֶץ מִצְרַיִם	„aus dem Land Ägypten" (Ex 6,13)
	צֵא מִן־הַתֵּבָה	„geh aus der Arche" (Gen 8,15)
• *temporal:*	מִנְּעֻרַי	„seit meiner Jugend" (I Sam 12,2)
	מִימֵי קֶדֶם	„seit den Tagen der Urzeit" (Jes 37,26)
• *kausal:*	מִפְּשָׁעֵינוּ	„wegen unserer Sünden" (Jes 53,5)
	מִכֶּם	„wegen euch" (Ruth 1,13)
• *partitiv:*	מִזִּקְנֵי יִשְׂרָאֵל	„(einige) von den Ältesten Israels" (Ex 17,5)
	וַיִּפֹּל מִן־הָעָם מֵעַבְדֵי דָוִד	„Es fielen einige aus dem Volk, einige von den Dienern Davids" (II Sam 11,17)
• *privativ:*	מֵאֵין יוֹשֵׁב	„ohne Einwohner" (Jes 5,9)
	מִמּוּם	„ohne Makel" (Hi 11,15)
	Inf.cs. + מִן	„sodass nicht"
• *komparativ:*	עָרוּם מִכֹּל	„listiger als alle" (Gen 3,1)
	גָּבֹהַּ מִן	„größer als" (I Sam 9,2)

b) Die Präposition כְּ

Die Präposition כְּ ist die *Präposition des Vergleichs.*

• *vergleichend:*	כֶּחָצִיר	„wie Gras" (Ps 90,5)
	כְּצִיץ הַשָּׂדֶה	„wie die Blume des Feldes" (Jes 40,6)
• *messend:*	כַּחֲמֵשֶׁת אֲלָפִים אִישׁ	„etwa 5000 Mann" (Jos 8,12)
	כַּחֲצוֹת הַלַּיְלָה	„etwa um Mitternacht" (Ex 11,4)
• *gleichsetzend:*	וְאָהַבְתָּ לְרֵעֲךָ כָּמוֹךָ	„du sollst deinen Nächsten lieben wie dich selbst" (Lev 19,18)
• *temporal:*	כְּשָׁמְעִי	„als ich gehört hatte" (Neh 1,4)

8. Übungen

1) Konjugieren Sie mündlich folgende Verben:

צוה Pi. שתה Qal גלה Hi. בנה Ni.

2) Bestimmungsübungen zu den Verba tertiae infirmae:

1 וַיֵּבְךְּ יִבָּנֶה חֲזִיתֶם וַיִּבֶן יֶחֱזוּ עֲלִתָה חֹנִים עֲלוֹת עָנֵנִי וַיִּחֲנוּ

2 הֶעֱלִיתָנוּ עֲנֵנִי בָּכוֹ וַיַּעֲנוּ צִוִּיתָ וַיִּחַן וּפְרִיתֶם קִוּוּ הָעֹלִים וַיִּפְרְךְ

3 וַיְקַו וַיַּעַל צַו הַשֹּׁתִים עֲלֵה צִוִּיתִיךָ אֶשְׁתֶּה וַיִּבְכּוּ בָּנוּ בְּנוּ

3) Vokalisierungsübungen zu den Verba tertiae infirmae:

1 ופנית (Qal / Pi.) אצוה (Pi.), לשתות (Qal), השקיתנו (Hi.),

2 ירעו (Qal) הרבית (Hi.),

4) Bestimmungsübungen zu den Verben היה, חוה und ראה:

1 וְהָיִיתָ וְהִשְׁתַּחֲוָה רָאָה רָאוּ וְהָיִנוּ הֱיוֹתִי רְאוּ הָרְאֵיתָ וַיִּשְׁתַּחֲווּ

2 בִּהְיוֹתוֹ וַיְהִי וִיהִי אַרְאֶךָּ וַתְּהִי וַיִּשְׁתַּחוּ אֶהְיֶה מִשְׁתַּחֲוֶה יֵרֶא יֵרָא

3 וַנְּהִי הַרְאֵנִי וּלְהִשְׁתַּחֲוֹת הֱיֵה רְאָתְךָ מָרְאֶה תְּהִי הֱיִי הִשְׁתַּחֲווּ

4 וָאֵרֶא נִהְיֶה הִשְׁתַּחֲוִיתָ

5) Vokalisierungsübungen zu den Verben היה, חוה und ראה:

1 ויהיו וירא תשתחוה הייתי יראו משתחוה

6) Bestimmungsübungen zu den einsilbigen Nomina mit veränderlichem Vokal:

1 בְּיָד בְּיַד וּבְשֵׁם וְעֵצַיִךְ דָּמָם פָּנָיו וִידֵי שְׁמוֹת דָּם לְפָנֵינוּ

2 דְּמֵיהֶם יֶשְׁנוֹ בְּעֵצוֹ בְּיֶדְכֶם יֶשְׁךָ יָדַיִם דְּמֵי וִידוֹת מִדָּם

7) Vokalisierungsübungen zu den einsilbigen Nomina mit veränderlichem Vokal:

1 שׁמי עצי ידים שׁמה דמו ידיהם

8) Übersetzen Sie:

1 (Gen 17,6) וְהִפְרֵתִי אֹתְךָ בִּמְאֹד מְאֹד וּנְתַתִּיךָ לְגוֹיִם וּמְלָכִים מִמְּךָ יֵצֵאוּ׃

2 (Gen 17,20) וּלְיִשְׁמָעֵאל שְׁמַעְתִּיךָ הִנֵּה בֵּרַכְתִּי אֹתוֹ וְהִפְרֵיתִי אֹתוֹ וְהִרְבֵּיתִי
אֹתוֹ בִּמְאֹד מְאֹד

3 (Gen 24,51) הִנֵּה־רִבְקָה לְפָנֶיךָ קַח וָלֵךְ וּתְהִי אִשָּׁה לְבֶן־אֲדֹנֶיךָ כַּאֲשֶׁר
דִּבֶּר יְהוָה׃

4 (Gen 27,6) וְרִבְקָה אָמְרָה אֶל־יַעֲקֹב בְּנָהּ לֵאמֹר הִנֵּה שָׁמַעְתִּי אֶת־אָבִיךָ
מְדַבֵּר אֶל־עֵשָׂו אָחִיךָ לֵאמֹר׃

5 (Gen 27,8) וְעַתָּה בְנִי שְׁמַע בְּקֹלִי לַאֲשֶׁר אֲנִי מְצַוָּה אֹתָךְ׃

6 (Gen 33,6f.) וַתִּגַּשְׁןָ הַשְּׁפָחוֹת הֵנָּה וְיַלְדֵיהֶן וַתִּשְׁתַּחֲוֶיןָ׃
וַתִּגַּשׁ גַּם־לֵאָה וִילָדֶיהָ וַיִּשְׁתַּחֲווּ וְאַחַר נִגַּשׁ יוֹסֵף וְרָחֵל וַיִּשְׁתַּחֲווּ׃

7 (Ex 7,6) וַיַּעַשׂ מֹשֶׁה וְאַהֲרֹן כַּאֲשֶׁר צִוָּה יְהוָה אֹתָם כֵּן עָשׂוּ׃

8 (Ex 24,1-4) וְאֶל־מֹשֶׁה אָמַר עֲלֵה אֶל־יְהוָה אַתָּה וְאַהֲרֹן נָדָב וַאֲבִיהוּא
וְשִׁבְעִים[a] מִזִּקְנֵי יִשְׂרָאֵל וְהִשְׁתַּחֲוִיתֶם מֵרָחֹק׃
וְנִגַּשׁ מֹשֶׁה לְבַדּוֹ[b] אֶל־יְהוָה וְהֵם לֹא יִגָּשׁוּ וְהָעָם לֹא יַעֲלוּ עִמּוֹ׃
וַיָּבֹא[c] מֹשֶׁה וַיְסַפֵּר לָעָם אֵת כָּל־דִּבְרֵי יְהוָה וְאֵת כָּל־הַמִּשְׁפָּטִים
וַיַּעַן כָּל־הָעָם קוֹל אֶחָד וַיֹּאמְרוּ כָּל־הַדְּבָרִים אֲשֶׁר־דִּבֶּר יְהוָה
נַעֲשֶׂה׃
וַיִּכְתֹּב מֹשֶׁה אֵת כָּל־דִּבְרֵי יְהוָה וַיַּשְׁכֵּם בַּבֹּקֶר וַיִּבֶן מִזְבֵּחַ
תַּחַת הָהָר ...

9 (Jos 5,13) וַיְהִי בִּהְיוֹת יְהוֹשֻׁעַ בִּירִיחוֹ וַיִּשָּׂא עֵינָיו וַיַּרְא וְהִנֵּה־אִישׁ עֹמֵד
לְנֶגְדּוֹ וְחַרְבּוֹ שְׁלוּפָה[d] בְּיָדוֹ וַיֵּלֶךְ יְהוֹשֻׁעַ אֵלָיו וַיֹּאמֶר לוֹ הֲלָנוּ
אַתָּה אִם לְצָרֵינוּ׃

10 (Jdc 4,22) וְהִנֵּה בָרָק רֹדֵף אֶת־סִיסְרָא וַתֵּצֵא יָעֵל לִקְרָאתוֹ[e] וַתֹּאמֶר לוֹ
לֵךְ וְאַרְאֶךָּ אֶת־הָאִישׁ אֲשֶׁר־אַתָּה מְבַקֵּשׁ

11 (Jdc 13,3f.)
וַיֵּרָא מַלְאַךְ־יְהוָה אֶל־הָאִשָּׁה וַיֹּאמֶר אֵלֶיהָ הִנֵּה־נָא אַתְּ עֲקָרָה[f]
וְלֹא יָלַדְתְּ וְהָרִית[g] וְיָלַדְתְּ בֵּן׃
וְעַתָּה הִשָּׁמְרִי נָא וְאַל־תִּשְׁתִּי יַיִן וְשֵׁכָר[h] וְאַל־תֹּאכְלִי כָּל־טָמֵא׃

12 (Jdc 20,23)
וַיַּעֲלוּ כָל־בְּנֵי יִשְׂרָאֵל וַיִּבְכּוּ לִפְנֵי־יְהוָה עַד־הָעֶרֶב וַיִּשְׁאֲלוּ
בַיהוָה לֵאמֹר הַאוֹסִיף לָגֶשֶׁת לַמִּלְחָמָה

13 (II Sam 7,7)
בְּכֹל אֲשֶׁר־הִתְהַלַּכְתִּי בְּכָל־בְּנֵי יִשְׂרָאֵל הֲדָבָר דִּבַּרְתִּי אֶת־אַחַד
שִׁבְטֵי יִשְׂרָאֵל אֲשֶׁר צִוִּיתִי לִרְעוֹת אֶת־עַמִּי אֶת־יִשְׂרָאֵל לֵאמֹר
לָמָּה לֹא־בְנִיתֶם לִי בֵּית אֲרָזִים׃

14 (II Sam 7,27)
כִּי־אַתָּה יְהוָה צְבָאוֹת אֱלֹהֵי יִשְׂרָאֵל גָּלִיתָה אֶת־אֹזֶן עַבְדְּךָ
לֵאמֹר בַּיִת אֶבְנֶה־לָּךְ עַל־כֵּן מָצָא עַבְדְּךָ אֶת־לִבּוֹ לְהִתְפַּלֵּל
אֵלֶיךָ אֶת־הַתְּפִלָּה הַזֹּאת׃

15 (Jer 32,38f.)
וְהָיוּ לִי לְעָם וַאֲנִי אֶהְיֶה לָהֶם לֵאלֹהִים׃
וְנָתַתִּי לָהֶם לֵב אֶחָד וְדֶרֶךְ אֶחָד לְיִרְאָה אוֹתִי כָּל־הַיָּמִים
לְטוֹב לָהֶם וְלִבְנֵיהֶם אַחֲרֵיהֶם׃

16 (Ps 137,1)
עַל נַהֲרוֹת בָּבֶל שָׁם יָשַׁבְנוּ גַּם־בָּכִינוּ בְּזָכְרֵנוּ אֶת־צִיּוֹן׃

Erläuterungen:

a „siebzig“
b „er allein“
c „und er kam“
d „herausgezogen“
e „ihm entgegen“
f „unfruchtbar“
g הרה: „schwanger werden“
h „Bier“ (?)

9) Übersetzen Sie Gen 18,1-15: Die drei Männer bei Abraham

Die Geschichte erzählt, dass Gott Abraham auf die Probe stellte. Abraham erkannte den Herrn zunächst nicht. Aber gerade weil er ihn nicht erkannte, hat sich Abraham bewährt, indem er selbstlos die drei Männer als Gäste aufnahm und bewirtete.

1 וַיֵּרָא אֵלָיו יְהוָה בְּאֵלֹנֵי מַמְרֵא[a] וְהוּא יֹשֵׁב פֶּתַח־הָאֹהֶל[b] כְּחֹם
הַיּוֹם[b]׃
2 וַיִּשָּׂא עֵינָיו וַיַּרְא וְהִנֵּה שְׁלֹשָׁה[c] אֲנָשִׁים נִצָּבִים עָלָיו וַיַּרְא
וַיָּרָץ[d] לִקְרָאתָם[e] מִפֶּתַח הָאֹהֶל וַיִּשְׁתַּחוּ אָרְצָה׃
3 וַיֹּאמַר אֲדֹנָי אִם־נָא מָצָאתִי חֵן בְּעֵינֶיךָ אַל־נָא תַעֲבֹר מֵעַל
עַבְדֶּךָ׃

4 יֻקַּח־נָא מְעַט־מַיִם וְרַחֲצוּ[f] רַגְלֵיכֶם וְהִשָּׁעֲנוּ[g] תַּחַת הָעֵץ׃

5 וְאֶקְחָה פַת[h]־לֶחֶם וְסַעֲדוּ[i] לִבְּכֶם אַחַר תַּעֲבֹרוּ כִּי־עַל־כֵּן עֲבַרְתֶּם
עַל־עַבְדְּכֶם וַיֹּאמְרוּ כֵּן תַּעֲשֶׂה כַּאֲשֶׁר דִּבַּרְתָּ׃

6 וַיְמַהֵר אַבְרָהָם הָאֹהֱלָה אֶל־שָׂרָה וַיֹּאמֶר מַהֲרִי [j]שְׁלֹשׁ סְאִים
קֶמַח סֹלֶת[j] לוּשִׁי[k] וַעֲשִׂי עֻגוֹת׃

7 וְאֶל־הַבָּקָר רָץ[l] אַבְרָהָם וַיִּקַּח בֶּן־בָּקָר רַךְ[m] וָטוֹב וַיִּתֵּן
אֶל־הַנַּעַר וַיְמַהֵר לַעֲשׂוֹת אֹתוֹ׃

8 וַיִּקַּח חֶמְאָה[n] וְחָלָב וּבֶן־הַבָּקָר אֲשֶׁר עָשָׂה וַיִּתֵּן לִפְנֵיהֶם
וְהוּא־עֹמֵד עֲלֵיהֶם תַּחַת הָעֵץ וַיֹּאכֵלוּ׃

9 וַיֹּאמְרוּ אֵלָיו אַיֵּה שָׂרָה אִשְׁתֶּךָ וַיֹּאמֶר הִנֵּה בָאֹהֶל׃

10 וַיֹּאמֶר שׁוֹב אָשׁוּב[o] אֵלֶיךָ כָּעֵת חַיָּה[p] וְהִנֵּה־בֵן לְשָׂרָה אִשְׁתֶּךָ
וְשָׂרָה שֹׁמַעַת פֶּתַח הָאֹהֶל וְהוּא אַחֲרָיו׃

11 וְאַבְרָהָם וְשָׂרָה זְקֵנִים בָּאִים בַּיָּמִים[q] חָדַל לִהְיוֹת לְשָׂרָה אֹרַח[r]
כַּנָּשִׁים׃

12 וַתִּצְחַק שָׂרָה בְּקִרְבָּהּ לֵאמֹר אַחֲרֵי בְלֹתִי[s] הָיְתָה־לִּי עֶדְנָה[t]
וַאדֹנִי זָקֵן׃

13 וַיֹּאמֶר יְהוָה אֶל־אַבְרָהָם לָמָּה זֶּה צָחֲקָה שָׂרָה לֵאמֹר [u]הַאַף
אֻמְנָם[u] אֵלֵד וַאֲנִי זָקַנְתִּי׃

14 הֲיִפָּלֵא מֵיְהוָה דָּבָר לַמּוֹעֵד אָשׁוּב[v] אֵלֶיךָ כָּעֵת חַיָּה וּלְשָׂרָה בֵן׃

15 וַתְּכַחֵשׁ שָׂרָה לֵאמֹר לֹא צָחַקְתִּי כִּי יָרֵאָה וַיֹּאמֶר לֹא כִּי צָחָקְתְּ׃

Erläuterungen:

- a „Mamre“ *(n.l.; bei Hebron)*
- b „als heiß geworden war“
- c „drei“
- d „er eilte“
- e „ihnen entgegen“
- f „wascht“
- g „ruht euch aus“
- h „Bissen“
- i „stärkt“
- j „drei Maß Feinmehl“
- k „knete (es)“
- l „er eilte“
- m „zart“
- n „Butter“
- o „ich werde bestimmt zurückkommen“
- p *hier:* „um diese Zeit“
- q „betagt“
- r „Weg“
- s בלה „abgenutzt/verbraucht sein“
- t „Liebeslust“
- u „Ist es so, dass“
- v „ich werde zurückkommen“

10) Vokalisierungsübung. Vokalisieren und übersetzen Sie:

1 (Gen 24,3) ואשביעך ביהוה אלהי השמים ואלהי הארץ אשר לא־תקח
אשה לבני מבנות הכנעני אשר אנכי יושב בקרבו׃

2 (Gen 24,4) כי אל־ארצי ואל־מולדתי תלך ולקחת אשה לבני ליצחק׃

3 (Gen 24,5a) ויאמר אליו העבד אולי לא תאבה האשה ללכת אחרי אל־הארץ הזאת

4 (Gen 24,7) יהוה אלהי השׁמים אשׁר לקחני מבית אבי ומארץ מולדתי ואשׁר דבר־לי ואשׁר נשׁבע־לי לאמר לזרעך אתן את־הארץ הזאת הוא ישׁלח מלאכו לפניך ולקחת אשׁה לבני משׁם׃

5 (Gen 24,18) ותאמר שׁתה אדני ותמהר ותרד כַּדָּהּ[a] על־ידה ותשׁקהו׃

Erläuterung:

a „ihren Krug“

Lektion 24: Verba mediae *ū/ī/ō* („Hohle“ Wurzeln); Zahlen; die Präposition עַל

1. Vokabeln

Verben:

- Verba mediae *ū*:

(יָגוּר)	גּוּר	Fremdling sein (גֵּר 22)
(יִכּוֹן)	כּוּן	*Ni.* befestigt werden; fest sein
(יָמוּת)	מוּת	sterben (מָוֶת 12)
(יָנוּחַ)	נוּחַ	sich niederlassen; ruhen
(יָנוּס)	נוּס	fliehen
(יָסוּר)	סוּר	weichen
(יָקוּם)	קוּם	aufstehen
(יָרוּם)	רוּם	sich erheben; erhaben sein
(יָרוּץ)	רוּץ	laufen
(יָשׁוּב)	שׁוּב	zurückkehren

- Verba mediae *ī*:

(יָבִין)	בִּין	verstehen
(יָגִיל)	גִּיל	sich freuen
(יָלִין)	לִין	übernachten
(יָרִיב)	רִיב	streiten
(יָשִׂים)	שִׂים	setzen, stellen, legen
(יָשִׁיר)	שִׁיר	singen (שִׁיר 7)
(יָשִׁית)	שִׁית	setzen, stellen, legen

- Verba mediae *ō*:

(יֵאוֹר)	אוֹר	hell werden, leuchten (אוֹר 6)
(יָבוֹא)	בּוֹא	kommen, hineingehen
(יֵבוֹשׁ)	בּוֹשׁ	sich schämen
(יִיטַב: יטב)	טוֹב	gut sein (טוֹב 8)

Weitere Vokabeln:

אֹיֵב	Feind

אֹרַח	Weg, Weise
בַּרְזֶל	Eisen
בשׂר	*Pi.* melden, verkünden
גאל	befreien, erlösen
גוע	umkommen, sterben
לַיְלָה	Nacht
מַגֵּפָה	Plage (נגף 21)
מְעַט	wenig, ein wenig
מִצְוָה	Befehl, Gebot (צוה 23)
נסה	*Pi.* auf die Probe stellen, prüfen
עֶלְיוֹן	oberer; höchster
עֳנִי	Leiden, Elend
שָׁמָּה	dort (שָׁם 15)

Eigennamen:

אַרְנוֹן	Arnon *(n.l.)*
חָפְנִי	Hophni *(n.pr.m.)*
יַבֹּק	Jabboq *(n.l.)*
מוֹאָב	Moab *(n.terr.)*
פִּינְחָס	Pinehas *(n.pr.m.)*

2. Verba mediae ū/ī/ō („Hohle" Wurzeln)

Zur Klasse der Verba mediae *ū/ī/ō* gehören zweiradikalige Verben, bei denen in manchen Formen ו *oder* י *als Vokalbuchstaben zwischen den beiden Radikalen* erscheinen. Sie werden deshalb auch etwas missverständlich als „hohle" Wurzeln bezeichnet. Verben wie חיה „leben", היה „sein" oder קוה „hoffen" zählen nicht zu dieser Klasse, da sie ein *konsonantisches* Waw oder Jod als mittleren Radikal haben.

In den Lexika und Vokabelverzeichnissen werden diese Verben immer im *Inf.cs. Qal als Leitform* aufgeführt:

קוּם	„aufstehen"	*mediae ū*
שִׂים	„setzen, stellen, legen"	*mediae ī*
בּוֹשׁ	„sich schämen"	*mediae ō*

a) Qal

- Die Verba mediae *ū/ī/ō* haben nur im Qal eine unterschiedliche Konjugation; in allen anderen Stammesmodifikationen werden sie gemeinsam konjugiert.

- Die Gemeinsamkeit dieser Verben besteht darin, dass vokalische Afformative unbetont angehängt werden.

- Die Verba mediae *ō* haben in allen Formen des Qal *ō* in der Stammsilbe. Im Impf. ist das Präformativ mit *ē* vokalisiert:

  3.Sg.m. Perf.; Imp. Sg.m.; Inf.abs./cs.; Ptz.: בּוֹשׁ
  3.Sg.m. Impf.: יֵבוֹשׁ < * *jibāšu*

- In der 3.Pl.f./2.Pl.f. Impf. der Verba mediae *ū* erscheint als Bindevokal *ā*.

- Die Verba mediae *ū/ī* haben im Perf. und Ptz. *a* bzw. *ā* in der Stammsilbe:

  3.Sg.m. Perf.: קָם שָׂם
  2.Sg.m. Perf.: קַמְתָּ שַׂמְתָּ
  Ptz. Sg.m.: קָם שָׂם

- Im Impf., Imp. und Inf.cs. haben die Verba mediae *ū* den Vokal *ū* und die Verba mediae *ī* den Vokal *ī* in der Stammsilbe. Das Präformativ ist mit *ā* vokalisiert:

  3.Sg.m. Impf.: יָשׁוּב < * *jašūbu*
  יָשִׂים < * *jaśīmu*
  Imp. Sg.m.: שׁוּב
  שִׂים
  Inf.cs.: שׁוּב
  שִׂים

- Im Inf.abs. lautet der Stammvokal *ō*:

  שׁוֹב
  שׂוֹם

- In den endungslosen Formen des Jussivs und des Impf.cons. (außer 1.Sg.com.) erscheint bei den Verba mediae *ū ō* statt *ū*, bei den Verba mediae *ī ē* statt *ī*:

  3.Sg.m. Jussiv: יָשֹׁב
  יָשֵׂם
  3.Sg.m. Impf.cons.: וַיָּשָׁב *mit Tonzurückziehung*
  וַיָּשֶׂם *mit Tonzurückziehung*

- Besonderheiten:

  Zu den Verba mediae *ō* zählt das Verb בּוֹא, dessen Aleph am Wortende und vor konsonantischen Afformativen quiesziert. Im Perf. und Ptz. ist der Stammvokal *ā*, im Impf. hat das Präformativ *ā* statt *ē*:

  3.Sg.m. Perf.: בָּא
  3.Sg.m. Impf.: יָבֹא
  Imp. Sg.m.; Inf.abs./cs.: בּוֹא

Ptz.: בָּא

Zu den Verba mediae *ū* zählt das Verb מוּת, das im Perf. (3.Sg./Pl.) und Ptz. mit *ē* vokalisiert ist. In der 2.Sg.m./1.Sg.com Perf. kontrahieren ת der Wurzel und ת des Afformativs:

3.Sg.m. Perf.; Ptz.: מֵת

2.Sg.m. Perf.: מַתָּה < * מַתְתָּ

- Die Eckformen der Verba mediae *ū/ī/ō* Qal:

Qal	*ū*	*ī*	*ō*
3.Sg.m. Perf.	קָם	שָׂם	בּוֹשׁ
3.Sg.m. Impf.	יָקוּם	יָשִׂים	יֵבוֹשׁ
3.Sg.m. Jussiv	יָקֹם	יָשֵׂם	יֵבוֹשׁ
3.Sg.m. Impf.cons.	וַיָּקָם	וַיָּשֶׂם	וַיֵּבֹשׁ
Imp. Sg.m.	קוּם	שִׂים	בּוֹשׁ
Inf.cs.	קוּם	שִׂים	בּוֹשׁ
Inf.abs.	קוֹם	שׂוֹם	בּוֹשׁ
Ptz.	קָם	שָׂם	בּוֹשׁ

b) Nifal

- In den meisten Formen des Nif‘al ist der Stammvokal *ō*:

3.Sg.m. Perf.: נָכוֹן

3.Sg.m. Impf.: יִכּוֹן < * *jinkōn*

Imp.; Inf.abs./cs.: הִכּוֹן < * *hinkōn*

- Im Perf.Ni. begegnet *ā* unter dem Nun, das in den Formen mit konsonantischen Afformativen (2./3.Sg./Pl.) zu Schwa mobile verkürzt wird:

3.Sg.m. Perf.: נָכוֹן

2.Pl.m. Perf.: נְכוֹנוֹתֶם

- Die konsonantischen Afformative des Perf. werden mit dem betonten Bindevokal *ō* angehängt (*aber:* 2.Pl.m./f. Perf. *ō* unbetont!):

1.Pl.com. Perf.: נְכוֹנוֹנוּ

2.Pl.m. Perf.: נְכוֹנוֹתֶם

c) Hif‘il

- Im Hi. Perf., Impf., Imp. Sg.f., Imp. Pl.m., Inf.cs. und Ptz. ist der Vokal der Stammsilbe *ī*, im Jussiv, Imp. Sg.m., Imp. Pl.f. und Inf.abs. *ē*:

3.Sg.m. Perf.: הֵקִים

3.Sg.m. Impf.: יָקִים

Inf.cs.: הָקִים

- Im Perf.Hi. begegnet *ē* (< * *i*) unter dem Präformativ, das in den Formen mit konsonantischen Afformativen zu einem Chateph-Vokal verkürzt wird:

3.Sg.m. Perf.:	הֵקִים
2.Sg.m. Perf.:	הֲקִימוֹתָ

- Im Impf.Hi. wird *a* unter dem Präformativ wegen der offenen Silbe zu *ā* gedehnt:

3.Sg.m. Impf.:	יָקִים

- Die konsonantischen Afformative des Perf. werden mit dem betonten (*aber:* 2.Pl.m./f. Perf. unbetont!) Bindevokal *ō* angehängt:

1.Pl.com. Perf.:	הֲקִימוֹנוּ
2.Pl.m. Perf.:	הֲקִימוֹתֶם

- Die konsonantischen Afformative des Impf. werden mit dem betonten Bindevokal *ā* angehängt:

3.Pl.f. Impf.:	תְּקִימֶינָה

- In den endungslosen Formen des Jussivs und des Impf.cons. (außer 1.Sg.com.) erscheint *ē* statt *ī*:

3.Sg.m. Jussiv:	יָקֵם	
3.Sg.m. Impf.cons.:	וַיָּקֶם	*mit Tonzurückziehung*

d) Hofʿal

- Das Hofʿal wird nach Analogie der Verba primae Waw gebildet:

3.Sg.m. Perf.:	הוּקַם
3.Sg.m. Impf.:	יוּקַם
Ptz. Sg.m.:	מוּקָם

e) Die Eckformen der Verba mediae *ū/ī/ō* Ni., Hi., Ho.:

	Nifʿal	Hifʿil	Hofʿal
3.Sg.m. Perf.	נָכוֹן	הֵקִים	הוּקַם
3.Sg.m. Impf.	יִכּוֹן	יָקִים	יוּקַם
3.Sg.m. Jussiv	יִכּוֹן	יָקֵם	
3.Sg.m. Impf.cons.	וַיִּכּוֹן	וַיָּקֶם	
Imp. Sg.m.	הִכּוֹן	הָקֵם	
Inf.cs.	הִכּוֹן	הָקִים	לְהוּקַם
Inf.abs.	הִכּוֹן	הָקֵם	
Ptz.	נָכוֹן	מֵקִים	מוּקָם

- Besonderheit:

  נוּחַ bildet das Hif^{c}il doppelt:

  Hi. I הֵנִיחַ „Ruhe verschaffen“

  Hi. II הִנִּיחַ „niedersetzen, niederlegen“ *(mit verdoppeltem erstem Radikal und verkürztem Vokal)*

f) Polel, Polal, Hitpolel

- Die Bildung von Pi^{c}el, Pu^{c}al und Hitpa^{c}el ist aufgrund des fehlenden dritten Radikals nicht möglich. Deshalb treten an ihre Stelle *Polel* (≙ Pi^{c}el; aktive Bedeutung), *Polal* (≙ Pu^{c}al; passive Bedeutung) und *Hitpolel* (≙ Hitpa^{c}el; reflexive Bedeutung). Das Kennzeichen dieser Stammesmodifikationen ist die *Wiederholung des letzten Radikals* mit der Vokalisation *ō – ē* (Polel), *ō – a* (Polal) und *hit-* + *ō – ē* (Hitpolel):

	Polel	Polal	Hitpolel
3.Sg.m. Perf.	כּוֹנֵן	כּוֹנַן	הִתְכּוֹנֵן
3.Sg.m. Impf.	יְכוֹנֵן	יְכוֹנַן	יִתְכּוֹנֵן
Imp. Sg.m.	כּוֹנֵן		הִתְכּוֹנֵן
Inf.cs.	כּוֹנֵן		הִתְכּוֹנֵן
Ptz.	מְכוֹנֵן	מְכוֹנָן	מִתְכּוֹנֵן

- Besonderheiten:

  Sehr viele Formen überschneiden sich im Polel und Polal:

  z.B. *2.Sg.m. Perf. Polel / Polal:* כּוֹנַנְתָּ

  Sehr selten finden sich nach Analogie des Starken Verbs gebildete Formen:

  3.Sg.m. Perf.Pi.: קִיֵּם „er hat bestätigt“ (קוּם)

  Inf.cs. Pi.: קַיֵּם „bestätigen“

3. Zahlen

Die *Besonderheit in der Bildung der Kardinalzahlen von 3-10* liegt darin, dass die maskulinen Nomina mit der „femininen“ Form der Zahl verbunden werden und umgekehrt. Dabei diente die Endung ה ָ ursprünglich dazu, „nomina unitatis“ aus Kollektivbegriffen zu bilden. Diese Endung erweiterte schließlich ihre Funktion und wurde zur Bezeichnung des grammatischen Femininums. So lässt sich die *Inkongruenz bezüglich des Genus* erklären.

Die Zahl „eins“ (אֶחָד) gilt als Adjektiv und wird deshalb wie ein Adjektiv verwendet. Die Zahl „zwei“ (שְׁנַיִם) tritt als Abstraktum mit Dualendung auf. Bei den Zahlen „eins“ und „zwei“ ist die Wortform mit dem Genus des gezählten Wortes kongruent.

a) Die Zahlen von 1-10

Die Zahlen von 1-10 lauten:

	verbunden mit maskulinen Nomina:		verbunden mit femininen Nomina:	
	st.abs.	*st.cs.*	*st.abs.*	*st.cs.*
1	אֶחָד	אַחַד	אַחַת	אַחַת
2	שְׁנַיִם	שְׁנֵי	שְׁתַּיִם	שְׁתֵּי
3	שְׁלֹשָׁה	שְׁלֹשֶׁת	שָׁלֹשׁ	שְׁלֹשׁ
4	אַרְבָּעָה	אַרְבַּעַת	אַרְבַּע	אַרְבַּע
5	חֲמִשָּׁה	חֲמֵשֶׁת	חָמֵשׁ	חֲמֵשׁ
6	שִׁשָּׁה	שֵׁשֶׁת	שֵׁשׁ	שֵׁשׁ
7	שִׁבְעָה	שִׁבְעַת	שֶׁבַע	שְׁבַע
8	שְׁמֹנָה	שְׁמֹנַת	שְׁמֹנֶה	שְׁמֹנֶה
9	תִּשְׁעָה	תִּשְׁעַת	תֵּשַׁע	תְּשַׁע
10	עֲשָׂרָה	עֲשֶׂרֶת	עֶשֶׂר	עֶשֶׂר

b) Die Zahlen von 11-19

Die Zahlen von 11-19 bilden sich durch Zusammensetzung der Einer mit zwei Nebenformen von עֲשָׂרָה: עָשָׂר für das Maskulinum, עֶשְׂרֵה für das Femininum. Davor stehen die Einer beim Femininum im st.cs., beim Maskulinum (3-9) im st.abs.

	verbunden mit maskulinen Nomina:	verbunden mit femininen Nomina:
11	אַחַד עָשָׂר / עַשְׁתֵּי עָשָׂר	אַחַת עֶשְׂרֵה / עַשְׁתֵּי עֶשְׂרֵה
12	שְׁנֵי עָשָׂר / שְׁנֵים עָשָׂר	שְׁתֵּי עֶשְׂרֵה / שְׁתֵּים עֶשְׂרֵה
13	שְׁלֹשָׁה עָשָׂר	שְׁלֹשׁ עֶשְׂרֵה
14	אַרְבָּעָה עָשָׂר	אַרְבַּע עֶשְׂרֵה
15	חֲמִשָּׁה עָשָׂר	חֲמֵשׁ עֶשְׂרֵה
16	שִׁשָּׁה עָשָׂר	שֵׁשׁ עֶשְׂרֵה
17	שִׁבְעָה עָשָׂר	שְׁבַע עֶשְׂרֵה
18	שְׁמֹנָה עָשָׂר	שְׁמֹנֶה עֶשְׂרֵה
19	תִּשְׁעָה עָשָׂר	תְּשַׁע עֶשְׂרֵה

c) Die Zahlen von 20-99

Die Zehner werden mit Ausnahme von עֶשְׂרִים („zwanzig", Pl. von עֶשֶׂר „zehn") durch den Plural der Einer ausgedrückt. Diese Formen bilden keinen st.cs. Bei Verbindung von Zehnern und Einern werden die Einer vorangestellt.

20	עֶשְׂרִים	60	שִׁשִּׁים
30	שְׁלֹשִׁים	70	שִׁבְעִים
40	אַרְבָּעִים	80	שְׁמֹנִים
50	חֲמִשִּׁים	90	תִּשְׁעִים

Gen 11,12:	חָמֵשׁ וּשְׁלֹשִׁים	fünfunddreißig / 35

d) Die Zahlen über 100

100	מֵאָה/מְאַת	1000	אֶלֶף
200	מָאתַיִם	2000	אַלְפַּיִם
300	שְׁלֹשׁ מֵאוֹת	3000	שְׁלֹשֶׁת אֲלָפִים
400	אַרְבַּע מֵאוֹת		
500	חֲמֵשׁ מֵאוֹת	10000	רְבָבָה
		(= „unendlich viele“; die nicht mehr überschaubare Menge)	

Die Zahlen über 100 stehen vor dem gezählten Gegenstand im st.abs. oder st.cs.:

מְאַת שָׁנָה / מֵאָה נְבִיאִים — 100 Jahre / 100 Propheten

e) Die Syntax der Zahlen

Die Zahlen von 2-10 können als ursprüngliche Substantiva abstracta auf dreierlei Art und Weise mit dem zugehörigen Substantiv verbunden werden:

- Im st.cs. vor dem Substantiv:

שְׁלֹשֶׁת יָמִים	drei Tage (eine Dreiheit von Tagen)
שְׁנֵי אֲנָשִׁים	zwei Männer

- Im st.abs. vor dem Substantiv:

שְׁלֹשָׁה בָנִים	drei Söhne (drei – nämlich Söhne)
שְׁנַיִם אֲנָשִׁים	zwei Männer (zwei - nämlich Männer)

- Im st.abs. hinter dem Gezählten:

בָּנוֹת שָׁלוֹשׁ	drei Töchter (Töchter – nämlich drei)

- Der gezählte Gegenstand steht i.d.R. im Plural. Nomina, die oft in Verbindung mit Zahlen begegnen, können auch im Singular stehen:

Gen 5,5:	תְּשַׁע מֵאוֹת שָׁנָה	900 Jahre
Gen 7,17:	אַרְבָּעִים יוֹם	40 Tage
Est 2,12:	שְׁנֵים עָשָׂר חֹדֶשׁ	zwölf Monate
II Sam 10,6:	אֶלֶף אִישׁ	1000 Männer

f) Die Ordinalzahlen

Die Ordinalzahlen von 2-10 werden von den Kardinalzahlen durch Anhängung von Chiräq magnum gebildet, vor dem sich meist noch ein zweites Chiräq magnum zwischen dem zweiten und dem dritten Stammkonsonanten einschiebt. Die Feminina haben die Endung ִית, seltener ִיָּה.

Die Ordinalzahlen von 1-10 lauten:

Maskulinum	Femininum	
רִאשׁוֹן	רִאשׁוֹנָה	der/die erste
שֵׁנִי	שֵׁנִית	der/die zweite
שְׁלִישִׁי	שְׁלִישִׁית	der/die dritte
רְבִיעִי	רְבִיעִית	der/die vierte
חֲמִישִׁי	חֲמִישִׁית	der/die fünfte
שִׁשִּׁי	שִׁשִּׁית	der/die sechste
שְׁבִיעִי	שְׁבִיעִית	der/die siebte
שְׁמִינִי	שְׁמִינִית	der/die achte
תְּשִׁיעִי	תְּשִׁיעִית	der/die neunte
עֲשִׂירִי	עֲשִׂירִית	der/die zehnte

Für die Ordinalzahlen über 10 sind keine besonderen Formen vorhanden. Sie werden durch die entsprechenden Kardinalzahlen vertreten:

Gen 7,11: בְּשִׁבְעָה עָשָׂר יוֹם am siebzehnten Tag
Dtn 1,3: בְּאַרְבָּעִים שָׁנָה im vierzigsten Jahr

g) Distributiva

Die Distributiva werden durch die Wiederholung der Kardinalzahl ausgedrückt:

Gen 7,15: שְׁנַיִם שְׁנַיִם je zwei
II Sam 21,20: שֵׁשׁ וָשֵׁשׁ je sechs

h) Multiplikativa

Die Multiplikativa werden durch das Nomen פַּעַם „Schritt, Mal“ ausgedrückt:

Jos 6,3: פַּעַם אֶחָת einmal
Ex 23,17: שָׁלֹשׁ פְּעָמִים dreimal

i) Bruchzahlen

Die Bruchzahlen werden wie die femininen Ordinalzahlen gebildet:

Lev 27,15: חֲמִישִׁית ein Fünftel
Lev 5,11: עֲשִׂירִית ein Zehntel

4. Die Präposition עַל

Die Grundbedeutung der Präposition עַל: „auf, über“.

- *lokal:*
  „auf“ (Frage: wo?) עַל כִּסֵּא דָוִד „auf dem Thron Davids“ (I Reg 2,24)

	עַל־חוֹמָה	„auf einer Mauer“ (Am 7,7)
„über“ (Frage: wo?)	הַשֶּׁמֶשׁ יָצָא עַל־הָאָרֶץ	„die Sonne ist aufgegangen über dem Land“ (Gen 19,23)
„an, bei“ (Frage: wo?)	עַל־עֵין הַמַּיִם	„an der Wasserquelle“ (Gen 16,7)

„auf etwas zu, auf etwas hin, in“
Vor allem in jüngeren Texten des Alten Testaments werden אֶל־ und עַל in gleicher Weise verwendet:

	עַל־פָּנָיו	„in sein Gesicht“ (Hi 21,31)
	עַל־מְקוֹמוֹ	„zu/an seinen Ort“ (Ex 18,23)
	דִּבֶּר עַל לֵב	„zu Herzen reden“ (Hos 2,16)
• *adversativ („gegen“):*	קוּם עַל	„aufstehen gegen“
	חנה עַל	„lagern gegen, belagern“
	סבב עַל	„umzingeln“
• *kausal („wegen“):*	עַל־כֵּן	„deshalb“
	עַל־נַפְשֶׁךָ	„um deines Lebens willen“
• *adverbial:*	עַל־שֶׁקֶר	„lügenhaft“
	עַל־יֶתֶר	„reichlich“
• *übertragene Bedeutung:*	דִּבֶּר טוֹב עַל	„Gutes über jemanden sagen“
	הִתְפַּלֵּל עַל	„beten für jemanden“ (Hi 42,8)
• *zusammengesetzte Präposition:*	מֵעַל	„von auf, von weg“

5. Übungen

1) Konjugieren Sie mündlich folgende Verben:

גּוּר	im Perf./Impf. Qal	כּוּן	im Impf. Ni.
גִּיל	im Imp. Qal	שִׁית	im Impf. Qal
סוּר	im Perf./Impf. Hi.		

2) Bestimmungsübungen zu den Verba mediae *ū/ī/ō*:

1 בָּא יָבֹא אֹרוּ וְיָשֹׁב נָכוֹן יִכּוֹן יְשׁוּבוּן הֵאִירָה וַתָּבֹא בָּ֫אָה

2 יִתְכּוֹנָ֑ן הֵשִׁיב יָאֵר הֵבֵאתָ בָּאת הֵכִינוּ מוּשָׁבִים מֵבִיא יָנִיחַ הִנִּיחַ

3 וַיָּנַח בֹּאִי אֲשִׂימֶנּוּ וּמֵתוּ תָּשִׂים בְּשֻׁבוֹ וַיְבִיאֵהוּ בְּבֹאוֹ אָמוּת תָּשִׂימוּ

4 אָשׁוּבָה הֲכִינוֹתִי הוּבָא אָבֹא וָמֵתִי יָגֵל וַיְמִתֵהוּ אֶתְבּוֹנָן מִתְגּוֹרֵר

5 נָגִילָה הֱבִיאוֹם יוּמְתוּ וְיָמֹת שָׁבִים תְּשׁוֹבֵב

3) Vokalisierungsübungen zu den Verba mediae *ū/ī/ō*:

1 ויבן לנוס הניס ויבאו הסירותי והסירו וימת

4) Geben Sie die Bedeutung folgender Zahlen an:

1 כַּחֲמֵשֶׁת עָשָׂר אֶלֶף מֵאָה וְעֶשְׂרִים אֶלֶף אֶלֶף וּשְׁבַע־מֵאוֹת

2 אַרְבַּע מֵאוֹת אֶלֶף שְׁמֹנַת עָשָׂר אֶלֶף עֶשְׂרִים וַחֲמִשָּׁה אֶלֶף

3 שְׁלֹשׁ מֵאוֹת אֶלֶף שְׁלֹשִׁים אֶלֶף שֵׁשׁ מֵאוֹת שִׁשִּׁים וָשֵׁשׁ

4 עֶשְׂרִים וּשְׁנַיִם אֶלֶף וְשֵׁשׁ מֵאוֹת עֶשְׂרִים וּשְׁנַיִם אֶלֶף וּשְׁלֹשִׁים וְאַרְבָּעָה

5 כְּאַרְבָּעִים אֶלֶף עֶשְׂרִים וּשְׁנַיִם אֶלֶף וַעֲשֶׂרֶת אֲלָפִים

5) Notieren Sie die in den Sätzen 1-25 vorkommenden Zahlen:

1 וַיְחִי אָדָם שְׁלֹשִׁים וּמְאַת שָׁנָה

2 וַיִּהְיוּ כָּל־יְמֵי אָדָם אֲשֶׁר חַי תְּשַׁע מֵאוֹת שָׁנָה וּשְׁלֹשִׁים שָׁנָה וַיָּמֹת

3 וַיְחִי־שֵׁת חָמֵשׁ שָׁנִים וּמְאַת שָׁנָה

4 וַיִּהְיוּ כָּל־יְמֵי־שֵׁת שְׁתֵּים עֶשְׂרֵה שָׁנָה וּתְשַׁע מֵאוֹת שָׁנָה וַיָּמֹת

5 וַיְחִי אֱנוֹשׁ תִּשְׁעִים שָׁנָה

6 וַיִּהְיוּ כָּל־יְמֵי אֱנוֹשׁ חָמֵשׁ שָׁנִים וּתְשַׁע מֵאוֹת שָׁנָה וַיָּמֹת

7 וַיְחִי קֵינָן שִׁבְעִים שָׁנָה

8 וַיִּהְיוּ כָּל־יְמֵי קֵינָן עֶשֶׂר שָׁנִים וּתְשַׁע מֵאוֹת שָׁנָה וַיָּמֹת

9 וַֽיְחִי מַהֲלַלְאֵל חָמֵשׁ שָׁנִים וְשִׁשִּׁים שָׁנָה

10 וַיִּֽהְיוּ כָּל־יְמֵי מַהֲלַלְאֵל חָמֵשׁ וְתִשְׁעִים שָׁנָה וּשְׁמֹנֶה מֵאוֹת שָׁנָה וַיָּמֹת

11 וַֽיְחִי יֶרֶד שְׁתַּיִם וְשִׁשִּׁים שָׁנָה וּמְאַת שָׁנָה

12 וַיִּֽהְיוּ כָּל־יְמֵי־יֶרֶד שְׁתַּיִם וְשִׁשִּׁים שָׁנָה וּתְשַׁע מֵאוֹת שָׁנָה וַיָּמֹת

13 וַיְהִי כָּל־יְמֵי חֲנוֹךְ חָמֵשׁ וְשִׁשִּׁים שָׁנָה וּשְׁלֹשׁ מֵאוֹת שָׁנָה

14 וַיְחִי מְתוּשֶׁלַח שֶׁבַע וּשְׁמֹנִים שָׁנָה וּמְאַת שָׁנָה

15 וַיִּֽהְיוּ כָּל־יְמֵי מְתוּשֶׁלַח תֵּשַׁע וְשִׁשִּׁים שָׁנָה וּתְשַׁע מֵאוֹת שָׁנָה וַיָּמֹת

16 וַֽיְחִי־לֶמֶךְ שְׁתַּיִם וּשְׁמֹנִים שָׁנָה וּמְאַת שָׁנָה

17 וַֽיְהִי כָּל־יְמֵי־לֶמֶךְ שֶׁבַע וְשִׁבְעִים שָׁנָה וּשְׁבַע מֵאוֹת שָׁנָה וַיָּמֹת

18 וַֽיְהִי נֹחַ בֶּן־חֲמֵשׁ מֵאוֹת שָׁנָה

19 בִּשְׁנַת שֵׁשׁ מֵאוֹת שָׁנָה לְחַיֵּי נֹחַ בַּחֹדֶשׁ הַשֵּׁנִי בְּשִׁבְעָה־עָשָׂר יוֹם לַחֹדֶשׁ

20 וּבְאַרְבַּע עֶשְׂרֵה שָׁנָה בָּא כְדָרְלָעֹמֶר וְהַמְּלָכִים

21 וַיְהִי בְּאַרְבָּעִים שָׁנָה בְּעַשְׁתֵּי־עָשָׂר חֹדֶשׁ בְּאֶחָד לַחֹדֶשׁ

22 וַיְהִי בִשְׁלֹשִׁים וָשֶׁבַע שָׁנָה לְגָלוּת יְהוֹיָכִין מֶלֶךְ־יְהוּדָה בִּשְׁנֵים עָשָׂר חֹדֶשׁ בְּעֶשְׂרִים
וְשִׁבְעָה לַחֹדֶשׁ

23 שְׁנַיִם שְׁנַיִם בָּאוּ אֶל־נֹחַ

24 וְעַתָּה קְחוּ לָכֶם שְׁנֵי עָשָׂר אִישׁ מִשִּׁבְטֵי יִשְׂרָאֵל אִישׁ־אֶחָד אִישׁ־אֶחָד לַשָּׁבֶט

25 וְנָשִׂיא אֶחָד נָשִׂיא אֶחָד

6) Übersetzen Sie:

1 (Gen 6,17f.) וַאֲנִי הִנְנִי מֵבִיא אֶת־הַמַּבּוּל מַיִם עַל־הָאָרֶץ לְשַׁחֵת כָּל־בָּשָׂר
אֲשֶׁר־בּוֹ רוּחַ חַיִּים מִתַּחַת הַשָּׁמָיִם כֹּל אֲשֶׁר־בָּאָרֶץ יִגְוָע׃

וַהֲקִמֹתִי אֶת־בְּרִיתִי אִתָּךְ וּבָאתָ אֶל־הַתֵּבָה אַתָּה וּבָנֶיךָ וְאִשְׁתְּךָ
וּנְשֵׁי־בָנֶיךָ אִתָּךְ׃

2 (Gen 14,22)
וַיֹּאמֶר אַבְרָם אֶל־מֶלֶךְ סְדֹם הֲרִימֹתִי יָדִי אֶל־יְהוָה אֵל עֶלְיוֹן
קֹנֵה שָׁמַיִם וָאָרֶץ׃

3 (Gen 18,9-11)
וַיֹּאמְרוּ אֵלָיו אַיֵּה שָׂרָה אִשְׁתֶּךָ וַיֹּאמֶר הִנֵּה בָאֹהֶל׃
וַיֹּאמֶר שׁוֹב אָשׁוּב אֵלֶיךָ כָּעֵת חַיָּה וְהִנֵּה־בֵן לְשָׂרָה אִשְׁתֶּךָ וְשָׂרָה
שֹׁמַעַת פֶּתַח הָאֹהֶל וְהוּא אַחֲרָיו׃
וְאַבְרָהָם וְשָׂרָה זְקֵנִים בָּאִים בַּיָּמִים חָדַל לִהְיוֹת לְשָׂרָה אֹרַח
כַּנָּשִׁים׃

4 (Gen 20,14)
וַיִּקַּח אֲבִימֶלֶךְ צֹאן וּבָקָר וַעֲבָדִים וּשְׁפָחֹת וַיִּתֵּן לְאַבְרָהָם
וַיָּשֶׁב לוֹ אֵת שָׂרָה אִשְׁתּוֹ׃

5 (Gen 41,37-39)
וַיִּיטַב הַדָּבָר בְּעֵינֵי פַרְעֹה וּבְעֵינֵי כָּל־עֲבָדָיו׃
וַיֹּאמֶר פַּרְעֹה אֶל־עֲבָדָיו הֲנִמְצָא כָזֶה אִישׁ אֲשֶׁר רוּחַ אֱלֹהִים בּוֹ׃
וַיֹּאמֶר פַּרְעֹה אֶל־יוֹסֵף אַחֲרֵי הוֹדִיעַ אֱלֹהִים אוֹתְךָ אֶת־כָּל־זֹאת
אֵין־נָבוֹן וְחָכָם כָּמוֹךָ׃

6 (Ex 17,2)
וַיָּרֶב הָעָם עִם־מֹשֶׁה וַיֹּאמְרוּ תְּנוּ־לָנוּ מַיִם וְנִשְׁתֶּה וַיֹּאמֶר לָהֶם
מֹשֶׁה מַה־תְּרִיבוּן עִמָּדִי מַה־תְּנַסּוּן אֶת־יְהוָה׃

7 (Dtn 34,4f.)
וַיֹּאמֶר יְהוָה אֵלָיו זֹאת הָאָרֶץ אֲשֶׁר נִשְׁבַּעְתִּי לְאַבְרָהָם לְיִצְחָק
וּלְיַעֲקֹב לֵאמֹר לְזַרְעֲךָ אֶתְּנֶנָּה הֶרְאִיתִיךָ בְעֵינֶיךָ וְשָׁמָּה לֹא
תַעֲבֹר׃
וַיָּמָת שָׁם מֹשֶׁה עֶבֶד־יְהוָה בְּאֶרֶץ מוֹאָב עַל־פִּי יְהוָה׃

8 (Jdc 11,12f.)
וַיִּשְׁלַח יִפְתָּח מַלְאָכִים אֶל־מֶלֶךְ בְּנֵי־עַמּוֹן לֵאמֹר מַה־לִּי וָלָךְ
כִּי־בָאתָ אֵלַי לְהִלָּחֵם בְּאַרְצִי׃
וַיֹּאמֶר מֶלֶךְ בְּנֵי־עַמּוֹן אֶל־מַלְאֲכֵי יִפְתָּח כִּי־לָקַח יִשְׂרָאֵל
אֶת־אַרְצִי בַּעֲלוֹתוֹ מִמִּצְרַיִם מֵאַרְנוֹן וְעַד־הַיַּבֹּק וְעַד־הַיַּרְדֵּן
וְעַתָּה הָשִׁיבָה אֶתְהֶן בְּשָׁלוֹם׃

9 (I Sam 4,17)
וַיַּעַן הַמְבַשֵּׂר וַיֹּאמֶר נָס יִשְׂרָאֵל לִפְנֵי פְלִשְׁתִּים וְגַם מַגֵּפָה גְדוֹלָה
הָיְתָה בָעָם וְגַם־שְׁנֵי בָנֶיךָ מֵתוּ חָפְנִי וּפִינְחָס וַאֲרוֹן הָאֱלֹהִים
נִלְקָחָה׃

10 (II Sam 12,19f.)
וַיַּרְא דָּוִד כִּי עֲבָדָיו מִתְלַחֲשִׁים[a] וַיָּבֶן דָּוִד כִּי מֵת הַיָּלֶד וַיֹּאמֶר
דָּוִד אֶל־עֲבָדָיו הֲמֵת הַיֶּלֶד וַיֹּאמְרוּ מֵת׃

וַיָּקָם דָּוִד מֵהָאָרֶץ וַיִּרְחַץ[b] וַיָּסֶךְ[c] וַיְחַלֵּף[d] שִׂמְלֹתָו[e] וַיָּבֹא
בֵית־יְהוָה וַיִּשְׁתָּחוּ וַיָּבֹא אֶל־בֵּיתוֹ וַיִּשְׁאַל וַיָּשִׂימוּ לוֹ לֶחֶם וַיֹּאכַל׃

11 (I Reg 11,34) וְלֹא־אֶקַּח אֶת־כָּל־הַמַּמְלָכָה מִיָּדוֹ כִּי נָשִׂיא אֲשִׁתֶנּוּ כֹּל יְמֵי חַיָּיו
לְמַעַן דָּוִד עַבְדִּי אֲשֶׁר בָּחַרְתִּי אֹתוֹ אֲשֶׁר שָׁמַר מִצְוֺתַי וְחֻקֹּתָי׃

12 (Jes 43,1) וְעַתָּה כֹּה־אָמַר יְהוָה בֹּרַאֲךָ יַעֲקֹב וְיֹצֶרְךָ יִשְׂרָאֵל אַל־תִּירָא
כִּי גְאַלְתִּיךָ קָרָאתִי בְשִׁמְךָ לִי־אָתָּה׃

13 (Ps 27,6) וְעַתָּה יָרוּם רֹאשִׁי עַל אֹיְבַי סְבִיבוֹתַי וְאֶזְבְּחָה בְאָהֳלוֹ זִבְחֵי
תְרוּעָה[f] אָשִׁירָה וַאֲזַמְּרָה לַיהוָה׃

14 (Ps 31,8f.) אָגִילָה וְאֶשְׂמְחָה בְּחַסְדֶּךָ אֲשֶׁר רָאִיתָ אֶת־עָנְיִי יָדַעְתָּ בְּצָרוֹת
נַפְשִׁי׃
וְלֹא הִסְגַּרְתַּנִי[g] בְּיַד־אוֹיֵב הֶעֱמַדְתָּ בַמֶּרְחָב[h] רַגְלָי׃

15 (Ps 118,24) זֶה־הַיּוֹם עָשָׂה יְהוָה נָגִילָה וְנִשְׂמְחָה בוֹ׃

Erläuterungen:

a לחשׁ *Hitp.* „miteinander flüstern“
b רחץ „waschen, eine Waschung vornehmen“
c סוך II *Hi.* „sich salben“
d חלף I *Pi.* „wechseln“
e שִׂמְלָה: „Mantel, Kleidung“ *(hier Ketib; Qere:* שִׂמְלֹתָיו*)*
f „Lärm, Jubelgeschrei“
g סגר *Hi.* „ausliefern“
h מֶרְחָב: „weiter Raum“

7) Übersetzen Sie Jdc 4,12-22: Der Sieg Deboras und Baraks über Sisera

In Jdc 4 wird der Sieg Deboras und Baraks über Sisera beschrieben. Der Sieg verdankt sich nach Jdc 4 vor allem der Einzeltat Jaels, die den schlafenden Sisera mit einem Zeltpflock tötet. Das Deboralied Jdc 5 bezieht sich auch auf diesen Krieg, allerdings unterscheiden sich Jdc 4 und 5 durch eine Reihe von Einzelangaben: teilnehmende Stämme, topographische Angaben, Tötung Siseras.

12 וַיַּגִּדוּ לְסִיסְרָא כִּי עָלָה בָּרָק בֶּן־אֲבִינֹעַם[a] הַר־תָּבוֹר[b]׃
13 וַיַּזְעֵק[c] סִיסְרָא אֶת־כָּל־רִכְבּוֹ תְּשַׁע מֵאוֹת רֶכֶב בַּרְזֶל
וְאֶת־כָּל־הָעָם אֲשֶׁר אִתּוֹ מֵחֲרֹשֶׁת הַגּוֹיִם[d] אֶל־נַחַל קִישׁוֹן[e]׃
14 וַתֹּאמֶר דְּבֹרָה אֶל־בָּרָק קוּם[f] כִּי זֶה הַיּוֹם אֲשֶׁר נָתַן יְהוָה
אֶת־סִיסְרָא בְּיָדֶךָ הֲלֹא יְהוָה יָצָא לְפָנֶיךָ וַיֵּרֶד בָּרָק מֵהַר
תָּבוֹר וַעֲשֶׂרֶת אֲלָפִים אִישׁ אַחֲרָיו׃

15 וַיָּהָם[g] יְהוָה אֶת־סִיסְרָא וְאֶת־כָּל־הָרֶכֶב וְאֶת־כָּל־הַמַּחֲנֶה
לְפִי[h]־חֶרֶב לִפְנֵי בָרָק וַיֵּרֶד סִיסְרָא מֵעַל הַמֶּרְכָּבָה[i] וַיָּנָס בְּרַגְלָיו׃
16 וּבָרָק רָדַף אַחֲרֵי הָרֶכֶב וְאַחֲרֵי הַמַּחֲנֶה עַד חֲרֹשֶׁת הַגּוֹיִם[d]
וַיִּפֹּל כָּל־מַחֲנֵה סִיסְרָא לְפִי־חֶרֶב לֹא נִשְׁאַר עַד־אֶחָד׃
17 וְסִיסְרָא נָס בְּרַגְלָיו אֶל־אֹהֶל יָעֵל אֵשֶׁת חֶבֶר[j] הַקֵּינִי[k] כִּי שָׁלוֹם
בֵּין יָבִין מֶלֶךְ־חָצוֹר וּבֵין בֵּית חֶבֶר הַקֵּינִי׃
18 וַתֵּצֵא יָעֵל לִקְרַאת[l] סִיסְרָא וַתֹּאמֶר אֵלָיו סוּרָה אֲדֹנִי סוּרָה
אֵלַי אַל־תִּירָא וַיָּסַר אֵלֶיהָ הָאֹהֱלָה וַתְּכַסֵּהוּ[m] בַּשְּׂמִיכָה[n]׃
19 וַיֹּאמֶר אֵלֶיהָ הַשְׁקִינִי[o]־נָא מְעַט־מַיִם כִּי צָמֵאתִי וַתִּפְתַּח אֶת־נֹאוד[p]
הֶחָלָב וַתַּשְׁקֵהוּ[o] וַתְּכַסֵּהוּ[m]׃
20 וַיֹּאמֶר אֵלֶיהָ עֲמֹד פֶּתַח הָאֹהֶל וְהָיָה אִם־אִישׁ יָבוֹא וּשְׁאֵלֵךְ
וְאָמַר הֲיֵשׁ־פֹּה אִישׁ וְאָמַרְתְּ אָיִן׃
21 וַתִּקַּח יָעֵל אֵשֶׁת־חֶבֶר[j] אֶת־יְתַד[q] הָאֹהֶל וַתָּשֶׂם אֶת־הַמַּקֶּבֶת[r]
בְּיָדָהּ וַתָּבוֹא אֵלָיו בַּלָּאט[s] וַתִּתְקַע[t] אֶת־הַיָּתֵד[q] בְּרַקָּתוֹ[u] וַתִּצְנַח[v]
בָּאָרֶץ וְהוּא־נִרְדָּם[w] וַיָּעַף[x] וַיָּמֹת׃
22 וְהִנֵּה בָרָק רֹדֵף אֶת־סִיסְרָא וַתֵּצֵא יָעֵל לִקְרָאתוֹ וַתֹּאמֶר לוֹ
לֵךְ וְאַרְאֶךָּ אֶת־הָאִישׁ אֲשֶׁר־אַתָּה מְבַקֵּשׁ וַיָּבֹא אֵלֶיהָ וְהִנֵּה
סִיסְרָא נֹפֵל מֵת וְהַיָּתֵד[q] בְּרַקָּתוֹ[u]׃

Erläuterungen:

a „Abinoam“ *(n.pr.m.)*
b „Tabor“ *(n.l.)*
c זעק *Hi.* „aufbieten“
d „Haroseth-Gojim“ *(n.l.)*
e „Kischon“ *(n.l.)*
f „mach dich auf“
g הוּם: „in Verwirrung bringen“
h פֶּה *hier:* „Schärfe“
i „Streitwagen“
j „Heber“ *(n.pr.m.)*
k „der Keniter“ *(n.g.)*
l „entgegen“
m כסה *Pi.* „bedecken“
n שְׂמִיכָה: „Decke“ (?)
o שׁקה *Hi.* „zu trinken geben“
p „Schlauch“
q יָתֵד: „Pflock“
r „Hammer“
s „heimlich“
t „schlagen“
u רַקָּה: „Schläfe“
v צנח *hier:* „eindringen“
w רדם *Ni.* „tief schlafen“
x *lies* וַיָּעַף: „müde werden“

8) Übersetzen Sie I Sam 25,36-42: David, Nabal und Abigail

Die Erzählung von David, Nabal und Abigail gehört in den großen Komplex der Erzählungen von Davids Aufstieg (I Sam 16 – II Sam 5). Abigail ist Nabals Frau. Nabal ist ein reicher Viehzüchter, der sich weigert, sich von David erpressen zu lassen.

Als er aus dem Mund seiner Frau erfährt, dass David zur Rache entschlossen ist, wird er vom Schlag getroffen und stirbt. Nach dem Tod Nabals nimmt David Abigail als zweite Frau.

36 וַתָּבֹא אֲבִיגַיִל[a] | אֶל־נָבָל[b] וְהִנֵּה־לוֹ מִשְׁתֶּה בְּבֵיתוֹ כְּמִשְׁתֵּה הַמֶּלֶךְ
וְלֵב נָבָל טוֹב עָלָיו וְהוּא שִׁכֹּר[c] עַד־מְאֹד וְלֹא־הִגִּידָה לוֹ דָּבָר
קָטֹן וְגָדוֹל עַד־אוֹר הַבֹּקֶר׃
37 וַיְהִי בַבֹּקֶר בְּצֵאת הַיַּיִן מִנָּבָל[b] וַתַּגֶּד־לוֹ אִשְׁתּוֹ אֶת־הַדְּבָרִים
הָאֵלֶּה וַיָּמָת לִבּוֹ בְּקִרְבּוֹ וְהוּא הָיָה לְאָבֶן׃
38 וַיְהִי כַּעֲשֶׂרֶת הַיָּמִים וַיִּגֹּף[d] יְהוָה אֶת־נָבָל[b] וַיָּמֹת׃
39 וַיִּשְׁמַע דָּוִד כִּי מֵת נָבָל[b] וַיֹּאמֶר בָּרוּךְ יְהוָה אֲשֶׁר רָב אֶת־רִיב[e]
חֶרְפָּתִי[f] מִיַּד נָבָל[b] וְאֶת־עַבְדּוֹ חָשַׂךְ מֵרָעָה וְאֵת רָעַת נָבָל[b] הֵשִׁיב
יְהוָה בְּרֹאשׁוֹ וַיִּשְׁלַח דָּוִד וַיְדַבֵּר בַּאֲבִיגַיִל[a] לְקַחְתָּהּ לוֹ לְאִשָּׁה׃
40 וַיָּבֹאוּ עַבְדֵי דָוִד אֶל־אֲבִיגַיִל[a] הַכַּרְמֶלָה[g] וַיְדַבְּרוּ אֵלֶיהָ לֵאמֹר
דָּוִד שְׁלָחָנוּ אֵלַיִךְ לְקַחְתֵּךְ לוֹ לְאִשָּׁה׃
41 וַתָּקָם וַתִּשְׁתַּחוּ אַפַּיִם אָרְצָה וַתֹּאמֶר הִנֵּה אֲמָתְךָ לְשִׁפְחָה
לִרְחֹץ[h] רַגְלֵי עַבְדֵי אֲדֹנִי׃
42 וַתְּמַהֵר וַתָּקָם אֲבִיגַיִל[a] וַתִּרְכַּב עַל־הַחֲמוֹר וְחָמֵשׁ נַעֲרֹתֶיהָ
הַהֹלְכוֹת לְרַגְלָהּ וַתֵּלֶךְ אַחֲרֵי מַלְאֲכֵי דָוִד וַתְּהִי־לוֹ לְאִשָּׁה׃

Erläuterungen:

a „Abigail“ *(n.pr.f.)*
b „Nabal“ *(n.pr.m.)*
c „betrunken“
d נגף: „schlagen“
e רִיב: „Streit, Rechtsstreit“
f חֶרְפָּה: „Schmähung, Schmach“
g „Karmel“ *(n.l.)*
h רחץ: „waschen“

9) Übersetzen Sie I Reg 3,16-28: Salomos weises Urteil

Die Erzählung ist Bestandteil der Berichte über das Königtum Salomos (I Reg 3-11). Im Zentrum dieses Abschnittes stehen Kap. 6-8, die vom Tempelbau Salomos berichten. In I Reg 3,16-28 wird Salomo als der weise König schlechthin beschrieben (vgl. auch I Reg 5,9-11). Er findet in diesem schwierigen Rechtsfall *den* weisen Urteilsspruch.

16 אָז תָּבֹאנָה שְׁתַּיִם נָשִׁים זֹנוֹת[a] אֶל־הַמֶּלֶךְ וַתַּעֲמֹדְנָה לְפָנָיו׃
17 וַתֹּאמֶר הָאִשָּׁה הָאַחַת בִּי אֲדֹנִי אֲנִי וְהָאִשָּׁה הַזֹּאת יֹשְׁבֹת בְּבַיִת
אֶחָד וָאֵלֵד עִמָּהּ בַּבָּיִת׃
18 וַיְהִי בַיּוֹם הַשְּׁלִישִׁי לְלִדְתִּי וַתֵּלֶד גַּם־הָאִשָּׁה הַזֹּאת וַאֲנַחְנוּ יַחְדָּו[b]

אֵין־זָר[c] אִתָּנוּ בַּבַּיִת זוּלָתִי[d] שְׁתַּיִם־אֲנַחְנוּ בַּבָּיִת׃
19 וַיָּמָת בֶּן־הָאִשָּׁה הַזֹּאת לָיְלָה אֲשֶׁר שָׁכְבָה עָלָיו׃
20 וַתָּקָם בְּתוֹךְ הַלַּיְלָה וַתִּקַּח אֶת־בְּנִי מֵאֶצְלִי[e] וַאֲמָתְךָ יְשֵׁנָה[f]
וַתַּשְׁכִּיבֵהוּ בְּחֵיקָהּ[g] וְאֶת־בְּנָהּ הַמֵּת הִשְׁכִּיבָה בְחֵיקִי׃
21 וָאָקֻם בַּבֹּקֶר לְהֵינִיק אֶת־בְּנִי וְהִנֵּה־מֵת וָאֶתְבּוֹנֵן אֵלָיו בַּבֹּקֶר
וְהִנֵּה לֹא־הָיָה בְנִי אֲשֶׁר יָלָדְתִּי׃
22 וַתֹּאמֶר הָאִשָּׁה הָאַחֶרֶת לֹא כִי בְּנִי הַחַי וּבְנֵךְ הַמֵּת וְזֹאת
אֹמֶרֶת לֹא כִי בְּנֵךְ הַמֵּת וּבְנִי הֶחָי וַתְּדַבֵּרְנָה לִפְנֵי הַמֶּלֶךְ׃
23 וַיֹּאמֶר הַמֶּלֶךְ זֹאת אֹמֶרֶת זֶה־בְּנִי הַחַי וּבְנֵךְ הַמֵּת וְזֹאת אֹמֶרֶת
לֹא כִי בְּנֵךְ הַמֵּת וּבְנִי הֶחָי׃ פ
24 וַיֹּאמֶר הַמֶּלֶךְ קְחוּ לִי־חָרֶב וַיָּבִאוּ הַחֶרֶב לִפְנֵי הַמֶּלֶךְ׃
25 וַיֹּאמֶר הַמֶּלֶךְ גִּזְרוּ[h] אֶת־הַיֶּלֶד הַחַי לִשְׁנָיִם וּתְנוּ אֶת־הַחֲצִי
לְאַחַת וְאֶת־הַחֲצִי לְאֶחָת׃
26 וַתֹּאמֶר הָאִשָּׁה אֲשֶׁר־בְּנָהּ הַחַי אֶל־הַמֶּלֶךְ כִּי־נִכְמְרוּ[i] רַחֲמֶיהָ[j]
עַל־בְּנָהּ וַתֹּאמֶר בִּי אֲדֹנִי תְּנוּ־לָהּ אֶת־הַיָּלוּד הַחַי וְהָמֵת
אַל־תְּמִיתֻהוּ וְזֹאת אֹמֶרֶת גַּם־לִי גַם־לָךְ לֹא יִהְיֶה גְּזֹרוּ׃
27 וַיַּעַן הַמֶּלֶךְ וַיֹּאמֶר תְּנוּ־לָהּ אֶת־הַיָּלוּד הַחַי וְהָמֵת לֹא
תְמִיתֻהוּ הִיא אִמּוֹ׃
28 וַיִּשְׁמְעוּ כָל־יִשְׂרָאֵל אֶת־הַמִּשְׁפָּט אֲשֶׁר שָׁפַט הַמֶּלֶךְ וַיִּרְאוּ מִפְּנֵי
הַמֶּלֶךְ כִּי רָאוּ כִּי־חָכְמַת אֱלֹהִים בְּקִרְבּוֹ לַעֲשׂוֹת מִשְׁפָּט׃ ס

Erläuterungen:

a	זֹנָה: „Dirne“	f	יָשֵׁן: „schlafend“
b	„zusammen, miteinander“	g	חֵיק: „Schoß“
c	„Fremder“	h	גזר: „zerschneiden“
d	„außer“	i	כמר *Ni.* „erregt sein“
e	אֵצֶל: „Seite“	j	רַחֲמִים: „Mitgefühl, Erbarmen“

10) Vokalisierungsübung. Vokalisieren und übersetzen Sie:

1 (Gen 20,7) ועתה השב אשת האיש כי נביא הוא

2 (I Sam 2,6) יהוה ממית ומחיה מוריד שְׁאוֹל[a] ויעל׃

3 (Gen 7,15) ויבאו אל־נֹחַ[b]־התבה שנים שנים מכל־הבשר אשר־בו רוח חיים׃

4 (Gen 32,13) ואתה אמרת היטב איטיב עמך ושמתי את־זרעך כחול הים
אשר לא־יספר מרב׃

5 (Dtn 17,14) כי־תבא אל־הארץ אשר יהוה אלהיך נתן לך וירשתה
וישבתה בה ואמרת אשימה עלי מלך ככל־הגוים

Erläuterungen:

a „Unterwelt"

b „Noah" *(n.pr.m.)*

Lektion 25: Verba mediae geminatae; Modalverben; ungewöhnliche Endungen

1. Vokabeln

Verben:

- Verba mediae geminatae:

(יָאֹר)	ארר	verfluchen
(יָחֹן)	חנן	gnädig/gütig sein (חֵן 14; חַנּוּן 19)
	חתת	mutlos/erschrocken sein
(יָמֹד)	מדד	messen
(יָסֹב)	סבב	herumgehen, umgeben (סָבִיב 17)
(יָפֵר *Hi.*)	פרר	*Hi.* brechen, zerstören
(יֵצַר)	צרר	zusammenschnüren, eng sein (צָרָה 14)
(יֵקַל)	קלל	*Qal* klein/gering werden („Qal“)
		Pi. verfluchen
	רבב	zahlreich werden (רֹב 14)
(יָרֹן)	רנן	jubeln, jauchzen
(יֵרַע)	רעע	schlecht/böse sein (רַע 21)
(יָשׁוּד !)	שׁדד	gewalttätig sein, verwüsten
(יֵשַׁם)	שׁמם	verödet sein (שְׁמָמָה 7)
(יִתֹּם)	תמם	vollständig/zu Ende sein (תָּמִים 17)

- Bisher gelernte Verben dieser Klasse:

חלל (16), הלל (13)

Weitere Vokabeln:

חֵלֶב	Fett; Bestes, Erlesenes (חָלָב 6)
חצה	teilen (חֲצִי 12)
טוּב	Schönheit, göttliche Herrlichkeit (טוֹב 8)
יַעַר	Dickicht, Wald
נִיחוֹחַ	Beschwichtigung, Wohlgefallen, Behagen
נכה	*Hi.* schlagen
עוֹלָה	Brandopfer
עָצוּם	stark, mächtig, zahlreich
פִּתְאֹם	plötzlich, überraschend

רוּחַ	*Hi.*	riechen, spüren, genießen
רוּעַ	*Hi.*	schreien, jauchzen
רֵיחַ		Geruch; Dampf
רִנָּה		Jubel
שָׁנָה		Jahr

Eigennamen:

בֹּכִים	Bochim *(n.l.)*
בֹּעַז	Boas *(n.pr.m.)*
גִּלְגָּל	Gilgal *(n.l.)*
נָעֳמִי	Naemi *(n.pr.f.)*
רוּת	Ruth *(n.pr.f.)*
שֵׁת	Seth *(n.pr.m.)*

2. Verba mediae geminatae

Zu den Verba mediae geminatae zählen Verben mit gleichem zweitem und drittem Radikal. Von Hause aus sind es Verben mit geschärftem zweitem Radikal:

סָבַב < * *sabb*

Für diese Verbklasse sind drei Beobachtungen grundlegend:

1. Beobachtung: In einigen Formen findet sich eine Angleichung an das Starke Verb:
3.Sg.m. Perf. Qal: סָבַב

2. Beobachtung: In der Mehrzahl der Formen mit Endungen wird ein einsilbiger Stamm mit Verdopplung des mittleren Radikals gebildet:
2.Sg.m. Perf. Qal: סַבּוֹתָ

3. Beobachtung: In afformativlosen Formen entfällt die Verdopplung:
3.Sg.m. Impf. Qal: יָסֹב

- Ein zweisilbiger Stamm mit gleichem zweitem und drittem Radikal wird gebildet in:

3.Sg.m. Perf. Qal: סָבַב
3.Pl.com. Perf. Qal: סָבְבוּ
Inf.abs. Qal: סָבוֹב
Ptz. Qal: סֹבֵב/סָבוּב

und *in allen Formen des Dopplungsstammes (Pi./Pu./Hitp.) und des Po^cel, Po^cal, Hitpo^cel*; in allen anderen Formen wird ein einsilbiger Stamm gebildet.

- Der einsilbige Stamm erhält meist den Vokal, der zwischen dem zweiten und dritten Radikal des Starken Verbs steht:

  Perf. Qal/Ni., Impf. Qal/Ho.:

  נְסַבּוֹתָ/סַבּוֹתָ
  יֵקַל/יָסֹב
  הוּסַב

  Ṣere (< * *i*) im Inf.cs. Ni./Hi.:

הִסֵּב	Inf.cs. Ni.
הָסֵב	Inf.cs. Hi.

  Choläm (< * *u*) im Inf.cs., Imp. und Impf. Qal:

	סֹב	Inf.cs. Qal
	סֹב	Imp. Sg.m. Qal
	יָסֹב	3.Sg.m. *ō*-Impf. Qal
aber:	יֵקַל	3.Sg.m. *a*-Impf. Qal

- In den Präformativen des Impf. Qal, Perf. Ni. und im gesamten Hi. und Ho. werden die kurzen Vokale wegen der offenen Silbe gedehnt:

3.Sg.m. Impf. Qal:	יָסֹב	< * *jasubb*	*a* > *ā*
3.Sg.m. Perf.Ni.:	נָסַב	< * *nasabb*	
3.Sg.m. Impf.Hi.:	יָסֵב	< * *jasibb*	
3.Sg.m. Impf. Qal (intransitiv):	יֵקַל	< * *jiqall*	*i* > *ē*
3.Sg.m. Perf.Hi.:	הֵסֵב	< * *hisibb*	
3.Sg.m. Perf.Ho.:	הוּסַב	< * *husabb*	*u* > *ū*

  Je mehr Silben eine Wortform hat, um so eher werden diese langen Vokale zu Schwa mobile bzw. Chateph-Vokalen verkürzt.

- Die vokalischen Afformative werden unbetont angehängt. Die konsonantischen Afformative werden mit Hilfe von betonten Bindevokalen angehängt (außer 2.Pl.m. Perf.). Perfekt: וֹ; Impf./Imp.: ֵי .

2.Sg.m. Perf. Qal:	סַבּוֹתָ
3.Pl.f. Impf. Qal:	תְּסֻבֶּינָה

- Anstelle des zweiten Radikals ist im Impf. Qal/Hi./Ho. oft wie im Aramäischen der erste Radikal verdoppelt (sog. *aramaisierende Formen*):

Qal:	יָסֹב	und	יִסֹּב
Hi.:	יָסֵב	und	יִסֵּב
Ho.:	יוּסַב	und	יֻסַּב

- Das Ho. wird nach Analogie der Verba primae Waw gebildet:

3.Sg.m. Perf.Ho.:	הוּסַב
3.Sg.m. Impf.Ho.:	יוּסַב

3. Modalverben

Bei der Zusammenstellung zweier Verben kann das erste Verb als sog. *Modalverb* oder *relatives Verb* die allgemeine, das zweite Verb die speziellere Bedeutung der Handlung beschreiben. In der Übersetzung wird das Modalverb als Adverb übersetzt.

Als Modalverben dienen:

יסף	Qal/Hi.:	„hinzufügen, fortfahren“
	als Modalverb:	„nochmals, weiter“
כלה	Pi.:	„vollenden, aufhören“
	als Modalverb:	„zu Ende, ganz“
מהר	Pi.:	„sich beeilen“
	als Modalverb:	„schnell, rasch“
שׁוב	Qal:	„zurückkehren“
	als Modalverb:	„nochmals, wieder“
שׁכם	Hi.:	„sich früh aufmachen“
	als Modalverb:	„früh, eifrig“
רבה	Hi.:	„viel machen“
	als Modalverb:	„unablässig, ständig“

Gen 25,1:	וַיֹּסֶף אַבְרָהָם וַיִּקַּח אִשָּׁה	Und Abraham fügte hinzu und nahm eine Frau = Und Abraham nahm nochmals eine Frau.
Gen 24,15:	וַיְהִי־הוּא טֶרֶם כִּלָּה לְדַבֵּר	Noch bevor er aufgehört hatte zu reden = Noch bevor er zu Ende geredet hatte...
Ps 106,13:	מִהֲרוּ שָׁכְחוּ	Sie haben sich beeilt, sie haben vergessen = Sie haben schnell vergessen.
II Reg 1,11:	וַיָּשָׁב וַיִּשְׁלַח	Und er kehrte zurück und schickte = Und er [= der König] schickte nochmals.
Zeph 3,7:	הִשְׁכִּימוּ הִשְׁחִיתוּ	Sie machten sich früh auf, sie zerstörten = Sie zerstörten eifrig.
I Sam 2,3:	אַל־תַּרְבּוּ תְדַבְּרוּ	Ihr sollt nicht viel machen, ihr sollt (nicht) reden = Ihr sollt nicht unablässig reden.

4. Ungewöhnliche Endungen

Neben den häufigen regulären Endungen begegnen gelegentlich unter dem Einfluss verwandter Dialekte im Kontext poetischer Texte ungewöhnliche Endungen.

- ִין : maskuline Pluralendung im st.abs.; vor allem in jüngeren Texten des Alten Testaments als Aramaismus:

  לְקֵץ יָמִין „am Ende der Tage“ (Dan 12,13)

  מִלָּה → מִלִּין 13x „Worte“ / מִלִּים 10x „Worte“ (Hiob)

- ִי : Chiräq compaginis: Verbindungs-*ī*

  meist in poetischen Texten bei Nomina (oft im st.cs.):

  Gen 49,11: בְּנִי אֲתֹנוֹ „das Füllen seiner Eselin“

  Ps 123,1: הַיֹּשְׁבִי בַּשָּׁמָיִם „der im Himmel wohnt“

- וֹ: Choläm compaginis: Verbindungs-*ō*

  Gen 1,24: חַיְתוֹ־אֶרֶץ „Getier der Erde“

- מוֹ: Possessivsuffix der 3.Pl.m.; in poetischen Texten anstelle von הֶם bzw. ם:

  Ps 2,3: אֶת־מוֹסְרוֹתֵימוֹ „ihre Fesseln“

5. Übungen

1) Konjugieren Sie mündlich folgende Verben:

חנן	im Impf. Qal	סבב	im Imp./Inf.cs./abs. Hi.
שׁמם	im Perf./Impf.Ni.	צרר	im Impf. Qal

2) Bestimmungsübungen zu den Verba mediae geminatae:

1 וּנְקַלֹּתִי יָרֹנּוּ הַחִתֹּתָ וְחַנֹּתִי סַבּוּנִי אֹרוּ חָנוֹן סֹבִּי חָנֵּנִי אָאֹר חָנֵּנוּ

2 הֲרֵעוֹתָ יוּאַר וַיָּסָב תְּחָנֵּם וַהֲשִׁמֹּתִי כְּרֻבָּם יְשֻׁדַּד תְּסוֹבְבֶךָּ הֲסִבֹּתָ

3 וַיִּסֵּב הִתְחַנַּנְתָּ הוּחַל יָחֹן הַחִלֹּם וִיחֻנֶּךָּ הֵחֵלּוּ תַּמּוּ תֹּם וַיֵּצֶר

4 הֲתִמּוּ הֵרֵעוּ

3) Vokalisierungsübungen zu den Verba mediae geminatae:

1 רבו הפר וימד שׁדוד החל

4) Übersetzen Sie:

1 (Gen 4,26) וּלְשֵׁת גַּם־הוּא יֻלַּד־בֵּן וַיִּקְרָא אֶת־שְׁמוֹ אֱנוֹשׁ אָז הוּחַל לִקְרֹא בְּשֵׁם יְהוָה׃

2 (Gen 12,3) וַאֲבָרְכָה מְבָרְכֶיךָ וּמְקַלֶּלְךָ אָאֹר וְנִבְרְכוּ בְךָ כֹּל מִשְׁפְּחֹת הָאֲדָמָה׃

3 (Gen 21,12) וַיֹּאמֶר אֱלֹהִים אֶל־אַבְרָהָם אַל־יֵרַע בְּעֵינֶיךָ עַל־הַנַּעַר וְעַל־אֲמָתֶךָ כֹּל אֲשֶׁר תֹּאמַר אֵלֶיךָ שָׂרָה שְׁמַע בְּקֹלָהּ כִּי בְיִצְחָק יִקָּרֵא לְךָ זָרַע׃

4 (Gen 32,8) וַיִּירָא יַעֲקֹב מְאֹד וַיֵּצֶר לוֹ וַיַּחַץ אֶת־הָעָם אֲשֶׁר־אִתּוֹ וְאֶת־הַצֹּאן וְאֶת־הַבָּקָר וְהַגְּמַלִּים לִשְׁנֵי מַחֲנוֹת׃

5 (Ex 33,19) וַיֹּאמֶר אֲנִי אַעֲבִיר כָּל־טוּבִי עַל־פָּנֶיךָ וְקָרָאתִי בְשֵׁם יְהוָה לְפָנֶיךָ וְחַנֹּתִי אֶת־אֲשֶׁר אָחֹן וְרִחַמְתִּי אֶת־אֲשֶׁר אֲרַחֵם׃

6 (Lev 9,24) וַתֵּצֵא אֵשׁ מִלִּפְנֵי יְהוָה וַתֹּאכַל עַל־הַמִּזְבֵּחַ אֶת־הָעֹלָה וְאֶת־הַחֲלָבִים וַיַּרְא כָּל־הָעָם וַיָּרֹנּוּ וַיִּפְּלוּ עַל־פְּנֵיהֶם׃

7 (Lev 26,31) וְנָתַתִּי אֶת־עָרֵיכֶם חָרְבָּה וַהֲשִׁמּוֹתִי אֶת־מִקְדְּשֵׁיכֶם וְלֹא אָרִיחַ בְּרֵיחַ נִיחֹחֲכֶם׃

8 (Num 6,25) יָאֵר יְהוָה פָּנָיו אֵלֶיךָ וִיחֻנֶּךָּ׃

9 (Num 22,6) וְעַתָּה לְכָה־נָּא אָרָה־לִּי אֶת־הָעָם הַזֶּה כִּי־עָצוּם הוּא מִמֶּנִּי אוּלַי אוּכַל נַכֶּה־בּוֹ וַאֲגָרְשֶׁנּוּ מִן־הָאָרֶץ כִּי יָדַעְתִּי אֵת אֲשֶׁר־תְּבָרֵךְ מְבֹרָךְ וַאֲשֶׁר תָּאֹר יוּאָר׃

10 (Jdc 2,1) וַיַּעַל מַלְאַךְ־יְהוָה מִן־הַגִּלְגָּל אֶל־הַבֹּכִים וַיֹּאמֶר אַעֲלֶה אֶתְכֶם מִמִּצְרַיִם וָאָבִיא אֶתְכֶם אֶל־הָאָרֶץ אֲשֶׁר נִשְׁבַּעְתִּי לַאֲבֹתֵיכֶם וָאֹמַר לֹא־אָפֵר בְּרִיתִי אִתְּכֶם לְעוֹלָם׃

11 (Jes 44,23) רָנּוּ שָׁמַיִם כִּי־עָשָׂה יְהוָה הָרִיעוּ תַּחְתִּיּוֹת[a] אָרֶץ פִּצְחוּ[b] הָרִים רִנָּה יַעַר וְכָל־עֵץ בּוֹ כִּי גָאַל יְהוָה יַעֲקֹב וּבְיִשְׂרָאֵל יִתְפָּאָר[c]׃

12 (Jes 49,13) רָנּוּ שָׁמַיִם וְגִילִי אָרֶץ וּפִצְחוּ[b] הָרִים רִנָּה כִּי־נִחַם יְהוָה עַמּוֹ
וַעֲנִיָּו[d] יְרַחֵם׃

13 (Jer 4,20) שֶׁבֶר[e] עַל־שֶׁבֶר נִקְרָא כִּי שֻׁדְּדָה כָּל־הָאָרֶץ פִּתְאֹם שֻׁדְּדוּ אֹהָלַי
רֶגַע[f] יְרִיעֹתָי[g]׃

14 (Jer 17,18) יֵבֹשׁוּ רֹדְפַי וְאַל־אֵבֹשָׁה אָנִי יֵחַתּוּ הֵמָּה וְאַל־אֵחַתָּה אָנִי
הָבִיא עֲלֵיהֶם יוֹם רָעָה וּמִשְׁנֶה[h] שִׁבָּרוֹן[i] שָׁבְרֵם׃

15 (Zeph 3,14) רָנִּי בַּת־צִיּוֹן הָרִיעוּ יִשְׂרָאֵל שִׂמְחִי וְעָלְזִי[j] בְּכָל־לֵב בַּת יְרוּשָׁלִָם׃

16 (Ps 40,15-17a) יֵבֹשׁוּ וְיַחְפְּרוּ[k] יַחַד[l] מְבַקְשֵׁי נַפְשִׁי לִסְפּוֹתָהּ[m] יִסֹּגוּ[n] אָחוֹר[o]
וְיִכָּלְמוּ[p] חֲפֵצֵי רָעָתִי׃
יָשֹׁמּוּ עַל־עֵקֶב[q] בָּשְׁתָּם[r] הָאֹמְרִים לִי הֶאָח[s] הֶאָח׃
יָשִׂישׂוּ[t] וְיִשְׂמְחוּ בְּךָ כָּל־מְבַקְשֶׁיךָ

Erläuterungen:

a תַּחְתִּי: „unterer; Tiefe"
b פצח: „fröhlich sein"
c פאר *Hitp.* „sich verherrlichen"
d עָנִי: „unglücklich, elend"
e שֶׁבֶר: „Brechen, Zusammenbruch"
f רֶגַע: „plötzlich"
g יְרִיעָה: „Zeltdecke"
h מִשְׁנֶה: „zweiter; Doppeltes"
i שִׁבָּרוֹן: „Zusammenbruch"
j עלז: „frohlocken, jubeln"
k חפר: „sich schämen, beschämt sein"
l יַחַד: „zusammen, miteinander"
m ספה: „dahinschwinden"
n סוג *Ni.* „sich zurückziehen"
o אָחוֹר: „hinten"
p כלם *Ni.* „zuschanden werden"
q עַל־עֵקֶב: „wegen"
r בֹּשֶׁת: „Schande"
s אָח: „Ach! Wehe!"
t שׂוּשׂ/שִׂישׂ: „sich freuen"

5) Übersetzen Sie I Sam 1,1-10: Elkana und Hanna

Der Textabschnitt gehört zur Jugendgeschichte Samuels in I Sam 1-3. Hier geht es um die Vorgeschichte der Geburt Samuels. Es wird erzählt, wie sehr Hanna unter ihrer Kinderlosigkeit leidet und von ihrer Widersacherin deshalb gepeinigt wird. I Sam 1 gehört zu der Gruppe von biblischen Geschichten, in denen einer kinderlos gebliebenen Frau ein Kind geschenkt wird.

1 וַיְהִי אִישׁ אֶחָד מִן־הָרָמָתַיִם צוֹפִים[a] מֵהַר אֶפְרָיִם וּשְׁמוֹ אֶלְקָנָה[b]
בֶּן־יְרֹחָם בֶּן־אֱלִיהוּא בֶּן־תֹּחוּ בֶן־צוּף אֶפְרָתִי׃
2 וְלוֹ שְׁתֵּי נָשִׁים שֵׁם אַחַת חַנָּה וְשֵׁם הַשֵּׁנִית פְּנִנָּה[c] וַיְהִי לִפְנִנָּה

יְלָדִים וּלְחַנָּה אֵין יְלָדִים׃
3 וְעָלָה הָאִישׁ הַהוּא מֵעִירוֹ מִיָּמִים יָמִימָה לְהִשְׁתַּחֲוֹת וְלִזְבֹּחַ
לַיהוָה צְבָאוֹת בְּשִׁלֹה[d] וְשָׁם שְׁנֵי בְנֵי־עֵלִי[e] חָפְנִי[f] וּפִנְחָס[g] כֹּהֲנִים
לַיהוָה׃
4 וַיְהִי הַיּוֹם וַיִּזְבַּח אֶלְקָנָה וְנָתַן לִפְנִנָּה אִשְׁתּוֹ וּלְכָל־בָּנֶיהָ
וּבְנוֹתֶיהָ מָנוֹת[h]׃
5 וּלְחַנָּה יִתֵּן מָנָה[h] אַחַת אַפָּיִם[i] כִּי אֶת־חַנָּה אָהֵב וַיהוָה סָגַר[j]
רַחְמָהּ׃
6 וְכִעֲסַתָּה[k] צָרָתָהּ גַּם־כַּעַס[l] בַּעֲבוּר[m] הַרְּעִמָהּ[n] כִּי־סָגַר יְהוָה
בְּעַד רַחְמָהּ׃
7 וְכֵן יַעֲשֶׂה שָׁנָה בְשָׁנָה מִדֵּי[o] עֲלֹתָהּ כֵּן תַּכְעִסֶנָּה בְּבֵית יְהוָה
וַתִּבְכֶּה וְלֹא תֹאכַל׃
8 וַיֹּאמֶר לָהּ אֶלְקָנָה אִישָׁהּ חַנָּה לָמֶה תִבְכִּי וְלָמֶה לֹא תֹאכְלִי
וְלָמֶה יֵרַע לְבָבֵךְ הֲלוֹא אָנֹכִי טוֹב לָךְ מֵעֲשָׂרָה בָּנִים׃
9 וַתָּקָם חַנָּה אַחֲרֵי אָכְלָה בְשִׁלֹה וְאַחֲרֵי שָׁתֹה וְעֵלִי הַכֹּהֵן
יֹשֵׁב עַל־הַכִּסֵּא עַל־מְזוּזַת[p] הֵיכַל יְהוָה׃
10 וְהִיא מָרַת[q] נָפֶשׁ וַתִּתְפַּלֵּל עַל־יְהוָה וּבָכֹה תִבְכֶּה׃

Erläuterungen:

a „Ramathaim-Zophim“ *(n.l.)*
b „Elkana“ *(n.pr.m.)*
c „Penina“ *(n.pr.f.)*
d „Silo“ *(n.l.)*
e „Eli“ *(n.pr.m.)*
f „Hophni“ *(n.pr.m.)*
g „Pinehas“ *(n.pr.m.)*
h מָנָה *(Sg.)*: „Teil, Anteil“
i *hier:* „doppelt“
j סגר: „schließen, verschließen“
k כעס *Qal* „unmutig sein“; *Pi.* „zum Unmut reizen“; *Hi.* „kränken“
l כַּעַס: „Unmut, Kränkung“
m בַּעֲבוּר: „damit, um zu“
n רעם II *Hi. hier:* „kränken, zum Zorn reizen“
o מִדֵּי: „sooft“ (דַּי „Bedarf“ + מִן)
p מְזוּזָה: „Türpfosten“
q מַר: „verbittert“

6) Übersetzen Sie Ruth 4,1-11: Boas und Ruth

Die weisheitliche Lehrerzählung trägt ihren Namen nach der Heldin, der Moabiterin Ruth. Sie kehrt nach dem Tod ihres Mannes mit ihrer Schwiegermutter Naemi in deren Heimat Bethlehem zurück. Dort erweckt sie durch ihren Fleiß die Aufmerksamkeit von Boas. Sie heiraten und bekommen einen Sohn, Obed, den Großvater Davids.

1 וּבֹעַז עָלָה הַשַּׁעַר וַיֵּשֶׁב שָׁם וְהִנֵּה הַגֹּאֵל[a] עֹבֵר אֲשֶׁר דִּבֶּר־בֹּעַז
וַיֹּאמֶר סוּרָה שְׁבָה־פֹּה פְּלֹנִי אַלְמֹנִי[b] וַיָּסַר וַיֵּשֵׁב׃
2 וַיִּקַּח עֲשָׂרָה אֲנָשִׁים מִזִּקְנֵי הָעִיר וַיֹּאמֶר שְׁבוּ־פֹה וַיֵּשֵׁבוּ׃
3 וַיֹּאמֶר לַגֹּאֵל חֶלְקַת הַשָּׂדֶה אֲשֶׁר לְאָחִינוּ לֶאֱלִימֶלֶךְ[c] מָכְרָה[d]
נָעֳמִי הַשָּׁבָה מִשְּׂדֵה מוֹאָב׃
4 וַאֲנִי אָמַרְתִּי אֶגְלֶה אָזְנְךָ לֵאמֹר קְנֵה נֶגֶד הַיֹּשְׁבִים וְנֶגֶד זִקְנֵי
עַמִּי אִם־תִּגְאַל גְּאָל וְאִם־לֹא יִגְאַל הַגִּידָה לִּי וְאֵדַע כִּי
אֵין זוּלָתְךָ[e] לִגְאוֹל וְאָנֹכִי אַחֲרֶיךָ וַיֹּאמֶר אָנֹכִי אֶגְאָל׃
5 וַיֹּאמֶר בֹּעַז בְּיוֹם־קְנוֹתְךָ הַשָּׂדֶה מִיַּד נָעֳמִי וּמֵאֵת[f] רוּת
הַמּוֹאֲבִיָּה אֵשֶׁת־הַמֵּת קָנִיתָה לְהָקִים שֵׁם־הַמֵּת עַל־נַחֲלָתוֹ׃
6 וַיֹּאמֶר הַגֹּאֵל לֹא אוּכַל לִגְאוֹל פֶּן־אַשְׁחִית אֶת־נַחֲלָתִי גְּאַל־לְךָ
אַתָּה אֶת־גְּאֻלָּתִי[g] כִּי לֹא־אוּכַל לִגְאֹל׃
7 וְזֹאת לְפָנִים[h] בְּיִשְׂרָאֵל עַל־הַגְּאוּלָּה וְעַל־הַתְּמוּרָה[i] לְקַיֵּם[j] כָּל־
דָּבָר שָׁלַף[k] אִישׁ נַעֲלוֹ[l] וְנָתַן לְרֵעֵהוּ וְזֹאת הַתְּעוּדָה[m] בְּיִשְׂרָאֵל׃
8 וַיֹּאמֶר הַגֹּאֵל לְבֹעַז קְנֵה־לָךְ וַיִּשְׁלֹף נַעֲלוֹ׃
9 וַיֹּאמֶר בֹּעַז לַזְּקֵנִים וְכָל־הָעָם עֵדִים אַתֶּם הַיּוֹם כִּי קָנִיתִי
אֶת־כָּל־אֲשֶׁר לֶאֱלִימֶלֶךְ וְאֵת כָּל־אֲשֶׁר לְכִלְיוֹן וּמַחְלוֹן[n] מִיַּד
נָעֳמִי׃
10 וְגַם אֶת־רוּת הַמֹּאֲבִיָּה אֵשֶׁת מַחְלוֹן קָנִיתִי לִי לְאִשָּׁה לְהָקִים
שֵׁם־הַמֵּת עַל־נַחֲלָתוֹ וְלֹא־יִכָּרֵת שֵׁם־הַמֵּת מֵעִם אֶחָיו וּמִשַּׁעַר
מְקוֹמוֹ עֵדִים אַתֶּם הַיּוֹם׃
11 וַיֹּאמְרוּ כָּל־הָעָם אֲשֶׁר־בַּשַּׁעַר וְהַזְּקֵנִים עֵדִים יִתֵּן יְהוָה אֶת־
הָאִשָּׁה הַבָּאָה אֶל־בֵּיתֶךָ כְּרָחֵל וּכְלֵאָה אֲשֶׁר בָּנוּ שְׁתֵּיהֶם
אֶת־בֵּית יִשְׂרָאֵל וַעֲשֵׂה־חַיִל בְּאֶפְרָתָה וּקְרָא־שֵׁם בְּבֵית לָחֶם[o]׃

Erläuterungen:

a „der Löser“: Er war verpflichtet, als nächster Verwandter die Frau eines ohne Sohn verstorbenen Mannes zu heiraten, um dem Toten Nachkommen und somit Erben zu verschaffen *(„Leviratsehe“)*.

b „Du Soundso!“: Anrede bei Unkenntnis des Namens.

c „Elimelech“ *(n.pr.m.)*

d *Perf. declarativum:* „sie verkauft hiermit“

e „außer dir“

f *lies:* אֵת

g גְּאֻלָּה: „Rückkaufsrecht“

h „früher“

i תְּמוּרָה: „Tausch“

j קוּם *Pi.* „bestätigen“

k „ausziehen“

l נַעַל: „Sandale“

m „Bestätigung“

n „Kiljon und Machlon“ *(n.pr.m.)*

o „Bethlehem“ *(n.l.)*

7) Vokalisierungsübung. Vokalisieren und übersetzen Sie:

1	(Jos 6,3f.)	וסבתם את־העיר ... וביום השׁביעי תסבו את־העיר שׁבע פעמים
2	(Jdc 13,5)	והוא יחל להושׁיע את־ישׂראל מיד פלשׁתים:
3	(Ps 31,10)	חנני יהוה כי־צר לי

Lektion 26:
Doppelt schwache Verben; ungewöhnliche Verbformen; zur Verwendung der Tempora; „Hohle“ Wurzeln und Verba mediae geminatae im Vergleich; Parallelismus membrorum

1. Vokabeln

Verben:

- doppelt schwache Verben:

(יוֹדֶה)	ידה	*Hi.*	preisen, bekennen
(יוֹרֶה)	ירה	*Hi.*	unterweisen, belehren („Thora“)
(יִטֶּה)	נטה	*Qal*	ausstrecken, neigen
(יִנָּקֶה)	נקה	*Ni.*	unschuldig sein (נָקִי 18)

- Bisher gelernte Verben dieser Klasse:

נשׂא (21), נכה (25), נבא (21), אבה (18)

- weitere Verben:

אמל	*Pulal*	verwelken
גלל	*Qal*	rollen, wälzen
כול	*Qal*	erfassen
	Pilpel	versorgen
כרסם	*Pi.*	abfressen
מהה	*Hitpalel*	zögern
סחר	*Pealal*	heftig klopfen
רגל	*Tiph^{c}al*	gehen lehren (רֶגֶל 11)
שׁעע	*Pilpel*	spielen
תרגם/מְתֻרְגָּם	*Ptz. Pass.*	übersetzt („Targum“)

Weitere Vokabeln:

אֵיפָה	Epha *(Getreidemaß: ca. 22-45l)*
אֹכֶל	Speise, Nahrung (אכל 13)
אֶפֶס	Ende
דִּין	*Qal* Recht schaffen
חסה	*Qal* sich bergen, Zuflucht suchen
חֹשֶׁךְ	Finsternis

כלם	*Hi.* schmähen, beschämen
כשׁל	straucheln
לקט	*Qal/Pi.* sammeln, auflesen
מְעָרָה	Höhle
עתק	*Hi.* weiterziehen
פֹּעַל	Tat, Arbeit, Werk
צוּר	Fels
קֶשֶׁת	Bogen
רָעֵב	hungrig (רָעָב 7)
שֹׂבַע	Sättigung, Fülle
שְׂעֹרָה	Gerste
שְׁאוֹל	Scheol, Totenwelt
שְׁכֶם	Nacken, Schulter, Rücken
שׁלל	herausziehen
שָׁלֵם	vollständig (שׁלם 10)
תֵּבֵל	Erdkreis

Eigennamen:

עֹבַדְיָהוּ	Obadjahu *(n.pr.m.)*

2. Doppelt schwache Verben

Zu dieser Gruppe zählen Verben, die *gleichzeitig zwei Verbklassen* angehören:

- Verba primae Nun und Verba tertiae Aleph:

נבא	*Ni.*	prophetisch reden
	Hitp.	sich als Prophet gebärden
נשׂא	*Qal*	heben, aufheben
	Ni.	sich erheben
	Pi.	tragen
	Hi.	zu tragen geben

- Verba primae Nun und Verba tertiae infirmae:

נכה	*Hi.*	schlagen
	Ho.	geschlagen werden
נטה	*Qal*	ausstrecken, neigen
	Hi.	ausstrecken, ausbreiten, neigen
נקה	*Ni.*	unschuldig sein
	Pi.	für unschuldig erklären

- Verba primae Jod/Waw und Verba tertiae infirmae:

ידה	II	*Hi.*	preisen, bekennen
ירה	III	*Hi.*	unterweisen, lehren

- Verba primae Aleph und Verba tertiae infirmae:

אבה	*Qal*	wollen, willig sein

- Eckformen ausgewählter doppelt schwacher Verben:

	נבא		נשא	
	Nif^{c}al	Hitpa^{c}el	Qal	Nif^{c}al
3.Sg.m. Perf.	נִבָּא		נָשָׂא	נִשָּׂא
3.Sg.m. Impf.	יִנָּבֵא	יִתְנַבֵּא	יִשָּׂא	יִנָּשֵׂא
3.Sg.m. Jussiv				
3.Sg.m. Impf.cons.			וַיִּשָּׂא	
Imp. Sg.m.	הִנָּבֵא		נְשָׂא/שָׂא	הִנָּשֵׂא
Inf.cs.	הִנָּבֵא	הִתְנַבּוֹת	נְשֹׂא/שְׂאֵת	הִנָּשֵׂא
Inf.abs.			נָשֹׂא	
Ptz.	נִבָּא	מִתְנַבֵּא	נֹשֵׂא	נִשָּׂא

	נכה		נטה	
	Hif^{c}il	Hof^{c}al	Qal	Hif^{c}il
3.Sg.m. Perf.	הִכָּה	הֻכָּה	נָטָה	הִטָּה
3.Sg.m. Impf.	יַכֶּה		יִטֶּה	יַטֶּה
3.Sg.m. Jussiv	יַךְ		יֵט	יַט
3.Sg.m. Impf.cons.	וַיַּךְ		וַיֵּט	וַיַּט
Imp. Sg.m.	הַכֵּה/הַךְ		נְטֵה	הַטֵּה/הַט
Inf.cs.	הַכּוֹת		נְטוֹת	הַטּוֹת
Inf.abs.	הַכֵּה			
Ptz.	מַכֶּה	מֻכֶּה	נֹטֶה	מַטֶּה

	נקה		ידה	ירה	אבה
	Nif^{c}al	Pi^{c}el	Hif^{c}il	Hif^{c}il	Qal
3.Sg.m. Perf.	נִקָּה				אָבָה
3.Sg.m. Impf.	יִנָּקֶה	יְנַקֶּה	יוֹדֶה	יוֹרֶה	יֹאבֶה
3.Sg.m. Jussiv					
3.Sg.m. Impf.cons.					
Imp. Sg.m.					
Inf.cs.			הוֹדוֹת		
Inf.abs.	הִנָּקֵה	נַקֵּה			
Ptz.			מוֹדֶה	מוֹרֶה	

Bei den doppelt schwachen Verben bereiten vor allem die Formen mit *Apherese* bzw. *Apokopie*, d.h. Jussiv/Impf.cons./Imp./Inf.cs., Schwierigkeiten:

3.Sg.m. Jussiv Qal:	יֵט	(נטה)
3.Sg.m. Jussiv Hi.:	יַט	(נטה)
	יַךְ	(נכה)
3.Sg.m. Impf.cons. Qal:	וַיֵּט	(נטה)
3.Sg.m. Impf.cons. Hi.:	וַיַּט	(נטה)
	וַיַּךְ	(נכה)
Imp. Sg.m. Qal:	שָׂא	(נשׂא)
Imp. Sg.m. Hi.:	הַךְ	(נכה)
	הַט	(נטה)
Inf.cs. Qal:	שְׂאֵת	(נשׂא)

Bei ידה ist die Form יַדּוּ (3.Pl.m. Impf.Pi.; = יְיַדּוּ: Joel 4,3; Ob 11) zu beachten.

3. Ungewöhnliche Verbformen

- Bei den zweiradikaligen Wurzeln („Hohle" Wurzeln und Verba mediae geminatae) können sog. *reduplizierte Formen*, d.h. Formen mit wiederholten Radikalen, mit kurzen Vokalen begegnen:

כּוּל	„erfassen, versorgen":
כִּלְכֵּל	3.Sg.m. Perf. Pilpel
כִּלְכַּלְתִּי	1.Sg.com. Perf. Pilpel
יְכַלְכֵּל	3.Sg.m. Impf. Pilpel
כָּלְכְּלוּ	3.Pl.com. Perf. Polpal: „Sie sind versorgt worden [mit Lebensmitteln]" (I Reg 20,27)
שׁעע	„erfreuen, spielen":
שִׁעֲשַׁע	3.Sg.m. Perf. Pilpel
שִׁעֲשַׁעְתִּי	1.Sg.com. Perf. Pilpel
אֶשְׁתַּעֲשַׁע	1.Sg.com. Impf. Hitpalpel: „ich habe mich vergnügt"
גלל	„rollen, wälzen":
גִּלְגַּלְתִּיךָ	1.Sg.com. Perf. Pilpel + Suffix 2.Sg.m. (Jer 51,25)
הִתְגַּלְגָּלוּ	3.Pl.com. Perf. Hitpalpel: „sie haben sich gewälzt"

- Die Wortstämme mit vier Konsonanten gehören einer *sekundären Sprachbildung* an. Sie sind durch *Hinzufügung eines vierten Stammkonsonanten* gebildet:

רגל	„gehen lehren"
תִּרְגַּלְתִּי	1.Sg.com. Perf. Tiphᶜal: „ich habe gehen gelehrt" (Hos 11,3)

אמל „verwelken“
אֻמְלְלָה 3.Sg.f. Perf. Pulal

4. Zur Verwendung der Tempora

Im Biblisch-Hebräischen werden *zwei Zeitstufen* unterschieden:

- die abgeschlossene Zeitstufe
- die unabgeschlossene Zeitstufe

Zur *abgeschlossenen* Zeitstufe werden *Perfekt* und *Imperfekt consecutivum* gezählt, zur *unabgeschlossenen* Zeitstufe rechnet man *Imperfekt* und *Perfekt consecutivum*. Diese grundlegende Unterscheidung kann jedoch insofern durchbrochen werden, als Perfekt, Perfekt consecutivum, Imperfekt und Imperfekt consecutivum sowohl zum Ausdruck der abgeschlossenen Zeitstufe als auch zum Ausdruck der unabgeschlossenen Zeitstufe verwendet werden können.
Die folgende Übersicht mitsamt den Beispielen mag die Verwendung der Tempora verdeutlichen. In der Althebraistik ist dieses Kapitel in besonderer Weise umstritten, so dass ein Forschungskonsens noch in weiter Ferne liegt. *Opinio communis* besteht allerdings darin, dass die *Verwendung der Tempora im Biblisch-Hebräischen weit offener* ist als etwa in der deutschen Sprache.

	abgeschlossene Zeitstufe	unabgeschlossene Zeitstufe	
	Vergangenheit:	Gegenwart:	Zukunft:
Perfekt	- abgeschlossene Handlung - tempus historicum - Plusquamperfekt nach כִּי/אֲשֶׁר/כַּאֲשֶׁר	- in die Gegenwart hineinreichende Handlungen (bei „Eigenschaftsverben“ + ידע) - sich wiederholende und allgemein gültige Tatsachen	- bei Zusicherungen (oft mit „Gott“ als Subjekt) - „Perfekt propheticum“
Perfekt consecutivum	- andauernde oder wiederholte Handlungen (iterativ) in der Vergangenheit; nach Impf., Impf.cons., Perf., Inf., Ptz.	- andauernde oder wiederholte Handlungen (iterativ) in der Gegenwart; nach Impf., Ptz., Inf.abs.	- zukünftige Handlungen; nach Impf., Jussiv, Koh., Imp., Inf.

Imperfekt	- andauernde oder wiederholte Handlungen (iterativ) in der Vergangenheit; nach den Partikeln אָז „damals“, טֶרֶם „noch nicht“, בְּטֶרֶם „ehe“, עַד „bis“	- andauernde Handlungen in der Gegenwart (iterativ) - jederzeit wiederholbare Handlungen - formelhafte Ausdrücke	- künftig eintretende Handlungen - modale Verwendung des Imperfekts (Wunsch, Möglichkeit)
Imperfekt consecutivum	- Erzähltempus (Narrativ)	- in Anknüpfung an Tempora, die gegenwärtige oder noch in die Gegenwart hineinragende Handlungen beschreiben	- in Anknüpfung an Impf. und Perf.cons. in zukünftiger Bedeutung

- Perfekt:

Gen 3,13: „Was *hast* du nur *getan*!“ מַה־זֹּאת עָשִׂית

Gen 4,4: „Und Abel *brachte*...“ וְהֶבֶל הֵבִיא

Gen 2,2: וַיְכַל אֱלֹהִים בַּיּוֹם הַשְּׁבִיעִי מְלַאכְתּוֹ אֲשֶׁר עָשָׂה
„Und Gott vollendete am siebten Tag sein Werk, das er *gemacht hatte*.“

Jes 55,9: כִּי־גָבְהוּ שָׁמַיִם מֵאָרֶץ כֵּן גָּבְהוּ דְרָכַי מִדַּרְכֵיכֶם
„Denn so viel der Himmel *höher ist* als die Erde, so *sind* auch meine Wege *höher* als eure Wege...“

Gen 15,18: לְזַרְעֲךָ נָתַתִּי אֶת־הָאָרֶץ הַזֹּאת
„Deinen Nachkommen *werde* ich dieses Land *geben*.“

Jes 9,1: הָעָם הַהֹלְכִים בַּחֹשֶׁךְ רָאוּ אוֹר גָּדוֹל
„Das Volk, das in der Finsternis geht, *wird* ein großes Licht *sehen*.“

- Perfekt consecutivum und Imperfekt:

Gen 29,1-3:

1 וַיִּשָּׂא יַעֲקֹב רַגְלָיו וַיֵּלֶךְ אַרְצָה בְנֵי־קֶדֶם׃
2 וַיַּרְא וְהִנֵּה בְאֵר בַּשָּׂדֶה וְהִנֵּה־שָׁם שְׁלֹשָׁה
עֶדְרֵי־צֹאן רֹבְצִים עָלֶיהָ כִּי מִן־הַבְּאֵר הַהִוא
יַשְׁקוּ הָעֲדָרִים וְהָאֶבֶן גְּדֹלָה עַל־פִּי הַבְּאֵר׃
3 וְנֶאֶסְפוּ־שָׁמָּה כָל־הָעֲדָרִים וְגָלֲלוּ אֶת־הָאֶבֶן
מֵעַל פִּי הַבְּאֵר וְהִשְׁקוּ אֶת־הַצֹּאן וְהֵשִׁיבוּ
אֶת־הָאֶבֶן עַל־פִּי הַבְּאֵר לִמְקֹמָהּ׃

1 „Und Jakob machte sich auf den Weg und ging in das Land, das im Osten liegt,

2 und sah sich um, und siehe, da war ein Brunnen auf dem Feld; und siehe, drei Herden Kleintiere lagerten dort, denn von dem Brunnen *pflegten* sie die Herden *zu tränken*. Und ein großer Stein lag auf der Öffnung des Brunnens.

3 Und sie *pflegten* dort alle Herden *zu versammeln* und den Stein von der Öffnung des Brunnens *zu wälzen* und die Kleintiere *zu tränken*. Dann *legten sie wie üblich* den Stein auf die Öffnung des Brunnens an seinen Ort *zurück*."

Gen 2,6: וְאֵד יַעֲלֶה מִן־הָאָרֶץ וְהִשְׁקָה אֶת־כָּל־פְּנֵי הָאֲדָמָה׃

„Und Ed-Wasser *stieg ständig* aus der Erde und *tränkte so* die ganze Oberfläche des Bodens."

- Imperfekt consecutivum:

Gen 22,4: בַּיּוֹם הַשְּׁלִישִׁי וַיִּשָּׂא אַבְרָהָם אֶת־עֵינָיו וַיַּרְא אֶת־הַמָּקוֹם מֵרָחֹק׃

„Am dritten Tag *hob* Abraham seine Augen *auf* und *sah* die Stätte von ferne."

I Sam 2,6: יְהוָה מֵמִית וּמְחַיֶּה מוֹרִיד שְׁאוֹל וַיָּעַל׃

„Der Herr tötet und macht lebendig, *führt* hinab zu den Toten und *wieder herauf*."

5. „Hohle" Wurzeln, Verba primae Jod/Waw und Verba mediae geminatae im Vergleich

In diesen Verbklassen kommt es zu einer Reihe von *verwechselbaren Formen*. Dies wird mit Hilfe der Verben שׁוּב, ישׁב und סבב anhand ausgewählter Formen verdeutlicht:

	שׁוּב	סבב	ישׁב
3.Sg.m. Jussiv Qal	יָשֹׁב		
3.Sg.m. Impf./Jussiv Qal		יָסֹב	
Inf.abs. Qal			יָשֹׁב
Inf.abs. Qal	שֹׁב		
Imp. Sg.m. / Inf.cs. Qal		סֹב	
3.Sg.m. Impf.cons. Qal	וַיָּשָׁב	וַיָּסָב	
3.Sg.m. Impf.cons. Hi.	וַיָּשֶׁב	וַיָּסֶב	
3.Sg.m. Jussiv Hi.	יָשֵׁב		
3.Sg.m. Impf./Jussiv Hi.		יָסֵב	

Imp. Sg.m. / Inf.abs. Hi. *Imp. Sg.m. / Inf.abs./cs. Hi.*	הָשֵׁב	הָסֵב הָסֵב	
3.Sg.m. Perf. Ho.	הוּשַׁב	הוּסַב	הוּשַׁב
3.Sg.m. Impf. Ho.	יוּשַׁב	יוּסַב	יוּשַׁב

6. Der Parallelismus membrorum

Das wichtigste Kennzeichen der hebräischen Poesie ist der *Parallelismus membrorum.* Mit dieser Stilform bringt der Dichter eine Sache unter zwei Aspekten, also in zwei Versstichen zum Ausdruck. Dabei geht es nicht um die Definition eines Begriffes, sondern vielmehr um das Beschreiben und Nachzeichnen einer Sache.

Der *Parallelismus membrorum* ist kein alleiniges Kennzeichen der israelitischen Literatur, sondern in allen Kulturen des Vorderen Orients greifbar. Er läßt sich in folgende Untergruppen einteilen:

a) Der synonyme Parallelismus membrorum

Hier wird der Gedanke der ersten Reihe in der zweiten mit anderen, aber *gleichbedeutenden* Worten wiederholt.

Ps 2,3: נְנַתְּקָה אֶת־מוֹסְרוֹתֵימוֹ וְנַשְׁלִיכָה מִמֶּנּוּ עֲבוֹתֵימוֹ׃

b' a' b a

„Laßt uns ihre Seile abstreifen, laßt uns ihre Stricke von uns werfen!“

b) Der synthetische Parallelismus membrorum

Hier setzt die zweite Reihe den Gedanken der vorausgehenden fort oder fügt weitere Einzelheiten hinzu. Charakteristisch ist die Weiterführung des angeschlagenen Gedankens im Sinne einer *Steigerung*, *Generalisierung* oder *Spezialisierung.*

Ps 19,8: תּוֹרַת יְהוָה תְּמִימָה מְשִׁיבַת נָפֶשׁ

c b a

„Das Gesetz des Herrn ist vollkommen, es erquickt die Seele.“

c) Der antithetische Parallelismus membrorum

Hier wird die Aussage der ersten Reihe durch die zweite, *gegensätzliche* betont und erläutert. Charakteristisch ist die Selbständigkeit beider Reihen. Jede Reihe ist in sich verständlich.

Ps 1,6:	תֹּאבֵד׃	וְדֶרֶךְ רְשָׁעִים		דֶּרֶךְ צַדִּיקִים	יְהוָה	כִּי־יוֹדֵעַ
	e	d	↔	c	b	a

„Denn der Herr kennt den Weg der Gerechten,
aber der Weg der Gottlosen geht zugrunde."

d) Der stufenartige oder klimaktische Parallelismus membrorum

Hier nimmt die zweite Reihe das *Leitwort* der ersten noch einmal auf, um dann den Gedanken zu Ende zu führen.

Ps 29,1f.:						
	בְּנֵי אֵלִים	לַיהוָה	הָבוּ	c	b	a
	כָּבוֹד וָעֹז׃	לַיהוָה	הָבוּ	d	b	a
	כְּבוֹד שְׁמוֹ	לַיהוָה	הָבוּ	e	b	a
	בְּהַדְרַת קֹדֶשׁ׃	לַיהוָה	הִשְׁתַּחֲווּ	g	b	f

„Gebt dem Herrn, ihr Göttersöhne,
gebt dem Herrn Ehre und Ansehen,
gebt dem Herrn die Ehre seines Namens,
fallt vor dem Herrn nieder in heiligem Schmuck!"

e) Der Parallelismus versuum

Neben dem Parallelismus *membrorum*, d.h. der *Reihen*, gibt es auch einen solchen von zwei *Versen*, den Parallelismus *versuum*.

Ps 35,26a:	שְׂמֵחֵי רָעָתִי	יַחְדָּו	וְיַחְפְּרוּ	יֵבֹשׁוּ
	|		|	|
Ps 35,27a:	חֲפֵצֵי צִדְקִי		וְיִשְׂמְחוּ	יָרֹנּוּ

„Sie werden sich schämen und zuschanden werden –
die, die sich an meinem Unglück freuen;
sie werden jubeln und sich freuen –
die, die an meiner Gerechtigkeit Freude haben..."

7. Übungen

1) Konjugieren Sie mündlich folgende Verben:

נכה im Perf.Hi. נטה im Perf. Qal ידה im Impf.Hi.

2) Bestimmungsübungen zu den doppelt schwachen Verben:

1 שֶׁהִכָּה נָטִיתִי מוֹדִים יוֹרוּ הִכָּם נְטוּיָה הוֹדוּ וְיֹרֵם הִכִּיתוֹ לִנְטוֹת

2 אוֹדֶנּוּ לָשֵׂאת הִכֵּהוּ הַכֵּהוּ הֵיוֹדְךְ שָׂאֵהוּ הַכּוֹתִי תֵּט וּמִתְוַדֶּה נִשָּׂא

3 יַכֶּכָּה וְיֵט וַיֵּט וָאַט תַּט וַתֵּט וַתַּךְ יַטֶּךָּ נְשָׂאַתְנִי הֻכֵּיתִי

4 הִטַּתּוּ הֹדוֹת תֻּכּוּ הַטִּי יוֹדוּךָ נִבְאוּ אַכֶּנּוּ הַט וְהוֹרֵיתִיךָ

5 נִקֵּיתִי וַנַּךְ יַטֶּנּוּ הֹרֵנִי וּמַכֵּה נָטְתָה וַיֹּרֵנִי יְנַקֶּה

3) Vokalisierungsübungen zu den doppelt schwachen Verben:

1 הטו אודה הכום ויכו שׂא הנבא יאבו נקיתי נטו

4) Bestimmungsübungen zu Verben mit ungewöhnlicher Formbildung:

1 מְכַלְכֵּל הִתְגַּלְגָּלוּ יְכַרְסְמֶנָּה כַּלְכֵּל אֻמְלַל מְתֻרְגָּם לְכַלְכֶּלְךָ אֻמְלְלָה

2 מִתְמַהְמֵהַּ אֲכַלְכֵּל אֻמְלְלוּ הִתְמַהְמָהְנוּ וַיְכַלְכֵּל שַׁעֲשַׁעְתִּי לְהִתְמַהְמֵהַּ

3 וַיְכַלְכְּלֵם הִשְׁתַּעַשְׁעוּ וַיִּתְמַהְמָהּ יְכַלְכְּלוּךָ סְחַרְחַר

5) Bestimmungsübungen zu Verben, Nomina, Präpositionen, Partikeln:

1 קְחָה רַחְמָהּ וְרַחַמְךָ וְהִנָּם לֵךְ לָךְ לְךָ לְכָה נִקַּלָּה וְהִרְבֵּךְ

2 בְּקָרָב־ בְּקֶרֶב לָקַחְתִּי לְקַחְתָּהּ לְקָחָהּ וּתְהִי וַתְּהִי וְאֵינֶנּוּ בְּצִדְקָתְךָ

3 צִדְקֲךָ מַצְדִּיקִי שְׁנֵיהֶם שְׁנֵיהֶם עוֹדֶנּוּ בְּשִׁמְךָ אֲשִׁימְךָ רֹעִי רֹעֵי

4 רֹעֶה רֹעַי רֵעִי

6) Übersetzen Sie:

1 (Gen 12,8) וַיַּעְתֵּק מִשָּׁם הָהָרָה מִקֶּדֶם[a] לְבֵית־אֵל וַיֵּט אָהֳלֹה בֵּית־אֵל מִיָּם
וְהָעַי מִקֶּדֶם[a] וַיִּבֶן־שָׁם מִזְבֵּחַ לַיהוָה וַיִּקְרָא בְּשֵׁם יְהוָה׃

2 (Ex 2,12) וַיִּפֶן כֹּה וָכֹה וַיַּרְא כִּי אֵין אִישׁ וַיַּךְ אֶת־הַמִּצְרִי וַיִּטְמְנֵהוּ[b] בַּחוֹל׃

3 (Ex 4,15) וְדִבַּרְתָּ אֵלָיו וְשַׂמְתָּ אֶת־הַדְּבָרִים בְּפִיו וְאָנֹכִי אֶהְיֶה עִם־פִּיךָ וְעִם־פִּיהוּ וְהוֹרֵיתִי אֶתְכֶם אֵת אֲשֶׁר תַּעֲשׂוּן׃

4 (Ex 24,12) וַיֹּאמֶר יְהוָה אֶל־מֹשֶׁה עֲלֵה אֵלַי הָהָרָה וֶהְיֵה־שָׁם וְאֶתְּנָה לְךָ אֶת־לֻחֹת[c] הָאֶבֶן וְהַתּוֹרָה וְהַמִּצְוָה אֲשֶׁר כָּתַבְתִּי לְהוֹרֹתָם׃

5 (Jdc 9,48) וַיַּעַל אֲבִימֶלֶךְ הַר־צַלְמוֹן[d] הוּא וְכָל־הָעָם אֲשֶׁר־אִתּוֹ וַיִּקַּח אֲבִימֶלֶךְ אֶת־הַקַּרְדֻּמּוֹת[e] בְּיָדוֹ וַיִּכְרֹת שׂוֹכַת[f] עֵצִים וַיִּשָּׂאֶהָ וַיָּשֶׂם עַל שִׁכְמוֹ וַיֹּאמֶר אֶל־הָעָם אֲשֶׁר־עִמּוֹ מָה רְאִיתֶם עָשִׂיתִי מַהֲרוּ עֲשׂוּ כָמוֹנִי׃

6 (I Reg 18,4) וַיְהִי בְּהַכְרִית אִיזֶבֶל אֵת נְבִיאֵי יְהוָה וַיִּקַּח עֹבַדְיָהוּ מֵאָה נְבִאִים וַיַּחְבִּיאֵם חֲמִשִּׁים אִישׁ בַּמְּעָרָה וְכִלְכְּלָם לֶחֶם וָמָיִם׃

7 (Jer 25,29) כִּי הִנֵּה בָעִיר אֲשֶׁר נִקְרָא־שְׁמִי עָלֶיהָ אָנֹכִי מֵחֵל לְהָרַע וְאַתֶּם הִנָּקֵה תִנָּקוּ לֹא תִנָּקוּ כִּי חֶרֶב אֲנִי קֹרֵא עַל־כָּל־יֹשְׁבֵי הָאָרֶץ נְאֻם יְהוָה צְבָאוֹת׃

8 (Ps 17,6) אֲנִי־קְרָאתִיךָ כִי־תַעֲנֵנִי אֵל הַט אָזְנְךָ לִי שְׁמַע אִמְרָתִי[g]׃

9 (Ps 86,12) אוֹדְךָ אֲדֹנָי אֱלֹהַי בְּכָל־לְבָבִי וַאֲכַבְּדָה שִׁמְךָ לְעוֹלָם׃

10 (Ps 118,28) אֵלִי אַתָּה וְאוֹדֶךָּ אֱלֹהַי אֲרוֹמְמֶךָּ׃

11 (Ps 119,16) בְּחֻקֹּתֶיךָ אֶשְׁתַּעֲשָׁע לֹא אֶשְׁכַּח דְּבָרֶךָ׃

12 (Ps 119,47) וְאֶשְׁתַּעֲשַׁע בְּמִצְוֺתֶיךָ אֲשֶׁר אָהָבְתִּי׃

13 (Ps 119,70) טָפַשׁ[h] כַּחֵלֶב לִבָּם אֲנִי תּוֹרָתְךָ שִׁעֲשָׁעְתִּי׃

Erläuterungen:

a „östlich"
b טמן: „verscharren"
c לוּחַ: „Tafel, Brett"
d „Salmon" *(n.l.)*
e „Äxte"
f „Gebüsch" *(st.cs.)*
g „mein Wort"
h טפשׁ *hier:* „verstockt sein"

7) Übersetzen Sie Jona 3,1-10:

Das vier Kapitel umfassende Jonabuch ist eine Lehrerzählung zur Frage nach der Buße und Umkehr der großen und nichtisraelitischen Stadt Ninive.

1 וַיְהִי דְבַר־יְהוָה אֶל־יוֹנָה[a] שֵׁנִית לֵאמֹר׃
2 קוּם לֵךְ אֶל־נִינְוֵה[b] הָעִיר הַגְּדוֹלָה וּקְרָא[c] אֵלֶיהָ אֶת־הַקְּרִיאָה[d]
אֲשֶׁר אָנֹכִי דֹּבֵר אֵלֶיךָ׃
3 וַיָּקָם יוֹנָה וַיֵּלֶךְ אֶל־נִינְוֵה כִּדְבַר יְהוָה וְנִינְוֵה הָיְתָה עִיר־גְּדוֹלָה
לֵאלֹהִים מַהֲלַךְ[e] שְׁלֹשֶׁת יָמִים׃
4 וַיָּחֶל יוֹנָה לָבוֹא בָעִיר מַהֲלַךְ[e] יוֹם אֶחָד וַיִּקְרָא וַיֹּאמַר עוֹד
אַרְבָּעִים יוֹם וְנִינְוֵה נֶהְפָּכֶת׃
5 וַיַּאֲמִינוּ אַנְשֵׁי נִינְוֵה בֵּאלֹהִים וַיִּקְרְאוּ־צוֹם[f] וַיִּלְבְּשׁוּ[g] שַׂקִּים[h]
מִגְּדוֹלָם וְעַד־קְטַנָּם׃
6 וַיִּגַּע הַדָּבָר אֶל־מֶלֶךְ[i] נִינְוֵה וַיָּקָם מִכִּסְאוֹ וַיַּעֲבֵר אַדַּרְתּוֹ[j] מֵעָלָיו
וַיְכַס[k] שַׂק[h] וַיֵּשֶׁב עַל־הָאֵפֶר[l]׃
7 וַיַּזְעֵק וַיֹּאמֶר בְּנִינְוֵה מִטַּעַם[m] הַמֶּלֶךְ וּגְדֹלָיו לֵאמֹר הָאָדָם
וְהַבְּהֵמָה הַבָּקָר וְהַצֹּאן אַל־יִטְעֲמוּ[n] מְאוּמָה אַל־יִרְעוּ וּמַיִם
אַל־יִשְׁתּוּ׃
8 וְיִתְכַּסּוּ[k] שַׂקִּים[h] הָאָדָם וְהַבְּהֵמָה וְיִקְרְאוּ אֶל־אֱלֹהִים בְּחָזְקָה
וְיָשֻׁבוּ אִישׁ מִדַּרְכּוֹ הָרָעָה וּמִן־הֶחָמָס אֲשֶׁר בְּכַפֵּיהֶם׃
9 מִי־יוֹדֵעַ יָשׁוּב וְנִחַם הָאֱלֹהִים וְשָׁב מֵחֲרוֹן[o] אַפּוֹ וְלֹא נֹאבֵד׃
10 וַיַּרְא הָאֱלֹהִים אֶת־מַעֲשֵׂיהֶם כִּי־שָׁבוּ מִדַּרְכָּם הָרָעָה וַיִּנָּחֶם
הָאֱלֹהִים עַל־הָרָעָה אֲשֶׁר־דִּבֶּר לַעֲשׂוֹת־לָהֶם וְלֹא עָשָׂה׃

Erläuterungen:

a „Jona" (*n.pr.m.*)
b „Ninive" (*n.l.*)
c lies: וּקְרָא
d קְרִיאָה: „Verkündigung"
e מַהֲלָךְ: „Weg, Reise"
f צוֹם: „Fasten"
g לבשׁ: *Qal* „anziehen"
h שַׂק: „(sehr einfacher) Schurz"
i lies: מֶלֶךְ
j אַדֶּרֶת: „Mantel"
k כסה: *hier:* „sich in etwas hüllen"
l אֵפֶר: „Staub"
m טַעַם: „Edikt"
n טעם: „etwas kosten, genießen"
o חָרוֹן: „Glut"

8) Übersetzen Sie Ruth 2,11-18: Ruth und Boas

In Ruth 2,1-23 steht die Begegnung zwischen Ruth und Boas auf dem Gerstenfeld bei Bethlehem im Vordergrund. Das Gespräch zwischen Ruth und Boas in V.8-15a wird in V.4-7 und V.15b-16 von dem Gespräch zwischen Boas und den Erntenden umrahmt.

11 וַיַּעַן בֹּעַז וַיֹּאמֶר לָהּ הֻגֵּד הֻגַּד לִי כֹּל אֲשֶׁר־עָשִׂית אֶת־חֲמוֹתֵךְ[a]

אַחֲרֵי מוֹת אִישֵׁךְ וַתַּעַזְבִי אָבִיךְ וְאִמֵּךְ וְאֶרֶץ מוֹלַדְתֵּךְ[b] וַתֵּלְכִי
אֶל־עַם אֲשֶׁר לֹא־יָדַעַתְּ תְּמוֹל שִׁלְשׁוֹם[c]׃
12 יְשַׁלֵּם יְהוָה פָּעֳלֵךְ וּתְהִי מַשְׂכֻּרְתֵּךְ[d] שְׁלֵמָה מֵעִם יְהוָה אֱלֹהֵי
יִשְׂרָאֵל אֲשֶׁר־בָּאת לַחֲסוֹת תַּחַת־כְּנָפָיו׃
13 וַתֹּאמֶר אֶמְצָא־חֵן בְּעֵינֶיךָ אֲדֹנִי כִּי נִחַמְתָּנִי וְכִי דִבַּרְתָּ עַל־לֵב
שִׁפְחָתֶךָ וְאָנֹכִי לֹא אֶהְיֶה כְּאַחַת שִׁפְחֹתֶיךָ׃
14 וַיֹּאמֶר לָה בֹעַז לְעֵת הָאֹכֶל גֹּשִׁי הֲלֹם[e] וְאָכַלְתְּ מִן־הַלֶּחֶם
וְטָבַלְתְּ[f] פִּתֵּךְ[g] בַּחֹמֶץ[h] וַתֵּשֶׁב מִצַּד[i] הַקּוֹצְרִים וַיִּצְבָּט[j]־לָהּ קָלִי[k]
וַתֹּאכַל וַתִּשְׂבַּע וַתֹּתַר׃
15 וַתָּקָם לְלַקֵּט וַיְצַו בֹּעַז אֶת־נְעָרָיו לֵאמֹר גַּם בֵּין הָעֳמָרִים[l]
תְּלַקֵּט וְלֹא תַכְלִימוּהָ׃
16 וְגַם שֹׁל־תָּשֹׁלּוּ לָהּ מִן־הַצְּבָתִים[m] וַעֲזַבְתֶּם וְלִקְּטָה וְלֹא
תִגְעֲרוּ[n]־בָהּ׃
17 וַתְּלַקֵּט בַּשָּׂדֶה עַד־הָעָרֶב וַתַּחְבֹּט[o] אֵת אֲשֶׁר־לִקֵּטָה וַיְהִי כְּאֵיפָה
שְׂעֹרִים׃
18 וַתִּשָּׂא וַתָּבוֹא הָעִיר וַתֵּרֶא חֲמוֹתָהּ[a] אֵת אֲשֶׁר־לִקֵּטָה וַתּוֹצֵא
וַתִּתֶּן־לָהּ אֵת אֲשֶׁר־הוֹתִרָה מִשָּׂבְעָהּ׃

Erläuterungen:

a חָמוֹת: „Schwiegermutter“
b מוֹלֶדֶת: „Nachkommenschaft“
c תְּמוֹל שִׁלְשׁוֹם: „früher“
d מַשְׂכֹּרֶת: „Lohn“
e „hierher, hier“
f טבל: „eintauchen“
g פַּת: „Brocken, Bissen“
h חֹמֶץ: „Essig“
i צַד: „Seite“
j צבט: „reichen“
k קָלִי: „Röstkorn“
l עֹמֶר: „(abgeschnittene) Ähren“
m צֶבֶת: „Ährenbündel“
n גער: „schelten, bedrohen“
o חבט: „klopfen, ausklopfen“

9) Übersetzen Sie I Sam 2,1-10: Das Lied der Hanna

Das Lied der Hanna gehört zur Gattung der Hymnen. Mit diesem Lied, das Hanna in den Mund gelegt wird, wird die ganze darauf folgende Geschichte als Manifestation der Weisheit Gottes herausgestellt (V.2f.).

1 וַתִּתְפַּלֵּל חַנָּה וַתֹּאמַר עָלַץ[a] לִבִּי בַּיהוָה רָמָה קַרְנִי[b] בַּיהוָה
רָחַב[c] פִּי עַל־אוֹיְבַי כִּי שָׂמַחְתִּי בִּישׁוּעָתֶךָ׃
2 אֵין־קָדוֹשׁ כַּיהוָה כִּי אֵין בִּלְתֶּךָ[d] וְאֵין צוּר כֵּאלֹהֵינוּ׃
3 אַל־תַּרְבּוּ תְדַבְּרוּ גְּבֹהָה גְבֹהָה[e] יֵצֵא עָתָק[f] מִפִּיכֶם כִּי אֵל

דֵּעוֹת[g] יְהוָה וְלֹא[α] נִתְכְּנוּ[h] עֲלִלוֹת[i]׃

4 קֶשֶׁת גִּבֹּרִים חַתִּים[j] וְנִכְשָׁלִים אָזְרוּ[k] חָיִל׃

5 שְׂבֵעִים[l] בַּלֶּחֶם נִשְׂכָּרוּ[m] וּרְעֵבִים חָדֵלּוּ עַד־עֲקָרָה[n] יָלְדָה שִׁבְעָה
וְרַבַּת בָּנִים אֻמְלָלָה׃

6 יְהוָה מֵמִית וּמְחַיֶּה מוֹרִיד שְׁאוֹל וַיָּעַל׃

7 יְהוָה [o]מוֹרִישׁ וּמַעֲשִׁיר[o] מַשְׁפִּיל[p] אַף־מְרוֹמֵם׃

8 מֵקִים מֵעָפָר דָּל[q] מֵאַשְׁפֹּת[r] יָרִים אֶבְיוֹן[s] לְהוֹשִׁיב עִם־נְדִיבִים[t]
וְכִסֵּא כָבוֹד יַנְחִלֵם כִּי לַיהוָה מְצֻקֵי[u] אֶרֶץ וַיָּשֶׁת עֲלֵיהֶם תֵּבֵל׃

9 רַגְלֵי חֲסִידָו[v] יִשְׁמֹר וּרְשָׁעִים בַּחֹשֶׁךְ יִדָּמּוּ[w] כִּי־לֹא בְכֹחַ
יִגְבַּר־אִישׁ׃

10 יְהוָה יֵחַתּוּ מְרִיבָו[x] עָלָו[β] בַּשָּׁמַיִם יַרְעֵם[y] יְהוָה יָדִין אַפְסֵי־אָרֶץ
וְיִתֶּן־עֹז לְמַלְכּוֹ וְיָרֵם קֶרֶן מְשִׁיחוֹ׃ פ

Erläuterungen:

a עלץ *Qal* „frohlocken, sich freuen“
b קֶרֶן: „Horn“; *übertragen:* „Stärke“
c רחב *Qal* „sich öffnen“
d בִּלְתִּי: „außer, ohne“
e „Hohes“; *hier:* „Hochmütiges“
f „vorlaut, frech“
g דֵּעָה: „Wissen“
h תכן *Ni.* „geprüft werden“
i עֲלִילָה: „Tat, Handlung“
j חַת: „zerbrochen“
k אזר: „sich gürten“
l „Satte“
m שׂכר *Ni.* „sich um etwas bemühen“
n „unfruchtbar“
o ירשׁ *Hi.* hier: „arm machen“
עשׁר *Qal* „reich sein“
p שׁפל *Qal* „niedrig sein“
q „gering, hilflos“
r אַשְׁפֹּת: „Aschengrube“
s „arm, gering“
t נָדִיב: „der Edle“
u מָצוּק: „Säule“
v חָסִיד: „treu, fromm“
(Qere: חסידיו*)*
w דמם *Ni.* „umkommen“
x „seine Feinde“ *(Qere:* מריביו*)*
y רעם *Hi. hier:* „donnern lassen“
α *Qere:* ולו
β *Qere:* עליו

10) Übersetzen Sie Psalm 3: Jahwe als Schild des Beters

1 מִזְמוֹר[a] לְדָוִד בְּבָרְחוֹ מִפְּנֵי אַבְשָׁלוֹם[b] בְּנוֹ׃

2 יְהוָה מָה־רַבּוּ צָרָי רַבִּים קָמִים עָלָי׃

3 רַבִּים אֹמְרִים לְנַפְשִׁי אֵין יְשׁוּעָתָה לּוֹ בֵאלֹהִים סֶלָה[c]׃

4 וְאַתָּה יְהוָה מָגֵן[d] בַּעֲדִי[e] כְּבוֹדִי וּמֵרִים רֹאשִׁי׃

5 קוֹלִי אֶל־יְהוָה אֶקְרָא וַיַּעֲנֵנִי מֵהַר קָדְשׁוֹ סֶלָה[c]׃

6 אֲנִי שָׁכַבְתִּי וָאִישָׁנָה הֱקִיצוֹתִי[f] כִּי יְהוָה יִסְמְכֵנִי[g]׃

7 לֹא־אִירָא מֵרִבְבוֹת עָם אֲשֶׁר סָבִיב שָׁתוּ עָלָי׃
8 קוּמָה יְהוָה | הוֹשִׁיעֵנִי אֱלֹהַי
כִּי־הִכִּיתָ אֶת־כָּל־אֹיְבַי לֶחִי שִׁנֵּי[h] רְשָׁעִים שִׁבַּרְתָּ׃
9 לַיהוָה הַיְשׁוּעָה עַל־עַמְּךָ בִרְכָתֶךָ סֶּלָה׃

Erläuterungen:

a מִזְמוֹר: „Psalm“
b אַבְשָׁלוֹם: *n.pr.m.*
c kultischer Zwischenruf: bleibt unübersetzt
d מָגֵן: „(der) Schild“
e בַּעַד: „für, zugunsten von“
f קִיץ: *Hi.* „aufwachen“
g סמך: *Qal* „jmdn. stützen“
h שֵׁן: „Zahn“

Paradigmentabellen

I Präpositionen mit Suffixen (Lektion 7)

		לְ	בְּ	כְּ	מִן	אֵת/אֶת־	אֵת	עִם	אֶל־
Sg.	*1.com.*	לִי	בִּי	כָּמוֹנִי	מִמֶּנִּי	אִתִּי	אֹתִי	עִמִּי	אֵלַי
	2.m.	לְךָ	בְּךָ	כָּמוֹךָ	מִמְּךָ	אִתְּךָ	אֹתְךָ	עִמְּךָ	אֵלֶיךָ
	2.m. i.p.	לָךְ	בָּךְ		מִמֶּכָּה	אִתָּךְ	אֹתָךְ	עִמָּךְ	
	2.f.	לָךְ	בָּךְ		מִמֵּךְ	אִתָּךְ	אֹתָךְ	עִמָּךְ	אֵלַיִךְ
	3.m.	לוֹ	בּוֹ	כָּמוֹהוּ	מִמֶּנּוּ	אִתּוֹ	אֹתוֹ	עִמּוֹ	אֵלָיו
	3.f.	לָהּ	בָּהּ	כָּמוֹהָ	מִמֶּנָּה	אִתָּהּ	אֹתָהּ	עִמָּהּ	אֵלֶיהָ
Pl.	*1.com.*	לָנוּ	בָּנוּ	כָּמוֹנוּ	מִמֶּנּוּ	אִתָּנוּ	אֹתָנוּ	עִמָּנוּ	אֵלֵינוּ
	2.m.	לָכֶם	בָּכֶם	כָּכֶם	מִכֶּם	אִתְּכֶם	אֶתְכֶם	עִמָּכֶם	אֲלֵיכֶם
	2.f.								אֲלֵיכֶן
	3.m.	לָהֶם	בָּהֶם	כָּהֶם	מֵהֶם	אִתָּם	אֹתָם	עִמָּם	אֲלֵיהֶם
	3.f.	לָהֶן	בָּהֶן	כָּהֵנָּה	מֵהֵנָּה		אֶתְהֶן		אֲלֵיהֶן

		עַל	עַד	לִפְנֵי	אַחֲרֵי	בֵּין	תַּחַת
Sg.	*1.com.*	עָלַי	עָדַי	לְפָנַי	אַחֲרַי	בֵּינִי	תַּחְתַּי
	2.m.	עָלֶיךָ	עָדֶיךָ	לְפָנֶיךָ	אַחֲרֶיךָ	בֵּינְךָ	תַּחְתֶּיךָ
	2.m. i.p.					בֵּינֶךָ	
	2.f.	עָלַיִךְ			אַחֲרַיִךְ	בֵּינֵךְ	
	3.m.	עָלָיו	עָדָיו	לְפָנָיו	אַחֲרָיו	בֵּינוֹ	תַּחְתָּיו
	3.f.	עָלֶיהָ	עָדֶיהָ	לְפָנֶיהָ	אַחֲרֶיהָ		תַּחְתֶּיהָ
Pl.	*1.com.*	עָלֵינוּ		לְפָנֵינוּ	אַחֲרֵינוּ	בֵּינֵינוּ	תַּחְתֵּינוּ
	2.m.	עֲלֵיכֶם	עָדֵיכֶם	לִפְנֵיכֶם	אַחֲרֵיכֶם	בֵּינֵיכֶם	תַּחְתֵּיכֶם
	2.f.	עֲלֵיכֶן					
	3.m.	עֲלֵיהֶם		לִפְנֵיהֶם	אַחֲרֵיהֶם	בֵּינֵיהֶם	תַּחְתָּם/תַּחְתֵּיהֶם
	3.f.	עֲלֵיהֶן			אַחֲרֵיהֶן		תַּחְתֵּיהֶן

II Das selbständige Personalpronomen (Lektion 6)

	Kontextform:		Pausalform:		Übersetzung:
1.Sg.com.	אָנֹכִי	אֲנִי	אָנֹכִי	אָנִי	ich
2.Sg.m.	אַתָּה		אָתָּה		du *(m.)*
2.Sg.f.	אַתְּ		אָתְּ		du *(f.)*
3.Sg.m.	הוּא				er
3.Sg.f.	הִיא	(הִוא)			sie
1.Pl.com.	אֲנַחְנוּ	נַחְנוּ	אֲנָחְנוּ	נָחְנוּ	wir
2.Pl.m.	אַתֶּם				ihr *(m.)*
2.Pl.f.	אַתֵּן	אַתֵּנָה			ihr *(f.)*
3.Pl.m.	הֵם	הֵמָּה			sie *(m.)*
3.Pl.f.	הֵנָּה				sie *(f.)*

III/1 Das unveränderliche Nomen mit Suffixen (Lektion 7)

Maskulinum:		*Sg.*	*Pl.*	*Femininum:*		*Sg.*	*Pl.*
st.abs.		סוּס	סוּסִים	*st.abs.*		תּוֹרָה	תּוֹרוֹת
st.cs.		סוּס	סוּסֵי	*st.cs.*		תּוֹרַת	תּוֹרוֹת
Sg.	*1.com.*	סוּסִי	סוּסַי	*Sg.*	*1.com.*	תּוֹרָתִי	תּוֹרוֹתַי
	2.m.	סוּסְךָ	סוּסֶיךָ		*2.m.*	תּוֹרָתְךָ	תּוֹרוֹתֶיךָ
	2.f.	סוּסֵךְ	סוּסַיִךְ		*2.f.*	תּוֹרָתֵךְ	תּוֹרוֹתַיִךְ
	3.m.	סוּסוֹ	סוּסָיו		*3.m.*	תּוֹרָתוֹ	תּוֹרוֹתָיו
	3.f.	סוּסָהּ	סוּסֶיהָ		*3.f.*	תּוֹרָתָהּ	תּוֹרוֹתֶיהָ
Pl.	*1.com.*	סוּסֵנוּ	סוּסֵינוּ	*Pl.*	*1.com.*	תּוֹרָתֵנוּ	תּוֹרוֹתֵינוּ
	2.m.	סוּסְכֶם	סוּסֵיכֶם		*2.m.*	תּוֹרַתְכֶם	תּוֹרוֹתֵיכֶם
	2.f.	סוּסְכֶן	סוּסֵיכֶן		*2.f.*	תּוֹרַתְכֶן	תּוֹרוֹתֵיכֶן
	3.m.	סוּסָם	סוּסֵיהֶם		*3.m.*	תּוֹרָתָם	תּוֹרוֹתֵיהֶם
	3.f.	סוּסָן	סוּסֵיהֶן		*3.f.*	תּוֹרָתָן	תּוֹרוֹתֵיהֶן

III/2 Unregelmäßige Nomina (Lektion 8)

Sg. st.abs.	אָב	אָח	אָחוֹת	אִישׁ	אִשָּׁה	אָמָה	בַּיִת	בֵּן
Sg. st.cs.	אֲבִי	אֲחִי	אֲחוֹת	אִישׁ	אֵשֶׁת		בֵּית	בֶּן/בֶּן־
Suffix 1.Sg.com.	אָבִי	אָחִי	אֲחוֹתִי	אִישִׁי	אִשְׁתִּי	אֲמָתִי	בֵּיתִי	בְּנִי
Pl. st.abs.	אָבוֹת	אַחִים		אֲנָשִׁים	נָשִׁים	אֲמָהוֹת	בָּתִּים	בָּנִים
Pl. st.cs.	אֲבוֹת	אֲחֵי		אַנְשֵׁי	נְשֵׁי	אַמְהוֹת	בָּתֵּי	בְּנֵי
Suffix 1.Sg.com.	אֲבוֹתַי	אַחַי	אַחְיֹתַי	אֲנָשַׁי	נָשַׁי	אַמְהוֹתַי	בָּתֶּיךָ	בָּנַי

Sg. st.abs.	בַּת	יוֹם		עִיר	פֶּה	רֹאשׁ
Sg. st.cs.	בַּת	יוֹם		עִיר	פִּי	רֹאשׁ
Suffix 1.Sg.com.	בִּתִּי	יוֹמְךָ		עִירִי	פִּי	רֹאשִׁי
Pl. st.abs.	בָּנוֹת	יָמִים	מַיִם	עָרִים	פִּים	רָאשִׁים
Pl. st.cs.	בְּנוֹת	יְמֵי	מֵי/מֵימֵי	עָרֵי		רָאשֵׁי
Suffix 1.Sg.com.	בְּנוֹתַי	יָמַי	מֵימַי	עָרַי		רָאשָׁיו

III/3 Segolata (Lektionen 11-12)

a-Segolata					i-Segolata				
מֶלֶךְ König					סֵפֶר Buch				
	st.abs.	st.cs.	leichte Suffixe	schwere Suffixe		st.abs.	st.cs.	leichte Suffixe	schwere Suffixe
Sg.	מֶלֶךְ	מֶלֶךְ	מַלְכִּי	מַלְכְּכֶם	*Sg.*	סֵפֶר	סֵפֶר	סִפְרִי	סִפְרְכֶם
Pl.	מְלָכִים	מַלְכֵי	מְלָכַי	מַלְכֵיכֶם	*Pl.*	סְפָרִים	סִפְרֵי	סְפָרַי	סִפְרֵיכֶם

u-Segolata					Segolata mediae Waw				
קֹדֶשׁ Heiligtum					אָוֶן Schuld				
	st.abs.	st.cs.	leichte Suffixe	schwere Suffixe		st.abs.	st.cs.	leichte Suffixe	schwere Suffixe
Sg.	קֹדֶשׁ	קֹדֶשׁ	קָדְשִׁי	קָדְשְׁכֶם	*Sg.*	אָוֶן	אוֹן	אוֹנִי	אוֹנְכֶם
Pl.	קֳדָשִׁים	קָדְשֵׁי	קֳדָשַׁי	קָדְשֵׁיכֶם	*Pl.*	אוֹנִים	אוֹנֵי	אוֹנַי	אוֹנֵיכֶם

Segolata mediae Jod					Segolata tertiae Jod				
זַיִת Ölbaum					פְּרִי Frucht חֳלִי Krankheit				
	st.abs.	st.cs.	leichte Suffixe	schwere Suffixe		st.abs.	st.cs.	leichte Suffixe	schwere Suffixe
Sg.	זַיִת	זֵית	זֵיתִי	זֵיתְכֶם	*Sg.*	פְּרִי	פְּרִי	פִּרְיִי	פִּרְיְכֶם
Pl.	זֵיתִים	זֵיתֵי	זֵיתַי	זֵיתֵיכֶם	*Pl.*	חֳלָיִים	חָלְיֵי	חֳלָיַי	חָלְיֵיכֶם

III/4 Nomina mit zwei veränderlichen Vokalen (Lektion 13)

דָּבָר Wort, Sache					חָצֵר Vorhof				
	st.abs.	st.cs.	leichte Suffixe	schwere Suffixe		st.abs.	st.cs.	leichte Suffixe	schwere Suffixe
Sg.	דָּבָר	דְּבַר	דְּבָרִי	דְּבַרְכֶם	*Sg.*	חָצֵר	חֲצַר	חֲצֵרִי	
Pl.	דְּבָרִים	דִּבְרֵי	דְּבָרַי	דִּבְרֵיכֶם	*Pl.*	חֲצֵרִים	חַצְרֵי	חֲצֵרַי	חַצְרֵיכֶם

III/5 Nomina mit veränderlichem Vokal in der vorletzten Silbe (Lektion 17)

פָּקִיד Aufseher				
	st.abs.	st.cs.	leichte Suffixe	schwere Suffixe
Sg.	פָּקִיד	פְּקִיד	פְּקִידִי	פְּקִידְכֶם
Pl.	פְּקִידִים	פְּקִידֵי	פְּקִידַי	פְּקִידֵיכֶם

III/6 Nomina mit verdoppeltem Endkonsonanten (Lektion 14)

עַם Volk < *‘amm					עֵת Zeit < *‘itt				
	st.abs.	st.cs.	leichte Suffixe	schwere Suffixe		st.abs.	st.cs.	leichte Suffixe	schwere Suffixe
Sg.	עַם	עַם	עַמִּי	עַמָּם	*Sg.*	עֵת	עֵת	עִתּוֹ	עִתָּם
Pl.	עַמִּים	עַמֵּי	עַמֶּיךָ		*Pl.*	עִתִּים		עִתֶּיךָ	

חֹק Satzung < *ḥuqq				
	st.abs.	st.cs.	leichte Suffixe	schwere Suffixe
Sg.	חֹק	חֹק	חֻקִּי	חָקְכֶם
Pl.	חֻקִּים	חֻקֵּי	חֻקַּי	

mit drei Radikalen					mit Ersatzdehnung: a > ā				
גָּמָל Kamel					שַׂר Fürst				
	st.abs.	st.cs.	leichte Suffixe	schwere Suffixe		st.abs.	st.cs.	leichte Suffixe	schwere Suffixe
Sg.	גָּמָל	גְּמַל	גְּמַלִי	גְּמַלְכֶם	*Sg.*	שַׂר	שַׂר	שָׂרִי	שַׂרְכֶם*
Pl.	גְּמַלִּים	גְּמַלֵּי	גְּמַלַּי	גְּמַלֵּיכֶם	*Pl.*	שָׂרִים	שָׂרֵי	שָׂרַי	שָׂרֵיכֶם

* nur in Dan 10,21

III/7 Nomina mit veränderlichem Qamäṣ und Ṣere in der Endsilbe (Lektionen 15-16)

מִשְׁפָּט i-ā Recht, Gericht				
	st.abs.	st.cs.	leichte Suffixe	schwere Suffixe
Sg.	מִשְׁפָּט	מִשְׁפַּט	מִשְׁפָּטִי	מִשְׁפַּטְכֶם
Pl.	מִשְׁפָּטִים	מִשְׁפְּטֵי	מִשְׁפָּטַי	מִשְׁפְּטֵיכֶם

מַלְאָךְ a-ā Bote				
	st.abs.	st.cs.	leichte Suffixe	schwere Suffixe
Sg.	מַלְאָךְ	מַלְאַךְ	מַלְאָכִי	מַלְאַכְכֶם
Pl.	מַלְאָכִים	מַלְאֲכֵי	מַלְאָכַי	מַלְאֲכֵיכֶם

מִזְבֵּחַ i-ē Altar				
	st.abs.	st.cs.	leichte Suffixe	schwere Suffixe
Sg.	מִזְבֵּחַ	מִזְבַּח	מִזְבְּחִי	מִזְבַּחֲכֶם
Pl.	מִזְבְּחוֹת	מִזְבְּחוֹת	מִזְבְּחוֹתַי	מִזְבְּחוֹתֵיכֶם

III/8 Nomina auf הֶ < *tertiae Jod (Lektion 18)

מַעֲשֶׂה Tat, Werk				
	st.abs.	st.cs.	leichte Suffixe	schwere Suffixe
Sg.	מַעֲשֶׂה	מַעֲשֵׂה	מַעֲשִׂי	מַעַשְׂכֶם
Pl.	מַעֲשִׂים	מַעֲשֵׂי	מַעֲשַׂי	מַעֲשֵׂיכֶם

III/9 Feminine Nomina auf -īt und ūt (Lektion 19)

רֵאשִׁית Anfang				מַלְכוּת Königtum			
	st.abs.	st.cs.	leichte Suffixe		st.abs.	st.cs.	leichte Suffixe
Sg.	רֵאשִׁית	רֵאשִׁית	רֵאשִׁיתְךָ	*Sg.*	מַלְכוּת	מַלְכוּת	מַלְכוּתִי
Pl.				*Pl.*	מַלְכֻיּוֹת		עֵדוֹתָיו*

* Pl. zu עֵדוּת Mahnung, Gebot

III/10 Feminine Nomina mit veränderlichen Vokalen (Lektion 20)

צְדָקָה Gerechtigkeit				
	st.abs.	st.cs.	leichte Suffixe	schwere Suffixe
Sg.	צְדָקָה	צִדְקַת	צִדְקָתִי	צִדְקַתְכֶם
Pl.	צְדָקוֹת	צִדְקוֹת	צִדְקוֹתַי	צִדְקוֹתֵיכֶם

עֵצָה Rat				
	st.abs.	st.cs.	leichte Suffixe	schwere Suffixe
Sg.	עֵצָה	עֲצַת	עֲצָתִי	עֲצַתְכֶם
Pl.	עֵצוֹת	עֲצוֹת	עֲצוֹתַי	עֲצוֹתֵיכֶם

III/11 Feminine Nomina mit segolierter Endung (Lektion 21)

מִשְׁמֶרֶת Wache, Dienst				
	st.abs.	st.cs.	leichte Suffixe	schwere Suffixe
Sg.	מִשְׁמֶרֶת	מִשְׁמֶרֶת	מִשְׁמַרְתִּי	מִשְׁמַרְתְּכֶם
Pl.	מִשְׁמָרוֹת	מִשְׁמְרוֹת		מִשְׁמְרוֹתֵיכֶם

III/12 Feminine Nomina auf הָ von Segolata (Lektion 22)

מַלְכָּה Königin				
	st.abs.	st.cs.	leichte Suffixe	schwere Suffixe
Sg.	מַלְכָּה	מַלְכַּת	מַלְכָּתִי	מַלְכַּתְכֶם
Pl.	מְלָכוֹת	מַלְכוֹת	מַלְכוֹתַי	מַלְכוֹתֵיכֶם

III/13 Einsilbige Nomina mit veränderlichem Vokal (Lektion 23)

דָּם Blut					שֵׁם Name				
	st.abs.	st.cs.	leichte Suffixe	schwere Suffixe		st.abs.	st.cs.	leichte Suffixe	schwere Suffixe
Sg.	דָּם	דַּם	דָּמִי	דִּמְכֶם	*Sg.*	שֵׁם	שֵׁם	שְׁמִי	שִׁמְכֶם
Pl.	דָּמִים	דְּמֵי	דָּמַי	דְּמֵיכֶם	*Pl.*	שֵׁמוֹת	שְׁמוֹת	שְׁמוֹתַי	שְׁמוֹתֵיכֶם

IV/1 Starkes Verb (Lektionen 8-14)

			Qal I	II	Nif'al	Pi'el	Pu'al
Perfekt	Sg.	3. m.	כָּתַב	כָּבֵד	נִכְתַּב	כִּתֵּב	כֻּתַּב
		3. f.	כָּתְבָה	כָּבְדָה	נִכְתְּבָה	כִּתְּבָה	כֻּתְּבָה
		2. m.	כָּתַבְתָּ	כָּבַדְתָּ	נִכְתַּבְתָּ	כִּתַּבְתָּ	כֻּתַּבְתָּ
		2. f.	כָּתַבְתְּ	כָּבַדְתְּ	נִכְתַּבְתְּ	כִּתַּבְתְּ	כֻּתַּבְתְּ
		1. c.	כָּתַבְתִּי	כָּבַדְתִּי	נִכְתַּבְתִּי	כִּתַּבְתִּי	כֻּתַּבְתִּי
	Pl.	3. c.	כָּתְבוּ	כָּבְדוּ	נִכְתְּבוּ	כִּתְּבוּ	כֻּתְּבוּ
		2. m.	כְּתַבְתֶּם	כְּבַדְתֶּם	נִכְתַּבְתֶּם	כִּתַּבְתֶּם	כֻּתַּבְתֶּם
		2. f.	כְּתַבְתֶּן	כְּבַדְתֶּן	נִכְתַּבְתֶּן	כִּתַּבְתֶּן	כֻּתַּבְתֶּן
		1. c.	כָּתַבְנוּ	כָּבַדְנוּ	נִכְתַּבְנוּ	כִּתַּבְנוּ	כֻּתַּבְנוּ
Imperfekt	Sg.	3. m.	יִכְתֹּב	יִכְבַּד	יִכָּתֵב	יְכַתֵּב	יְכֻתַּב
		3. f.	תִּכְתֹּב	תִּכְבַּד	תִּכָּתֵב	תְּכַתֵּב	תְּכֻתַּב
		2. m.	תִּכְתֹּב	תִּכְבַּד	תִּכָּתֵב	תְּכַתֵּב	תְּכֻתַּב
		2. f.	תִּכְתְּבִי	תִּכְבְּדִי	תִּכָּתְבִי	תְּכַתְּבִי	תְּכֻתְּבִי
		1. c.	אֶכְתֹּב	אֶכְבַּד	אֶכָּתֵב	אֲכַתֵּב	אֲכֻתַּב
	Pl.	3. m.	יִכְתְּבוּ	יִכְבְּדוּ	יִכָּתְבוּ	יְכַתְּבוּ	יְכֻתְּבוּ
		3. f.	תִּכְתֹּבְנָה	תִּכְבַּדְנָה	תִּכָּתַבְנָה	תְּכַתֵּבְנָה	תְּכֻתַּבְנָה
		2. m.	תִּכְתְּבוּ	תִּכְבְּדוּ	תִּכָּתְבוּ	תְּכַתְּבוּ	תְּכֻתְּבוּ
		2. f.	תִּכְתֹּבְנָה	תִּכְבַּדְנָה	תִּכָּתַבְנָה	תְּכַתֵּבְנָה	תְּכֻתַּבְנָה
		1. c.	נִכְתֹּב	נִכְבַּד	נִכָּתֵב	נְכַתֵּב	נְכֻתַּב
Kohortativ	Sg.		אֶכְתְּבָה	אֶכְבְּדָה	אִכָּתְבָה	אֲכַתְּבָה	
Jussiv	Sg.	3. m.					
Waw-Imperfekt			וַיִּכְתֹּב	וַיִּכְבַּד	וַיִּכָּתֵב	וַיְכַתֵּב	וַיְכֻתַּב
Imperativ	Sg.	m.	כְּתֹב	כְּבַד	הִכָּתֵב	כַּתֵּב	
		f.	כִּתְבִי	כִּבְדִי	הִכָּתְבִי	כַּתְּבִי	
	Pl.	m.	כִּתְבוּ	כִּבְדוּ	הִכָּתְבוּ	כַּתְּבוּ	
		f.	כְּתֹבְנָה	כְּבַדְנָה	הִכָּתַבְנָה	כַּתֵּבְנָה	
Infinitiv	cs.		כְּתֹב	כְּבֹד	הִכָּתֵב	כַּתֵּב	
	abs.		כָּתוֹב	כָּבוֹד	הִכָּתֵב	כַּתֵּב	כֻּתֹּב
Partizip			כֹּתֵב / כָּתוּב	כָּבֵד	נִכְתָּב	מְכַתֵּב	מְכֻתָּב

			Hitpa'el	Hif'il	Hof'al
Perfekt	Sg.	3. m.	הִתְכַּתֵּב	הִכְתִּיב	הָכְתַּב
		3. f.	הִתְכַּתְּבָה	הִכְתִּיבָה	הָכְתְּבָה
		2. m.	הִתְכַּתַּבְתָּ	הִכְתַּבְתָּ	הָכְתַּבְתָּ
		2. f.	הִתְכַּתַּבְתְּ	הִכְתַּבְתְּ	הָכְתַּבְתְּ
		1. c.	הִתְכַּתַּבְתִּי	הִכְתַּבְתִּי	הָכְתַּבְתִּי
	Pl.	3. c.	הִתְכַּתְּבוּ	הִכְתִּיבוּ	הָכְתְּבוּ
		2. m.	הִתְכַּתַּבְתֶּם	הִכְתַּבְתֶּם	הָכְתַּבְתֶּם
		2. f.	הִתְכַּתַּבְתֶּן	הִכְתַּבְתֶּן	הָכְתַּבְתֶּן
		1. c.	הִתְכַּתַּבְנוּ	הִכְתַּבְנוּ	הָכְתַּבְנוּ
Imperfekt	Sg.	3. m.	יִתְכַּתֵּב	יַכְתִּיב	יָכְתַּב
		3. f.	תִּתְכַּתֵּב	תַּכְתִּיב	תָּכְתַּב
		2. m.	תִּתְכַּתֵּב	תַּכְתִּיב	תָּכְתַּב
		2. f.	תִּתְכַּתְּבִי	תַּכְתִּיבִי	תָּכְתְּבִי
		1. c.	אֶתְכַּתֵּב	אַכְתִּיב	אָכְתַּב
	Pl.	3. m.	יִתְכַּתְּבוּ	יַכְתִּיבוּ	יָכְתְּבוּ
		3. f.	תִּתְכַּתֵּבְנָה	תַּכְתֵּבְנָה	תָּכְתַּבְנָה
		2. m.	תִּתְכַּתְּבוּ	תַּכְתִּיבוּ	תָּכְתְּבוּ
		2. f.	תִּתְכַּתֵּבְנָה	תַּכְתֵּבְנָה	תָּכְתַּבְנָה
		1. c.	נִתְכַּתֵּב	נַכְתִּיב	נָכְתַּב
Kohortativ	Sg.		אֶתְכַּתְּבָה	אַכְתִּיבָה	
Jussiv	Sg.	3. m.		יַכְתֵּב	
Waw-Imperfekt			וַיִּתְכַּתֵּב	וַיַּכְתֵּב	וַיָּכְתַּב
Imperativ	Sg.	m.	הִתְכַּתֵּב	הַכְתֵּב	
		f.	הִתְכַּתְּבִי	הַכְתִּיבִי	
	Pl.	m.	הִתְכַּתְּבוּ	הַכְתִּיבוּ	
		f.	הִתְכַּתֵּבְנָה	הַכְתֵּבְנָה	
Infinitiv	cs.		הִתְכַּתֵּב	הַכְתִּיב	
	abs.		הִתְכַּתֵּב	הַכְתֵּב	הָכְתֵּב
Partizip			מִתְכַּתֵּב	מַכְתִּיב	מָכְתָּב

IV/2 Starkes Verb mit Suffixen (Lektionen 15-17)

			Qal		Nif'al	
			ohne Suffix	mit Suffix	ohne Suffix	mit Suffix
Perfekt	Sg.	3. m.	כָּתַב	כְּתָבַנִי		
		3. f.	כָּתְבָה	כְּתָבַתְנִי		
		2. m.	כָּתַבְתָּ	כְּתַבְתַּנִי		
		2. f.	כָּתַבְתְּ	כְּתַבְתִּינִי		
		1. c.	כָּתַבְתִּי	כְּתַבְתִּיךָ		
	Pl.	3. c.	כָּתְבוּ	כְּתָבוּנִי		
		2. m.	כְּתַבְתֶּם	כְּתַבְתּוּנִי		
		1. c.	כָּתַבְנוּ	כְּתַבְנוּךָ		
Imperfekt	Sg.	3. m.	יִכְתֹּב	יִכְתְּבֵנִי		
			יִשְׁמַע	יִשְׁמָעֵנִי		
	+ Nun energ.		יִכְתֹּב	יִכְתְּבֶנִּי		
			יִשְׁמַע	יִשְׁמָעֶנִּי		
	Pl.	3. m.	יִכְתְּבוּ	יִכְתְּבוּנִי		
			יִשְׁמְעוּ	יִשְׁמָעוּנִי		
Imperativ	Sg.	m.	כְּתֹב	כָּתְבֵנִי		
			שְׁמַע	שָׁמְעֵנִי		
	Pl.	m.	כִּתְבוּ	כִּתְבוּנִי		
			שִׁמְעוּ	שָׁמְעוּנִי		
Infinitiv	cs.		כְּתֹב		הִכָּתֵב	
				כָּתְבִי		הִכָּתְבִי
				כָּתְבֵנִי		
				כָּתְבְּךָ		הִכָּתֶבְךָ
				כְּתָבְךָ		
				כָּתְבֵךְ		הִכָּתְבֵךְ
				כָּתְבוֹ		הִכָּתְבוֹ
				כָּתְבָהּ		הִכָּתְבָהּ
				כָּתְבֵנוּ		הִכָּתְבֵנוּ
				כָּתְבְּכֶם		הִכָּתֶבְכֶם
				כָּתְבָם		הִכָּתְבָם

			Pi'el ohne Suffix	Pi'el mit Suffix	Hif'il ohne Suffix	Hif'il mit Suffix
Perfekt	Sg.	3. m.	כִּתֵּב	כִּתְּבַנִי	הִכְתִּיב	הִכְתִּיבַנִי
		3. f.	כִּתְּבָה	כִּתְּבַתְנִי	הִכְתִּיבָה	הִכְתִּיבַתְנִי
		2. m.	כִּתַּבְתָּ	כִּתַּבְתַּנִי	הִכְתַּבְתָּ	הִכְתַּבְתַּנִי
		2. f.	כִּתַּבְתְּ	כִּתַּבְתִּינִי	הִכְתַּבְתְּ	הִכְתַּבְתִּינִי
		1. c.	כִּתַּבְתִּי	כִּתַּבְתִּיךָ	הִכְתַּבְתִּי	הִכְתַּבְתִּיךָ
	Pl.	3. c.	כִּתְּבוּ	כִּתְּבוּנִי	הִכְתִּיבוּ	הִכְתִּיבוּנִי
		2. m.	כִּתַּבְתֶּם	כִּתַּבְתּוּנִי	הִכְתַּבְתֶּם	הִכְתַּבְתּוּנִי
		1. c.	כִּתַּבְנוּ	כִּתַּבְנוּךָ	הִכְתַּבְנוּ	הִכְתַּבְנוּךָ
Imperfekt	Sg.	3. m.	יְכַתֵּב	יְכַתְּבֵנִי	יַכְתִּיב	יַכְתִּיבֵנִי
	+ Nun energ.		יְכַתֵּב	יְכַתְּבֶנִּי	יַכְתִּיב	יַכְתִּיבֶנִּי
	Pl.	3. m.	יְכַתְּבוּ	יְכַתְּבוּנִי	יַכְתִּיבוּ	יַכְתִּיבוּנִי
Imperativ	Sg.	m.	כַּתֵּב	כַּתְּבֵנִי	הַכְתֵּב	הַכְתִּיבֵנִי
	Pl.	m.	כַּתְּבוּ	כַּתְּבוּנִי	הַכְתִּיבוּ	הַכְתִּיבוּנִי
Infinitiv	cs.		כַּתֵּב		הַכְתִּיב	
				כַּתְּבִי		הַכְתִּיבִי
				כַּתְּבֵנִי		הַכְתִּיבֵנִי
				כַּתֶּבְךָ		הַכְתִּיבְךָ
				כַּתְּבֵךְ		הַכְתִּיבֵךְ
				כַּתְּבוֹ		הַכְתִּיבוֹ
				כַּתְּבָהּ		הַכְתִּיבָהּ
				כַּתְּבֵנוּ		הַכְתִּיבֵנוּ
				כַּתֶּבְכֶם		הַכְתִּיבְכֶם
				כַּתְּבָם		הַכְתִּיבָם

IV/3 Verba primae laryngalis (Lektion 18)

			weiche Verbindung				
			Qal		Nif'al	Hif'il	Hof'al
Perfekt	Sg.	3. m.	עָבַד	חָזַק	נֶעֱבַד	הֶעֱבִיד	הָעֳבַד
		3. f.	עָבְדָה	חָזְקָה	נֶעֶבְדָה	הֶעֱבִידָה	הָעָבְדָה
		2. m.	עָבַדְתָּ	חָזַקְתָּ	נֶעֱבַדְתָּ	הֶעֱבַדְתָּ	הָעֳבַדְתָּ
		2. f.	עָבַדְתְּ	חָזַקְתְּ	נֶעֱבַדְתְּ	הֶעֱבַדְתְּ	הָעֳבַדְתְּ
		1. c.	עָבַדְתִּי	חָזַקְתִּי	נֶעֱבַדְתִּי	הֶעֱבַדְתִּי	הָעֳבַדְתִּי
	Pl.	3. c.	עָבְדוּ	חָזְקוּ	נֶעֶבְדוּ	הֶעֱבִידוּ	הָעָבְדוּ
		2. m.	עֲבַדְתֶּם	חֲזַקְתֶּם	נֶעֱבַדְתֶּם	הֶעֱבַדְתֶּם	הָעֳבַדְתֶּם
		2. f.	עֲבַדְתֶּן	חֲזַקְתֶּן	נֶעֱבַדְתֶּן	הֶעֱבַדְתֶּן	הָעֳבַדְתֶּן
		1. c.	עָבַדְנוּ	חָזַקְנוּ	נֶעֱבַדְנוּ	הֶעֱבַדְנוּ	הָעֳבַדְנוּ
Imperfekt	Sg.	3. m.	יַעֲבֹד	יֶחֱזַק	יֵעָבֵד	יַעֲבִיד	יָעֳבַד
		3. f.	תַּעֲבֹד	תֶּחֱזַק	תֵּעָבֵד	תַּעֲבִיד	תָּעֳבַד
		2. m.	תַּעֲבֹד	תֶּחֱזַק	תֵּעָבֵד	תַּעֲבִיד	תָּעֳבַד
		2. f.	תַּעַבְדִי	תֶּחֶזְקִי	תֵּעָבְדִי	תַּעֲבִידִי	תָּעָבְדִי
		1. c.	אֶעֱבֹד	אֶחֱזַק	אֵעָבֵד	אַעֲבִיד	אָעֳבַד
	Pl.	3. m.	יַעַבְדוּ	יֶחֶזְקוּ	יֵעָבְדוּ	יַעֲבִידוּ	יָעָבְדוּ
		3. f.	תַּעֲבֹדְנָה	תֶּחֱזַקְנָה	תֵּעָבַדְנָה	תַּעֲבֵדְנָה	תָּעֳבַדְנָה
		2. m.	תַּעַבְדוּ	תֶּחֶזְקוּ	תֵּעָבְדוּ	תַּעֲבִידוּ	תָּעָבְדוּ
		2. f.	תַּעֲבֹדְנָה	תֶּחֱזַקְנָה	תֵּעָבַדְנָה	תַּעֲבֵדְנָה	תָּעֳבַדְנָה
		1. c.	נַעֲבֹד	נֶחֱזַק	נֵעָבֵד	נַעֲבִיד	נָעֳבַד
Kohortativ	Sg.		אֶעֶבְדָה	אֶחֶזְקָה		אַעֲבִידָה	
Jussiv	Sg.	3. m.	יַעֲבֹד	יֶחֱזַק		יַעֲבֵד	
Waw-Imperfekt			וַיַּעֲבֹד	וַיֶּחֱזַק	וַיֵּעָבֵד	וַיַּעֲבֵד	
Imperativ	Sg.	m.	עֲבֹד / אֱסֹף	חֲזַק	הֵעָבֵד	הַעֲבֵד	
		f.	עִבְדִי	חִזְקִי	הֵעָבְדִי	הַעֲבִידִי	
	Pl.	m.	עִבְדוּ	חִזְקוּ	הֵעָבְדוּ	הַעֲבִידוּ	
		f.	עֲבֹדְנָה	חֲזַקְנָה	הֵעָבַדְנָה	הַעֲבֵדְנָה	
Infinitiv	cs.		עֲבֹד / אֱסֹף	חֲזֹק	הֵעָבֵד	הַעֲבִיד	
	mit ל		לַעֲבֹד / לֶאֱסֹף	לַחֲזֹק	לְהֵעָבֵד	לְהַעֲבִיד	
	abs.		עָבוֹד	חָזֹק	נַעֲבֹד	הַעֲבֵד	הָעֳבֵד
Partizip			עֹבֵד / אָסוּר	חָזֵק	נֶעֱבָד	מַעֲבִיד	מָעֳבָד

IV/4 Verba primae Aleph (Lektion 18)

			harte Verbindung Qal	Nif'al
Perfekt	Sg.	3. m.	חָשַׁב	נֶחְשַׁב
		3. f.	חָשְׁבָה	נֶחְשְׁבָה
		2. m.	חָשַׁבְתָּ	נֶחְשַׁבְתָּ
		2. f.	חָשַׁבְתְּ	נֶחְשַׁבְתְּ
		1. c.	חָשַׁבְתִּי	נֶחְשַׁבְתִּי
	Pl.	3. c.	חָשְׁבוּ	נֶחְשְׁבוּ
		2. m.	חֲשַׁבְתֶּם	נֶחְשַׁבְתֶּם
		2. f.	חֲשַׁבְתֶּן	נֶחְשַׁבְתֶּן
		1. c.	חָשַׁבְנוּ	נֶחְשַׁבְנוּ
Imperfekt	Sg.	3. m.	יַחְשֹׁב	יֵחָשֵׁב
		3. f.	תַּחְשֹׁב	תֵּחָשֵׁב
		2. m.	תַּחְשֹׁב	תֵּחָשֵׁב
		2. f.	תַּחְשְׁבִי	תֵּחָשְׁבִי
		1. c.	אֶחְשֹׁב	אֵחָשֵׁב
	Pl.	3. m.	יַחְשְׁבוּ	יֵחָשְׁבוּ
		3. f.	תַּחְשֹׁבְנָה	תֵּחָשַׁבְנָה
		2. m.	תַּחְשְׁבוּ	תֵּחָשְׁבוּ
		2. f.	תַּחְשֹׁבְנָה	תֵּחָשַׁבְנָה
		1. c.	נַחְשֹׁב	נֵחָשֵׁב
Kohortativ	Sg.			
Jussiv	Sg.	3. m.		
Waw-Imperfekt			וַיַּחְשֹׁב	וַיֵּחָשֵׁב
Imperativ	Sg.	m.	חֲשֹׁב	הֵחָשֵׁב
		f.	חִשְׁבִי	הֵחָשְׁבִי
	Pl.	m.	חִשְׁבוּ	הֵחָשְׁבוּ
		f.	חֲשֹׁבְנָה	הֵחָשַׁבְנָה
Infinitiv	cs.		חֲשֹׁב	הֵחָשֵׁב
	mit ל		לַחְשֹׁב	לְהֵחָשֵׁב
	abs.		חָשׁוֹב	נַחְשֹׁב
Partizip			חֹשֵׁב	נֶחְשָׁב

			Qal
Perfekt	Sg.	3. m.	אָמַר
		3. f.	אָמְרָה
		2. m.	אָמַרְתָּ
		2. f.	אָמַרְתְּ
		1. c.	אָמַרְתִּי
	Pl.	3. c.	אָמְרוּ
		2. m.	אֲמַרְתֶּם
		2. f.	אֲמַרְתֶּן
		1. c.	אָמַרְנוּ
Imperfekt	Sg.	3. m.	יֹאמַר
		3. f.	תֹּאמַר
		2. m.	תֹּאמַר
		2. f.	תֹּאמְרִי
		1. c.	אֹמַר
	Pl.	3. m.	יֹאמְרוּ
		3. f.	תֹּאמַרְנָה
		2. m.	תֹּאמְרוּ
		2. f.	תֹּאמַרְנָה
		1. c.	נֹאמַר
Kohortativ	Sg.		אֹמְרָה
Jussiv	Sg.	3. m.	יֹאמַר
Waw-Imperfekt			וַיֹּאמֶר וַיֹּאכַל
Imperativ	Sg.	m.	אֱמֹר
		f.	אִמְרִי
	Pl.	m.	אִמְרוּ
		f.	אֱמֹרְנָה
Infinitiv	cs.		אֱמֹר
	mit ל		לֵאמֹר
	abs.		אָמוֹר
Partizip			אֹמֵר אָמוּר

IV/5 Verba mediae laryngalis und mediae ר (Lektion 19)

					Ersatzdehnung		
			Qal	Nif‘al	Pi‘el	Pu‘al	Hitpa‘el
Perfekt	Sg.	3. m.	שָׁאַל	נִשְׁאַר	בֵּרַךְ	בֹּרַךְ	הִתְבָּרֵךְ
		3. f.	שָֽׁאֲלָה	נִשְׁאֲרָה	בֵּרְכָה	בֹּרְכָה	הִתְבָּֽרֲכָה
		2. m.	שָׁאַלְתָּ	נִשְׁאַרְתָּ	בֵּרַכְתָּ	בֹּרַכְתָּ	הִתְבָּרַכְתָּ
		2. f.	שָׁאַלְתְּ	נִשְׁאַרְתְּ	בֵּרַכְתְּ	בֹּרַכְתְּ	הִתְבָּרַכְתְּ
		1. c.	שָׁאַלְתִּי	נִשְׁאַרְתִּי	בֵּרַכְתִּי	בֹּרַכְתִּי	הִתְבָּרַכְתִּי
	Pl.	3. c.	שָֽׁאֲלוּ	נִשְׁאֲרוּ	בֵּרְכוּ	בֹּרְכוּ	הִתְבָּֽרֲכוּ
		2. m.	שְׁאַלְתֶּם	נִשְׁאַרְתֶּם	בֵּרַכְתֶּם	בֹּרַכְתֶּם	הִתְבָּרַכְתֶּם
		2. f.	שְׁאַלְתֶּן	נִשְׁאַרְתֶּן	בֵּרַכְתֶּן	בֹּרַכְתֶּן	הִתְבָּרַכְתֶּן
		1. c.	שָׁאַלְנוּ	נִשְׁאַרְנוּ	בֵּרַכְנוּ	בֹּרַכְנוּ	הִתְבָּרַכְנוּ
Imperfekt	Sg.	3. m.	יִשְׁאַל	יִשָּׁאֵר	יְבָרֵךְ	יְבֹרַךְ	יִתְבָּרֵךְ
		3. f.	תִּשְׁאַל	תִּשָּׁאֵר	תְּבָרֵךְ	תְּבֹרַךְ	תִּתְבָּרֵךְ
		2. m.	תִּשְׁאַל	תִּשָּׁאֵר	תְּבָרֵךְ	תְּבֹרַךְ	תִּתְבָּרֵךְ
		2. f.	תִּשְׁאֲלִי	תִּשָּֽׁאֲרִי	תְּבָֽרֲכִי	תְּבֹרְכִי	תִּתְבָּֽרֲכִי
		1. c.	אֶשְׁאַל	אֶשָּׁאֵר	אֲבָרֵךְ	אֲבֹרַךְ	אֶתְבָּרֵךְ
	Pl.	3. m.	יִשְׁאֲלוּ	יִשָּֽׁאֲרוּ	יְבָֽרֲכוּ	יְבֹרְכוּ	יִתְבָּֽרֲכוּ
		3. f.	תִּשְׁאַלְנָה	תִּשָּׁאַרְנָה	תְּבָרֵכְנָה	תְּבֹרַכְנָה	תִּתְבָּרֵכְנָה
		2. m.	תִּשְׁאֲלוּ	תִּשָּֽׁאֲרוּ	תְּבָֽרֲכוּ	תְּבֹרְכוּ	תִּתְבָּֽרֲכוּ
		2. f.	תִּשְׁאַלְנָה	תִּשָּׁאַרְנָה	תְּבָרֵכְנָה	תְּבֹרַכְנָה	תִּתְבָּרֵכְנָה
		1. c.	נִשְׁאַל	נִשָּׁאֵר	נְבָרֵךְ	נְבֹרַךְ	נִתְבָּרֵךְ
Kohortativ	Sg.		אֶשְׁאֲלָה	אֶשָּֽׁאֲרָה	אֲבָֽרֲכָה		אֶתְבָּֽרֲכָה
Jussiv	Sg.	3. m.					
Waw-Imperfekt			וַיִּשְׁאַל	וַיִּשָּׁאֵר	וַיְבָרֵךְ	וַיְבֹרַךְ	וַיִּתְבָּרֵךְ
Imperativ	Sg.	m.	שְׁאַל	הִשָּׁאֵר	בָּרֵךְ		הִתְבָּרֵךְ
		f.	שַׁאֲלִי	הִשָּֽׁאֲרִי	בָּֽרֲכִי		הִתְבָּֽרֲכִי
	Pl.	m.	שַׁאֲלוּ	הִשָּֽׁאֲרוּ	בָּֽרֲכוּ		הִתְבָּֽרֲכוּ
		f.	שְׁאַלְנָה	הִשָּׁאַרְנָה	בָּרֵכְנָה		הִתְבָּרֵכְנָה
Infinitiv	cs.		שְׁאֹל	הִשָּׁאֵר	בָּרֵךְ		הִתְבָּרֵךְ
	abs.		שָׁאוֹל	נִשְׁאֹר	בָּרֵךְ		הִתְבָּרֵךְ
Partizip			שֹׁאֵל / שָׁאוּל	נִשְׁאָר	מְבָרֵךְ	מְבֹרָךְ	מִתְבָּרֵךְ

			virt. Verdoppelung Pi‘el
Perfekt	Sg.	3. m.	מִהַר
		3. f.	מִהֲרָה
		2. m.	מִהַרְתָּ
		2. f.	מִהַרְתְּ
		1. c.	מִהַרְתִּי
	Pl.	3. c.	מִהֲרוּ
		2. m.	מִהַרְתֶּם
		2. f.	מִהַרְתֶּן
		1. c.	מִהַרְנוּ
Imperfekt	Sg.	3. m.	יְמַהֵר
		3. f.	תְּמַהֵר
		2. m.	תְּמַהֵר
		2. f.	תְּמַהֲרִי
		1. c.	אֲמַהֵר
	Pl.	3. m.	יְמַהֲרוּ
		3. f.	תְּמַהֵרְנָה
		2. m.	תְּמַהֲרוּ
		2. f.	תְּמַהֵרְנָה
		1. c.	נְמַהֵר
Kohortativ	Sg.		אֲמַהֲרָה
Jussiv	Sg.	3. m.	
Waw-Imperfekt			וַיְמַהֵר
Imperativ	Sg.	m.	מַהֵר
		f.	מַהֲרִי
	Pl.	m.	מַהֲרוּ
		f.	מַהֵרְנָה
Infinitiv	cs.		מַהֵר
	abs.		מַהֵר
Partizip			מְמַהֵר

IV/6 Verba tertiae laryngalis (Lektion 20)

			Qal	Nif'al	Pi'el	Pu'al	Hitpa'el
Perfekt	Sg.	3. m.	שָׁלַח	נִשְׁלַח	שִׁלַּח	שֻׁלַּח	הִשְׁתַּלַּח
		3. f.	שָׁלְחָה	נִשְׁלְחָה	שִׁלְּחָה	שֻׁלְּחָה	הִשְׁתַּלְּחָה
		2. m.	שָׁלַחְתָּ	נִשְׁלַחְתָּ	שִׁלַּחְתָּ	שֻׁלַּחְתָּ	הִשְׁתַּלַּחְתָּ
		2. f.	שָׁלַחַתְּ	נִשְׁלַחַתְּ	שִׁלַּחַתְּ	שֻׁלַּחַתְּ	הִשְׁתַּלַּחַתְּ
		1. c.	שָׁלַחְתִּי	נִשְׁלַחְתִּי	שִׁלַּחְתִּי	שֻׁלַּחְתִּי	הִשְׁתַּלַּחְתִּי
	Pl.	3. c.	שָׁלְחוּ	נִשְׁלְחוּ	שִׁלְּחוּ	שֻׁלְּחוּ	הִשְׁתַּלְּחוּ
		2. m.	שְׁלַחְתֶּם	נִשְׁלַחְתֶּם	שִׁלַּחְתֶּם	שֻׁלַּחְתֶּם	הִשְׁתַּלַּחְתֶּם
		2. f.	שְׁלַחְתֶּן	נִשְׁלַחְתֶּן	שִׁלַּחְתֶּן	שֻׁלַּחְתֶּן	הִשְׁתַּלַּחְתֶּן
		1. c.	שָׁלַחְנוּ	נִשְׁלַחְנוּ	שִׁלַּחְנוּ	שֻׁלַּחְנוּ	הִשְׁתַּלַּחְנוּ
Imperfekt	Sg.	3. m.	יִשְׁלַח	יִשָּׁלַח	יְשַׁלַּח	יְשֻׁלַּח	יִשְׁתַּלַּח
		3. f.	תִּשְׁלַח	תִּשָּׁלַח	תְּשַׁלַּח	תְּשֻׁלַּח	תִּשְׁתַּלַּח
		2. m.	תִּשְׁלַח	תִּשָּׁלַח	תְּשַׁלַּח	תְּשֻׁלַּח	תִּשְׁתַּלַּח
		2. f.	תִּשְׁלְחִי	תִּשָּׁלְחִי	תְּשַׁלְּחִי	תְּשֻׁלְּחִי	תִּשְׁתַּלְּחִי
		1. c.	אֶשְׁלַח	אֶשָּׁלַח	אֲשַׁלַּח	אֲשֻׁלַּח	אֶשְׁתַּלַּח
	Pl.	3. m.	יִשְׁלְחוּ	יִשָּׁלְחוּ	יְשַׁלְּחוּ	יְשֻׁלְּחוּ	יִשְׁתַּלְּחוּ
		3. f.	תִּשְׁלַחְנָה	תִּשָּׁלַחְנָה	תְּשַׁלַּחְנָה	תְּשֻׁלַּחְנָה	תִּשְׁתַּלַּחְנָה
		2. m.	תִּשְׁלְחוּ	תִּשָּׁלְחוּ	תְּשַׁלְּחוּ	תְּשֻׁלְּחוּ	תִּשְׁתַּלְּחוּ
		2. f.	תִּשְׁלַחְנָה	תִּשָּׁלַחְנָה	תְּשַׁלַּחְנָה	תְּשֻׁלַּחְנָה	תִּשְׁתַּלַּחְנָה
		1. c.	נִשְׁלַח	נִשָּׁלַח	נְשַׁלַּח	נְשֻׁלַּח	נִשְׁתַּלַּח
Kohortativ	Sg.		אֶשְׁלְחָה	אֶשָּׁלְחָה	אֲשַׁלְּחָה		אֶשְׁתַּלְּחָה
Jussiv	Sg.	3. m.					
Waw-Imperfekt			וַיִּשְׁלַח	וַיִּשָּׁלַח	וַיְשַׁלַּח	וַיְשֻׁלַּח	וַיִּשְׁתַּלַּח
Imperativ	Sg.	m.	שְׁלַח	הִשָּׁלַח	שַׁלַּח		הִשְׁתַּלַּח
		f.	שִׁלְחִי	הִשָּׁלְחִי	שַׁלְּחִי		הִשְׁתַּלְּחִי
	Pl.	m.	שִׁלְחוּ	הִשָּׁלְחוּ	שַׁלְּחוּ		הִשְׁתַּלְּחוּ
		f.	שְׁלַחְנָה	הִשָּׁלַחְנָה	שַׁלַּחְנָה		הִשְׁתַּלַּחְנָה
Infinitiv	cs.		שְׁלֹחַ	הִשָּׁלַח	שַׁלַּח		הִשְׁתַּלַּח
	abs.		שָׁלוֹחַ	נִשְׁלוֹחַ	שַׁלֵּחַ		הִשְׁתַּלֵּחַ
Partizip			שֹׁלֵחַ / שָׁלוּחַ	נִשְׁלָח	מְשַׁלֵּחַ	מְשֻׁלָּח	מִשְׁתַּלֵּחַ

			Hif'il	Hof'al
Perfekt	Sg.	3. m.	הִשְׁלִיחַ	הָשְׁלַח
		3. f.	הִשְׁלִיחָה	הָשְׁלְחָה
		2. m.	הִשְׁלַחְתָּ	הָשְׁלַחְתָּ
		2. f.	הִשְׁלַחַתְּ	הָשְׁלַחַתְּ
		1. c.	הִשְׁלַחְתִּי	הָשְׁלַחְתִּי
	Pl.	3. c.	הִשְׁלִיחוּ	הָשְׁלְחוּ
		2. m.	הִשְׁלַחְתֶּם	הָשְׁלַחְתֶּם
		2. f.	הִשְׁלַחְתֶּן	הָשְׁלַחְתֶּן
		1. c.	הִשְׁלַחְנוּ	הָשְׁלַחְנוּ
Imperfekt	Sg.	3. m.	יַשְׁלִיחַ	יָשְׁלַח
		3. f.	תַּשְׁלִיחַ	תָּשְׁלַח
		2. m.	תַּשְׁלִיחַ	תָּשְׁלַח
		2. f.	תַּשְׁלִיחִי	תָּשְׁלְחִי
		1. c.	אַשְׁלִיחַ	אָשְׁלַח
	Pl.	3. m.	יַשְׁלִיחוּ	יָשְׁלְחוּ
		3. f.	תַּשְׁלַחְנָה	תָּשְׁלַחְנָה
		2. m.	תַּשְׁלִיחוּ	תָּשְׁלְחוּ
		2. f.	תַּשְׁלַחְנָה	תָּשְׁלַחְנָה
		1. c.	נַשְׁלִיחַ	נָשְׁלַח
Kohortativ	Sg.		אַשְׁלִיחָה	
Jussiv	Sg.	3. m.	יַשְׁלַח	
Waw-Imperfekt				
Imperativ	Sg.	m.	הַשְׁלַח	
		f.	הַשְׁלִיחִי	
	Pl.	m.	הַשְׁלִיחוּ	
		f.	הַשְׁלַחְנָה	
Infinitiv	cs.		הַשְׁלִיחַ	הָשְׁלַח
	abs.		הַשְׁלֵחַ	הָשְׁלֵחַ
Partizip			מַשְׁלִיחַ	מָשְׁלָח

IV/7 Verba tertiae Aleph (Lektion 20)

			Qal		Nif‘al	Pi‘el	Pu‘al
Perfekt	Sg.	3. m.	מָצָא	מָלֵא	נִמְצָא	מִצֵּא	מֻצָּא
		3. f.	מָצְאָה	מָלְאָה	נִמְצְאָה	מִצְּאָה	מֻצְּאָה
		2. m.	מָצָאתָ	מָלֵאתָ	נִמְצֵאתָ	מִצֵּאתָ	מֻצֵּאתָ
		2. f.	מָצָאת	מָלֵאת	נִמְצֵאת	מִצֵּאת	מֻצֵּאת
		1. c.	מָצָאתִי	מָלֵאתִי	נִמְצֵאתִי	מִצֵּאתִי	מֻצֵּאתִי
	Pl.	3. c.	מָצְאוּ	מָלְאוּ	נִמְצְאוּ	מִצְּאוּ	מֻצְּאוּ
		2. m.	מְצָאתֶם	מְלֵאתֶם	נִמְצֵאתֶם	מִצֵּאתֶם	מֻצֵּאתֶם
		2. f.	מְצָאתֶן	מְלֵאתֶן	נִמְצֵאתֶן	מִצֵּאתֶן	מֻצֵּאתֶן
		1. c.	מָצָאנוּ	מָלֵאנוּ	נִמְצֵאנוּ	מִצֵּאנוּ	מֻצֵּאנוּ
Imperfekt	Sg.	3. m.	יִמְצָא	יִמְלָא	יִמָּצֵא	יְמַצֵּא	יְמֻצָּא
		3. f.	תִּמְצָא	תִּמְלָא	תִּמָּצֵא	תְּמַצֵּא	תְּמֻצָּא
		2. m.	תִּמְצָא	תִּמְלָא	תִּמָּצֵא	תְּמַצֵּא	תְּמֻצָּא
		2. f.	תִּמְצְאִי	תִּמְלְאִי	תִּמָּצְאִי	תְּמַצְּאִי	תְּמֻצְּאִי
		1. c.	אֶמְצָא	אֶמְלָא	אֶמָּצֵא	אֲמַצֵּא	אֲמֻצָּא
	Pl.	3. m.	יִמְצְאוּ	יִמְלְאוּ	יִמָּצְאוּ	יְמַצְּאוּ	יְמֻצְּאוּ
		3. f.	תִּמְצֶאנָה	תִּמְלֶאנָה	תִּמָּצֶאנָה	תְּמַצֶּאנָה	תְּמֻצֶּאנָה
		2. m.	תִּמְצְאוּ	תִּמְלְאוּ	תִּמָּצְאוּ	תְּמַצְּאוּ	תְּמֻצְּאוּ
		2. f.	תִּמְצֶאנָה	תִּמְלֶאנָה	תִּמָּצֶאנָה	תְּמַצֶּאנָה	תְּמֻצֶּאנָה
		1. c.	נִמְצָא	נִמְלָא	נִמָּצֵא	נְמַצֵּא	נְמֻצָּא
Kohortativ	Sg.		אֶמְצְאָה	אֶמְלְאָה	אֶמָּצְאָה	אֲמַצְּאָה	
Jussiv	Sg.	3. m.					
Waw-Imperfekt			וַיִּמְצָא	וַיִּמְלָא	וַיִּמָּצֵא	וַיְמַצֵּא	
Imperativ	Sg.	m.	מְצָא	מְלָא	הִמָּצֵא	מַצֵּא	
		f.	מִצְאִי	מִלְאִי	הִמָּצְאִי	מַצְּאִי	
	Pl.	m.	מִצְאוּ	מִלְאוּ	הִמָּצְאוּ	מַצְּאוּ	
		f.	מְצֶאנָה	מְלֶאנָה	הִמָּצֶאנָה	מַצֶּאנָה	
Infinitiv	cs.		מְצֹא	מְלֹאת	הִמָּצֵא	מַצֵּא	
	abs.		מָצוֹא	מָלוֹא	נִמְצֹא	מַצֹּא	
Partizip			מֹצֵא / מָצוּא	מָלֵא	נִמְצָא	מְמַצֵּא	מְמֻצָּא

			Hitpa‘el	Hif‘il	Hof‘al
Perfekt	Sg.	3. m.	הִתְמַצֵּא	הִמְצִיא	הֻמְצָא
		3. f.	הִתְמַצְּאָה	הִמְצִיאָה	הֻמְצְאָה
		2. m.	הִתְמַצֵּאתָ	הִמְצֵאתָ	הֻמְצֵאתָ
		2. f.	הִתְמַצֵּאת	הִמְצֵאת	הֻמְצֵאת
		1. c.	הִתְמַצֵּאתִי	הִמְצֵאתִי	הֻמְצֵאתִי
	Pl.	3. c.	הִתְמַצְּאוּ	הִמְצִיאוּ	הֻמְצְאוּ
		2. m.	הִתְמַצֵּאתֶם	הִמְצֵאתֶם	הֻמְצֵאתֶם
		2. f.	הִתְמַצֵּאתֶן	הִמְצֵאתֶן	הֻמְצֵאתֶן
		1. c.	הִתְמַצֵּאנוּ	הִמְצֵאנוּ	הֻמְצֵאנוּ
Imperfekt	Sg.	3. m.	יִתְמַצֵּא	יַמְצִיא	יֻמְצָא
		3. f.	תִּתְמַצֵּא	תַּמְצִיא	תֻּמְצָא
		2. m.	תִּתְמַצֵּא	תַּמְצִיא	תֻּמְצָא
		2. f.	תִּתְמַצְּאִי	תַּמְצִיאִי	תֻּמְצְאִי
		1. c.	אֶתְמַצֵּא	אַמְצִיא	אֻמְצָא
	Pl.	3. m.	יִתְמַצְּאוּ	יַמְצִיאוּ	יֻמְצְאוּ
		3. f.	תִּתְמַצֶּאנָה	תַּמְצֶאנָה	תֻּמְצֶאנָה
		2. m.	תִּתְמַצְּאוּ	תַּמְצִיאוּ	תֻּמְצְאוּ
		2. f.	תִּתְמַצֶּאנָה	תַּמְצֶאנָה	תֻּמְצֶאנָה
		1. c.	נִתְמַצֵּא	נַמְצִיא	נֻמְצָא
Kohortativ	Sg.		אֶתְמַצְּאָה	אַמְצִיאָה	
Jussiv	Sg.	3. m.		יַמְצֵא	
Waw-Imperfekt			וַיִּתְמַצֵּא	וַיַּמְצֵא	
Imperativ	Sg.	m.	הִתְמַצֵּא	הַמְצֵא	
		f.	הִתְמַצְּאִי	הַמְצִיאִי	
	Pl.	m.	הִתְמַצְּאוּ	הַמְצִיאוּ	
		f.	הִתְמַצֶּאנָה	הַמְצֶאנָה	
Infinitiv	cs.		הִתְמַצֵּא	הַמְצִיא	
	abs.			הַמְצֵא	
Partizip			מִתְמַצֵּא	מַמְצִיא	מֻמְצָא

IV/8 Verba primae Nun (Lektion 21)

			Qal			Nif'al	Hif'il
Perfekt	Sg.	3. m.	נָפַל	נָגַשׁ	נָתַן	נִגַּשׁ	הִגִּישׁ
		3. f.	נָֽפְלָה	נָֽגְשָׁה	נָֽתְנָה	נִגְּשָׁה	הִגִּישָׁה
		2. m.	נָפַלְתָּ	נָגַשְׁתָּ	נָתַתָּ(ה)	נִגַּשְׁתָּ	הִגַּשְׁתָּ
		2. f.	נָפַלְתְּ	נָגַשְׁתְּ	נָתַתְּ	נִגַּשְׁתְּ	הִגַּשְׁתְּ
		1. c.	נָפַלְתִּי	נָגַשְׁתִּי	נָתַתִּי	נִגַּשְׁתִּי	הִגַּשְׁתִּי
	Pl.	3. c.	נָֽפְלוּ	נָֽגְשׁוּ	נָֽתְנוּ	נִגְּשׁוּ	הִגִּישׁוּ
		2. m.	נְפַלְתֶּם	נְגַשְׁתֶּם	נְתַתֶּם	נִגַּשְׁתֶּם	הִגַּשְׁתֶּם
		2. f.	נְפַלְתֶּן	נְגַשְׁתֶּן	נְתַתֶּן	נִגַּשְׁתֶּן	הִגַּשְׁתֶּן
		1. c.	נָפַלְנוּ	נָגַשְׁנוּ	נָתַנּוּ	נִגַּשְׁנוּ	הִגַּשְׁנוּ
Imperfekt	Sg.	3. m.	יִפֹּל	יִגַּשׁ	יִתֵּן	יִנָּגֵשׁ	יַגִּישׁ
		3. f.	תִּפֹּל	תִּגַּשׁ	תִּתֵּן	תִּנָּגֵשׁ	תַּגִּישׁ
		2. m.	תִּפֹּל	תִּגַּשׁ	תִּתֵּן	תִּנָּגֵשׁ	תַּגִּישׁ
		2. f.	תִּפְּלִי	תִּגְּשִׁי	תִּתְּנִי	תִּנָּֽגְשִׁי	תַּגִּישִׁי
		1. c.	אֶפֹּל	אֶגַּשׁ	אֶתֵּן	אֶנָּגֵשׁ	אַגִּישׁ
	Pl.	3. m.	יִפְּלוּ	יִגְּשׁוּ	יִתְּנוּ	יִנָּֽגְשׁוּ	יַגִּישׁוּ
		3. f.	תִּפֹּלְנָה	תִּגַּשְׁנָה		תִּנָּגַשְׁנָה	תַּגֵּשְׁנָה
		2. m.	תִּפְּלוּ	תִּגְּשׁוּ	תִּתְּנוּ	תִּנָּֽגְשׁוּ	תַּגִּישׁוּ
		2. f.	תִּפֹּלְנָה	תִּגַּשְׁנָה		תִּנָּגַשְׁנָה	תַּגֵּשְׁנָה
		1. c.	נִפֹּל	נִגַּשׁ	נִתֵּן	נִנָּגֵשׁ	נַגִּישׁ
Kohortativ	Sg.		אֶפְּלָה	אֶגְּשָׁה	אֶתְּנָה	אִנָּֽגְשָׁה	אַגִּישָׁה
Jussiv	Sg.	3. m.					יַגֵּשׁ
Waw-Imperfekt			וַיִּפֹּל	וַיִּגַּשׁ	וַיִּתֵּן	וַיִּנָּגֵשׁ	וַיַּגֵּשׁ
Imperativ	Sg.	m.	נְפֹל	גַּשׁ	תֵּן	הִנָּגֵשׁ	הַגֵּשׁ
		f.	נִפְלִי	גְּשִׁי	תְּנִי	הִנָּֽגְשִׁי	הַגִּישִׁי
	Pl.	m.	נִפְלוּ	גְּשׁוּ	תְּנוּ	הִנָּֽגְשׁוּ	הַגִּישׁוּ
		f.	נְפֹלְנָה	גַּשְׁנָה		הִנָּגַשְׁנָה	הַגֵּשְׁנָה
Infinitiv	cs.		נְפֹל	גֶּשֶׁת	תֵּת	הִנָּגֵשׁ	הַגִּישׁ
	abs.		נָפוֹל	נָגוֹשׁ	נָתוֹן	הִנָּגֵשׁ	הַגֵּשׁ
Partizip			נֹפֵל	נֹגֵשׁ	נֹתֵן / נָתוּן	נִגָּשׁ	מַגִּישׁ

IV/9 לקח „nehmen“ (Lektion 21)

			Hof'al
Perfekt	Sg.	3. m.	הֻגַּשׁ
		3. f.	הֻגְּשָׁה
		2. m.	הֻגַּשְׁתָּ
		2. f.	הֻגַּשְׁתְּ
		1. c.	הֻגַּשְׁתִּי
	Pl.	3. c.	הֻגְּשׁוּ
		2. m.	הֻגַּשְׁתֶּם
		2. f.	הֻגַּשְׁתֶּן
		1. c.	הֻגַּשְׁנוּ
Imperfekt	Sg.	3. m.	יֻגַּשׁ
		3. f.	תֻּגַּשׁ
		2. m.	תֻּגַּשׁ
		2. f.	תֻּגְּשִׁי
		1. c.	אֻגַּשׁ
	Pl.	3. m.	יֻגְּשׁוּ
		3. f.	תֻּגַּשְׁנָה
		2. m.	תֻּגְּשׁוּ
		2. f.	תֻּגַּשְׁנָה
		1. c.	נֻגַּשׁ
Kohortativ	Sg.		
Jussiv	Sg.	3. m.	
Waw-Imperfekt			וַיֻּגַּשׁ
Imperativ	Sg.	m.	
		f.	
	Pl.	m.	
		f.	
Infinitiv	cs.		הֻגַּשׁ
	abs.		הֻגֵּשׁ
Partizip			מֻגָּשׁ

			Qal
Perfekt	Sg.	3. m.	לָקַח
		3. f.	לָקְחָה
		2. m.	לָקַחְתָּ
		2. f.	לָקַחַתְּ
		1. c.	לָקַחְתִּי
	Pl.	3. c.	לָקְחוּ
		2. m.	לְקַחְתֶּם
		2. f.	לְקַחְתֶּן
		1. c.	לָקַחְנוּ
Imperfekt	Sg.	3. m.	יִקַּח
		3. f.	תִּקַּח
		2. m.	תִּקַּח
		2. f.	תִּקְחִי
		1. c.	אֶקַּח
	Pl.	3. m.	יִקְחוּ
		3. f.	תִּקַּחְנָה
		2. m.	תִּקְחוּ
		2. f.	תִּקַּחְנָה
		1. c.	נִקַּח
Kohortativ	Sg.		אֶקְחָה
Jussiv	Sg.	3. m.	
Waw-Imperfekt			וַיִּקַּח
Imperativ	Sg.	m.	קַח / קְחָה
		f.	קְחִי
	Pl.	m.	קְחוּ
		f.	
Infinitiv	cs.		קַחַת / לָקַחַת
	abs.		לָקוֹחַ
Partizip			לֹקֵחַ / לָקוּחַ

IV/10 Verba primae Jod/Waw (Lektion 22)

			Qal		Nif'al	Hif'il	
			פ"י/ו Sondergruppe		פ"י/ו	פ"י	פ"ו
Perfekt	Sg.	3. m.		יָשַׁב	נוֹשַׁב	הֵיטִיב	הוֹשִׁיב
		3. f.		יָשְׁבָה	נוֹשְׁבָה	הֵיטִיבָה	הוֹשִׁיבָה
		2. m.		יָשַׁבְתָּ	נוֹשַׁבְתָּ	הֵיטַבְתָּ	הוֹשַׁבְתָּ
		2. f.		יָשַׁבְתְּ	נוֹשַׁבְתְּ	הֵיטַבְתְּ	הוֹשַׁבְתְּ
		1. c.		יָשַׁבְתִּי	נוֹשַׁבְתִּי	הֵיטַבְתִּי	הוֹשַׁבְתִּי
	Pl.	3. c.		יָשְׁבוּ	נוֹשְׁבוּ	הֵיטִיבוּ	הוֹשִׁיבוּ
		2. m.		יְשַׁבְתֶּם	נוֹשַׁבְתֶּם	הֵיטַבְתֶּם	הוֹשַׁבְתֶּם
		2. f.		יְשַׁבְתֶּן	נוֹשַׁבְתֶּן	הֵיטַבְתֶּן	הוֹשַׁבְתֶּן
		1. c.		יָשַׁבְנוּ	נוֹשַׁבְנוּ	הֵיטַבְנוּ	הוֹשַׁבְנוּ
Imperfekt	Sg.	3. m.	יִיטַב	יֵשֵׁב	יִוָּשֵׁב	יֵיטִיב	יוֹשִׁיב
		3. f.	תִּיטַב	תֵּשֵׁב	תִּוָּשֵׁב	תֵּיטִיב	תּוֹשִׁיב
		2. m.	תִּיטַב	תֵּשֵׁב	תִּוָּשֵׁב	תֵּיטִיב	תּוֹשִׁיב
		2. f.	תִּיטְבִי	תֵּשְׁבִי	תִּוָּשְׁבִי	תֵּיטִיבִי	תּוֹשִׁיבִי
		1. c.	אִיטַב	אֵשֵׁב	אִוָּשֵׁב	אֵיטִיב	אוֹשִׁיב
	Pl.	3. m.	יִיטְבוּ	יֵשְׁבוּ	יִוָּשְׁבוּ	יֵיטִיבוּ	יוֹשִׁיבוּ
		3. f.	תִּיטַבְנָה	תֵּשַׁבְנָה	תִּוָּשַׁבְנָה	תֵּיטֵבְנָה	תּוֹשֵׁבְנָה
		2. m.	תִּיטְבוּ	תֵּשְׁבוּ	תִּוָּשְׁבוּ	תֵּיטִיבוּ	תּוֹשִׁיבוּ
		2. f.	תִּיטַבְנָה	תֵּשַׁבְנָה	תִּוָּשַׁבְנָה	תֵּיטֵבְנָה	תּוֹשֵׁבְנָה
		1. c.	נִיטַב	נֵשֵׁב	נִוָּשֵׁב	נֵיטִיב	נוֹשִׁיב
Kohortativ	Sg.		אִיטְבָה	אֵשְׁבָה	אִוָּשְׁבָה	אֵיטִיבָה	אוֹשִׁיבָה
Jussiv	Sg.	3. m.				יֵיטֵב	יוֹשֵׁב
Waw-Imperfekt			וַיִּיטַב	וַיֵּשֶׁב	וַיִּוָּשֵׁב	וַיֵּיטֶב	וַיּוֹשֶׁב
Imperativ	Sg.	m.		שֵׁב	הִוָּשֵׁב	הֵיטֵב	הוֹשֵׁב
		f.		שְׁבִי	הִוָּשְׁבִי	הֵיטִיבִי	הוֹשִׁיבִי
	Pl.	m.		שְׁבוּ	הִוָּשְׁבוּ	הֵיטִיבוּ	הוֹשִׁיבוּ
		f.		שֵׁבְנָה	הִוָּשַׁבְנָה	הֵיטֵבְנָה	הוֹשֵׁבְנָה
Infinitiv	cs.			שֶׁבֶת	הִוָּשֵׁב	הֵיטִיב	הוֹשִׁיב
	abs.			יָשׁוֹב	הִוָּשֵׁב	הֵיטֵב	הוֹשֵׁב
Partizip				יֹשֵׁב	נוֹשָׁב	מֵיטִיב	מוֹשִׁיב

+ ירד ילד ידע יצא הלך

IV/11 הלך „gehen" (Lektion 22)

			Qal
Perfekt	Sg.	3. m.	הָלַךְ
		3. f.	הָלְכָה
		2. m.	הָלַכְתָּ
		2. f.	הָלַכְתְּ
		1. c.	הָלַכְתִּי
	Pl.	3. c.	הָלְכוּ
		2. m.	הֲלַכְתֶּם
		2. f.	הֲלַכְתֶּן
		1. c.	הָלַכְנוּ
Imperfekt	Sg.	3. m.	יֵלֵךְ
		3. f.	תֵּלֵךְ
		2. m.	תֵּלֵךְ
		2. f.	תֵּלְכִי
		1. c.	אֵלֵךְ
	Pl.	3. m.	יֵלְכוּ
		3. f.	תֵּלַכְנָה
		2. m.	תֵּלְכוּ
		2. f.	תֵּלַכְנָה
		1. c.	נֵלֵךְ
Kohortativ	Sg.		אֵלְכָה
Jussiv	Sg.	3. m.	
Waw-Imperfekt			וַיֵּלֶךְ
Imperativ	Sg.	m.	לֵךְ / לְכָה
		f.	לְכִי
	Pl.	m.	לְכוּ
		f.	לֵכְנָה
Infinitiv	cs.		לֶכֶת
	abs.		הָלוֹךְ
Partizip			הֹלֵךְ / הֹלֶכֶת

			Hofʿal פ"י/ו
Perfekt	Sg.	3. m.	הוּשַׁב
		3. f.	הוּשְׁבָה
		2. m.	הוּשַׁבְתָּ
		2. f.	הוּשַׁבְתְּ
		1. c.	הוּשַׁבְתִּי
	Pl.	3. c.	הוּשְׁבוּ
		2. m.	הוּשַׁבְתֶּם
		2. f.	הוּשַׁבְתֶּן
		1. c.	הוּשַׁבְנוּ
Imperfekt	Sg.	3. m.	יוּשַׁב
		3. f.	תּוּשַׁב
		2. m.	תּוּשַׁב
		2. f.	תּוּשְׁבִי
		1. c.	אוּשַׁב
	Pl.	3. m.	יוּשְׁבוּ
		3. f.	תּוּשַׁבְנָה
		2. m.	תּוּשְׁבוּ
		2. f.	תּוּשַׁבְנָה
		1. c.	נוּשַׁב
Kohortativ	Sg.		
Jussiv	Sg.	3. m.	
Waw-Imperfekt			וַיּוּשַׁב
Imperativ	Sg.	m.	
		f.	
	Pl.	m.	
		f.	
Infinitiv	cs.		
	abs.		
Partizip			מוּשָׁב

IV/12 Verba tertiae infirmae (Lektion 23)

			Qal	Nif'al	Pi'el	Pu'al	Hitpa'el
Perfekt	Sg.	3. m.	גָלָה	נִגְלָה	גִלָּה	גֻלָּה	הִתְגַלָּה
		3. f.	גָלְתָה	נִגְלְתָה	גִלְּתָה	גֻלְּתָה	הִתְגַלְּתָה
		2. m.	גָלִיתָ	נִגְלֵיתָ	גִלִּיתָ	גֻלֵּיתָ	הִתְגַלִּיתָ
		2. f.	גָלִית	נִגְלֵית	גִלִּית	גֻלֵּית	הִתְגַלִּית
		1. c.	גָלִיתִי	נִגְלֵיתִי	גִלִּיתִי	גֻלֵּיתִי	הִתְגַלִּיתִי
	Pl.	3. c.	גָלוּ	נִגְלוּ	גִלּוּ	גֻלּוּ	הִתְגַלּוּ
		2. m.	גְלִיתֶם	נִגְלֵיתֶם	גִלִּיתֶם	גֻלֵּיתֶם	הִתְגַלִּיתֶם
		2. f.	גְלִיתֶן	נִגְלֵיתֶן	גִלִּיתֶן	גֻלֵּיתֶן	הִתְגַלִּיתֶן
		1. c.	גָלִינוּ	נִגְלֵינוּ	גִלִּינוּ	גֻלֵּינוּ	הִתְגַלִּינוּ
Imperfekt	Sg.	3. m.	יִגְלֶה	יִגָּלֶה	יְגַלֶּה	יְגֻלֶּה	יִתְגַלֶּה
		3. f.	תִגְלֶה	תִגָּלֶה	תְגַלֶּה	תְגֻלֶּה	תִתְגַלֶּה
		2. m.	תִגְלֶה	תִגָּלֶה	תְגַלֶּה	תְגֻלֶּה	תִתְגַלֶּה
		2. f.	תִגְלִי	תִגָּלִי	תְגַלִּי	תְגֻלִּי	תִתְגַלִּי
	Koh. =	1. c.	אֶגְלֶה	אִגָּלֶה	אֲגַלֶּה	אֲגֻלֶּה	אֶתְגַלֶּה
	Pl.	3. m.	יִגְלוּ	יִגָּלוּ	יְגַלּוּ	יְגֻלּוּ	יִתְגַלּוּ
		3. f.	תִגְלֶינָה	תִגָּלֶינָה	תְגַלֶּינָה	תְגֻלֶּינָה	תִתְגַלֶּינָה
		2. m.	תִגְלוּ	תִגָּלוּ	תְגַלּוּ	תְגֻלּוּ	תִתְגַלּוּ
		2. f.	תִגְלֶינָה	תִגָּלֶינָה	תְגַלֶּינָה	תְגֻלֶּינָה	תִתְגַלֶּינָה
	Koh. =	1. c.	נִגְלֶה	נִגָּלֶה	נְגַלֶּה	נְגֻלֶּה	נִתְגַלֶּה
Jussiv	Sg.	3. m.	יִגֶל	יִגָּל	יְגַל		יִתְגַל
Waw-Imperfekt			וַיִּגֶל / וַיִּגְל	וַיִּגָּל	וַיְגַל		וַיִּתְגַל
Imperativ	Sg.	m.	גְלֵה	הִגָּלֵה	גַלֵּה / גַל		הִתְגַלֵּה
		f.	גְלִי	הִגָּלִי	גַלִּי		הִתְגַלִּי
	Pl.	m.	גְלוּ	הִגָּלוּ	גַלּוּ		הִתְגַלּוּ
		f.	גְלֶינָה	הִגָּלֶינָה	גַלֶּינָה		הִתְגַלֶּינָה
Infinitiv	cs.		גְלוֹת	הִגָּלוֹת	גַלּוֹת		הִתְגַלּוֹת
	abs.		גָלֹה	נִגְלֹה	גַלֵּה		הִתְגַלֵּה
Partizip			גֹלֶה / גָלוּי	נִגְלֶה	מְגַלֶּה	מְגֻלֶּה	מִתְגַלֶּה

			Hif'il	Hof'al	Qal	Hif'il	Qal
Perfekt	Sg.	3. m.	הִגְלָה	הָגְלָה	עָלָה	הֶעֱלָה	הָיָה
		3. f.	הִגְלְתָה	הָגְלְתָה	עָלְתָה	הַעַלְתָה	הָיְתָה
		2. m.	הִגְלִיתָ	הָגְלֵיתָ	עָלִיתָ	הֶעֱלִיתָ	הָיִיתָ
		2. f.	הִגְלִית	הָגְלֵית	עָלִית	הֶעֱלִית	הָיִית
		1. c.	הִגְלִיתִי	הָגְלֵיתִי	עָלִיתִי	הֶעֱלִיתִי	הָיִיתִי
	Pl.	3. c.	הִגְלוּ	הָגְלוּ	עָלוּ	הֶעֱלוּ	הָיוּ
		2. m.	הִגְלִיתֶם	הָגְלֵיתֶם	עֲלִיתֶם	הֶעֱלִיתֶם	הֱיִיתֶם
		2. f.	הִגְלִיתֶן	הָגְלֵיתֶן	עֲלִיתֶן	הֶעֱלִיתֶן	הֱיִיתֶן
		1. c.	הִגְלִינוּ	הָגְלֵינוּ	עָלִינוּ	הֶעֱלִינוּ	הָיִינוּ
Imperfekt	Sg.	3. m.	יַגְלֶה	יָגְלֶה	יַעֲלֶה	יַעֲלֶה	יִהְיֶה
		3. f.	תַּגְלֶה	תָּגְלֶה	תַּעֲלֶה	תַּעֲלֶה	תִּהְיֶה
		2. m.	תַּגְלֶה	תָּגְלֶה	תַּעֲלֶה	תַּעֲלֶה	תִּהְיֶה
		2. f.	תַּגְלִי	תָּגְלִי	תַּעֲלִי	תַּעֲלִי	תִּהְיִי
	Koh. =	1. c.	אַגְלֶה	אָגְלֶה	אֶעֱלֶה	אַעֲלֶה	אֶהְיֶה
	Pl.	3. m.	יַגְלוּ	יָגְלוּ	יַעֲלוּ	יַעֲלוּ	יִהְיוּ
		3. f.	תַּגְלֶינָה	תָּגְלֶינָה	תַּעֲלֶינָה	תַּעֲלֶינָה	תִּהְיֶינָה
		2. m.	תַּגְלוּ	תָּגְלוּ	תַּעֲלוּ	תַּעֲלוּ	תִּהְיוּ
		2. f.	תַּגְלֶינָה	תָּגְלֶינָה	תַּעֲלֶינָה	תַּעֲלֶינָה	תִּהְיֶינָה
	Koh. =	1. c.	נַגְלֶה	נָגְלֶה	נַעֲלֶה	נַעֲלֶה	נִהְיֶה
Jussiv	Sg.	3. m.	יֶגֶל		יַעַל	יַעַל	יְהִי
Waw-Imperfekt			וַיֶּגֶל		וַיַּעַל	וַיַּעַל	וַיְהִי
Imperativ	Sg.	m.	הַגְלֵה		עֲלֵה	הַעֲלֵה	הֱיֵה
		f.	הַגְלִי		עֲלִי	הַעֲלִי	הֱיִי
	Pl.	m.	הַגְלוּ		עֲלוּ	הַעֲלוּ	הֱיוּ
		f.	הַגְלֶינָה		עֲלֶינָה	הַעֲלֶינָה	הֱיֶינָה
Infinitiv	cs.		הַגְלוֹת	הָגְלוֹת	עֲלוֹת	הַעֲלוֹת	הֱיוֹת / לִהְיוֹת
	abs.		הַגְלֵה	הָגְלֵה	עָלֹה	הַעֲלֵה	הָיוֹ
Partizip			מַגְלֶה	מָגְלֶה	עֹלֶה	מַעֲלֶה	f. הוֹיָה

IV/13 Verba mediae û/î/ô (Hohle Wurzeln) (Lektion 24)

			Qal IIū		IIī	IIō	
Perfekt	Sg.	3. m.	קָם	מֵת	שָׂם	בָּא	בּוֹשׁ
		3. f.	קָמָה	מֵתָה	שָׂמָה	בָּאָה	בּוֹשָׁה
		2. m.	קַמְתָּ	מַתָּה	שַׂמְתָּ	בָּאתָ	בֹּשְׁתָּ
		2. f.	קַמְתְּ		שַׂמְתְּ	בָּאת	בֹּשְׁתְּ
		1. c.	קַמְתִּי	מַתִּי	שַׂמְתִּי	בָּאתִי	בֹּשְׁתִּי
	Pl.	3. c.	קָמוּ	מֵתוּ	שָׂמוּ	בָּאוּ	בֹּשׁוּ
		2. m.	קַמְתֶּם		שַׂמְתֶּם	בָּאתֶם	בֹּשְׁתֶּם
		2. f.	קַמְתֶּן		שַׂמְתֶּן	בָּאתֶן	בֹּשְׁתֶּן
		1. c.	קַמְנוּ	מַתְנוּ	שַׂמְנוּ	בָּאנוּ	בֹּשְׁנוּ
Imperfekt	Sg.	3. m.	יָקוּם	יָמוּת	יָשִׂים	יָבֹא	יֵבוֹשׁ
		3. f.	תָּקוּם	תָּמוּת	תָּשִׂים	תָּבֹא	תֵּבוֹשׁ
		2. m.	תָּקוּם	תָּמוּת	תָּשִׂים	תָּבֹא	תֵּבוֹשׁ
		2. f.	תָּקוּמִי	תָּמוּתִי	תָּשִׂימִי	תָּבֹאִי	תֵּבוֹשִׁי
		1. c.	אָקוּם	אָמוּת	אָשִׂים	אָבֹא	אֵבוֹשׁ
	Pl.	3. m.	יָקוּמוּ	יָמוּתוּ	יָשִׂימוּ	יָבֹאוּ	יֵבוֹשׁוּ
		3. f.	תְּקוּמֶינָה	תְּמוּתֶנָה	תָּשֵׂמְנָה	תָּבֹאנָה	תֵּבֹשְׁנָה
		2. m.	תָּקוּמוּ	תָּמוּתוּ	תָּשִׂימוּ	תָּבֹאוּ	תֵּבוֹשׁוּ
		2. f.	תְּקוּמֶינָה		תָּשֵׂמְנָה	תָּבֹאנָה	תֵּבֹשְׁנָה
		1. c.	נָקוּם	נָמוּת	נָשִׂים	נָבֹא	נֵבוֹשׁ
Kohortativ	Sg.		אָקוּמָה	אָמוּתָה	אָשִׂימָה	אָבֹאָה	אֵבוֹשָׁה
Jussiv	Sg.	3. m.	יָקֹם	יָמֹת	יָשֵׂם	יָבֹא	יֵבֹשׁ
Waw-Imperfekt			וַיָּקָם	וַיָּמָת	וַיָּשֶׂם	וַיָּבֹא	וַיֵּבֹשׁ
Imperativ	Sg.	m.	קוּם	מֵת	שִׂים	בֹּא	בּוֹשׁ
		f.	קוּמִי		שִׂימִי	בֹּאִי	בּוֹשִׁי
	Pl.	m.	קוּמוּ		שִׂימוּ	בֹּאוּ	בּוֹשׁוּ
		f.	קֹמְנָה				
Infinitiv	cs.		קוּם	מוּת	שִׂים	בּוֹא	בּוֹשׁ
	abs.		קוֹם	מוֹת	שׂוֹם	בּוֹא	בּוֹשׁ
Partizip		m.	קָם	מֵת	שָׂם	בָּא	בּוֹשׁ
		f.	קָמָה	מֵתָה	שָׂמָה	בָּאָה	בּוֹשָׁה

			Nif'al	Hif'il	Hof'al	Polel	Polal	Hitpolel
Perfekt	Sg.	3. m.	נָכוֹן	הֵקִים	הוּקַם	כּוֹנֵן	כּוֹנַן	הִתְכּוֹנֵן
		3. f.	נָכוֹנָה	הֵקִימָה		כּוֹנְנָה	כּוֹנְנָה	הִתְכּוֹנְנָה
		2. m.	נְכוּנוֹתָ	הֲקִימוֹתָ		כּוֹנַנְתָּ	כּוֹנַנְתָּ	הִתְכּוֹנַנְתָּ
		2. f.	נְכוּנוֹת	הֲקִימוֹת		כּוֹנַנְתְּ	כּוֹנַנְתְּ	הִתְכּוֹנַנְתְּ
		1. c.	נְכוּנוֹתִי	הֲקִימוֹתִי		כּוֹנַנְתִּי	כּוֹנַנְתִּי	הִתְכּוֹנַנְתִּי
	Pl.	3. c.	נָכוֹנוּ	הֵקִימוּ		כּוֹנְנוּ	כּוֹנְנוּ	הִתְכּוֹנְנוּ
		2. m.	נְכוּנוֹתֶם	הֲקִימוֹתֶם		כּוֹנַנְתֶּם	כּוֹנַנְתֶּם	הִתְכּוֹנַנְתֶּם
		2. f.	נְכוּנוֹתֶן	הֲקִימוֹתֶן		כּוֹנַנְתֶּן	כּוֹנַנְתֶּן	הִתְכּוֹנַנְתֶּן
		1. c.	נְכוּנוֹנוּ	הֲקִימוֹנוּ		כּוֹנַנּוּ	כּוֹנַנּוּ	הִתְכּוֹנַנּוּ
Imperfekt	Sg.	3. m.	יִכּוֹן	יָקִים	יוּקַם	יְכוֹנֵן	יְכוֹנַן	יִתְכּוֹנֵן
		3. f.	תִּכּוֹן	תָּקִים		תְּכוֹנֵן	תְּכוֹנַן	תִּתְכּוֹנֵן
		2. m.	תִּכּוֹן	תָּקִים		תְּכוֹנֵן	תְּכוֹנַן	תִּתְכּוֹנֵן
		2. f.	תִּכּוֹנִי	תָּקִימִי		תְּכוֹנְנִי	תְּכוֹנְנִי	תִּתְכּוֹנְנִי
		1. c.	אֶכּוֹן	אָקִים		אֲכוֹנֵן	אֲכוֹנַן	אֶתְכּוֹנֵן
	Pl.	3. m.	יִכּוֹנוּ	יָקִימוּ		יְכוֹנְנוּ	יְכוֹנְנוּ	יִתְכּוֹנְנוּ
		3. f.		תְּקִימֶינָה		תְּכוֹנֵנָּה	תְּכוֹנַנָּה	תִּתְכּוֹנַנָּה
		2. m.	תִּכּוֹנוּ	תָּקִימוּ		תְּכוֹנְנוּ	תְּכוֹנְנוּ	תִּתְכּוֹנְנוּ
		2. f.		תְּקִימֶינָה		תְּכוֹנֵנָּה	תְּכוֹנַנָּה	תִּתְכּוֹנַנָּה
		1. c.	נִכּוֹן	נָקִים		נְכוֹנֵן	נְכוֹנַן	נִתְכּוֹנֵן
Kohortativ	Sg.		אִכּוֹנָה	אָקִימָה		אֲכוֹנְנָה		אֶתְכּוֹנְנָה
Jussiv	Sg.	3. m.	יִכּוֹן	יָקֵם		יְכוֹנֵן	יְכוֹנַן	יִתְכּוֹנֵן
Waw-Imperfekt			וַיִּכּוֹן	וַיָּקֶם		וַיְכוֹנֵן	וַיְכוֹנַן	וַיִּתְכּוֹנֵן
Imperativ	Sg.	m.	הִכּוֹן	הָקֵם		כּוֹנֵן		הִתְכּוֹנֵן
		f.	הִכּוֹנִי	הָקִימִי		כּוֹנְנִי		הִתְכּוֹנְנִי
	Pl.	m.	הִכּוֹנוּ	הָקִימוּ		כּוֹנְנוּ		הִתְכּוֹנְנוּ
		f.		הָקֵמְנָה		כּוֹנֵנָּה		הִתְכּוֹנַנָּה
Infinitiv	cs.		הִכּוֹן	הָקִים	לְהוּקַם	כּוֹנֵן		הִתְכּוֹנֵן
	abs.		הִכּוֹן	הָקֵם				
Partizip		m.	נָכוֹן	מֵקִים	מוּקָם	מְכוֹנֵן	מְכוֹנָן	מִתְכּוֹנֵן
		f.	נְכוֹנָה	מְקִימָה		מְכוֹנְנָה	מְכוֹנָנָה	מִתְכּוֹנְנָה

IV/14 Verba mediae geminatae (Lektion 25)

			Qal		Nif'al	Hif'il
Perfekt	Sg.	3. m.	קַל	סָבַב	נָסַב	הֵסֵב
		3. f.	קַלָּה	סָבְבָה	נָסַבָּה	הֵסֵבָּה
		2. m.	קַלּוֹתָ	סַבּוֹתָ	נְסַבּוֹתָ	הֲסִבּוֹתָ
		2. f.	קַלּוֹת	סַבּוֹת	נְסַבּוֹת	הֲסִבּוֹת
		1. c.	קַלּוֹתִי	סַבּוֹתִי	נְסַבּוֹתִי	הֲסִבּוֹתִי
	Pl.	3. c.	קַלּוּ	סָבְבוּ / סַבּוּ	נָסַבּוּ	הֵסַבּוּ
		2. m.	קַלּוֹתֶם	סַבּוֹתֶם	נְסַבּוֹתֶם	הֲסִבּוֹתֶם
		2. f.	קַלּוֹתֶן	סַבּוֹתֶן	נְסַבּוֹתֶן	הֲסִבּוֹתֶן
		1. c.	קַלּוֹנוּ	סַבּוֹנוּ	נְסַבּוֹנוּ	הֲסִבּוֹנוּ
Imperfekt	Sg.	3. m.	יֵקַל	יָסֹב / יִסֹּב	יִסַּב	יָסֵב / יַסֵּב
		3. f.	תֵּקַל	תָּסֹב	תִּסַּב	תָּסֵב
		2. m.	תֵּקַל	תָּסֹב	תִּסַּב	תָּסֵב
		2. f.	תֵּקַלִּי	תָּסֹבִּי	תִּסַּבִּי	תָּסֵבִּי
		1. c.	אֵקַל	אָסֹב	אִסַּב	אָסֵב
	Pl.	3. m.	יֵקַלּוּ	יָסֹבּוּ	יִסַּבּוּ	יָסֵבּוּ
		3. f.	תְּקַלֶּינָה	תְּסֻבֶּינָה	תִּסַּבֶּינָה	תְּסִבֶּינָה
		2. m.	תֵּקַלּוּ	תָּסֹבּוּ	תִּסַּבּוּ	תָּסֵבּוּ
		2. f.	תְּקַלֶּינָה	תְּסֻבֶּינָה	תִּסַּבֶּינָה	תְּסִבֶּינָה
		1. c.	נֵקַל	נָסֹב	נִסַּב	נָסֵב
Kohortativ	Sg.		אֵקַלָּה	אָסֹבָּה	אִסַּבָּה	אָסֵבָּה
Jussiv	Sg.	3. m.				
Waw-Imperfekt			וַיֵּקַל	וַיָּסָב	וַיִּסַּב	וַיָּסֶב
Imperativ	Sg.	m.		סֹב	הִסַּב	הָסֵב
		f.		סֹבִּי	הִסַּבִּי	הָסֵבִּי
	Pl.	m.		סֹבּוּ	הִסַּבּוּ	הָסֵבּוּ
		f.		סֻבֶּינָה	הִסַּבֶּינָה	הֲסִבֶּינָה
Infinitiv	cs.			סֹב	הִסֵּב	הָסֵב
	abs.			סָבוֹב	הִסּוֹב	הָסֵב
Partizip		m.		סֹבֵב / סָבוּב	נָסָב	מֵסֵב
		f.		סֹבְבָה / סְבוּבָה	נְסַבָּה	מְסִבָּה

			Hof'al	Po'el	Po'al	Hitpo'el
Perfekt	Sg.	3. m.	הוּסַב	סוֹבֵב	סוֹבַב	הִסְתּוֹבֵב
		3. f.	הוּסַבָּה	סוֹבְבָה	סוֹבְבָה	הִסְתּוֹבְבָה
		2. m.	הוּסַבּוֹתָ	סוֹבַבְתָּ	סוֹבַבְתָּ	הִסְתּוֹבַבְתָּ
		2. f.	הוּסַבּוֹת	סוֹבַבְתְּ	סוֹבַבְתְּ	הִסְתּוֹבַבְתְּ
		1. c.	הוּסַבּוֹתִי	סוֹבַבְתִּי	סוֹבַבְתִּי	הִסְתּוֹבַבְתִּי
	Pl.	3. c.	הוּסַבּוּ	סוֹבְבוּ	סוֹבְבוּ	הִסְתּוֹבְבוּ
		2. m.	הוּסַבּוֹתֶם	סוֹבַבְתֶּם	סוֹבַבְתֶּם	הִסְתּוֹבַבְתֶּם
		2. f.	הוּסַבּוֹתֶן	סוֹבַבְתֶּן	סוֹבַבְתֶּן	הִסְתּוֹבַבְתֶּן
		1. c.	הוּסַבּוֹנוּ	סוֹבַבְנוּ	סוֹבַבְנוּ	הִסְתּוֹבַבְנוּ
Imperfekt	Sg.	3. m.	יוּסַב / יֻסַּב	יְסוֹבֵב	יְסוֹבַב	יִסְתּוֹבֵב
		3. f.	תּוּסַב	תְּסוֹבֵב	תְּסוֹבַב	תִּסְתּוֹבֵב
		2. m.	תּוּסַב	תְּסוֹבֵב	תְּסוֹבַב	תִּסְתּוֹבֵב
		2. f.	תּוּסַבִּי	תְּסוֹבְבִי	תְּסוֹבְבִי	תִּסְתּוֹבְבִי
		1. c.	אוּסַב	אֲסוֹבֵב	אֲסוֹבַב	אֶסְתּוֹבֵב
	Pl.	3. m.	יוּסַבּוּ	יְסוֹבְבוּ	יְסוֹבְבוּ	יִסְתּוֹבְבוּ
		3. f.	תּוּסַבֶּינָה	תְּסוֹבֵבְנָה	תְּסוֹבַבְנָה	תִּסְתּוֹבַבְנָה
		2. m.	תּוּסַבּוּ	תְּסוֹבְבוּ	תְּסוֹבְבוּ	תִּסְתּוֹבְבוּ
		2. f.	תּוּסַבֶּינָה	תְּסוֹבֵבְנָה	תְּסוֹבַבְנָה	תִּסְתּוֹבַבְנָה
		1. c.	נוּסַב	נְסוֹבֵב	נְסוֹבַב	נִסְתּוֹבֵב
Kohortativ	Sg.			אֲסוֹבְבָה		אֶסְתּוֹבְבָה
Jussiv	Sg.	3. m.				
Waw-Imperfekt			וַיּוּסַב	וַיְסוֹבֵב	וַיְסוֹבַב	וַיִּסְתּוֹבֵב
Imperativ	Sg.	m.		סוֹבֵב		הִסְתּוֹבֵב
		f.		סוֹבְבִי		הִסְתּוֹבְבִי
	Pl.	m.		סוֹבְבוּ		הִסְתּוֹבְבוּ
		f.		סוֹבֵבְנָה		הִסְתּוֹבֵבְנָה
Infinitiv	cs.			סוֹבֵב		הִסְתּוֹבֵב
	abs.					
Partizip		m.	מוּסָב	מְסוֹבֵב	מְסוֹבָב	מִסְתּוֹבֵב
		f.	מוּסַבָּה	מְסוֹבְבָה	מְסוֹבָבָה	מִסְתּוֹבְבָה

IV/15 Doppelt schwache Verben (Lektion 26)

			נכה Hif'il	ידה Hif'il	נטה Qal	נטה Hif'il	חוה (שׁחה) Hištaf'el
Perfekt	Sg.	3. m.	הִכָּה	הוֹדָה	נָטָה	הִטָּה	
		3. f.	הִכְּתָה	הוֹדְתָה	נָֽטְתָה		
		2. m.	הִכִּיתָ	הוֹדִיתָ	נָטִיתָ		
		2. f.	הִכִּית	הוֹדִית			
		1. c.	הִכִּיתִי	הוֹדִיתִי	נָטִיתִי	הִטִּיתִי	הִשְׁתַּחֲוֵיתִי
	Pl.	3. c.	הִכּוּ	הוֹדוּ	נָטוּ	הִטּוּ	הִשְׁתַּחֲווּ
		2. m.	הִכִּיתֶם	הוֹדִיתֶם		הִטִּיתֶם	
		2. f.	הִכִּיתֶן	הוֹדִיתֶן			
		1. c.	הִכִּינוּ	הוֹדִינוּ			
Imperfekt	Sg.	3. m.	יַכֶּה	יוֹדֶה	יִטֶּה	יַטֶּה	יִשְׁתַּחֲוֶה
		3. f.	תַּכֶּה	תּוֹדֶה	תִּטֶּה		
		2. m.	תַּכֶּה	תּוֹדֶה		תַּטֶּה	תִּשְׁתַּחֲוֶה
		2. f.	תַּכִּי	תּוֹדִי			
		1. c.	אַכֶּה	אוֹדֶה		אַטֶּה / אַט	אֶשְׁתַּחֲוֶה
	Pl.	3. m.	יַכּוּ	יוֹדוּ		יַטּוּ	יִשְׁתַּחֲווּ
		3. f.	תַּכֶּינָה	תּוֹדֶינָה			
		2. m.	תַּכּוּ	תּוֹדוּ			תִּשְׁתַּחֲווּ
		2. f.	תַּכֶּינָה	תּוֹדֶינָה			
		1. c.	נַכֶּה	נוֹדֶה	נִטֶּה		נִשְׁתַּחֲוֶה
Jussiv	Sg.	3. m.	יַךְ		יֵט	יַט	
Waw-Imperfekt			וַיַּךְ		וַיֵּט	וַיַּט	וַיִּשְׁתַּחוּ
Imperativ	Sg.	m.	הַךְ	הוֹדֵה	נְטֵה	הַטֵּה / הַט	
		f.	הַכִּי	הוֹדִי		הַטִּי	הִשְׁתַּחֲוִי
	Pl.	m.	הַכּוּ	הוֹדוּ		הַטּוּ	הִשְׁתַּחֲווּ
		f.	הַכֶּינָה	הוֹדֶינָה			
Infinitiv	cs.		הַכּוֹת	הוֹדוֹת	נְטוֹת	הַטּוֹת	הִשְׁתַּחֲוֹת
	abs.		הַכֵּה	הוֹדֵה			
Partizip	act.		מַכֶּה	מוֹדֶה	נוֹטֶה	מַטֶּה	מִשְׁתַּחֲוֶה
	pass.				נָטוּי		

Häufig gebrauchte Verben – Eckformen

	3. Sg. m. Perf.	3. Sg. m. Impf.	3. Sg. m. Impf.-cons.	Imp. Sg. m.	Inf. cs.	Inf. abs.
1)	כָּתַב	יִכְתֹּב	וַיִּכְתֹּב	כְּתֹב	כְּתֹב	כָּתוֹב
2)	כָּבֵד	יִכְבַּד	וַיִּכְבַּד	כְּבַד	כְּבֹד	כָּבוֹד
3)	קָטֹן	יִקְטַן	וַיִּקְטַן	קְטַן	קְטֹן	קָטוֹן
4)	עָמַד	יַעֲמֹד	וַיַּעֲמֹד	עֲמֹד	עֲמֹד	עָמוֹד
5)	אָמַר	יֹאמַר	וַיֹּאמֶר וַיֹּאמַר	אֱמֹר	אֱמֹר בֶּאֱמֹר / לֵאמֹר	אָמוֹר
6)	אָכַל	יֹאכַל i.p.: יֹאכֵל	וַיֹּאכַל	אֱכֹל	אֱכֹל	אָכוֹל
7)	אָבָה	יֹאבֶה				
8)	בֵּרַךְ	יְבָרֵךְ	וַיְבָרֶךְ	בָּרֵךְ	בָּרֵךְ	בָּרֵךְ
9)	מִהַר	יְמַהֵר		מַהֵר	מַהֵר	מַהֵר
10)	שָׁלַח	יִשְׁלַח	וַיִּשְׁלַח	שְׁלַח	שְׁלֹחַ	שָׁלוֹחַ
11)	מָצָא	יִמְצָא	וַיִּמְצָא	מְצָא	מְצֹא	מָצוֹא
12)	מָלֵא	יִמְלָא	וַיִּמְלָא	מְלָא	מְלֹאת	מָלוֹא
13)	נָפַל	יִפֹּל	וַיִּפֹּל	נְפֹל	נְפֹל	נָפֹל
14)	נָגַשׁ	יִגַּשׁ	וַיִּגַּשׁ	גַּשׁ גְּשָׁה	גֶּשֶׁת לָגֶשֶׁת גִּשְׁתִּי לְגִשְׁתִּי	נָגוֹשׁ
15)	נָגַע	יִגַּע	וַיִּגַּע	גַּע	גַּעַת לָגַעַת גַּעְתִּי לְגַעְתִּי	נָגוֹעַ
16)	נָתַן	יִתֵּן	וַיִּתֵּן	תֵּן תְּנָה	תֵּת לָתֵת תִּתִּי לְתִתִּי	נָתוֹן
17)	לָקַח	יִקַּח	וַיִּקַּח	קַח קְחָה לְקַח	קַחַת לָקַחַת קַחְתִּי לְקַחְתִּי	לָקוֹחַ

Ptz. akt.	Ptz. pass.	Bemerkungen	Bedeutung
כֹתֵב	כָתוּב	Starkes Verb, transitiv	Qal: schreiben
כָבֵד		Starkes Verb, intransitiv (a-Imperfekt)	Qal: schwer sein Pi‘el: ehren
קָטֹן		Starkes Verb, intransitiv (a-Imperfekt)	Qal: klein sein
עֹמֵד	עָמוּד	Verba primae laryngalis	Qal: stehen, hintreten
אֹמֵר	אָמוּר	Verba primae Aleph	Qal: sagen, sprechen
אֹכֵל	אָכוּל	Verba primae Aleph	Qal: essen
אֹבֶה		Verba primae Aleph + tertiae infirmae	Qal: wollen
מְבָרֵךְ		Verba mediae laryngalis mit Ersatzdehnung	Pi‘el: segnen
מְמַהֵר		Verba mediae laryngalis mit virt. Verdoppelung	Pi‘el: eilen
שֹׁלֵחַ	שָׁלוּחַ	Verba tertiae laryngalis	Qal: senden
מֹצֵא	מָצוּא	Verba tertiae Aleph	Qal: finden
מָלֵא		Verba tertiae Aleph	Qal: voll sein
נֹפֵל	נָפוּל	Verba primae Nun (ō-Imperfekt)	Qal: fallen
נֹגֵשׁ נֹגְשָׁה נֹגֶשֶׁת	נָגוּשׁ	Verba primae Nun (a-Imperfekt)	Qal: nahe sein, nahen
נֹגֵעַ	נָגוּעַ	Verba primae Nun (a-Imperfekt)	Qal: berühren
נֹתֵן	נָתוּן	Verba primae Nun (ē-Imperfekt)	Qal: geben
לֹקֵחַ	לָקוּחַ	Verba primae Nun (a-Imperfekt) + tertiae laryngalis	Qal: nehmen Qal passiv: יֻקַּח

Häufig gebrauchte Verben - Eckformen

	3. Sg. m. Perf.	3. Sg. m. Impf.	3. Sg. m. Impf.-cons.	Imp. Sg. m.	Inf. cs.	Inf. abs.
18)	נָשָׂא	יִשָּׂא	וַיִּשָּׂא	שָׂא	שְׂאֵת לָשֵׂאת שְׂאֵתִי	נָשׂוֹא
19)	יָטַב הֵיטִיב	יִיטַב יֵיטִיב	וַיִּיטַב וַיֵּיטֶב	יְטַב הֵיטֵב	יְטֹב הֵיטִיב	יָטֹב הֵיטֵב
20)	יָשַׁב	יֵשֵׁב	וַיֵּשֶׁב	שֵׁב שְׁבָה	שֶׁבֶת לָשֶׁבֶת שִׁבְתִּי לְשִׁבְתִּי	יָשֹׁב
21)	יָדַע	יֵדַע	וַיֵּדַע	דַּע דְּעָה	דַּעַת לָדַעַת דַּעְתִּי	יָדוֹעַ
22)	יָלַד	יֵלֵד	וַיֵּלֶד i.p.: וַיֵּלַד		לֶדֶת לָלֶדֶת	יָלוֹד
23)	יָרַד	יֵרֵד	וַיֵּרֶד i.p.: וַיֵּרַד	רֵד רְדָה	רֶדֶת לָרֶדֶת	יָרוֹד
24)	יָצָא הוֹצִיא	יֵצֵא יוֹצִיא	וַיֵּצֵא וַיּוֹצֵא	צֵא הוֹצֵא	צֵאת הוֹצִיא	יָצוֹא הוֹצֵא
25)	הָלַךְ	יֵלֵךְ	וַיֵּלֶךְ	לֵךְ	לֶכֶת הֲלֹךְ	הָלוֹךְ
26)	יָרַשׁ	יִירַשׁ	וַיִּירַשׁ	רֵשׁ	רֶשֶׁת	יָרוֹשׁ
27)	יָרֵא נוֹרָא	יִירָא יִוָּרֵא	וַיִּירָא	יְרָא	יִרְאָה יְרֹא	
28)	ישׁע הוֹשִׁיעַ	יוֹשִׁיעַ	וַיּוֹשַׁע	הוֹשַׁע	הוֹשִׁיעַ	הוֹשֵׁעַ
29)	יָכֹל	יוּכַל	וַיּוּכַל		יְכוֹלֶת	יָכוֹל
30)	יסף הוֹסִיף	יוֹסִיף	וַיֹּסֶף		הוֹסִיף	
31)	יָהַב			הַב הָבָה הָבִי הָבוּ		
32)	יצג הִצִּיג	יַצִּיג	וַיַּצֵּג	הַצֵּג	הַצֵּג	

[1] Einige Verba primae Jod/Waw assimilieren nach Analogie der Verba primae

Ptz. akt.	Ptz. pass.	Bemerkungen	Bedeutung
נֹשֵׂא	נָשׂוּא	Verba primae Nun + tertiae Aleph	Qal: heben
יֹטֵב מֵיטִיב		Verba primae Jod/Waw	Qal: gut sein Hifʻil: gut machen
יֹשֵׁב יֹשֶׁבֶת	יָשׁוּב	Verba primae Jod/Waw (Sondergruppe)	Qal: sich setzen, wohnen
יֹדֵעַ יֹדַעַת	יָדוּעַ	Verba primae Jod/Waw (Sondergruppe) + tertiae laryngalis	Qal: wissen Hitpaʻel: הִתְוַדַּע
יֹלֵד יֹלֶדֶת	יָלוּד	Verba primae Jod/Waw (Sondergruppe)	Qal: gebären
יֹרֵד		Verba primae Jod/Waw (Sondergruppe)	Qal: hinabsteigen
יֹצֵא מוֹצִיא		Verba primae Jod/Waw (Sondergruppe) + tertia Aleph	Qal: herausgehen Hifʻil: herausführen, hervorbringen
הֹלֵךְ		Verba primae Jod/Waw (Sondergruppe)	Qal: gehen
יוֹרֵשׁ		Verba primae Jod/Waw	Qal: besitzen
יָרֵא		Verba primae Jod/Waw + mediae Resch + tertiae Aleph	Qal: fürchten Nifal: gefürchtet, furchtbar sein
מוֹשִׁיעַ		Verba primae Jod/Waw + tertiae laryngalis	Hifʻil: retten
		Verba primae Waw	Qal: können
מוֹסִיף		Verba primae Waw	Hifʻil: hinzufügen, fortfahren
		Verba primae Jod/Waw + mediae laryngalis	Qal: geben Imp.: "wohlan", "her damit"
מַצִּיג		Veba primae Jod/Waw = Nun[1]	Hifʻil: hinstellen

Nun den 1. Radikal dem 2., meist צ.

Häufig gebrauchte Verben - Eckformen

	3. Sg. m. Perf.	3. Sg. m. Impf.	3. Sg. m. Impf.-cons.	Imp. Sg. m.	Inf. cs.	Inf. abs.
33)	יָצַק	יִצֹּק	וַיִּצֹק	צַק	צֶקֶת	
34)	יָצַת נִצַּת הִצִּית	יִצַּת יַצִּית		 הַצִּית		
35)	יָצַר נוֹצַר	יִצֹּר	וַיִּיצֶר			
36)	בָּנָה	יִבְנֶה	וַיִּבֶן	בְּנֵה בְּנוּ	בְּנוֹת	בָּנֹה בָּנוֹ
37)	בָּזָה	יִבְזֶה	וַיִּבֶז			
38)	פָּנָה	יִפְנֶה	וַיִּפֶן	פְּנֵה	פְּנוֹת	פָּנֹה
39)	רָבָה הִרְבָּה	יִרְבֶּה יִרֶב יַרְבֶּה	וַיִּרֶב וַתֵּרֶב וַיֶּרֶב	רְבֵה הֶרֶב הַרְבֵּה	רְבוֹת הַרְבּוֹת	 הַרְבֵּה
40)	רָפָה	יִרְפֶּה	וַיִּרֶף			
41)	בָּכָה	יִבְכֶּה	וַיֵּבְךְּ	בְּכֵה	בְּכוֹת לִבְכּוֹת	בָּכֹה
42)	שָׁבָה		וַיִּשְׁבְּ	וּשֲׁבֵה	שְׁבוֹת	
43)	שָׁתָה	יִשְׁתֶּה	וַיֵּשְׁתְּ	שְׁתֵה	שְׁתוֹת	שָׁתֹה
44)	שָׁקָה	יַשְׁקֶה	וַיַּשְׁקְ וָאַשְׁקֶה			
45)	עָלָה	יַעֲלֶה = Hif'il	וַיַּעַל = Hif'il	עֲלֵה	עֲלוֹת	עָלֹה
46)	עָנָה	יַעֲנֶה	וַיַּעַן	עֲנֵה	עֲנוֹת	
47)	עָשָׂה	יַעֲשֶׂה יַעַשׂ	וַיַּעַשׂ	עֲשֵׂה	עֲשׂוֹת	עָשֹׂה
48)	חָנָה	יַחֲנֶה	וַיִּחַן	חֲנֵה	חֲנוֹת	
49)	חָרָה	יֶחֱרֶה יִחַר	וַיִּחַר		חֲרוֹת	חָרֹה
50)	רָאָה	יִרְאֶה יֵרֶא יֵרֶא תֵּרֶא	וַיַּרְא וַתֵּרֶא וָאֵרֶא וַיִּרְאֶה	רְאֵה	רְאוֹת רְאֹה לִרְאוֹת	רָאֹה

Ptz. akt.	Ptz. pass.	Bemerkungen	Bedeutung
	יָצוּק	Verba primae Jod/Waw = Nun[1]	Qal: gießen
מַצִּית		Verba primae Jod/Waw = Nun[1]	Qal: in Brand geraten, anzünden Nif'al: verbrannt werden Hif'il: anzünden
		Verba primae Jod/Waw = Nun[1]	Qal: bilden Nif'al: gebildet werden
בֹּנֶה	בָּנוּי	Verba tertiae infirmae	Qal: bauen
בּוֹזֶה	בָּזוּי	Verba tertiae infirmae	Qal: geringschätzen, verachten
פֹּנֶה		Verba tertiae infirmae	Qal: (sich) wenden aber: וַתֵּפֶן ; Hif'il: וַיֵּפֶן
מַרְבֶּה		Verba tertiae infirmae	Qal: viel sein, sich mehren Hif'il: viel machen, vermehren
		Verba tertiae infirmae	Qal: matt sein
בֹּכֶה		Verba tertiae infirmae	Qal: weinen
שֹׁבֶה	שָׁבוּי	Verba tertiae infirmae	Qal: gefangen wegführen
שֹׁתֶה		Verba tertiae infirmae	Qal: trinken
		Verba tertiae infirmae	Hif'il: tränken
עֹלֶה f.: עֹלָה		Verba tertiae infirmae	Qal: hinaufsteigen Hif'il: hinaufführen
עֹנֶה		Verba tertiae infirmae	Qal: antworten
עֹשֶׂה cs. עוֹשֵׂה	עָשׂוּי	Verba tertiae infirmae + primae laryngalis	Qal: tun, machen
חֹנֶה		Verba tertiae infirmae + primae laryngalis	Qal: sich lagern
		Verba tertiae infirmae + primae laryngalis	Qal: (von Zorn) entbrennen
רֹאֶה	רָאוּי	Verbae tertiae infirmae	Qal: sehen וַיַּרְא auch Hif'il

Häufig gebrauchte Verben - Eckformen

	3. Sg. m. Perf.	3. Sg. m. Impf.	3. Sg. m. Impf.-cons.	Imp. Sg. m.	Inf. cs.	Inf. abs.
51)	הָיָה הֱיִיתֶם וִהְיִיתֶם	יִהְיֶה Juss.: יְהִי i.p.: יֶהִי	וַיְהִי וִיהִי	הֱיֵה וֶהְיֵה	הֱיוֹת לִהְיוֹת מִהְיוֹת	הָיוֹה
52)	חוה הִשְׁתַּחֲוָה	יִשְׁתַּחוּ	וַיִּשְׁתַּ֫חוּ	f.: הִשְׁתַּחֲוִי	הִשְׁתַּחֲוֹת	
53)	קָם	יָקוּם	וַ֫יָּקָם	קוּם	קוּם	קוֹם
54)	מֵת	יָמוּת	וַ֫יָּמָת	מוּת	מוּת	מוֹת
55)	בָּא הֵבִיא	יָבוֹא יָבִיא	וַיָּבוֹא וַיָּבֵא	בּוֹא הָבֵא	בּוֹא הָבִיא	בּוֹא הָבֵא
56)	בּוֹשׁ	יֵבוֹשׁ	וַיֵּבוֹשׁ	בּוֹשׁ	בּוֹשׁ	בּוֹשׁ
57)	סָבַב	יָסֹב	וַ֫יָּסָב	סֹב	סֹב	סָבוֹב
58)	קַל	יֵקַל	וַיֵּקַל			
59)	נכה הִכָּה הֻכָּה נִכָּה	יַכֶּה יֻכֶּה	וַיַּכֶּה וַיַּךְ וַיֻּכֶּה	הַכֵּה הַךְ	הַכּוֹת	הַכֵּה
60)	נָטָה	יִטֶּה	וַיֵּט	נְטֵה	נְטוֹת לִנְטוֹת	נָטֹה
61)	ידה הוֹדָה הִתְוַדָּה	יוֹדֶה		הוֹדֵה	הוֹדוֹת	הוֹדֵה

Ptz. akt.	Ptz. pass.	Bemerkungen	Bedeutung
הֹ(ו)יֶה	הָיוּי	Verba tertia infirmae	Qal: sein ebenso: חָיָה: leben
מִשְׁתַּחֲוֶה		Verba tertiae infirmae + primae laryngalis	Hištafʿel: sich niederwerfen, anbeten
קָם	קוּם	Verba mediae û	Qal: aufstellen, sich aufmachen Hifʿil: aufrichten
מֵת	מוּת	Verba mediae û	Qal: sterben
m.: בָּא f.: בָּאָה מֵבִיא		Verba mediae ô	Qal: kommen, hineingehen Hifʿil: hineinführen
בּוֹשׁ		Verba mediae ô	Qal: sich schämen
סֹבֵב	סָבוּב	Verba mediae geminatae (ō-Imperfekt)	Qal: wenden
		Verba mediae geminatae (a-Imperfekt)	Qal: schnell, gering sein
מַכֶּה m.: מֻכֶּה f.: מֻכָּה		Verba primae Nun + tertiae infirmae (Doppelt schwache Verben)	Hifʿil: schlagen Hofʿal: ge-, erschlagen werden Nifʿal: ge-, erschlagen werden
נֹטֶה	נָטוּי	Verba primae Nun + tertiae inf. (Doppelt schwache Verben)	Qal: neigen, ausstrecken
מוֹדֶה		Verba primae Jod + tertiae inf. (Doppelt schwache Verben)	Hifʿil: preisen Hitpaʿel: bekennen

Vokabelverzeichnis Hebräisch – Deutsch:

Das Verzeichnis listet alle Vokabeln auf, die in den Lektionen 6-26 behandelt und gelernt wurden. Die Vokabeln werden mit der deutschen Bedeutung sowie der Ziffer der betreffenden Lektion angegeben. Die Eigennamen sind nicht separat aufgelistet, sondern in das Vokabelverzeichnis integriert worden.

א

אָב	Vater 8
אבד	zugrunde gehen; *Pi./Hi.* zugrunde richten 18
אבה	wollen 18
אֲבִיגַיִל / אֲבִיגַל	Abigail *(n.pr.f.)* 16
אֲבִיהוּ	Abihu *(n.pr.m.)* 23
אֶבְיוֹן	arm; Armer 6
אֲבִיָּם	Abijam *(n.pr.m.)* 15
אֲבִימֶ֫לֶךְ	Abimelech *(n.pr.m.)* 10
אֶ֫בֶן *f.*	Stein 11
אֵ֫בֶר	Flügel 21
אַבְרָהָם	Abraham *(n.pr.m.)* 11
אָדוֹן/אֲדֹנָי	Herr / der Herr 10
אָדָם	Mensch; Menschen *(koll.)* 6
אֲדָמָה	Ackerland, Erdboden 14
אֲדֹנִיָּהוּ	Adoniajahu *(n.pr.m.)* 8
אהב	lieben 18
אֹ֫הֶל	Zelt 11
אַהֲרוֹן	Aaron *(n.pr.m.)* 21
אוֹ	oder 11
אַוָּה	Begehren, Verlangen 18
אוֹיֵב	Feind 16
אוּלַי	vielleicht 17
אָ֫וֶן	Mühe; Frevel; Sünde 12
אוֹצָר	Vorrat, Schatz 15
אוֹר	Licht 6
אוֹר	hell werden, leuchten 24
אוֹת	Zeichen, Wunder 17
אָז	damals, dann 8
אזן	*Hi.* hinhören 18
אֹ֫זֶן	Ohr 11
אָח	Bruder 8
אֶחָד	eins, einer *(st.cs.:* אַחַד*)* 23
אָחוֹת	Schwester 8
אחז	ergreifen 18
אֲחַזְיָהוּ	Ahasja *(n.pr.m.)* 15
אַחַר/אַחֲרֵי	hinter 7
אַחֲרֵי אֲשֶׁר	nachdem 17
אַחֵר	ein anderer 11
אַחֲרִית	Zukunft, Ende; Nachkommenschaft 19
אֹיֵב	Feind 24
אַיֵּה	wo? 6
אִיזֶ֫בֶל	Isebel *(n.pr.f.)* 6
אֵיךְ	wie? wie! 6
אַיִל	Widder 12
אַיִן/אֵין	Nichtvorhandensein; es gibt nicht 7
אֵיפָה	Epha *(Getreidemaß: ca. 22-45 Liter)* 26
אִישׁ	Mann; jemand; ein jeder 7
אַךְ	gewiss, nur 10
אכל	essen, verzehren 13
אֹ֫כֶל	Speise, Nahrung 26
אָכְלָה	Speise, Nahrung 22
אָכֵן	gewiss, aber, dennoch 14
אֵל	Gott 7
אֶל־	zu, nach 7

אֵלֶּה		diese *(Pl.com.)* 6
אֱלֹהִים		Gott, Götter 6
אֵלוֹן/אַלּוֹן		großer Baum, Terebinthe 6
אֵלִיָּהוּ		Elia *(n.pr.m.)* 12
אֱלִיעֶזֶר		Eliezer *(n.pr.m.)* 22
אֱלִישָׁע		Elisa *(n.pr.m.)* 18
אִלֵּם		stumm 16
אַלְמָנָה		Witwe 20
אֶלֶף		tausend; Tausendschaft 11
אִם		wenn, ob 11 als, nachdem 17
אֵם		Mutter 14
אָמָה		Magd 8
אָמוֹץ		Amoz *(n.pr.m.)* 13
אמל		*Pulal* verwelken 26
אמן		*Ni.* fest sein, treu sein; *Hi.* glauben 18
אמר		sagen, sprechen 10
אֱמֹרִי		Amoriter *(n.g.)* 12
אֱמֶת		Treue; Wahrheit 19
אָנָּה		ach, doch 18
אֱנוֹשׁ		Mensch 9
אָנֹכִי/אֲנִי		ich 6
אֲנַחְנוּ/נַחְנוּ		wir 6
אנף		*Hitp.* zürnen 14
אָסָא		Asa *(n.pr.m.)* 15
אסף		sammeln, aufnehmen; wegnehmen; *Ni.* sich versammeln 18
אסר		anbinden, fesseln 18
אַף		Nase, Zorn 14
אפה		backen 18
אֶפֶס		Ende 26
אֶפְרַיִם		Ephraim *(n.terr.)* 12
אַרְבָּעָה		vier 24
אֲרוֹן		Lade, Kasten 6
אֶרֶז		Zeder 23
אֹרַח		Weg, Weise 24
אֲרִי		Löwe 12
אֹרֶךְ		Länge 11
אַרְנוֹן		Arnon *(n.l.)* 24
אֶרֶץ	*f.*	Land, Erde 6
ארר		verfluchen 25
אֵשׁ	*f.*	Feuer 6
אַשְׁדּוֹד		Aschdod *(n.l.)* 15
אִשָּׁה		Frau 8
אַשּׁוּר		Assur *(n.terr.)* 13
אֲשֶׁר		„von welchem gilt", dass, wenn 6; 12; 16
אֲשֶׁר (לֹא)		damit (nicht) 19
אַשְׁרֵי		glücklich, der *(Seligpreisung)* 16
אַתְּ		du *(f.)* 6
אֵת/אֶת־		mit 7
אֵת/אֶת־		*nota accusativi* 7
אַתָּה		du *(m.)* 6
אָתוֹן		Eselin 20
אַתֶּם		ihr *(m.)* 6
אַתֵּנָה/אַתֵּן		ihr *(f.)* 6

ב

בְּ	in, an, mit, durch 6; 22
בְּאֵר שֶׁבַע	Beerseba *(n.l.)* 22
בַּאֲשֶׁר	dadurch dass, weil 20
בָּבֶל	Babel *(n.l.)* 12
בֶּגֶד	Kleid 15
בדל	*Hi.* trennen, sondern, aussondern 14
בְּהֵמָה	Vieh, Tiere *(koll.)* 17
בוֹא	kommen; hineingehen; untergehen *(Sonne)* 24
בּוֹשׁ	sich schämen, zuschanden werden 24
בחן	prüfen, auf die Probe stellen 19
בחר	wählen, erwählen 11
בטח	vertrauen 15

בֶּטֶן	Bauch, Leib, Mutterleib 14
בְּטֶרֶם	ehe, bevor 17
בִּי	bitte 16
בִּין	verstehen, einsehen; *Hi.* verstehen; belehren 24
בֵּין	zwischen 7
בַּיִת	Haus 7
בֵּית־אֵל	Bethel *(n.l.)* 16
בכה	weinen, beweinen 23
בְּכוֹר	erstgeboren; Erstgeborener 7
בְּכִי	das Weinen 12
בֹּכִים	Bochim *(n.l.)* 25
בלע	verschlingen 20
בֵּן	Sohn 8
בֶּן־הֲדַד	Benhadad *(n.pr.m.)* 15
בנה	bauen 23
בְּנֵי עַמּוֹן	Ammoniter *(n.g.)* 21
בַּעֲבוּר	um ... willen; wegen; damit 18
בֹּעַז	Boas *(n.pr.m.)* 25
בַּעַל	Besitzer, Herr; Baal *(Gott)* 15
בקע	spalten, teilen 20
בָּקָר	Rinder *(koll.)* 20
בֹּקֶר	Morgen 12
בקשׁ	*Pi.* suchen 13
ברא	erschaffen *(nur von Gott)* 20
בָּרוּךְ	gesegnet 17
בַּרְזֶל	Eisen 24
ברח	entlaufen, fliehen 20
בְּרִית *f.*	Bund 7
ברך	*Qal/Pi.* segnen 16
בְּרָכָה	Segen, Segensspruch 18
בְּרֵכָה	Teich 20
בָּרָק	Barak *(n.pr.m.)* 23
בָּשָׂר	Fleisch 6
בשׂר	*Pi.* melden, verkünden, Botschaft bringen 24
בַּת	Tochter 8
בְּתוּלָה	Jungfrau 22

ג

גאל	befreien, erlösen 24
גבה	hoch/erhaben sein 20
גָּבֹהַּ	hoch 17
גְּבוּל	Grenze, Gebiet 7
גִּבּוֹר	stark; Held, Krieger 7
גְּבוּרָה	Stärke 13
גבר	stark sein 20
גֶּבֶר	Mann 16
גָּדוֹל	groß 6
גְּדִי	Böckchen 12
גדל	groß werden, wachsen; *Pi.* groß ziehen 9; 13
גִּדְעוֹן	Gideon *(n.pr.m.)* 16
גּוֹי	Volk 7
גוע	umkommen, sterben 24
גּוּר	Fremdling sein; weilen 24
גּוֹרָל	Los; Losanteil; Geschick 15
גַּיְא	Tal 22
גִּיל	sich freuen 24
גִּלְגָּל	Gilgal *(n.l.)* 25
גלה	entblößen, offenbaren; *Hi.* ins Exil führen 23
גלל	rollen, wälzen 26
גִּלְעָד	Gilead *(n.terr.)* 9; 12
גַּם	auch; sogar 8
גָּמָל	Kamel 14
גַּן	Garten 9
גנב	stehlen 8
גֵּר	Fremder 22
גְּרָר	Gerar *(n.l.)* 21
גרשׁ	*Pi.* vertreiben 19

ד

דְּבוֹרָה Debora *(n.pr.f.)* 10
דָּבָר Wort; Sache; Ereignis 8
דבר *Pi.* reden; *Hitp.* sich besprechen 10
דָּוִד David *(n.pr.m.)* 9
דּוֹר Generation 7
דִּין Recht schaffen, Gericht halten 26
דֶּלֶת Tür, Türflügel 21
דָּם Blut 10
דְּמוּת Ähnlichkeit, Abbild 19
דָּן Dan *(n.pr.m.)* 17
דַּעַת Wissen 21
דרך treten 8
דֶּרֶךְ Weg; Lebenswandel; Reise 11
דרשׁ suchen; fragen; trachten 8

ה

הֲ *He interrogativum* 6
הַ· *Artikel* 6
הָאֱמֹרִי Amoriter *(n.g.)* 10
הֶבֶל Hauch, Nichtigkeit 6
הָגָר Hagar *(n.pr.f.)* 22
הֲדַד Hadad *(n.pr.m.)* 8
הוּא er 6
הִוא/הִיא sie *(Sg.)* 6
היה sein; werden 23
הֵיכָל Palast; Tempel 15
הלך gehen 11
הלל *Pi.* jubeln; *Hitp.* sich rühmen 13
הֵמָּה/הֵם sie *(m.)* 6
הָמוֹן Lärm; Menge 17
הֵן siehe 19
wenn, falls 16
הִנֵּה siehe 10
הֵנָּה sie *(f.)* 6
הפך wenden, umstürzen 18
הַר Berg, Gebirge 6
הרג töten, schlagen 18

ו

וְ und; aber 6
וְהָיָה כִּי und es wird sein, wenn 20
וַיֹּאמֶר und er sagte 13
וַיְהִי und es war / geschah 11

ז

זֹאת diese *(Sg.f.)* 6
זֶבַח Opfer 11
זבח schlachten, opfern 16
זֶה dieser *(Sg.m.)* 6
זָהָב Gold 6
זַיִת Ölbaum 12
זָכָר männlich; Mann 13
זכר gedenken, sich erinnern 8
זִכָּרוֹן Andenken 17
זמר *Pi.* singen, spielen, preisen 13
זעק rufen, schreien 12
זָקֵן alt werden, altern 10
זָקֵן alt; Ältester 13
זרע säen 20
זֶרַע Saat; Geschlecht, Nachkommenschaft 17

ח

חבא *Ni.* sich verstecken; *Hi.* versteckt halten 20

חֶבְרוֹן	Hebron *(n.l.)* 12
חָג	Fest 6
חדל	aufhören, unterlassen 18
חָדָשׁ	neu 13
חֹדֶשׁ	Monat, Neumond 6
חוה	*Hištafᶜel* sich verneigen, anbeten 23
חוֹל	Sand 22
חוּץ	Gasse; draußen 7
חזה	schauen 23
חזק	fest sein, stark sein; *Hi.* ergreifen 18
חָזָק	hart, stark 8
חִזְקִיָּהוּ	Hiskia *(n.pr.m.)* 11
חטא	sündigen, s. verfehlen 20
חַי	lebend, lebendig 14
חַיָּה	Tier *(meist wildes Tier)* 18
חיה	leben 23
חַיִּים	Leben 13
חַיִל	Kraft, Heer 12
חִירָם	Hiram *(n.pr.m.)*17
חכם	weise sein/werden 16
חָכָם	weise; Weiser 6
חָכְמָה	Weisheit 6
חָלָב	Milch 6
חֵלֶב	Fett; Bestes, Erlesenes 25
חלה	krank sein 23
חֲלוֹם	Traum 9
חֳלִי	Krankheit 6; 12
חָלִילָה	fern sei es 18
חלל	*Pi.* entweihen; *Hi.* anfangen 16
חָלָל	durchbohrt, erschlagen 13
חֶלְקָה	1. Glätte, Schmeichelei; 2. Feld 22
חֵמָה	Hitze, Erregung, Zorn 20
חֲמוֹר	Esel 9
חָמָס	Unrecht, Gewalttat 13
חֲמִשָּׁה	fünf 24
חֵן	Gnade, Gunst 14
חנה	sich lagern 23
חַנָּה	Hanna *(n.pr.f.)* 9
חַנּוּן	barmherzig, gnädig 19
חִנָּם	umsonst, unentgeltlich 16
חנן	gnädig/gütig sein 25
חֲנַנְיָה	Hananja *(n.pr.m.)* 16
חֶסֶד	Güte, Freundlichkeit 11
חסה	sich bergen, Zuflucht suchen 26
חָפְנִי	Hophni *(n.pr.m.)* 24
חָפֵץ	Gefallen haben an, gern haben 18
חצה	teilen 25
חָצוֹר	Hazor *(n.l.)* 15
חֲצִי	Hälfte, Mitte 12
חָצִיר	Gras 6
חֹק	Gesetz, Satzung 14
חֶרֶב *f.*	Schwert 6
חֹרֵב	Horeb *(n.l.)* 14
חָרְבָּה	Trümmerstätte 25
חרם	*Hi.* bannen 18
חרף	*Pi.* schmähen, verhöhnen 19
חשׂך	zurückhalten, schonen 20
חשׁב	anrechnen, halten für 18
חֶשְׁבּוֹן	Hesbon *(n.l.)* 8
חֹשֶׁךְ	Finsternis 26
חתת	mutlos/erschrocken sein 25

ט

טָהוֹר	rein 17
טהר	rein sein; *Pi.* reinigen, für rein erklären 19
טוֹב	gut 8
טוֹב	gut sein 24
טוּב	Schönheit, göttliche Herrlichkeit 25

טָמֵא		unrein 8

י

יָבִין		Jabin *(n.pr.m.)* 15
יָבֵישׁ		Jabesch *(n.l.)* 13
יַבֹּק		Jabboq *(n.l.)* 24
יָבֵשׁ		trocken sein, austrocknen 22
יָד	*f.*	Hand, Seite, Macht 6
ידה		*Hi.* preisen, bekennen 26
ידע		kennen, wissen 11
יְהוֹאָחָז		Joahas *(n.pr.m.)* 15
יְהוּדָה		Juda *(n.terr.)* 12
יְהוָה צְבָאוֹת		Jahwe Zebaoth, Jahwe der Heerscharen 7
יְהוֹנָתָן		Jonathan *(n.pr.m.)* 20
יְהוֹשֻׁעַ		Josua *(n.pr.m.)* 15
יוֹאָשׁ		Joas *(n.pr.m.)* 15
יוֹם		Tag; Zeit 6
יוֹנָה		Taube 20
יוֹסֵף		Joseph *(n.pr.m.)* 7
יוֹתָם		Jotham *(n.pr.m.)* 10
יִזְרְעֶאל		Jesreel *(n.l.)* 18
יטב		gut sein, gut gehen 22
יַיִן		Wein 22
יָכֹל		können, vermögen 22
ילד		gebären, zeugen 17
יֶלֶד		Kind, Knabe 22
יָם		Meer 14
יָמִין		rechte Hand, rechte Seite 17
ינק		saugen; *Hi.* säugen, stillen 22
יסד		*Qal* gründen 22
יסף		*Qal/Hi.* hinzufügen 22
יסר		*Pi.* zurechtweisen, züchtigen 16
יָעֵל		Jael *(n.pr.f.)* 23
יַעַן		wegen dessen, dass 20
יַעַן כִּי		wegen dessen, dass 20
יַעַן אֲשֶׁר		wegen dessen, dass 20
יָעֵף		müde werden 22
יעץ		raten, beraten, planen 22
יַעֲקֹב		Jakob *(n.pr.m.)* 12
יַעַר		Dickicht, Wald 25
יָפֶה		schön 18
יִפְתָּח		Jephta *(n.pr.m.)* 12
יצא		hinausgehen; *Hi.* herausführen 22
יצב		*Hitp.* sich hinstellen 13
יִצְחָק		Isaak *(n.pr.m.)* 10
יצק		ausgießen, ausschütten 22
יצר		formen, bilden 22
יָרֵא		fürchten, sich fürchten 10; 22
ירד		hinabsteigen; *Hi.* hinabführen 22
יַרְדֵּן		Jordan *(n.l.)* 6
ירה		*Hi.* unterweisen, belehren 26
יְרִיחוֹ		Jericho *(n.l.)* 23
יִרְמְיָהוּ		Jeremia *(n.pr.m.)* 15
ירשׁ		in Besitz nehmen, beerben 22
יֵשׁ		Vorhandensein; es gibt 7
ישׁב		wohnen, bleiben 10
יֹשֵׁב		Einwohner 7
יְשׁוּעָה		Hilfe, Heil 17
יִשְׁמָעֵאל		Ismael *(n.pr.m.)* 23
יָשֵׁן		einschlafen, schlafen 22
ישׁע		*Hi.* helfen, retten 22
יְשַׁעְיָהוּ		Jesaja *(n.pr.m.)* 11
יָשָׁר		recht, gerade 8
יתר		*Ni.* übrigbleiben; *Hi.* übriglassen 22

כ

כְּ		wie, entsprechend 6; 23

כַּאֲשֶׁר	wie; weil; wie wenn; als, nachdem 16
כָּבֵד	schwer sein; *Pi.* ehren 9; 13
כָּבֵד	schwer 7
כָּבוֹד	Ehre, Herrlichkeit 17
כבס	*Pi.* waschen 13
כֶּבֶשׂ	junger Widder, Lamm 11
כֹּה	so; hier, hierhin 11
כֹּהֵן	Priester 10
כּוֹכָב	Stern 9
כול	erfassen; *Pilpel* versorgen 26
כון	*Ni.* befestigt werden, fest stehen; *Po.* hinstellen 24
כזב	*Pi.* lügen 13
כֹּחַ	Kraft 7
כחשׁ	*Pi.* lügen; leugnen 23
כִּי	dass; denn, weil; wenn 9
כִּי אִם	außer; sondern, jedoch 18
כִּכָּר	runde Scheibe, Talent; Gegend, Umkreis 15
כֹּל	Gesamtheit; alle, jeder 9
כְּלִי	Gerät, Gefäß 12
כלם	*Ni.* sich schämen; *Hi.* beschämen, schmähen 26
כֵּן	so, ebenso 18
כְּנַעַן	Kanaan *(n.terr.)* 15
כָּנָף	Flügel 13
כִּסֵּא	Thronstuhl, Sessel 16
כְּסִיל	Tor *(stultus)* 20
כֶּסֶף	Silber, Geld 6
כַּף	hohle Hand 14
כפר	*Pi.* Sühne schaffen 13
כֶּרֶם	Weinberg 21
כרסם	*Pi.* abfressen 26
כרת	schneiden 8
כשׁל	straucheln 26
כתב	schreiben 8
כָּתֵף	Schulter, Berghang 13

ל

לְ	für; hinsichtlich; zu 6; 22
לֹא	nicht 8
לֵאָה	Lea *(n.pr.f.)* 23
לֵאמֹר	folgendermaßen; indem er sagte 11
לֵב	Herz 14
לֵבָב	Herz 13
לְבִלְתִּי	um nicht *(beim Inf.cs.)* 18
לָבָן	Laban *(n.pr.m.)* 7
לוּ	wenn; falls; gesetzt den Fall, dass 16
לוֹט	Lot *(n.pr.m.)* 7
לֵוִי	Levit 18
לוּלֵי	wenn nicht 16
לְחִי	Kinnbacken 12
לחם	*Ni.* kämpfen, Krieg führen 12
לֶחֶם	Brot, Speise, Nahrung 11
לַיְלָה	Nacht 24
לִין	übernachten 24
לכד	fangen, erobern 8
לָכֵן	deshalb 21
למד	lernen 10; 13
לָמָּה	warum? 6
לְמַעַן	damit, um ... willen 10
לְמַעַן אֲשֶׁר	damit ... 19
לַפִּידוֹת	Lapidoth *(n.pr.m.)* 10
לִפְנֵי	vor 7
לקח	nehmen, fassen, ergreifen 17
לקט	*Qal/Pi.* sammeln, auflesen 26
לָשׁוֹן	Zunge, Sprache 17

מ

מְאֹד	sehr 8

מֵאָה	hundert 24
מְאוּמָה	irgendetwas 20
מֵאָז	seitdem 17
מַאֲכָל	Speise, Nahrung 18
מאן	*Pi.* sich weigern 19
מאס	verschmähen, verabscheuen 19
מֵאֲשֶׁר	weil 20
מַבּוּל	Flut 12
מַגֵּפָה	Plage 24
מִדְבָּר	Wüste, Steppe 15
מדד	messen 25
מַה־	was? 6
מַדּוּעַ	warum? 6
מהה	*Hitpalpel* zögern 26
מהר	*Pi.* eilen, beschleunigen 19
מוֹאָב	Moab *(n.terr.)* 24
מוּסָר	Zucht, Züchtigung 15
מוֹעֵד	Zeitpunkt 16
מוֹקֵשׁ	Falle 16
מוּת	sterben 24
מָוֶת	Tod 12
מִזְבֵּחַ	Altar 16
מִזְרָח	Aufgang *(Sonne)*, Osten 15
מַחֲזֶה	Gesicht, Vision 22
מַחֲנֶה	Lager, Heer 18
מַחֲשֶׁבֶת	Gedanke 21
מַטֶּה	Stab, Stamm
מָטָר	Regen 13
מִי	wer? 6
מַ֫יִם	Wasser 6
מכר	verkaufen 12
מָלֵא	voll sein; *Ni.* angefüllt sein, erfüllt werden 17
מָלֵא	voll 11
מַלְאָךְ	Bote, Engel 10
מִלְחָמָה	Kampf, Krieg 14
מלט	*Ni.* sich retten, entrinnen; *Pi.* retten 12
מלך	König sein/werden 8
מֶ֫לֶךְ	König 6
מַלְכָּה	Königin 22
מַלְכוּת	Königsherrschaft, Königreich 19
מַמְלָכָה	Königsherrschaft, Königswürde 20
מַמְלְכוּת	Königsmacht 16
מִן	von, seit; wegen 7; 23
מָנוֹחַ	Ruheort 20
מִסְפָּר	Zahl 15
מָעוֹז	Zufluchtsstätte, Schutz 18
מְעַט	wenig, ein wenig 24
מְעִיל	Umhang, Mantel 11
מְעָרָה	Höhle 26
מַעֲשֶׂה	Tat, Werk, Arbeit 18
מצא	finden 15
מַצֶּ֫בֶת	Mazzebe, Gedenkstein 21
מִצְוָה	Befehl, Gebot 24
מִצְפָּה	Mizpa *(n.l.)* 13
מִצְרַ֫יִם	Ägypten *(n.terr.)* 16
מִקְדָּשׁ	Heiligtum 15
מָקוֹם	Ort 14
מִקְנֶה	Viehbesitz 6
מַרְאֶה	Sehen; Aussehen, Erscheinung 18
מָרוֹם	Höhe 17
מֹשֶׁה	Mose *(n.pr.m.)* 10
משׁח	salben 11
מָשִׁיחַ	Gesalbter 17
מִשְׁכָּן	Wohnung 15
משׁל	herrschen 9
מִשְׁמֶ֫רֶת	Wache 21
מִשְׁפָּחָה	Verwandtschaft, Geschlecht 20
מִשְׁפָּט	Recht 9
מִשְׁתֶּה	Trinken; Gastmahl 18
מָתַי	wann? 6

נ

נָא	doch, gewiss 9; 12
נְאֻם יְהוָה	Ausspruch des Herrn 15
נאץ	*Pi.* verachten 19
נבא	*Ni.* als Prophet auftreten 21
נָבוֹת	Naboth *(n.pr.m.)* 18
נבט	*Hi.* aufblicken 21
נָבִיא	Prophet 10
נָבָל	unverständig, gottlos 19
נֶגֶב	Süden, Negev 21
נֶגֶד	vor, gegenüber von 23
נגד	*Hi.* Nachricht geben, mitteilen 21
נגע	schlagen, berühren; *Hi.* gelangen 20
נֶגַע	Schlag, Plage 20
נגף	schlagen, stoßen 21
נגשׂ	drängen, treiben 21
נגשׁ	hinzutreten, sich nähern 21
נָדָב	Nadab *(n.pr.m.)* 23
נדר	ein Gelübde ablegen, geloben 21
נֶדֶר	Gelübde 21
נָהָר	Fluss, Strom 13
נָוֶה	Weideplatz, Stätte 18
נוּחַ	sich niederlassen, ruhen 24
נוּן	Nun *(n.pr.m.)* 19
נוּס	fliehen 24
נֹחַ	Noah *(n.pr.m.)* 17
נַחַל	Bachtal, Wadi 11
נחל	Besitz erhalten, erben 21
נַחֲלָה	Erbe, Besitz 16
נחם	*Ni.* bereuen; *Pi.* trösten 19
נטה	ausstrecken, neigen 26
נטע	pflanzen 21
נִיחוֹחַ	Beschwichtigung; Wohlgefallen, Behagen 25
נכה	*Hi.* schlagen 25
נסה	*Pi.* auf die Probe stellen, prüfen 24
נסע	aufbrechen, weiterziehen 21
נָעֳמִי	Naemi *(n.pr.f.)* 25
נַעַר	Knabe; Knecht 7
נפל	fallen 17
נֶפֶשׁ *f.*	Seele; Person 10
נצב	*Ni.* sich hinstellen 21
נצל	*Hi.* entreißen, wegnehmen 21
נקה	*Ni.* unschuldig sein 26
נָקִי	ledig, frei, unschuldig 18
נשׂא	heben, aufheben 21
נשׂג	*Hi.* erreichen, einholen 21
נָשִׂיא	Fürst 17
נְשָׁמָה	Wehen, Atem, Hauch 20
נשׁק	küssen 21
נתן	geben, schenken 15

ס

סבב	umwandeln, herumgehen, umgeben 25
סָבִיב	ringsum; Umgebung 17
סְדֹם	Sodom *(n.l.)* 6
סוּס	Pferd 7
סוֹפֵר	Erzähler 16
סוּר	weichen 24
סחר	*Pealal* heftig klopfen 26
סִיחוֹן	Sihon *(n.pr.m.)* 10
סִיסְרָא	Sisera *(n.pr.m.)* 23
סֻכָּה	Laubhütte 14
סלח	vergeben *(nur von Gott)* 20
סַנְחֵרִב	Sanherib *(n.pr.m.)* 13

ספד	klagen 15
ספר	zählen 9; 13
סֵפֶר	Buch 6
סתר	*Hitp.* sich verbergen; *Hi.* verbergen 13; 14

ע

עבד	dienen, arbeiten 16
עֶבֶד	Diener, Knecht 6
עֲבֹדָה	Arbeit, Dienst; Gottesdienst 22
עֹבַדְיָהוּ	Obadjahu *(n.pr.m.)* 26
עבר	durchziehen, vorübergehen 17
עִבְרִי	ein Hebräer *(n.g.)* 6
עֻגָה	Brotfladen 23
עֶגְלָה	junge Kuh 13
עֵד	Zeuge 20
עַד	bis, bis zu 7
עַד כִּי	bis dass, solange als/bis 17
עַד־אִם	bis dass, solange als/bis 17
עַד אֲשֶׁר אִם	bis dass, solange als/bis 17
עֵדוּת	Zeugnis, Mahnung, Gebot 9
עוֹד	weiterhin, ferner, noch, wieder 12
עוֹלָה	Brandopfer 25
עוֹלָם	ferne Zukunft, Ewigkeit 15
עָוֹן	Sünde, Schuld, Strafe 6
עוֹף	Vögel *(koll.)* 17
עִוֵּר	blind 16
עֹז	Kraft, Stärke 14
עֵז	Ziege 14
עזב	verlassen 16
עזר	helfen, unterstützen 18
עֶזְרָה	Hilfe, Beistand 22
עַי	Ai *(n.l.)* 6
עַיִן	1. Auge; 2. Quelle 12
עַיִר	junger Esel 12
עִיר	*f.* Stadt 6
עַל	auf 7; 24
עַל דִּבְרַת אֲשֶׁר	weil, darum dass 20
עַל כִּי	weil, darum dass 20
עַל אֲשֶׁר	weil, darum dass 20
עַל־כֵּן	deshalb 23
עלה	hinaufsteigen 23
עָלֶה	Blätter 18
עֶלְיוֹן	oberer, höchster 24
עַם	Volk 6
עִם	mit *(soziativ)* 7
עמד	hintreten, stehen; *Hi.* aufstellen 11
עַמּוּד	Pfeiler, Säule 7
עֲמֹרָה	Gommora *(n.l.)* 6
ענה	1. antworten; 2. gebeugt sein 23
עֲנָוָה	Demut 17
עֳנִי	Leiden, Elend 24
עָנָן	Wolke 6
עָפָר	Staub, Erde 13
עֵץ	Baum, Holz 7
עָצוּם	stark, mächtig, zahlreich 25
עֶצֶם	Gebein, Knochen; selbst 11
עֵקֶב	weil 20
עֵקֶב אֲשֶׁר	weil 20
עֶרֶב	Abend 11
עֲרוֹעֵר	Aroer *(n.l.)* 10
ערך	ordnen, zurüsten 18
עשׂה	tun, machen 23
עֵשָׂו	Esau *(n.pr.m.)* 11
עֲשָׂרָה	zehn 24
עָשִׁיר	reich; Reicher 6
עֹשֶׁר	Reichtum 7
עֵת	*f.* Zeitpunkt, Zeit 6
עַתָּה	jetzt, nun 8
עתק	*Hi.* weiterziehen 26

פ

פֶּה Mund 8
פֹּה hier, hierher 16
פַּחַד Schrecken, Beben 15
פִּינְחָס Pinehas *(n.pr.m.)* 24
פלא *Ni.* wunderbar sein 20
פלט *Pi.* retten 13
פלל *Hitp.* beten 13
פְּלִשְׁתִּים Philister *(n.g.)* 10
פֶּן dass nicht, damit nicht; sonst 18
פנה sich wenden 23
פָּנִים Angesicht, Vorderseite 14
פִּסֵּחַ lahm 16
פֹּעַל Tat, Arbeit, Werk 26
פַּעַם Schritt, Mal 11
פקד beauftragen, besuchen, heimsuchen; *Hi.* zur Aufsicht bestellen 9; 15
פקח öffnen 18
פַּר Jungstier 14
פרה fruchtbar sein 23
פרח sprossen, treiben 20
פְּרִי Frucht 12
פַּרְעֹה Pharao 20
פרר *Hi.* brechen, zerstören 25
פִּתְאֹם plötzlich, überraschend 25
פתח öffnen 11
פֶּתַח Öffnung, Türöffnung 14

צ

צֹאן Kleinvieh; Schafe und Ziegen *(koll.)* 7
צְבִי Herrlichkeit, Stolz 12
צַדִּיק gerecht; Gerechter 8; 9
צדק gerecht sein; *Hitp.* sich rechfertigen 9; 13
צֶדֶק Gerechtigkeit 6
צְדָקָה Gerechtigkeit 20
צוה *Pi.* befehlen 23
צוּר Fels 26
צחק lachen 23
צִידֹנִים Sidonier *(n.g.)* 11
צלח gelingen, Erfolg haben 19
צמא dürsten 20
צעק schreien 11
צְעָקָה Geschrei 11
צָפוֹן Norden 17
צַר Feind; Not 14
צָרָה Not 14
צרר zusammenschnüren, eng sein 25

ק

קבץ *Qal/Pi.* sammeln 9
קבר begraben 10
קָדוֹשׁ heilig 7
קָדִים Osten; Ostwind 17
קדשׁ heilig sein; *Hitp.* sich heiligen 9; 13
קֹדֶשׁ Heiligkeit, Heiligtum 11
קָהָל Volksversammlung, Gemeinde 21
קוה *Pi.* hoffen, warten
קוֹל Stimme, Geräusch 7
קוּם aufstehen 24
קָטֹן klein sein 10
קָטָן/קָטֹן klein 8
קטר *Pi./Hi.* räuchern, opfern 16
קְטֹרֶת Räucherwerk 21
קִיר Wand 7
קִישׁ Kisch *(n.pr.m.)* 13
קלל klein/gering werden; *Pi.* verfluchen 25
קנא *Pi.* eifersüchtig sein,

	sich ereifern 20
קַנָּא	eifersüchtig 11
קנה	kaufen, erwerben; hervorbringen, erschaffen 23
קָנֶה	(Schilf-)Rohr 18
קֵץ	Ende 14
קָצֶה	Ende, Rand 18
קצף	*Hi.* zum Zorn reizen 14
קצר	ernten 10
קרא	rufen, nennen 10
קרב	nahe sein 9
קֶרֶב	Inneres, Mitte 11
קָרְבָּן	Darbringung, Gabe 15
קָרוֹב	nahe; Verwandter 8
קִרְיָה	Stadt, Ortschaft 22
קרע	zerreißen 11
קשב	*Hi.* aufmerken 14
קָשֶׁה	hart 18
קֶשֶׁת	Bogen 26

ר

ראה	sehen; *Ni.* erscheinen 23
רֹאשׁ	Kopf, Spitze 8
רִאשׁוֹן	erster, früherer 7
רֵאשִׁית	Anfang 19
רֹב	Menge 14
רַב	groß, zahlreich 16
רבב	zahlreich werden 25
רְבָבָה	zehntausend, unendlich viele 24
רבה	viel sein/werden 23
רִבְקָה	Rebekka *(n.pr.f.)* 7
רגל	*Tiphʿal* gehen lehren 26
רֶגֶל	Fuß 11
רדף	verfolgen 9
רוּחַ *f.*	Wind, Hauch; Geist 6
רוּחַ	*Hi.* riechen, spüren, genießen 25
רום	sich erheben, erhaben sein; *Polel* preisen 24
רוּעַ	*Hi.* schreien, jauchzen 25
רוּץ	laufen 24
רוּת	Ruth *(n.pr.f.)* 25
רֹחַב	Weite, Breite 11
רָחוֹק	fern 8
רָחֵל	Rahel *(n.pr.f.)* 16
רחם	*Pi.* sich erbarmen 19
רֶ֫חֶם	Mutterleib 14
רחק	fern sein; *Hi.* entfernen, sich entfernen 9; 14
רִיב	streiten 24
רֵיחַ	Geruch, Dampf 25
רכב	reiten, fahren 9
רֶכֶב	Wagen 11
רִנָּה	Jubel 25
רנן	jubeln, jauchzen 25
רָע/רַע	schlecht, minderwertig 21
רֵעַ	Nächster, Freund 7
רָעֵב	hungrig 26
רָעָב	Hungersnot 7
רעה	weiden 23
רֹעֶה	Hirte 18
רָעָה	Böses 14
רעע	schlecht/böse sein 25
רפא	heilen 13
רָצוֹן	Wohlgefallen 17
רצח	töten, morden 20
רַק	nur, bloß *(Adv.)* 18
רָשָׁע	schuldig; Gottloser 18
רְשָׁעִים	Gottlose 6

שׂ

שֹׂבַע	Sättigung, Fülle 26
שָׂדֶה	Feld, Grundstück 18
שִׂים	setzen, stellen, legen 24

שׂכל	*Hi.* Einsicht haben, Erfolg haben, Acht haben 14
שׂמח	sich freuen, fröhlich sein 11
שָׂנֵא	hassen 20
שְׂעֹרָה	Gerste 26
שָׂפָה	Lippe; Sprache; Rand, Ufer 20
שַׂר	Beamter, Oberster, Fürst 14
שָׂרָה	Sara *(n.pr.f.)* 6
שָׂרַי	Saraj *(n.pr.f.)* 20
שׂרף	verbrennen 15

שׁ

·שֶׁ	„von welchem gilt“ 6
שָׁאוּל	Saul *(n.pr.m.)* 14
שְׁאוֹל	Scheol, Totenwelt, Unterwelt 26
שׁאל	fragen, bitten 16
שׁאר	*Ni.* übrigbleiben 12
שְׁאֵרִית	Rest 19
שֵׁבֶט	Stab, Stamm 11
שְׁבִי	Gefangenschaft 12
שׁבע	*Ni.* schwören 12
שִׁבְעָה	sieben 24
שׁבר	zerbrechen 12
שׁבת	aufhören, ruhen; *Hi.* zum Aufhören bringen 10; 14
שַׁבָּת	Sabbat 16
שׁדד	gewalttätig sein, verwüsten 25
שׁוּב	zurückkehren, umkehren 24
שׁוֹפֵט	Richter 16
שׁוֹפָר	Widderhorn, Schophar 15
שׁחת	*Hi.* verderben, vernichten; *Ho.* missraten/verderbt sein 14
שִׁיר	singen 24
שִׁיר	Lied, Gesang 7
שִׁירָה	(einzelnes) Lied 7
שִׁית	setzen, stellen, legen 24
שׁכב	sich niederlegen 9
שׁכח	vergessen 11
שׁכם	*Hi.* früh aufstehen 14
שְׁכֶם	Nacken, Schulter; Rücken 26
שָׁלוֹם	Friede, Wohlergehen 7
שׁלח	senden, ausstrecken 9
שֻׁלְחָן	Tisch 15
שׁלך	*Hi.* werfen; *Ho.* geworfen werden 14
שָׁלָל	Beute 13
שׁלל	herausziehen 26
שׁלם	unversehrt sein; *Pi.* vergelten, ersetzen 10; 13
שָׁלֵם	vollständig 26
שְׁלֹמֹה	Salomo *(n.pr.m.)* 16
שְׁלֹשָׁה	drei 24
שֵׁם	Name 7
שָׁם	dort 15
שׁמד	*Hi.* vertilgen 14
שָׁמָּה	dort 24
שְׁמוּאֵל	Samuel *(n.pr.m.)* 15
שָׁמַיִם	Himmel 8
שׁמם	verödet sein 25
שְׁמָמָה	Öde, Verwüstung 7
שֶׁמֶן	Öl 11
שְׁמֹנָה	acht 24
שׁמע	hören 9
שִׁמְעוֹן	Simeon *(n.pr.m.)* 15
שׁמר	bewahren; *Hitp.* sich hüten 8; 13
שֹׁמְרוֹן	Samaria *(n.l.; n.terr.)* 15
שֶׁמֶשׁ	Sonne 6
שִׁמְשׁוֹן	Simson *(n.pr.m.)* 9

שָׁנָה Jahr 25
שְׁנֵיהֶם (sie) beide 18
שְׁנַיִם zwei 24
שַׁעַר das Tor 7
שׁעע *Pilpel* spielen 26
שִׁפְחָה Sklavin 20
שׁפט richten 8
שׁפך vergießen, verschütten 16
שׁקה *Hi.* tränken 23
שֶׁקֶר Lüge, Betrug 11
שֹׁרֶשׁ Wurzel 11
שׁרת *Pi.* dienen, bedienen 19
שִׁשָּׁה sechs 24
שֵׁת Seth *(n.pr.m.)* 25
שׁתה trinken 23

ת

תְּאֵנָה Feigenbaum 18
תֹּאַר Form, Gestalt, Aussehen 20
תֵּבָה Kasten, Arche 17
תֵּבֵל Erdkreis 26
תְּהִלָּה Ruhm, Lobgesang 14
תָּוֶךְ Mitte 12
תּוֹעֵבָה Abscheuliches, Abscheu 20
תּוֹרָה Tora, Gesetz, Weisung 7
תַּחַת unter, anstelle von 7
תַּחַת כִּי dafür, dass/weil 20
תַּחַת אֲשֶׁר dafür, dass/weil 20
תַּלְמִיד Schüler 9
תָּמִים vollständig, untadelig 17
תמם vollständig/zu Ende sein 25
תִּפְאֶרֶת Zierde 21
תְּפִלָּה Gebet 11
תפשׂ fassen, ergreifen 12
תִּקְוָה Hoffnung 22
תרגם übersetzt *(Ptz.Pass.)* 26
תִּשְׁעָה neun 24

Personen- und Sachregister

Die Zahlen geben die Seitenzahlen des Arbeitsbuches wieder.

Bibelstellenregister

Die Abkürzungen der alttestamentlichen Bücher:

Gen	Ex	Lev	Num	Dtn
Jdc	I Sam	II Sam	I Reg	II Reg
Jes	Jer	Ez	Hos	Joel
Am	Ob	Jon	Zeph	Sach
Mal	Ps	Hi	Prov	Ruth
Cant	Koh	Est	Dan	Esr
Neh	I Chr	II Chr		

Die Zahlen geben die Seitenzahlen des Arbeitsbuches wieder.

Genesis